SVEC

2012

10

Voltaire et l'économie politique

SVEC (formerly known as *Studies on Voltaire and the Eighteenth Century*) is dedicated to eighteenth-century research. *SVEC* welcomes work across a broad range of disciplines and critical methodologies.

www.voltaire.ox.ac.uk

Voltaire et l'économie politique

PATRICK NEIERTZ

VOLTAIRE FOUNDATION

OXFORD

2012

© 2012 Voltaire Foundation, University of Oxford

ISBN 978 0 7294 1053 3
ISSN 0435-2866

The Voltaire Foundation is a department of the University of Oxford. It furthers the University's objective of excellence in research, scholarship and education by publishing worldwide.

Voltaire Foundation
99 Banbury Road
Oxford OX2 6JX, UK
www.voltaire.ox.ac.uk

A catalogue record for this book is available from the British Library

Philosophy / economic history
Philosophie / histoire économique

Cover illustration: © Billet de banque de France (author: Trisku).
Collection privée de Trisku.

FSC® (the Forest Stewardship Council) is an independent organization established to promote responsible management of the world's forests.

This book is printed on acid-free paper

Printed and bound by CPI Group (UK) Ltd, Croydon, CR0 4YY

Table des matières

Remerciements

Tout ouvrage de recherche résulte à des degrés divers d'un effort collectif. Je suis reconnaissant à beaucoup de membres de la Société des Etudes Voltairiennes pour la passion et la qualité des échanges qui animent leurs contributions aux colloques, aux Journées Voltaire, au Séminaire Voltaire de la Sorbonne et à la Revue Voltaire. Le corpus des études voltairiennes est une base immense de connaissances et d'interprétation critique dans laquelle un ouvrage tel que cet essai prend ses racines: l'abondance des citations issues de la recherche universitaire en convaincra le lecteur.

J'exprime ma gratitude aux dirigeants de la Voltaire Foundation et des *Studies on Voltaire and the Eighteenth Century* – et particulièrement aux Professeurs Nicholas Cronk et Jonathan Mallinson – pour l'intérêt qu'ils ont d'emblée marqué à mon projet et qu'ils ont encouragé pendant toute sa préparation. Le comité éditorial des *SVEC* m'a fourni, lors de la soumission de ma proposition, nombre de suggestions de forme et de fond dont l'essai a largement profité.

Je dois beaucoup à certaines personnes engagées dans les institutions de la mémoire voltairienne: aux personnels de l'Institut et Musée Voltaire de Genève, et particulièrement son directeur François Jacob et sa bibliothécaire Catherine Walser, qui m'ont largement ouvert le fonds documentaire remarquable de l'Institut et aidé à y puiser les éléments pertinents de ma recherche; aux personnels de la Bibliothèque de Genève, et particulièrement sa directrice du département des manuscrits, Barbara Roth, qui m'a facilité l'accès aux archives Tronchin et Suard; aux chercheurs attachés au château de Ferney, et particulièrement à Christophe Paillard qui m'a très utilement conseillé les travaux de ses collègues et en compagnie de qui j'ai retrouvé localement les traces du philosophe-entrepreneur de 1759-1778.

Comme tous les chercheurs en littérature, je connais la compétence et le sens du service des personnels de la salle V et de la Réserve de la BnF-Mitterrand et de ceux de la Bibliothèque de l'Arsenal: je les remercie de leur assistance dévouée.

Ce livre est dédié au Professeur Sylvain Menant, à qui l'économiste que je suis doit son intérêt pour Voltaire.

Abréviations et conventions

Abréviations utilisées

Ars.	Bibliothèque de l'Arsenal
B	Numérotation Havens et Torrey du *Catalogue de Ferney* (*SVEC* 9)
BGE	Bibliothèque de la ville de Genève
BnF	Bibliothèque nationale de France
BV	*Bibliothèque de Voltaire* (éd. Académie des Sciences, Russie)
CLT	*Correspondance littéraire* (Melchior von Grimm, Diderot et al.), *Correspondance littéraire par Grimm, Diderot, Raynal, Meister etc*, éd. M. Tourneux (Paris, 1877-1882, et Kraus Reprints, 1968)
CN	*Corpus des notes marginales* (éd. *OCV*, t.137A-B, 138, 139, 141 et Akademie-Verlag, t.5)
DPV	Edition Hermann / H. Dieckmann-J. Varloot des *Œuvres complètes de Diderot*
EM	*Essai sur les mœurs*
IMV	Institut et Musée Voltaire (Genève)
M	Edition Garnier/Louis Moland des *Œuvres complètes de Voltaire*
N.B.	*Nota bene*
OCV	Edition VF des *Œuvres complètes de Voltaire*
QE	*Questions sur l'Encyclopédie*
SVEC	*Studies on Voltaire and the eighteenth century*
VF	Voltaire Foundation (Oxford)
VST	*Voltaire en son temps*, éd. R. Pomeau (Oxford)
W	Numérotation Trapnell des éditions collectives de Voltaire (*SVEC* 77)

Conventions de rédaction

Afin de distinguer *citations* et *mentions*, je place entre guillemets les 'citations directes' dont le lecteur peut connaître l'origine dans l'environnement textuel proche (elles sont le plus souvent créditées); j'emploie de simples italiques (sans guillemets) pour les *mentions*: rappels de mots d'époque ou en langue étrangère, citations de concepts génériques ou expressions mises en valeur dans le cours du texte.

Dans les notes de bas de page, je fais précéder de N.B. (*nota bene*) les informations complémentaires ou les commentaires personnels distincts de la citation ou de la référence qui précède ces additions.

J'ai parfois indiqué les cotes bibliographiques des ouvrages rares ou d'accès difficile.

Avant-propos: Le philosophe et la science nouvelle

Les voltairistes s'étonnent parfois du relatif manque d'implication des chercheurs dans l'étude des idées économiques du philosophe de Ferney. Il est vrai qu'en comparaison d'autres aspects de l'œuvre laissée par Voltaire, ses réflexions sur l'économie politique n'ont pas généré une bibliographie critique abondante.[1] Cette constatation est injuste envers la qualité de nombre de contributions, dont beaucoup seront citées dans cet essai. Il est vrai, en revanche, que les (rares) tentatives de synthèse sont désormais anciennes et datées dans leur méthodologie, qui ne correspond plus aux exigences modernes des sciences de la littérature.[2] Les chercheurs de la période récente semblent préférer, quand ils s'attachent à la pensée économique de Voltaire, l'étude en profondeur de problématiques ciblées: la question du luxe; le rapport conflictuel à la doctrine physiocratique; le rôle des questions financières dans la biographie du grand homme; son œuvre politique et sociale à Ferney; certains thèmes économiques récurrents dans la correspondance; voire l'examen critique des aspects politiques et économiques de certaines œuvres (par exemple *Le Mondain, Candide, L'Homme aux quarante écus, Lettre à l'occasion de l'impôt du vingtième, Dialogue entre un philosophe et un contrôleur-général des finances*, les œuvres historiques, quelques dialogues d'idées, pièces détachées ou facéties, etc.).

Il est certain que la grande dispersion des références à l'économie dans l'œuvre polygraphique de l'écrivain Voltaire incite les chercheurs à une extrême prudence tant sont présentes – dans ce domaine comme dans d'autres – les idiosyncrasies de l'auteur, mêlant l'essentiel et

1. Dans *Le Siècle de Voltaire*, hommage à R. Pomeau, éd. C. Mervaud et S. Menant (Oxford, 1987), sur 83 contributions une seule considère l'angle de vue économique (M. Laurent-Huber, 'L'*Essai sur les mœurs*: une histoire de la monnaie?'); un quart de siècle plus tard, la proportion n'a guère changé: dans *Séries et variations*, mélanges offerts à S. Menant en 2010, sur 62 contributions, une seule s'intéresse à des textes économiques du philosophe (L. Macé, 'Séries politiques: autour de *La Voix du sage et du peuple* de Voltaire', *Séries et variations*, mélanges offerts à S. Menant, éd. L. Fraisse (Paris, 2010)).

2. Je fais référence à des travaux universitaires dans lesquels, en dépit de leur ancienneté ou de leur brièveté, le chercheur recueille toujours d'utiles éléments: R. Charbonnaud, *Les Idées économiques de Voltaire*, (Angoulême, 1907); G. Chaubert, 'Voltaire et les questions économiques', dans *Etudes et recherches lettres* 99, (1974); R. Dupuy, *Voltaire, historien de l'économie dans Le Siècle de Louis XIV* (Grenoble,1959); J.-R. Dutel, 'Voltaire économiste et son temps', dans *Bulletin de l'Association des professeurs de lettres* 14 (1980); M. Gaffiot, 'Le Thème du luxe dans l'œuvre de Voltaire', dans *Revue d'histoire économique et sociale* 3 (1926); M. Goubard, *Les Idées fiscales de Voltaire* (Paris, 1931); L. Kozminski, *Voltaire financier* (Paris 1929); G. Lanson, *Voltaire* (Paris, 1910); A. Morize, *L'Apologie du luxe au XVIIIe siècle et Le Mondain de Voltaire* (Paris, 1909).

l'anecdotique, l'ironique et le didactique, le référentiel historique et l'actualité circonstancielle. Surtout peut-être, les commentateurs hésitent face à l'imbrication fréquente des réflexions économiques dans des structures plus générales de l'éthique voltairienne: la justice, la tolérance, le progrès de l'esprit, la lutte contre les préjugés.[3] Pourtant, mettre en relation des références dispersées, souvent traitées avec des intentions textuelles opposées, est, comme chacun sait, un exercice heuristique propre à la lecture du philosophe de Ferney. Lorsque nous l'appliquons au champ de l'économie politique, la démarche confirme, s'il en était besoin, que ce domaine de la connaissance des sociétés et des mœurs constitue, aux yeux de ce philosophe (et à ceux d'autres *esprits éclairés*), un rameau distinct de l'olivier philosophique; cette branche fait d'ailleurs l'objet, au XVIIIe siècle, d'une approche plus méthodique qu'auparavant. L'édition scientifique des *Œuvres complètes*, entreprise depuis plusieurs décennies par la Voltaire Foundation, permet à la recherche voltairienne (beaucoup mieux qu'à l'époque de R. Charbonnaud ou M. Goubard) de recenser et mettre en série des écrits portant une même référence à des questions de politique et d'économie. En particulier, l'édition en cours des *Questions sur l'Encyclopédie*, enfin débarrassées de leur confusion avec le *Portatif*, facilite, en raison du caractère quasi-testamentaire de ces rubriques, l'élaboration d'une cartographie des sujets ayant interrogé l'intelligence politique du philosophe jusqu'à la fin de sa vie. La masse documentaire aujourd'hui à disposition de la recherche (articles, essais, éditions critiques ou scientifiques, bases de données) invite donc à tenter de procéder à un nouveau tour d'horizon des réflexions de Voltaire sur les débats économiques de son temps. Le succès de cette entreprise nous paraît toutefois soumis à une condition préalable: éviter un malentendu qui explique sans doute aussi la prudence des chercheurs.

Le malentendu porte sur la recherche d'un corps de doctrine voltairien sur l'économie politique. Celui-ci n'existe pas, du moins pas en tant que doctrine économique. Voltaire n'est pas un théoricien de cette science nouvelle, la science économique, qui est un des acquis intellectuels des Lumières. Nulle part, il ne tente de rivaliser avec les réflexions conceptuelles des Melon, Quesnay, Turgot ou Smith que pourtant il connaît (et comprend) fort bien.[4] Il ne s'embarrasse pas

---

3.   Ainsi, dans la séquence des écrits en défense du Pays de Gex et des mémoires adressés entre 1774 et 1776 à Turgot et au roi, Voltaire passe sans transition de la franchise de la gabelle (question d'économie politique), l'affranchissement des serfs mainmortables du Mont-Jura (question d'éthique politique).

4.   Les historiens de la pensée économique cités dans cet essai (en particulier H. Denis, J-Y. Grenier, P. Harsin, C. Jessua, S. Meyssonnier, J.-C. Perrot, J. A. Schumpeter, J. Touchard) ne mentionnent pas Voltaire comme un contributeur mais comme un acteur (important)

d'entreprendre un traité de synthèse sur les théories des autres, comme le fait Condillac.[5] Il ne choisit pas de regrouper pour l'édition des essais détachés sur ces sujets, comme le fait Hume sous le sous-titre de 'Political discourses'.[6] Ses références théoriques sont contradictoires: le mercantilisme colbertiste, le néomercantilisme libéral de Melon, pour partie la physiocratie de Quesnay, le libéralisme de Gournay et de Turgot. Il réussit l'exploit intellectuel de rester fidèle, sa vie durant, à ses deux maîtres en économie – rencontrés à trente années d'écart – Melon et Turgot, dont les pensées sont opposées sur bien des points. Historien, il reste un ferme admirateur de Colbert dans un siècle où la politique du ministre est, depuis longtemps, assez généralement décriée. Financier, il bâtit sa fortune personnelle selon des moyens dénoncés par les théories de la valeur qu'il approuve dans ses écrits. Contribuable, il procède à des *optimisations* qu'il condamne comme philosophe. De ces contradictions, il tire la matière de contes, de dialogues, de pensées détachées, de missives où l'ironie, l'érudition, les préoccupations sociales et morales, sans oublier le simple talent d'écriture font plus que pardonner des approximations, des foucades, voire des contre-vérités qui condamneraient plus d'un des (nombreux) essayistes de la science naissante.

En revanche, Voltaire est un témoin capital – et un témoin engagé – d'une innovation épistémologique: la constitution en *science économique* des réflexions sur le *commerce*. Il l'est d'abord par son exceptionnelle influence relationnelle dans l'Europe éclairée que les vingt mille entrées de la correspondance connue illustrent assez. Il l'est aussi parce que, philosophe universel, l'épistémologie n'est pas chez lui un intérêt séparé de son processus général d'intellection: l'historiographie et la méthode historique, la sociologie et la psychologie sociale, la démographie, la morale sont des approches que vient enrichir ce nouvel angle de vue de la connaissance, l'Economie. Il l'est encore parce que, formidable accumulateur de connaissances écrites, il se constitue, au fil de quarante années, une bibliothèque économique qui fait de lui – parce que nous avons les preuves que ces livres et revues sont lus – un lettré de la science nouvelle, capable de converser à égalité avec des Morellet, Condorcet, Dupont de Nemours, Turgot, Hume, Smith et autres. Il l'est enfin, témoin capital et engagé, parce qu'il est lui-même ce que sont peu

---

de l'environnement intellectuel des économistes du temps. J.-C. Perrot, par exemple, cite 28 fois Voltaire dans *Une Histoire intellectuelle de l'économie politique* (Paris, 1992).

5.   E. Bonnot de Condillac, *Le Commerce et le gouvernement considérés relativement l'un à l'autre* (Amsterdam et Paris, Jombert et Cellot, 1776).

6.   D. Hume, *Essays and treatises on several subjects* (Londres et Edimbourg, Millar, Kincaid et Donaldson, 1753-1757), t.4 ('Political Discourses') (BV 1696 & 1697).

d'économistes, un acteur de l'économie appliquée: le bâtisseur d'une fortune personnelle qui cache (plutôt qu'il ne l'exalte) sa compréhension innée des mécanismes financiers; un homme de lettres qui ne sera plus jamais un 'pauvre diable' parce qu'il comprend l'industrie de l'édition et y défend (plutôt bien pour l'époque) ses propres intérêts; un hédoniste qui connaît le prix des choses et, partant, la nécessaire circulation des richesses; un entrepreneur, enfin, durant deux décennies, d'une espèce mariant le capitalisme naissant et un moralisme social paternaliste dont il faudra attendre le XIXe siècle pour retrouver des exemples significatifs.

Nous croyons, pour ces raisons, que cet essai ne doit pas prendre pour parti de peindre *les idées économiques de Voltaire* en tant que telles, mais en tant que reflets critiques (exceptionnels par la qualité de celui qui les porte) d'une science émergente. En cent ans, la science économique, encore incertaine en sa genèse durant le dernier quart du XVIIe siècle, aura défini ses bases théoriques, dites *classiques*, avant la fin du XVIIIe siècle. Elle est le premier champ de la connaissance morale et politique à oser se définir comme science, dès la décennie 1760. Voltaire, lui, est le premier philosophe de son temps. Il symbolise l'esprit, propre aux Lumières, qui s'approprie l'espace entier des connaissances sans les restrictions méthodologiques et les initiations sémantiques auxquelles oblige aujourd'hui la spécialisation des sciences. Chercher les sources qui fondent ses jugements économiques; relier à un contexte intellectuel ses approbations politiques, tout comme les causes de ses désaccords ou de ses indignations; tenter de retracer l'interaction de ces jugements avec les relations personnelles qu'il entretient auprès de certains économistes, ou, plus généralement, de ses interlocuteurs épistolaires; observer l'application expérimentale qu'il fait des théories des autres dans sa propre pratique de consommateur, de gestionnaire de ses biens, d'entrepreneur; décrypter l'alchimie littéraire qui transmute tout ce qui précède en artefacts d'écriture, polémiques ou didactiques, drôles ou profonds, de bonne ou de mauvaise foi: telles ont été les motivations de notre recherche et l'intention de cet essai. Nous espérons que le lecteur ne sera pas surpris par la place accordée ici à l'exposé de la pensée économique, en évolution diachronique rapide durant la période: c'est par rapport à cette pensée en mouvement que se définissent les réactions du philosophe.

Pour la commodité de l'exposé, les réactions de Voltaire aux conceptualisations économiques en formation sont étudiées selon les visions thématiques des économistes du temps: la question de l'impôt et de la politique monétaire (ch.3: *Les finances publiques*), le rôle économique et moral de la consommation somptuaire (ch.4: *L'économie du luxe*), la question agricole (ch.5: *La tentation physiocratique*); le capitalisme libéral (ch.6: *Le philosophe-entrepreneur*). Il se trouve que chaque séquence thématique correspond aussi – dans les grandes lignes – à des périodes successives de la biographie du philosophe: de la période de Cirey aux dernières années de Ferney. Cette disposition – heureuse pour l'auteur de l'essai – ne doit pas faire illusion. La réflexion sur la consommation du superflu (le luxe) est constante; celle sur la primauté de l'agriculture aussi, à partir des Délices; les réactions aux théories de l'impôt courent sur sa vie entière mais s'intensifient et avec l'accroissement de la fortune personnelle, et avec les responsabilités d'investisseur capitaliste, deux caractéristiques propres à la diachronie voltairienne. Nous verrons d'ailleurs que la pensée économique de Voltaire est caractérisée par la constance: le philosophe ne procède pas par élimination d'adhésions intellectuelles successives mais plutôt par élargissement de convictions auxquelles il reste fidèle mais qu'il nuance ou étaye à mesure que se construit son érudition. De ceci, une confirmation est donnée dans les *Questions sur l'Encyclopédie* par quoi nous commençons le chapitre 2: *Voltaire et la pensée économique*. Auparavant, le brassage intellectuel accompagnant l'émergence historique de la science économique – qui fournit le contexte de tout le reste – sera étudié dans le chapitre 1: *Naissance d'une science*.

1. Naissance d'une science

'Il s'est formé à Paris une nouvelle secte appelée
les *Economistes*'[1]

Au sein du vaste mouvement de progrès des connaissances qui caractérise
les Lumières, l'émergence d'une *science économique* peut paraître un
phénomène secondaire à l'historien des idées. Les sciences exactes
(Mathématiques, Géographie, Cosmographie) continuent et accélèrent,
durant la période, leur progression séculaire. Les sciences expérimentales
(Médecine, Mécanique, Physique, Chimie) captent l'attention des lettrés
et l'aérostat des Montgolfiers symbolise, en 1783, l'enthousiasme
populaire (et les craintes) envers l'ère technique qui s'annonce. Ce qui
constituera plus tard le groupe des sciences de l'homme (Psychologie,
Sociologie, Ethnologie, Anthropologie, Démographie, Politique) est
encore enclos dans le champ de l'humanisme littéraire: observation des
mœurs et des caractères, satire des ridicules, découverte des sociétés
sauvages, spéculation sur le déclin de la population, critique de la
gouvernance des Etats, etc. Une grande liberté générique préside à
l'expression des idées dans ce domaine: essais, utopies, relations de voyage,
mémoires sur le bien public, comédies comiques et vaudevilles. L'auto-
réflexivité des sociétés de l'Europe des Lumières – qui grandit à mesure
que l'aspiration au bonheur se sécularise et se laïcise – favorise l'expansion
d'un champ spéculatif sans frontières que les philosophes explorent en
liberté, sans aucune des restrictions spéculatives ou de langage que la
scientificité imposera plus tard.

Il est cependant un domaine des futures sciences de la société où les XVIIe
et XVIIIe siècles voient s'opérer une métamorphose: l'économie politique.
Spéculation morale (elle traite des rapports marchands entre les hommes)
et spéculation politique (elle analyse les mécanismes auxquels répond la
richesse des nations), elle est la première des sciences morales et politiques
à se revendiquer comme science, c'est-à-dire à constituer l'appareil
méthodologique contraignant de toute science (conceptualisation,
quantification, expérimentation), à se théoriser par des modèles
explicatifs, à compiler ses acquis dans des traités, à partager ses adeptes
entre écoles doctrinales, et même à s'inventer une dénomination (la
Science économique) et un statut intellectuel (les Economistes).[2]

---

1. [Louis Petit de Bachaumont], *Mémoires secrets pour servir à l'histoire de la république des lettres*,
   éd. C. Cave et S. Cornand (Paris, 2009), t.2, 20 décembre 1767, p.833.
2. Le substantif néologique *Economistes* désigne les physiocrates entre 1750 et la Révolution;

'La première découverte de toute science', écrit Joseph Alois Schumpeter, 'c'est la découverte de sa propre existence'.[3] La mutation de l'économie politique en science de l'économie, événement de la philosophie de la connaissance, n'échappe pas aux intellectuels lettrés (les *philosophes*), Voltaire en tête. Leurs réactions, leurs commentaires montrent leur désir de participer à l'aventure épistémologique auto-proclamée. Si les *Economistes*, influents mais peu nombreux, restent une 'secte' aux yeux de leurs critiques, les économistes en général forment, durant le siècle, un groupe éclectique composé de techniciens de la finance, de grands commis de l'Etat, de théoriciens, de compilateurs, de moralistes et de philosophes généralistes. C'est le cheminement intellectuel de ce groupe pionnier de la science nouvelle que nous souhaitons retracer brièvement dans ce chapitre comme arrière-plan contextuel aux réactions de Voltaire. Ci-après, le tableau de la période examine successivement l'évolution sémantique de la notion d'économie, la transition doctrinale du mercantilisme au libéralisme, les principaux champs de l'exploration théorique et enfin les auteurs ayant marqué la naissance de la science nouvelle.

L'amorce d'une science nouvelle

Deux faits, l'un de langue, l'autre de doctrine, paraissent être les signes d'une mutation des réflexions généralistes sur la politique des rapports marchands, longtemps espace spéculatif des seuls moralistes, d'Aristote à Locke.

Naissance d'un champ sémantique

Confondue historiquement avec la politique – art de bien gouverner –, l'économie s'en détache peu à peu avec l'apparition d'études et de spéculations spécifiques au commerce et aux monnaies. Stimulée par l'adoption philosophique de la *loi naturelle*, la prise de conscience d'un champ de réflexion propre à la création et à la circulation des richesses induit un vocabulaire particulier. Si l'expression *économie politique* est couramment employée autour de 1750, celle de *science économique* reste à naître: 'Le commerce, les finances, la population: science si nouvelle parmi nous qu'elle n'y a point de nom'.[4]

Le substantif *Economie*, marqué par son étymon grec *Oykos*, renvoie

---

je lui conserve sa majuscule lorsqu'il désigne les membres de l'école de Quesnay et j'emploie le terme générique *économistes* dans sa dénomination moderne.

3. J. A. Schumpeter, *Histoire de l'analyse économique* (Paris, 1983), t.1, p.158.
4. Pierre-Louis de Maupertuis, *Eloge de Montesquieu* (Berlin, 1755), cité par M. Raaphorst dans *Œuvres complètes de Voltaire* (désormais *OCV*), t.18A (2007), p.223.

toutefois plus naturellement à la bonne gestion patrimoniale (celle du père de famille comme celle du Prince) qu'aux grands agrégats qui forment la richesse des nations:

> Economie: Conduite sage, ménagement prudent qu'on fait de son bien, ou de celui d'autrui. L'*économie* est la seconde partie de la Morale, qui enseigne à bien gouverner une famille, une communauté. [...] ECONOMIE signifie quelquefois le bel ordre, la juste disposition des choses. [...] On dit aussi, par la même raison, l'*économie* d'un Etat.[5]

Mirabeau le père, l'un des premiers avec Quesnay, donne le qualificatif de *science* à cette branche des connaissances, en l'associant cependant à *doctrine*: '[l'ordre de distribution des produits de la terre] ne peut être connu généralement et perpétré que par l'enseignement général et perpétuel de la science économique, qui n'est autre chose qu'une doctrine'.[6]

Si l'invention sémantique de *science économique* est à porter au crédit des physiocrates, le *Commerce* était toutefois, depuis plusieurs décennies, un objet d'études dont tout laisse penser qu'il appelle un effort de conceptualisation des mécanismes économiques qui le régissent. Un fait de traduction illustre un point d'inflexion apparu au milieu du siècle. L'économiste Josiah Child avait écrit en 1694:

> That the greatness of this kingdom depends upon foreign trade, is generally acknowledged, and therefore the interest of trade is generally not unbecoming persons of the highest rank; and of this study as well as others, it may be said there is an infinity in it, none, though of the largest intellects and experience, being able to fathom its utmost depth.[7]

Un demi-siècle plus tard, l'Intendant des finances Jacques Vincent de Gournay traduit en 1754 le *Traité* de Child. La seconde partie du paragraphe devient: 'On peut dire de cette *science* comme de beaucoup

---

5. *Dictionnaire de Trévoux* (Paris, Compagnie des Libraires Associés, 1752), t.3, p.494. N.B.: L'article 'Economie ou Oeconomie' de l'*Encyclopédie* (t.5, p.337-49), rédigé par Jean-Jacques Rousseau, est également révélateur de cette pondération sémantique. Sur les 24 colonnes de l'article, Rousseau en consacre 13 aux maximes d'un bon gouvernement des hommes. Puis, il enchaîne (p.344): 'Car ce n'est pas assez d'avoir des citoyens et de les protéger; il faut encore songer à leur subsistance; et pourvoir aux besoins publics, est une suite évidente de la volonté générale, et le troisième devoir essentiel [...] Ainsi, après avoir parlé de l'*économie* générale par rapport au gouvernement des personnes, il nous reste à la considérer par rapport à l'administration des biens' [c'est l'auteur qui souligne]. Le futur rédacteur du *Discours sur l'origine de l'inégalité* et du *Contrat social* se prononce alors pour la défense ferme du droit de propriété et de sa transmission (p.345).
6. *Les Economiques par L. D. H.* [i.e. L'Ami des Hommes] (Amsterdam et Paris, Lacombe, 1769), 'Avertissement', p.ix. N.B.: G. Weulersse, le grand historien de la physiocratie, note une occurrence chez Le Trosne en 1764 (*Le Mouvement physiocratique en France de 1756 à 1770* (Paris, 1910), t.1, p.99).
7. Sir Josiah Child, *A New discourse of trade* (Cornhill, Crouch, 1694), p.152.

d'autres: qu'il y a une infinité de choses à y apprendre'.[8] L'objet de curiosité et d'étude est devenu science.

De fait, la future science économique est considérée depuis longtemps comme un domaine parmi d'autres du vaste territoire formé par les connaissances, les expériences et les spéculations que l'on nomme alors Philosophie. Au deuxième tiers du siècle, l'indépendance sémantique reste cependant à conquérir pour la science nouvelle.[9] A en croire la raillerie de Bachaumont, qui offre l'une des premières occurrences du substantif *Economiste* en l'année 1767, la connotation du néologisme n'est d'ailleurs pas entièrement positive:

> Il s'est formé à Paris une nouvelle secte appelée les *Economistes*: ce sont des philosophes politiques, qui ont écrit sur les matières agraires ou d'administration intérieure, qui se sont réunis et prétendent faire un corps de système, qui doit renverser tous les principes reçus en fait de gouvernement, et d'élever un nouvel ordre de choses. Ces messieurs avaient d'abord voulu entrer en rivalité contre les encyclopédistes, et former autel contre autel; ils se sont rapprochés insensiblement: plusieurs de leurs adversaires se sont réunis à eux, et les deux sectes paraissent confondues dans une. Quesnay, ancien médecin de madame la marquise de Pompadour est le coryphée de la bande: il a fait, entre autres ouvrages, *La Philosophie rurale*. M. de Mirabeau, l'auteur de *L'Ami des hommes* et de *La Théorie de l'impôt*, est le sous-directeur. Les assemblées se tiennent chez lui tous les mardis et il donne à dîner à ces messieurs. Viennent ensuite M. l'abbé Baudeau, qui est à la tête des *Ephémérides du citoyen*; M. Mercier de la Rivière, qui est allé donner des lois dans le Nord, et mettre en pratique en Russie les spéculations sublimes et inintelligibles de son livre de l'*Ordre naturel et essentiel des sociétés politiques*; M. Turgot, intendant de Limoges, philosophe pratique et grand faiseur d'expériences, et plusieurs autres, au nombre de dix-neuf à vingt. Ces sages modestes prétendent gouverner les hommes de leur cabinet, par leur influence sur l'opinion, reine du monde.[10]

En elle-même, la revendication par les physiocrates de l'appellation *science économique* pour caractériser leur démarche n'est pas une arrogance, même si elle représente un saut qualitatif important. Elle consiste à passer de l'observation critique – et des diverses utopies qu'elle stimule

---

8. Josiah Child, *Traité sur le commerce* et *Remarques de Vincent de Gournay*, éd. de S. Meyssonnier (Paris, 2008), p.201 – je souligne. N.B.: voir le commentaire de l'éditrice sur ce saut sémantique dans 'Présentation', p.xxvii.

9. 'Le plus grand service qu'on puisse rendre aux sciences est de bien définir les mots [...] Dans la science de l'économie politique, il nous semble que beaucoup d'incertitudes et d'obscurités enveloppent encore la plus grande partie des termes' (*Prospectus* du projet de dictionnaire économique de l'abbé Morellet, 1769, cité par J.-C. Perrot, 'Les dictionnaires de commerce', dans *Une Histoire intellectuelle de l'économie politique*, p.107, 108).

10. *Mémoires secrets*, p.833-34. N.B.: L'expression 'gouverner les hommes de leurs cabinets' se rencontre plusieurs fois chez Voltaire, avec une intention satirique.

– à une revendication programmatique fondée sur des axiomes ou maximes considérés comme évidents.

L'observation critique de la vie économique est aussi ancienne que la vie en société et les échanges. Elle rassemble, du XVIe au XVIIIe siècle, ceux des philosophes ou des utopistes particulièrement attachés à débattre des questions de monnaie, de commerce, d'agriculture, de consommation et de division du travail. En raison de la confusion entre économie domestique (le *ménage* des biens) et économie publique, longtemps l'observation n'a produit, en Occident, que des savoir-faire, des traditions, des règles prudentielles, des jurisprudences, des codes de comportement que dictaient la foi, la morale et le pouvoir féodal. La Renaissance déjà, en ravivant le commerce international, en libérant peu à peu l'esprit critique, préparait le besoin d'une compréhension objective des phénomènes liés aux échanges, à savoir: ce qui gouverne l'offre et la demande, la valeur attachée aux biens, la circulation des espèces représentatives de cette valeur, le prélèvement opéré par la puissance assurant la police des échanges, etc. La mutation d'un *modus operandi* empirique en science explicative se prépare au XVIIe siècle et commence au XVIIIe.

Une mutation doctrinale

L'invention de la science économique entre 1671 et 1776 est principalement une affaire franco-anglaise.[11] Ceci ne doit pas diminuer l'apport d'autres économistes européens (voir plus loin) mais se constate dans la concurrence et l'influence réciproque des auteurs situés des deux côtés de la Manche, perceptibles à la lecture des traités et mémoires du temps où la critique et la réfutation cachent mal la curiosité et l'attrait.[12]

11. Je prends comme bornes l'écriture des *Essays on political arithmetick* par sir William Petty (1671-1687) et la parution de *An Inquiry into the nature and causes of the wealth of nations* d'Adam Smith (1776). Ceci est évidemment une convention de style: les racines de la pensée économique poussent bien avant Petty, et singulièrement depuis la Renaissance, et la synthèse de Smith, en partie redevable à Cantillon et Turgot, se complète avec Say, Ricardo, Malthus et la plupart des économistes du siècle suivant.

12. Un exemple presque cocasse de cette interpénétration intellectuelle est à lire dans l'ouvrage prétendument traduit d'un 'chevalier Jack Nickolls' (*Remarques sur les avantages et les désavantages de la France et de la Grande-Bretagne par rapport au commerce et aux autres sources de la puissance des états* (Leyde [Paris], fres. Estienne, 1754), BV2767) où le véritable auteur [Plumard de Dangeul], après avoir rendu hommage à Josiah Tucker (*A Brief essay on the advantages and disadvantages of France and Great Britain with regard to trade* (Londres, Trye, 1753), BnF Rés. V 54326), passe sans transition à une réécriture apocryphe où la supériorité française transparaît en filigrane, nonobstant 'un calcul modéré [qui] fait monter à cinq cent mille le nombre des Prêtres, Clercs et Religieux des deux sexes' (p.15). Voltaire semble avoir flairé la supercherie: 'J'ignore si ce livre n'est pas d'un Français qui, en faisant parler un Anglais, a cru lui devoir faire bénir Dieu de ce que les Français lui paraissent pauvres; mais qui en même temps se trahit lui-même en souhaitant qu'ils

Comme il est arrivé souvent dans l'histoire, ces deux nations rivales, et parfois belliqueuses l'une envers l'autre, entretiennent en fait au XVIIIe siècle une fascination réciproque nourrie de leurs différences de mœurs, de principes de gouvernement, de définition de l'esprit (*humour* contre bel-esprit) et de relation normative à presque tous les concepts de l'économie nouvelle. Cela dit, nombre d'auteurs anglais (ou ecossais) ont vécu en France auprès des économistes locaux (c'est le cas de Hume et de Smith) et la pensée économique française subit en cent années une mutation radicale qui la rapproche du courant libéral des doctrines anglaises, au point de se confondre avec lui. Voltaire est évidemment l'archétype de cette symbiose qui, chez lui, n'est pas lente puisqu'il revient de son séjour anglais avec un préjugé plus que favorable envers la philosophie, la forme de gouvernement et la pratique du commerce outre-Manche. Chez les *philosophes-économistes* français, le passage idéologique est celui du mercantilisme au libéralisme, avec l'échelon intermédiaire de la physiocratie qui adhère à la doctrine libérale du *laissez-faire, laissez-passer* dans une perspective exclusivement agrarienne.

Le mercantilisme en vogue durant le règne du Grand Roi émane de la rivalité politique entre les nations européennes. Il prône l'autarcie nationale pour minorer les importations et une politique agressive d'exportations pour accroître l'encaisse métallique considérée alors comme le ressort économique de la puissance d'un Etat. Les années passées par Colbert (que Voltaire révère) au contrôle général des finances illustrent cette politique économique qui voit, entre autres, le développement des industries du luxe exportatrices, largement accompagné par l'Etat.

Avant même la Régence, la pertinence d'une thésaurisation de l'encaisse métallique est mise en doute, l'exemple des succès marchands de la Hollande et de la Grande-Bretagne accréditant l'idée que la liberté du commerce, le dédoublement des espèces représentatives de la valeur par des effets (monnaie-papier) et la vitesse de circulation du numéraire sont des facteurs plus opérants du progrès de la richesse nationale que la thésaurisation. Cependant la pratique de l'altération des monnaies (changements dans la définition *au marc* du numéraire circulant, qui servent à la manipulation de leur dette par les Etats) et, en France, l'échec du Système de Law, freinent le développement d'une politique des signes monétaires. Se répand alors un débat – plutôt qu'une doctrine – que les historiens nomment néomercantilisme. Ce débat, où s'illustrent, en France, les économistes Melon, Dutot et Pâris-Duverney marque, durant

---

soient riches' (*Questions sur l'Encyclopédie* (désormais *QE*), éd. N. Cronk et C. Mervaud, *OCV*, t.38 (2007), art. 'Agriculture', p.138).

la décennie 1730, le début des prises de position de Voltaire sur les questions d'économie générale, de finances publiques en particulier.

Vers une théorie de l'analyse économique

Si la liberté du commerce, et particulièrement du commerce maritime international, est un principe très généralement admis en Angleterre, il n'en va pas de même en France, royaume fragmenté en raison de l'histoire de sa formation. Par crainte des disettes, la circulation et l'exportation des denrées de subsistance sont soumises à des restrictions administratives (depuis Henri IV, comme le rappelle Voltaire à plusieurs reprises), dont l'effet négatif sur le progrès économique est perçu par une majorité de *planificateurs de la chose publique*.[13] Le débat sur la libre-circulation des biens et le résultat mitigé des expériences contradictoires de 1763-1764 (Laverdy), de 1770 (Terray), puis de 1774 (Turgot) enflamme la réflexion sur l'économie et sert de principe moteur au ralliement des principaux économistes français (Melon, Gournay, Quesnay, Graslin, Herbert, Forbonnais, Turgot) au libéralisme que professent, parfois depuis longtemps, la plupart de leurs homologues européens (Child, North, Davenant, Cantillon, Hume, Tucker, Steuart en Angleterre; Verri, Beccaria, Caraccioli, Galiani – avec des restrictions – en Italie; Justi en Allemagne; Uztáriz en Espagne). La publication de *An Inquiry into the nature and causes of the wealth of nations* par Adam Smith en 1776 – une remarquable compilation plutôt qu'une œuvre novatrice – offre au libéralisme son manifeste théorique et marque le début de la théorie classique de l'économie dont la plupart des contributions rédigées au cours du XIXe siècle sont des enrichissements.

En France uniquement, mais avec une influence internationale (sur Smith par exemple), se développe à partir de 1755 un avatar intellectuel et humain de la science économique en gestation qu'on ne peut guère comparer – toute proportion gardée – qu'à l'apparition de l'école marxiste d'économie au milieu du siècle suivant: la physiocratie.[14]

Le phénomène physiocratique

L'apparition puis l'organisation de l'école physiocrate dans la pensée économique en France au milieu du XVIIIe siècle est un phénomène capital dans la constitution de l'économie politique en science

---

13. *Planificateurs de la chose publique*: l'expression est dérivée de Schumpeter. L'économiste emploie le terme plus restrictif de *fiscal planners* (*History of economic analysis* (Londres, 1994), p.202); en fait, chez les philosophes français, la proposition fiscale est souvent un élément d'une réflexion plus vaste sur le bien public.
14. Sur l'influence internationale de la physiocratie, voir l'article d'E. Fox-Genovese, 'The internationalisation of physiocracy', dans *SVEC* 216 (1983), p.280-81.

économique. Pour la première fois, en effet, la science naissante – qui fut jusqu'alors portée en Europe par les individualités brillantes évoquées plus haut – est prise en charge par un groupe d'intellectuels et de hauts-fonctionnaires déterminés, faisant allégeance sans restriction à un corps de doctrines et appliquant tous les moyens d'époque de la propagande et de l'influence politique pour le transformer en programme d'action concret. L'inspirateur de ce mouvement d'un type nouveau, visant la captation de l'opinion publique autour d'un programme politique, est un philosophe au haut niveau de capacités d'abstraction, si ce n'est qu'il lui manque celles de la communication: François Quesnay, médecin ordinaire du roi (et praticien de Mme de Pompadour).[15] Cet esprit encyclopédique (métaphysique, physiologie, agronomie, économie) serait resté un concepteur aux écrits secs et difficiles, s'il n'était parvenu, entre 1757 et 1760, par la grâce d'une maïeutique socratique qui était l'un de ses dons, à rallier à ses thèses économiques Victor Riqueti, marquis de Mirabeau, 'l'ami des hommes', jusqu'alors populationniste convaincu et moraliste mandevillien, faisant reposer la morale sociale sur la cupidité et la sociabilité. Mirabeau avait un don, celui de communiquer l'enthousiasme, par l'écrit et le discours (l'un et l'autre passablement assertifs). C'est l'association de ces deux hommes complémentaires qui va donner au cercle des physiocrates (pas plus d'une vingtaine de membres actifs au plus fort du mouvement) une capacité d'influence considérable sur la vie publique au temps du ministère Choiseul (qui leur était pourtant opposé) et, assez inégalement, à celui des successeurs du contrôleur général Laverdy (de Maynon d'Invault à Terray et Turgot).

C'est aussi l'alliance de ces deux tempéraments contradictoires qui entraînera le discrédit progressif des idées physiocratiques et, surtout, des *enthousiastes* qui les propagent. Car, au plan de la théorie économique, la conceptualisation syllogistique de Quesnay repose en partie sur des prémisses inexactes, l'idée que: *seule* l'activité agricole dégage une plus-value absolue, dont la redistribution par les *Propriétaires* auprès des laboureurs et des artisans permet les *avances* nécessaires au cycle qui reproduit à l'infini le *don gratuit* de la nature. Cet axiome est erroné parce que partiel.[16] Il est pourtant brillamment mis en chiffres, en 1758, dans le

---

15. Mme du Hausset, femme de chambre de Mme de Pompadour, dresse dans ses *Mémoires* (éd. de H. Fournier (Paris, 1891)) le portrait d'un homme simple: 'C'était le meilleur homme du monde, et qui était éloigné de la plus petite intrigue. Il était bien plus occupé à la cour de la meilleure manière de cultiver la terre que de tout ce qui s'y passait. L'homme qu'il estimait le plus était M. de la Rivière [nous verrons plus loin que tel ne sera pas le cas de Voltaire] [...] il le regardait comme l'homme du plus grand génie, et croyait que c'était le seul homme propre à administrer les finances' (p.67-68).

16. Plutôt que d'être scientifiquement inexact, l'axiome de Quesnay repose implicitement sur des hypothèses improbables: concurrence parfaite absolue, état stationnaire, absence de rente urbaine, salaire de pure subsistance, etc. (voir J. Schumpeter, *Histoire*, t.1, p.310-11).

Tableau économique, premier modèle économétrique présenté sous forme visuelle. Quesnay, Mirabeau et leurs disciples vont en tirer des conséquences péremptoires, toutes inacceptables pour la société du temps, de l'*impôt unique* sur la propriété foncière au *bon prix*.[17] Le caractère inflationniste de ce dernier, effectivement rémunérateur pour la *classe productive*, est confirmé par le relèvement du prix des denrées lié à la libre circulation après les décrets libéraux de 1763-1764. De surcroît, Mirabeau, puis Le Mercier de la Rivière tirent de la doctrine élaborée par Quesnay une conclusion politique anachronique: la réhabilitation du système de propriété féodal où le suzerain (le roi) retient un droit de copropriété incidente sur les fiefs de ses vassaux (les propriétaires de biens-fonds). L'ironie voltairienne ridiculisera pour la postérité ces déductions dans *L'Homme aux quarante écus.*

Notons enfin que ni l'intelligence de Quesnay, ni l'énergie de Mirabeau n'auraient suffi à donner aux idées physiocratiques la résonance qui fut la leur au cours du second demi-siècle, si elles n'avaient aussi été portées par l'air du temps. L'affirmation d'un droit naturel supérieur aux lois positives, la montée de la sensibilité aux beautés de la nature, l'idéalisation d'un état primitif en principe lié à la subsistance agraire, la reconnaissance des valeurs morales de la vie rurale sont des faits de la psychologie sociale favorables à une considération privilégiée pour l'économie agricole parmi le public lettré. Mais aussi, l'émergence progressive d'une pensée économique de plus en plus libre de métaphysique et de morale, de plus en plus appliquée à la détermination objective des causes et des mécanismes de la richesse nationale, a préparé l'ouverture du public et des décideurs politiques à l'apport conceptuel des physiocrates. Celui-ci se caractérise d'ailleurs moins par l'innovation que par la synthèse – sous une intellection particulièrement séduisante – d'idées éparses chez nombre de précurseurs. Georges Weulersse aboutit à la conclusion suivante à l'issue de son étude monumentale sur la physiocratie: 'Quand, par une comparaison minutieuse des écrits des Physiocrates avec la littérature antérieure, on recherche quel principe leur appartient absolument en propre, on n'en trouve guère qu'un seul:

Par ailleurs, la vérité qu'il énonce n'est que physique (un grain de blé semé en produit plusieurs), elle est autre dans une théorie de la valeur (la valeur de tout bien transformé dépasse la somme de ses constituants si la demande du marché le permet); Marx attribuera au travail salarié la faculté de plus-value que Quesnay attribue à la nature: l'un et l'autre négligent la création de valeur par la demande et l'innovation.

17. Aussi nommé *prix commun fondamental* par Quesnay, 'établi par les dépenses ou les frais qu'il faut faire pour leurs productions ou pour leurs préparations [...] si [les récoltes] se vendent assez cher pour procurer un gain suffisant pour exciter à en entretenir ou à augmenter la production, elles sont à bon prix' (projet d'article 'Hommes' pour l'*Encyclopédie* – non publié).

celui de la productivité exclusive de l'agriculture, qui nous paraît n'avoir jamais été qu'un principe mort-né'.[18]

Nous reviendrons plus en détail sur la doctrine de Quesnay (ci-après où nous exposons la *tentation physiocratique*) et son école dans le chapitre 5 p.167-206 qui fut celle de Voltaire, plus sans doute que d'autres philosophes parce qu'il était rural à partir de 1755, et dont il ne se libéra qu'en raison de son opposition à l'esprit de système, de son aversion envers les outrances despotiques d'un Le Mercier de la Rivière et de son admiration pour Turgot, autre philosophe partagé entre l'influence physiocratique et l'intelligence visionnaire d'un de Gournay.

Les économistes précurseurs

Ce n'est pas l'agriculture mais la question des finances publiques qui est à l'origine d'une pensée économique se séparant du commentaire sur la politique des Etats et ambitionnant d'acquérir la scientificité. En Angleterre et en France, les propositions de réforme des finances publiques se multiplient dès la seconde partie du XVIIe siècle: *A Treatise of taxes and contributions* par William Petty (1662), *Projet de Dixme royale* par Vauban (1707), *Détail* et *Factum de la France* par Boisguilbert (1697 et 1707). Nous reviendrons (ch.3) sur les propositions fiscales de ces auteurs archaïques. Observons ici qu'ils préfigurent la future méthode économique de deux manières: par l'attention accordée aux faits et à leur quantification (chez Petty et Vauban) et par la recherche d'un schéma du circuit économique (chez Boisguilbert). Boisguilbert, sur la base explicative de son schéma pourtant rudimentaire, introduit un diagnostic nouveau du peu de croissance de la richesse nationale en France: la faiblesse de la demande par manque de distribution du Revenu national dans la population et sa captation par le pouvoir central. Cette position rencontre plus tard le ferme désaccord de l'historien Voltaire, qui voit dans la politique économique de Colbert (politique de l'offre) la cause du renforcement de l'influence française sous le règne de Louis XIV. Les deux analyses ont leur vérité, dont le partage ne relève que du choix politique. De cette contradiction, toutefois, le philosophe dérive une sous-estimation tenace de l'économiste 'Normand', qu'il n'a pas connu et auquel il impute (à tort) la rédaction pseudonyme de *La Dixme royale* (voir plus loin, p.72n).

Un autre précurseur, dont le nom reste attaché à un désastre de l'économie financière française, est John Law. Le banquier écossais, grisé à l'évidence par sa réussite illusoire dans un pays beaucoup moins conscient des réalités économiques et financières que sa patrie d'origine,

---

18. G. Weulersse, *Mouvement physiocratique*, t.2, p.718.

paiera très cher son échec. Pourtant, au plan théorique, *Law's System* est pertinent (banque d'Etat, circulation monétaire activée par des effets, grandes compagnies commerciales financées par l'épargne publique).[19] Les hésitations et les jugements contradictoires de Voltaire à son sujet (voir ch.3) montrent les difficultés de transcription de la science économique (qui n'est pas – ne sera jamais – une science exacte) dans l'économie appliquée, ce qu'illustre aussi, cinquante ans plus tard, la disgrâce de Turgot (beaucoup moins scandaleuse que celle de Law).

Dans la décennie 1730, un autre précurseur est destiné à jouer un rôle capital dans l'intérêt de Voltaire pour les questions économiques.

Jean-François Melon

L'économiste Jean-François Melon ne mérite pas le relatif oubli dans lequel le relègue la postérité, y compris celle des historiens de la pensée économique. S'il en était besoin, l'estime intellectuelle et l'affection personnelle que lui portaient Voltaire, Prévost, Montesquieu, Maupertuis (dans les bras duquel il mourut en 1738) devraient stimuler l'intérêt des chercheurs. Or les biographies critiques de Melon ne semblent y répondre qu'une fois tous les demi-siècles: Eugène Daire en 1851,[20] Jacques Bouzinac en 1906,[21] Frantz Megnet en 1955.[22] La logique de l'éternel retour suggère que nous soyons à la veille d'une redécouverte de ce personnage attachant du milieu littéraire et politique du premier tiers du siècle des Lumières...

Tant qu'ils vécurent, ceux qui avaient connu l'auteur de l'*Essai politique sur le commerce* (1734) lui conservèrent l'estime que cette œuvre avait suscitée chez eux et dans le public (l'*Essai* connut cinq éditions entre 1734 et 1736 et des éditions pirates; il fut traduit en anglais en 1738 et en allemand en 1756). Ce fut le cas de Voltaire, mais aussi de l'abbé Prévost,[23] de

19. Voir l'autojustification du financier déchu: 'si son système avait été suivi, il y avait apparence que le crédit de la France serait devenu le crédit universel' (J. Law, 'Justification du Système de Law par son auteur' [1722], éd F. K. Mann, dans *Revue d'histoire économique et sociale* (Paris, 1913), p.94). Voir également la réhabilitation tentée par ses anciens collaborateurs, Melon et Dutot (voir ci-dessous, p.112).

20. E. Daire, 'Notice historique sur la vie et les travaux de Jean-François Melon', dans *Economistes financiers du XVIIIᵉ siècle* (Paris, 1851 et Slatkine Reprints, 1971).

21. J. Bouzinac, *Jean-François Melon l'économiste*, thèse de doctorat, Université de Toulouse, 1906.

22. F. Megnet, *Jean-François Melon, ein origineller Vertreter der vorphysiocratischen Oekonomen Frankreichs*, thèse de doctorat, Universität Zürich, 1955.

23. Abbé A. F. Prévost d'Exiles, 'Eloge et caractère de feu M. Melon', dans *Le Pour et le contre*, t.15 [nouvelle série], 229, 1738, p.25-42 ('Joignons à cette ébauche du mérite qui l'a fait estimer dans le monde, celle du caractère qui l'a rendu cher à ses amis et qui leur fera toujours respecter sa mémoire', p.41).

Desfontaines,[24] de Maupertuis.[25] Montesquieu, dont Melon était le collègue au Parlement de Bordeaux et le condisciple au sein de l'Académie bordelaise qu'ils fondèrent ensemble, lui manifesta, en dépit des différences d'état et de renommée mondaine, une amitié ouverte à l'influence réciproque (comme en attestent l'abbé Le Blanc et Maupertuis).[26] Mais ce n'est pas à ces plumes illustres qu'il convient d'ouvrir la page pour une présentation de Melon, non plus qu'à celles – non moins illustres – de Diderot[27] ou de Turgot,[28] mais à la plume anonyme (Paulmy?) qui prit la peine de rédiger la notice manuscrite ci-dessous en page de garde de l'exemplaire de l'édition Changuion 1742 de l'*Essai* conservé à la bibliothèque de l'Arsenal (graphie conservée):

> Mr Melon avait la connaissance fort étendue des grandes affaires, et une extrême droiture de cœur et d'esprit. Il discute dans son essai sur le commerce plusieurs points importans sur nos intérêts et nos usages. Cet essai contient dans un petit espace de grands principes du commerce, de politique et de finance appuyés par des exemples qui se présentent lorsque le sujet demande. Il n'étoit point de ces penseurs qui font des projets vagues, et si l'on trouve dans son livre quelques paradoxes, comme son opinion sur le changement des monhayes, ils sont rares.
> Le régent faisait un cas infini de Melon, et passait avec lui des heures entières à discuter les points les plus intéressans de son administration. Mort en 1738.[29]

Le mérite majeur de Jean-François Melon est d'avoir produit le premier traité global d'économie.[30] Jusqu'à cet auteur, les questions de commerce, de fiscalité, de prix des denrées, de surhaussement des monnaies, de représentation fiduciaire sont traitées, dans d'innombrables mémoires, comme des problématiques, sinon séparées, du moins liées dans l'esprit des économistes à la résolution d'un problème du moment, telle disette ou

---

24. Abbé P. F. Guyot-Desfontaines, *Observation sur les écrits modernes* (Paris, 1738), t.13, Lettre 193, p.289.
25. P. L. Moreau de Maupertuis, *Eloge de Monsieur de Montesquieu* (Berlin, 1755), p.39.
26. 'je ne craindrai pas de mettre son *Essai politique sur le commerce* au rang de ce qu'il y a de mieux en ce genre dans le livre de l'esprit des lois' [N.B.: l'*Essai* est antérieur de quatorze ans à *L'Esprit des lois*], (P. L. de Maupertuis, cit. J. Bouzinac, *J.-F. Melon*, p.16).
27. *Ephémérides du citoyen* 4 (1769), (facsimile Garnier) p.81.
28. Lettre à Caillard de 1769 (cit. J. Bouzinac, p.18).
29. [J.-F. Melon] *Essai politique sur le commerce*, (Amsterdam, F. Changuion, 1742), page de garde – Ars. 8-S-5529. N.B.: La dernière phrase est inspirée du *Dictionnaire géographique et historique* de Moreri qui consacre une notice très élogieuse à Melon et dont le contenu biographique est la source des trois biographes ultérieurs de l'économiste.
30. 'C'était une sorte de petite encyclopédie des notions alors régnantes sur l'économie générale d'un Etat, mais avec certains développements hardis et originaux [...] la plupart du temps, il y avait un grand fond de vérité dans ses allégations et l'on doit dire qu'il s'est révélé esprit perspicace et novateur, mais aux yeux de ses contemporains, il dut probablement passer pour un amateur de paradoxes (P. Harsin, *Les Doctrines monétaires et financières en France, du XVIe au XVIIIe siècle* (Paris, 1928), p.237, 239).

la faiblesse endémique des finances royales par exemple, un biais circonstanciel qui préempte toute véritable théorisation. Même des ouvrages prenant, dès le siècle précédent, une certaine hauteur de vue, comme ceux de William Petty en Angleterre ou de Pierre de Boisguilbert en France, sont des tentatives très archaïques en tant qu'apport explicatif frontal et systémique de la chose économique.[31] Melon le fait, dans un essai de trois cents pages, écrit en langue naturelle. Partant du modèle allégorique du destin de trois îles, il déroule une série de commentaires équilibrés sur: le Blé, l'Augmentation des Habitants, les Colonies, l'Esclavage, les Compagnies privilégiées, l'Industrie, le Luxe, les Valeurs numéraires, la Proportion dans les Monnaies, leurs Diminutions, la Cherté des Denrées, le Change, le Crédit Public, l'Exportation et l'Importation, la liberté du Commerce, l'Agio, la Balance du Commerce, l'Arithmétique politique, les Systèmes. En bref, l'*Essai* contient donc l'esquisse d'une théorie des facteurs, d'une théorie de la valeur et des prix, d'une théorie de l'équilibre global, des principes méthodologiques de micro- et de macro-économie, des monographies explicatives des systèmes bancaires et de celui des échanges internationaux.

Toutefois, si la forme est remarquable, et préfigure – en moins rigoureuse – celles de *La Formation des richesses* de Turgot et du *Wealth of nations* de Smith, le fond est inégal. Melon, formé dans la tradition mercantiliste, est surtout à l'aise dans tout ce qui touche à la finance et au commerce international; il est visiblement moins compétent en agriculture et en industrie, et son raisonnement sur la valeur n'approche pas celui que fera Richard Cantillon dans son propre *Essai sur le commerce*, écrit durant la décennie 1730 et publié *post mortem* en 1756.[32] Mais surtout, s'il échappe aux tentations de la digression, à l'inverse de nombre d'essayistes en ces matières, il s'abandonne à d'étranges paradoxes sous le couvert de la raison. Ainsi, l'arithmétique économique l'amène à démontrer la supériorité de l'esclavage sur le salariat journalier pour le travail de la terre et à recommander son extension des colonies vers la métropole, pour le bien de tous (y compris les assujettis), un paradoxe que le polémiste provocateur Linguet reprendra dans sa *Théorie des lois civiles*.

Naissance d'une science: Cantillon

Le court espace de temps (deux décennies) qui sépare l'*Essai* de J.-F. Melon des premiers écrits économiques de Quesnay (pour

---

31. Sir William Petty, 'Political arithmetick' [1671], éd. C. H. Hull, dans *The Economic writings of Sir William Petty* (Cambridge, 1899), t.1, p.233-313; Pierre Le Pesant de Boisguilbert, 'Le Détail de la France' [1697], éd. E. Daire, dans *Economistes financiers du XVIIIe siècle*, p.163-247.
32. [Richard Cantillon], *Essai sur la nature du commerce en général* (Londres, Fletcher Gyles, 1756).

l'*Encyclopédie*)[33] est celui qui voit la mutation d'un débat d'idées philosophique sur les sources de la richesse des nations en une théorisation de la problématique des faits économiques. Comme souvent, la théorisation scientifique s'opère à la fois au plan systémique (dans le cas de l'économie: l'offre d'une explication macro-économique du système de production et d'échanges) et à celui des composantes mécaniques gouvernant les mouvements du système (élaboration de théories pour la valeur, la monnaie, le capital, la division du travail, etc.). L'apport des premiers économistes (mercantilistes puis libéraux) concerne à la fois des concepts nouveaux (le circuit des richesses, l'équilibre global) et des approfondissements de questions traditionnelles (la définition de la monnaie, le mécanisme des prix). Comme presque toujours, les intuitions fulgurantes de quelques-uns sont préparées par les avancées éparses de beaucoup d'autres.

A cet égard, l'un des apports théoriques les plus significatifs de la période est celui de Richard Cantillon. Lui-même héritier de la méthodologie quantitative appliquée par Sir William Petty à la *politique*,[34] le banquier irlandais apporte à la nouvelle science des clarifications théoriques décisives sur la conception du circuit économique d'ensemble, sur le rôle des agents (les propriétaires de biens-fonds et les entrepreneurs), sur la théorie de la valeur et sur l'analyse monétaire. Il est également le premier à introduire la spatialisation territoriale dans l'analyse économique, étudiant en particulier la logique du développement des villages, bourgs et villes à partir des facteurs matériels (approvisionnements, transports) mais aussi sociologiques (comportements des groupes sociaux).[35] Ces apports théoriques, publiés tardivement (1756), échapperont à l'attention du public (de Voltaire, en particulier).[36] Ils n'échappent pas à François Quesnay qui les intègre, dès 1756, à sa propre théorisation centrée sur l'activité agricole.[37]

---

33. Les articles 'Evidence' (1756), 'Fermiers' (1756), 'Grains'(1757); 'Hommes', 'Impôts' et 'Intérêt de l'argent' (1757) ne sont pas publiés en raison de la suspension.
34. 'Cantillon a été très marqué par Petty à qui il doit, outre quelques apports importants tels que la détermination d'une parité terre-travail, ou que le concept de circulation de la monnaie, ce souci primordial de nourrir de chiffres ses raisonnements économiques' (C. Jessua, *Histoire de la théorie économique* (Paris, 1991), p.42).
35. 'Cantillon développe une sociologie des mimétismes des consommations: le désir de ressembler à celui qui est socialement supérieur conduit chacun à essayer d'imiter son mode de vie et donc de dépense' (J.-Y. Grenier, *Histoire de la pensée économique et politique de la France d'Ancien Régime* (Paris, 2007), p.185).
36. L'ouvrage de R. Cantillon, publié vingt ans après sa mort tragique, a pour texte de base la traduction en français du texte original (sans doute effectuée par lui), seul manuscrit ayant apparemment survécu à l'incendie criminel de sa maison.
37. Le manuscrit de Cantillon avait commencé de circuler parmi les économistes bien avant sa publication, comme le prouvent les manifestations d'intérêt de Gournay et Mirabeau

D'ailleurs, de Petty à Cantillon et à Quesnay, le binôme terre/travail structure la réflexion des premiers théoriciens de l'économie: 'Le travail est le père et le principe actif de la richesse, de même que la terre en est la mère' (W. Petty);[38] 'La terre est la source ou la matière d'où l'on tire la richesse: le travail de l'homme est la forme qui la produit: et la richesse en elle-même n'est autre chose que la nourriture, les commodités, les agréments de la vie' (R. Cantillon);[39] 'la terre est l'unique source des richesses et [...] c'est l'agriculture qui les multiplie' (F. Quesnay).[40]

Et Voltaire, à peine installé aux *Délices*, qui n'a pas lu Cantillon ni, semble-t-il, Petty,[41] adopte cette matrice primordiale avant même que Quesnay ne la codifie: 'la richesse consiste dans le sol et le travail. Le peuple le plus riche est celui qui cultive le plus le meilleur terrain; et le plus beau présent que Dieu ait fait à l'homme est la nécessité de travailler';[42] 'D'où vient qu'il y a eu des peuples qui, ayant moins d'or et d'argent que nous, ont immortalisé leur mémoire par des travaux que nous n'osons imiter? Il est évident que leur administration valait mieux que la nôtre puisqu'elle engageait plus d'hommes au travail'.[43]

Les concepteurs de la théorie classique

Dans la lignée de leurs prédécesseurs, les économistes du second demi-siècle vont codifier les bases théoriques de ce que la science économique nomme aujourd'hui la théorie classique. Ces économistes nous intéressent particulièrement car Voltaire les a, pour la plupart, fréquentés personnellement malgré son exil et a entretenu une correspondance régulière avec nombre d'entre eux (sauf Quesnay, dont le patriarche de Ferney connaît néanmoins l'œuvre – grâce aux

---

(voir Schumpeter, *Histoire*, t.1, p.304-305, n.3, qui souligne également la filiation Petty-Cantillon-Quesnay).

38. *Traité des impôts* [1662], ch.10, section 10 (cité par Jessua, *Théorie économique*, p.45).

39. *Essai sur la nature du commerce*, p.1 (*incipit*).

40. 'Maximes générales du gouvernement économique', dans *Physiocratie*, éd J. Cartelier (Paris, 2008), p.238.

41. Sauf *Political surveys of Ireland* (London, 1719), possible réédition de *Political anatomy of Ireland* (London, Brown, 1691), qui apparaît dans le Catalogue de Ferney au f.52v, répertorié sur cette base par Havens et Torrey (B2311), et absent de BV (don à H. Rieu?). Toutefois, Voltaire avait pris connaissance des idées de Petty sur la quantification dans l'*Essai* de J.-F. Melon qui consacre un chapitre entier (ch.29 'De l'arithmétique politique', p.367-414) au 'Chevalier Guillaume Petti, Anglois' (p.371). Pour une meilleure connaissance de l'inventeur prémonitoire de l'économétrie, voir 'Political arithmetick', dans *The Economic writings of Sir William Petty*, vol.1, p.233-313.

42. *Des Embellissements de la ville de Cachemire* [1749 (1756, selon Beuchot)], éd M. Waddicor, dans *OCV*, t.31B (1994), p.201-61 (254).

43. *Dialogue entre un philosophe et un contrôleur-général des Finances* (désormais *Dialogue*) [1749-1750], éd. M. Waddicor, dans *OCV*, t.32A (2006), p.59-95 (88).

Ephémérides du citoyen dont il est l'abonné assidu – et surtout les extra-polations, parfois intempestives, de ses disciples).

François Quesnay

Partisan, comme Boisguilbert et Cantillon, d'une explication sociologique du circuit économique, Quesnay définit les flux – réels et monétaires – du *Tableau économique* comme un système de relations réciproques entre trois groupes d'agents: la classe des *propriétaires*, la classe *productive* (les agriculteurs) et la classe *stérile* (les artisans, manufacturiers, commerçants, financiers et agents de l'Etat). Ces re-lations sont mues par la nécessité économique des différentes *avances* nécessaires aux productions: *avances souveraines* de l'Etat (infrastructures), *avances foncières* et *primitives* des propriétaires de biens-fonds (mise en état de culture, fourniture des équipements) et *avances annuelles* des fermiers (capital circulant finançant les frais de subsistance, de fertilisation et d'ensemencement). Le *Tableau* démontre – de manière plutôt convaincante – que la circulation macroéconomique des flux entre les agents possède un effet multiplicateur qui permet la *reprise* des avances pour le cycle productif suivant.

Au plan de la théorie de la valeur, Quesnay adopte le lien qu'établit Cantillon entre la source binomiale de la richesse et la création de la valeur *intrinsèque* d'un produit (la quantité de terre et de travail qui entre dans sa production). Il calque sa revendication du *bon prix* pour l'agriculteur sur la constatation faite par le banquier irlandais d'un écart, positif ou négatif, entre *valeur intrinsèque* et *prix du marché*. Comme son prédécesseur (et beaucoup d'auteurs tels Melon, Forbonnais,[44] Herbert,[45] Plumard de Dangeul,[46] Dupin[47]), il fait confiance au libre-échange et à la libre concurrence pour résorber sur le long terme ces écarts. Avant d'être corrigé par l'analyse marginaliste (rapport entre une variation unitaire d'un paramètre et sa conséquence), ce que la pensée économique ne fera que beaucoup plus tard, le constat de cette dualité des valeurs et des prix sera néanmoins présent dans toutes les réflexions de la théorie économique classique (de Smith et Ricardo à Say, et jusqu'à Marx). Elle est au cœur de la problématique d'équilibre global au sein du

---

44. *Eléments du commerce* (Leyde et Paris, Briasson, 1754), (B2924, BV3430).
45. *Essai sur la police générale des grains* (Londres [Paris], 1756) – Ars. 8 S 5699, (B1413, BV1627).
46. *Remarques sur les avantages et les désavantages de la France et de la Grande-Bretagne* (B2377, BV2767). N.B.: Comme Voltaire le soupçonne dans l'article 'Agriculture' des *QE*, Plumard est l'auteur véritable de l'ouvrage qui est un pastiche très libre de l'essai de Josiah Tucker (*A Brief essay*). Celui-ci attribue les faiblesses de l'économie française, entre autres, au gouvernement 'arbitrary and despotick' et à la religion catholique. Plumard évite ces dangereuses allégations.
47. *Mémoire sur les blés* ([Paris],1748), (B959, BV1157).

libéralisme naissant au XVIIIe siècle et nourrit les polémiques passionnées que connaît la période sur la liberté de circulation des denrées, selon que l'on adopte l'optique de l'offre ou celle de la demande.

Toutefois, Quesnay ne tire que partiellement profit de la théorisation de Cantillon sur la question de la valeur. Ayant une vision principalement physique de la richesse (la récolte), il n'aperçoit pas que des débouchés nouveaux sont un paramètre de la création de valeur, y compris pour les activités *stériles*.[48] C'est pourquoi, prisonnier de son axiome du *produit net*, il ne distingue pas entre profit et rente comme le fait Cantillon, une distinction qui permet à ce dernier d'élargir le concept de création de valeur au-delà de la source primordiale de l'agriculture.[49] Ce sont plutôt les disciples de Gournay, Turgot en particulier (et également Graslin et Forbonnais), qui procèdent à cette généralisation, libérant ainsi la théorie économique d'une attache trop exclusive à la richesse agraire. Le concept entrepreneurial – qui en est le corollaire – place la décision microéconomique de l'agent producteur au centre de stratégies d'allocation de ressources en vue de l'optimisation du profit (et non de la rente). Cette vision, déjà développée par Cantillon,[50] comme elle le sera par Turgot, n'est pas retenue par Quesnay dans sa généralité économique: il lui préfère les données mécaniques du progrès agronomique (remembrement, mécanisation, fertilisation).[51]

Enfin, l'analyse monétaire de Quesnay et des physiocrates reprend les grandes lignes de la théorisation de Cantillon sur la nécessaire doublure des flux réels par des flux monétaires. La vitesse de circulation des seconds permet d'éviter l'égalité des deux sortes de flux. Plus novatrice est la conception de Quesnay concernant la formation du capital et son rôle dans la croissance. Elle apporte, en effet, l'amorce d'une théorie de formation du capital en termes réels et non exclusivement monétaires. Quesnay rappelle que les *avances*, qui sont la mise capitaliste de l'activité agricole, sont toujours matérielles, même si elles ont un prix: le cycle

---

48. 'Cette erreur n'aurait pu se produire si Quesnay avait vu que l'économie politique étudie les produits en tant qu'ils possèdent cette qualité *sociale* qui est la *valeur*, et non pas en tant qu'objets doués de telles ou telles propriétés physiques' (H. Denis, *Histoire de la pensée économique* (Paris, 1967), p.168).

49. Cantillon divise le *produit de la terre* en *trois rentes*: celle qui reproduit les avances du fermier, celle qui lui assure un *profit* et celle qui revient au *seigneur* (le propriétaire).

50. 'Cantillon [...] remarque que le propre de l'entrepreneur est d'acheter des *inputs* [matières premières, services] 'à des prix certains pour vendre son *output*' [denrées, produits manufacturés] 'à des prix incertains' (Jessua, *Théorie économique*, p.51).

51. Il développe, dans l'article 'Hommes' et dans 'Dialogue sur les travaux des artisans', des principes d'*économicité*: toute conduite économique rationnelle vise 'la plus grande augmentation possible de jouissances par la plus grande diminution possible de dépenses' ('Dialogue sur les travaux des artisans', dans *Physiocratie*, éd. Cartelier, p.370); mais il reste imprécis sur les effets d'allocation de ressources (arbitrages des agents dans l'affectation des terres) générées par le système des prix.

productif dépend de la présence effective des terres, du bétail, des bâtiments et machines, du travail du laboureur et non de la masse monétaire disponible. En d'autres termes, le déclencheur du *don gratuit de la nature* est l'investissement de l'épargne dans les activités productives, donc sa mutation en capacités *réelles* de production et en économies d'échelle (progrès de productivité).[52]

La clarification conceptuelle de Quesnay représente, en dépit de son biais en faveur du secteur agricole, l'étape décisive de la constitution de l'économie politique en science économique. Par sa cohérence, par sa rédaction didactique, par sa discipline de recours à la quantification, elle relève de l'exigence d'intelligence rationnelle qui est le propre de la démarche scientifique. Mais surtout, par la capacité de son auteur à agréger autour de sa doctrine des hommes de réflexion et d'action, elle marque un autre tournant historique: celui qui confronte la gestion politique du royaume à un groupe de pression représentatif non plus d'intérêts de classe ou de présupposés religieux ou moraux, mais de convictions raisonnées sur les voies et moyens de l'intérêt économique général.

Gournay, Forbonnais, Morellet

Jacques-Claude Vincent, qui deviendra Vincent, marquis de Gournay, est d'abord un praticien de l'économie marchande. Négociant à Cadix de 1729 à 1744, il acquit dans le commerce international les convictions libérales qu'il ne cessa de défendre comme intendant du commerce de 1751 à 1758, avec une détermination qui poussa ses détracteurs à faire de lui un *homme à systèmes*, imputation quasi-injurieuse dans les sphères d'un pouvoir dépourvu d'idées claires. En vérité, loin d'être doctrinales ses idées affrontent les problèmes du siècle lorsqu'il se prononce pour une réduction contrôlée des taux d'intérêt (clé de l'investissement productif), la création – en dépit de l'échec de Law – d'une institution du crédit public (source d'une adaptation des instruments monétaires aux besoins du volume de production) et pour un accord international sur la sûreté de navigation (sans lequel le développement du commerce international est entravé). N'ayant pas laissé derrière lui de traité de commerce autre que ceux qu'il a traduits de l'anglais, il a fallu attendre le XXe siècle pour

---

52. Notons que Voltaire partage cette vision du capital productif: 'nos cultivateurs seront bientôt des horlogers employés par Genève. Nous avons plus besoin de charrues que de montres, et c'est ici le cas où le nécessaire doit l'emporter sur le superflu' (Voltaire à Dufour de Villeneuve, 10 avril 1764, D11820). N.B.: cette lettre à l'intendant de Bourgogne – faussement identifié comme Amelot de Chaillou par l'éd. Louis Moland (*Œuvres complètes* (Paris, 1877-1885), 52 vols, désormais: *M*), t.23, et t.32 R, p.612 – accompagne l'envoi du *Mémoire sur l'état de l'agriculteur au pays de Gex* cité plus loin (p.100 n.97).

disposer d'études critiques sur son apport.[53] Selon les historiens de la pensée économique qui se sont intéressés à l'œuvre de Gournay, son libéralisme était plus nuancé que l'image d'apôtre du 'laissez-faire laissez-passer' dont la postérité le crédite.[54] Takumi Tsuda estime que Turgot aurait 'trahi' son maître en se revendiquant plus tard en son nom d'un libéralisme plus absolu que celui de l'Intendant du Commerce. Sans aller aussi loin, Simone Meyssonnier souligne que, selon les *Remarques* de Gournay, c'est à l'Etat de fixer les règles du marché par de 'bonnes lois' (libre concurrence, égalité entre agents, gouvernance des comportements).[55]

Cette notion d'Etat responsable des règles du jeu économique se rencontre fréquemment chez Voltaire, libéral mais colbertiste. Le philosophe n'a pas pu lire les *Remarques* accompagnant la traduction du *Traité* de Child qu'il a tant apprécié.[56] L'influence gournaysienne lui est venue par Morellet et Turgot, et par la lecture de Forbonnais. Il n'est pas impossible, d'ailleurs, que Voltaire ait été en rapport d'affaires avec Vincent de Gournay lorsqu'il arrondissait sa fortune naissante en prenant des quirats de cargaison par l'intermédiaire de Gilly au départ de Cadix.[57] En tout état de cause, les deux hommes sont en correspondance lorsque le philosophe des Délices écrit à l'un de ses banquiers: 'J'ai répondu à M. de Gournay. C'est un homme dont je fais grand cas. Je crois que personne n'entend mieux le commerce en grand et ne mériterait mieux d'être écouté'.[58]

---

53. C'est T. Tsuda (*Economic research studies* 20 (1983)) qui le premier déchiffra et édita les remarques manuscrites que Gournay avait jointes à sa traduction de Child mais que Machault d'Arnouville lui demanda de na pas publier en raison de l'opposition politique qui allait entraîner sa chute. Les manuscrits, toutefois préservés par les héritiers de Jacques Vincent, sont conservée aux archives de Saint-Brieux. Les *Remarques* ont fait l'objet récemment d'une nouvelle édition critique, en accompagnement de la traduction du *Traité* de Child par l'intendant: éd. S. Meyssonnier (Paris, 2008).

54. Le traducteur de Schumpeter en français, J.-C. Casanova, estime que la formule attribuée à Gournay remonte en fait au XVIIe siècle quand le banquier rouennais Le Gendre aurait dit à Colbert: 'laissez-nous faire'.

55. S. Meyssonnier, 'Présentation', dans *Traité sur le commerce*, p.xxvii. N.B.: La chercheuse précise ainsi l'apport essentiel de Gournay: 'une nouvelle définition de la richesse et un raisonnement macro-économique sur le circuit, au sens de circulation du flux monétaire et réel. Toute la théorie de Gournay repose sur sa théorie du capital productif, c'est-à-dire sur la création de la richesse par un travail qui ajoute de la valeur aux matières brutes' (p.xxxi).

56. En avril 1754, Voltaire, alors à Colmar, demande à Mme Denis de lui procurer 'le *Traité du commerce* [sic] de Child traduit par Gournay (D5779 du 16 avril 1754 [date erronée]). Il le lit avec passion: 'J'ai dévoré aujourd'hui le livre de Bolingbroke et le *Commerce*. Le *Commerce* me paraît utile, et Bolingbroke pitoyable' (20 avril, D5782).

57. Ceci n'est pas avéré. Les biographes de Voltaire (G. Lanson, R. Pomeau) ne le mentionnent pas.

58. Voltaire à Jean-Robert Tronchin, 5 mai 1758 (D7724). N.B.: La lettre de Gournay n'est pas connue.

A un an de sa visite d'octobre 1760 aux Délices, Turgot rédige son *Eloge de Gournay* dont il était l'ami et le disciple.[59] Ce texte, qui révèle la rigueur philosophique et la finesse d'expression d'un jeune Maître des Requêtes promis à un grand avenir, mêle peut-être les convictions personnelles de l'auteur, alors assidu aux réunions de l'Entresol, et celles de son inspirateur. Quoi qu'il en soit, l'*Eloge* est un manifeste du libéralisme d'une concision et d'une force démonstrative nouvelle dans la littérature sur le *commerce*:

> M. de Gournay concluait que là où l'intérêt des particuliers est précisément le même que l'intérêt général, ce qu'on peut faire de mieux est de laisser chaque homme libre de faire ce qu'il veut.
>
> La liberté générale d'acheter et de vendre est donc le seul moyen d'assurer, d'un côté, au vendeur, un prix capable d'encourager la production; de l'autre, au consommateur, la meilleure marchandise au plus bas prix.
>
> M. de Gournay pensait que tout citoyen qui travaille mérite la reconnaissance du public. Il fut étonné de voir qu'un citoyen ne pouvait rien fabriquer ni rien vendre, sans en avoir acheté le droit en se faisant recevoir à grands frais dans une communauté...
>
> M. de Gournay n'avait pas imaginé non plus que [...] le gouvernement eût daigné régler [...] des statuts sans nombre dictés par l'esprit de monopole, dont tout l'objet est de décourager l'industrie, de concentrer le commerce dans le plus petit nombre de mains possibles par la multiplication des formalités et des frais...
>
> Il n'avait pas imaginé que, dans un Royaume soumis au même prince, chaque province, chaque ville, se regarderaient mutuellement comme ennemies...
>
> Il n'était pas moins étonné de voir le gouvernement s'occuper de régler le cours de chaque denrée, interdire un genre d'industrie pour en faire fleurir un autre [...] défendre la sortie d'une denrée sujette à tomber dans l'avilissement, et croire s'assurer l'abondance du blé en rendant la condition du laboureur plus incertaine et plus malheureuse que celle de tous les autres citoyens.[60]

Il est cependant un passage de l'*Eloge* où l'on ne peut soupçonner le thuriféraire de trop faire droit à l'influence physiocratique: 'la somme que l'Etat peut employer annuellement à ses besoins est toujours une partie aliquote de la somme des revenus qui se produisent annuellement dans l'Etat, et que la somme de ces revenus est composée du revenu net de chaque terre, et du produit net de l'industrie de chaque particulier'.[61]

---

59. Marmontel en publie les extraits biographiques dans le *Mercure* d'août 1759 comme nécrologie de l'intendant du commerce mais, prudent, censure les développements politiques de Turgot prônant la liberté du commerce, la réforme de la fiscalité indirecte ou l'abolition des réglementations professionnelles.

60. 'Eloge de Gournay', dans *Turgot: Formation et distribution des richesses*, éd. J. T. Ravix et P. M. Romani (Paris, 1997), p.131, 132, 128, 129, 130.

61. 'Eloge', p.134. N.B.: Le mot *industrie* est ici employé dans son sens premier, fréquent au XVIIIe siècle, qui survit dans notre adjectif *industrieux*; dans le même texte, Turgot

Cette reconnaissance d'une polyvalence de la faculté de plus-value est précisément ce qui distingue des physiocrates les économistes se situant dans la lignée de Gournay (Turgot donc, mais aussi Morellet, Forbonnais et le philosophe de Ferney). L'intendant du commerce écrit: 'Il n'y a dans tous les pays du monde que deux classes d'hommes qui contribuent à augmenter les richesses. 1) les laboureurs par la culture des terres et ses productions 2) les ouvriers, les artisans, les matelots et les marchands par leur industrie et par le commerce'.[62]

De Gournay n'a donc publié, à l'instigation de Daniel Trudaine, que des traductions des économistes Josiah Child et Thomas Culpeper sur le commerce international et la théorie de l'intérêt. Selon Turgot cependant, il faisait circuler parmi ses proches nombre de notes et mémoires manuscrits, aujourd'hui en partie perdus, qui expliquent sans doute sa grande influence.[63] Il eut également un rôle notable dans le développement de la littérature économique durant la décennie 1750, encourageant la publication des ouvrages de Plumard de Dangeul (BV2767), Forbonnais (BV3430 et 3431), Cantillon, Herbert (BV1727), Tucker (traduit par Turgot), Butel-Dumont, Cliquot-Bervache,[64] etc. Mably estima qu'une 'secte' s'était formée autour de Gournay avant même que le reproche n'en fût fait à l'encontre de Quesnay.[65]

François Véron de Forbonnais est un personnage social d'un accomplissement inférieur à de Gournay. Voltaire le tenait néanmoins

---

l'emploie également, à égalité avec *manufactures*, dans le sens sectoriel que nous connaissons.

62. Vincent de Gournay, *Remarques* (Archives de Saint-Brieux, M83, D41, cité par S. Meyssonnier, p.xxxi).

63. 'A la mort de Vincent de Gournay [1759], l'auteur du dictionnaire [Morellet] a recueilli ses manuscrits qui comportent plus de cent Mémoires sur le commerce en général' (J.-C. Perrot, *Une Histoire intellectuelle de l'économie politique* (Paris, 1992), p.111). N.B.: on trouve dans la 'Bibliothèque de Voltaire' l'un de ces mémoires (*Observations sur le rapport fait à M. le Contrôleur Général sur l'état de la Compagnie des Indes* – traces de lecture mentionnées dans BV par le signe cyrillique Ч) joint à chacun des deux exemplaires des écrits postérieurs de Morellet sur la Compagnie (BV2516, 2517); ces deux mémoires portent des traces de lecture; sur BV2517, la mention 'Gournai/1755' est ajoutée de la main de Voltaire, *Corpus des notes marginales* (désormais *CN*), éd. Akademie Verlag, t.5, 1170.

64. Parfois orthographié Clicquot de Blervache.

65. Abbé Mably, *Du commerce des grains*, dans *Œuvres* t.3, éd. Arnoux., an III, p.291 (cité par G. Weulersse, *Mouvement physiocratique*, t.1, p.29; voir également le rôle éditorial de Gournay, p.26-29); à noter encore cet éloge d'un des grands théoriciens du XXᵉ siècle: 'Il se peut que cet homme [..] ait été [...] l'un des plus grands professeurs d'économie qui ait jamais vécu' (Schumpeter, *Histoire*, t.1, p.344, n.1). N.B.: Cet éloge de Schumpeter est à apprécier en regard d'une autre notation dans cette même notice sur Gournay: 'C'était un esprit parfaitement supérieur, d'une sorte qu'il est rare de trouver en dehors de l'Angleterre'. *Indeed...*

en grande estime: 'Il y a une excellente histoire des finances depuis 1595 jusqu'à 1720. Si vous rencontrez l'auteur, qui est un mr. Des Fourniez [de Forbonnais], directeur des monnaies [en fait, inspecteur général], dîtes-lui que je le fais contrôleur général des finances'.[66]

Voltaire fait ici allusion à *Recherches et considérations sur les finances de France*.[67] Il possède également, du même auteur, *Eléments du commerce*.[68] L'édition du catalogue *Bibliothèque de Voltaire* par l'Académie des Sciences de l'URSS (Moscou, 1961) indique pour ces deux ouvrages Ч (traces de lecture) et П (notes marginales).[69] Weulersse souligne le rôle de 'conciliateur' que Forbonnais, alors directeur du *Journal de l'agriculture*, s'efforça de jouer, jusqu'à 1767, alors que la polémique enflait au sujet de l'influence physiocratique.[70] Son basculement dans la critique raisonnée date, comme l'opposition de Voltaire, de la transformation de l'analyse économique de Quesnay en doctrine politique du despotisme légal de droit divin sous la plume de Le Mercier.[71]

Schumpeter considère Forbonnais comme le 'prototype de l'économiste "utile" ou "de bon sens" que le public approuve'; non sans sévérité, il juge que l'historien des idées le considérera comme un théoricien 'lourdaud et terre à terre'; mais il corrige aussitôt cette critique en reconnaissant que ses ouvrages contiennent fort peu d'idées erronées 'sur le plan des faits ou de la logique'.[72]

Le consensualisme de Forbonnais s'exprime parfaitement dans la citation ci-dessous, *incipit* du ch.3 (De l'agriculture) des *Eléments du commerce*, acceptable à la fois par les physiocrates, les libéraux 'gournaysiens', les égalitaristes et que Voltaire ne peut qu'avoir approuvée – lui qui écrit 'il est bien certain que la terre paye tout':[73] 'La terre est le dépôt de toutes les matières propres à satisfaire les besoins physiques auxquels les hommes sont assujettis, et ceux que la commodité a inventés'.[74]

L'abbé André Morellet pèse d'un autre poids auprès de Voltaire que les deux économistes précédents. D'abord parce que la relation est

---

66. Voltaire à Thieriot, 8 mai 1758 (D7728).
67. François Véron de Forbonnais, *Recherches et considérations sur les finances de France* (Bâle, Cramer, 1758), (B2925, BV3431).
68. B2924, BV3430.
69. Il possède également la traduction par Forbonnais de Jeronimo de Ustáriz, *Théorie et pratique du commerce et de la marine* (Paris, Vve Estienne, 1753), (BV3382).
70. G. Weulersse, *Mouvement physiocratique*, t.1, p.151.
71. Les *Ephémérides* d'avril 1767 qui inaugurent le terme de *Physiocratie* lui donnent pour définition: 'ordre naturel et social fondé sur la nécessité physique et sur la force irrésistible de l'évidence' (p.121-22).
72. J. Schumpeter, *Histoire*, t.1, p.249.
73. Voltaire à Damilaville, 16 octobre 1767 (D14490).
74. *Eléments du commerce*, p.97.

personnelle.[75] Morellet fit deux séjours réussis à Ferney: en 1766 ('Frère *mords-les* est arrivé il y a deux jours, enchanté du séjour qu'il a fait chez le respectable Patriarche des Alpes');[76] puis en 1775 ('Ce n'est pas que je ne l'aie trouvé plein de vie et de santé et de gaieté).[77] Mais aussi parce que la connivence philosophique entre les deux hommes dépasse largement les questions économiques. Voltaire s'adresse à Morellet après sa première visite à Ferney en l'appelant 'cher frère' ou 'mon cher philosophe'; les sujets abordés sont ceux que le philosophe de Ferney réserve à ses intimes (l'affaire La Barre, Jean-Jacques Rousseau, l'affaire Sirven); il sollicite son correspondant pour les tâches délicates de réfutation (*Le Dîner*, l'*Histoire du Parlement*).[78] Signe encore plus évident de confiance: Morellet procure à Voltaire des écrits clandestins.[79] Leur connivence date peut-être du *Mémoire* sur Abraham Chaumeix, écrit par l'abbé en 1759, petit bijou d'ironie par la fausse louange, que Voltaire a lu (BV2515).[80]

L'abbé Morellet est l'exact contemporain de Turgot, c'est-à-dire que trois décennies le séparent de son hôte de Ferney (sa carrière publique le mènera jusqu'à 1815). Ce dernier manifeste néanmoins pour son cadet une estime dont sa bibliothèque témoigne: avec seize titres des œuvres de l'abbé (en incluant les mémoires classés dans les 'pots pourris' BV3692 et BV3746), le rayon 'Morellet' est, avec ceux de D'Alembert et Diderot, l'un des mieux garnis du fonds des philosophes contemporains.[81]

Morellet représente, comme l'intendant du Limousin qui fut son condisciple à la Sorbonne et reste son ami, la génération d'économistes formée durant la riche période de la décennie 1750. Son érudition économique est considérable.[82] Son cercle relationnel également:

75. 'Je suis enchanté de l'abbé Morellet, mon cher frère' (Voltaire à Damilaville, 26 juin 1766, D13375).
76. D'Alembert à Voltaire, 16 juillet 1766 (D13424).
77. Morellet à P. M. Hennin, 30 juin 1775 (D19530). N.B.: Durant ce deuxième séjour, Voltaire et Morellet écrivent une lettre commune de soutien à Turgot (29 juin 1775, D19529).
78. Voltaire à Morellet, 7 juillet 1766 (D13397), 26 novembre 1766 (D13693), 22 janvier 1768 (D14695), 14 juillet 1769 (D15747).
79. D13397 (déjà citée, n.78).
80. 'le bon, l'honnête, l'innocent M. Abraham Chaumeix' (*Mémoire pour Abraham Chaumeix contre les prétendus philosophes Diderot et d'Alembert* (Amsterdam, 1759), *passim*).
81. BV2511 à 2522, auxquels il faut ajouter la traduction par Morellet de C. Beccaria, *Des délits et des peines* (Lausanne, 1766) (BV315 et un exemplaire de l'édition corrigée dite 'de Lausanne', BV316) dont Voltaire possédait déjà l'original *Dei delitti e delle pene* (Livourne, 1764), (BV314).
82. J.-C. Perrot a procédé à une étude statistique des 740 ouvrages de la bibliothèque économique de l'abbé Morellet (dont 405 consacrés au commerce et 149 aux questions financières et monétaires) qui montre l'étendue exceptionnelle des bases documentaires rassemblées pour le projet de dictionnaire ('Les dictionnaires de commerce' [projet de Morellet], dans *Histoire intellectuelle*, p.104-25). Le premier dictionnaire de commerce en langue française avait été commencé par Jérôme Savary des Bruslons (fils) en 1686 pour n'être achevé *post mortem* qu'en 1723 (Perrot, p.98-104). N.B.: Voltaire possède plusieurs textes de Savary le père dont *Le Parfait Négociant* (BV3109).

Voltaire, Diderot, d'Alembert, Condillac, abbé Raynal pour les philosophes; Trudaine, Bertin, Laverdy, Turgot, Loménie, Maynon d'Invault pour les hommes de pouvoir; Condorcet, Lavoisier, Vicq d'Azyr pour les scientifiques; Mirabeau, Abeille, Dupont de Nemours, Galiani, Necker pour les économistes; il correspond en Italie avec Beccaria, Carracioli, Neri, en Angleterre avec Hume, Price, Tucker, Smith, Bentham, etc.[83] Il se passionne pour la question de la liberté de circulation des grains (il réfutera l'ouvrage de Galiani en 1770) et porte sur la Compagnie des Indes un regard analytique dépourvu des réactions passionnées des commentateurs ayant été témoins de la faillite de Law.[84] Sur ce dernier sujet Voltaire cherche certainement dans les analyses de Morellet matière à fixer son jugement: l'aventure et le système de John Law/Lass sont l'un des rares épisodes de la vie économique sur lequel on observe dans ses écrits des positions contradictoires (voir ch.3).

L'affinité avec les idées économiques de Morellet est probablement liée chez Voltaire à une attitude commune envers la Physiocratie. Morellet n'est pas un détracteur systématique comme Hume, Grimm ou Graslin. Très courtisé par le cercle des *Economistes*, il ne refuse pas son concours aux *Ephémérides*, mais, philosophe du droit naturel, il se défie, comme Turgot et Voltaire, des applications extrêmes que la 'secte' est tentée d'en faire. Par ailleurs, il partage le regard que portent ces deux philosophes sur la création de richesse par les activités manufacturières et marchandes, fidèle en cela à l'influence intellectuelle de Gournay. Aussi ne peut-on être étonné de l'accueil très positif fait par Voltaire à son projet de *Nouveau dictionnaire de commerce* (qui ne sera jamais achevé): 'J'ai deux titres essentiels pour souscrire: je suis votre ami et je suis commerçant [...] J'ai mieux réussi dans la profession de laboureur. On risque moins et on est moralement sûr d'être utile'.

Et le philosophe-ironiste ne peut s'interdire cette (gentille) malice: 'Avouez qu'il est plaisant qu'un théologien [...] embrasse le commerce du monde entier'.[85]

Turgot et Dupont de Nemours

L'amitié qui lie Anne-Robert-Jacques Turgot à son cadet et collaborateur Pierre-Samuel Dupont de Nemours est indéfectible, en dépit des divergences profondes des deux économistes dans leurs liens avec le cercle de

---

83. J.-C. Perrot, *Histoire intellectuelle*, p.106.
84. *Mémoire sur la situation actuelle de la Compagnie des Indes* (Paris, Dessaint, 1769) et *Histoire de la Compagnie des Indes* (Paris, Desaint, 1769), publié également dans les *Ephémérides* (BV2516 et 2517), *Examen de la réponse de M. N[ecker] au mémoire de M. l'abbé Morellet sur la Compagnie des Indes* (Paris, Dessaint, 1769), (BV2513).
85. D15747 (déjà citée, p.23, n.78).

Quesnay. Turgot est un physiocrate réticent.[86] S'il est profondément d'accord avec l'axiome principal des *Maximes* de Quesnay,[87] il partage les préventions de David Hume sur le fonctionnement sectaire des *Economistes*.[88] La rupture avec Dupont sera évitée de peu lorsque ce dernier s'avisera de *réécrire* ce qui s'écartait par trop de la 'Doctrine' lors de la publication par les *Ephémérides* (1770, t.1) de la dernière partie des *Réflexions sur la formation et la distribution des richesses* (l'ouvrage majeur de l'Intendant). La réprobation de Turgot est sèche:

> Vous m'avez fait une vraie peine, en changeant quelques endroits de mon ouvrage, et surtout en y ajoutant des choses qui ne sont ni dans mon ton, ni dans ma façon de penser [...] jamais vous n'aurez aucun correspondant si vous en usez avec eux de cette manière, et malgré toute mon amitié je ne vous aurais pas donné mon ouvrage si j'avais crû que vous en usassiez ainsi [...] L'endroit des *avances foncières*, en particulier, m'a fait bien mal au cœur [...] je puis avoir tort mais chacun veut être soi, et non un autre. Je n'ai pas été plus content d'une certaine violation des *lois de l'ordre*, phrase économiste [= physiocrate] dont je ne veux point absolument me servir, et que vous avez intercalée avant les *droits de l'humanité* qui est l'expression juste ou du moins la mienne [...] je vous préviens que si vous ne me donnez pas satisfaction, je fais imprimer une lettre au *Mercure* pour désavouer ces additions qui toutes tentent à me donner pour économiste [= physiocrate], chose que je ne veux pas plus être qu'encyclopédiste.[89]

La leçon ne sera pas entièrement perdue pour Dupont, qui écrira dans la biographie *post mortem* qu'il consacre à son second maître (le premier étant Quesnay): 'Il détestait l'esprit de secte et tout esprit de corps, parce que l'expérience lui avait fait voir qu'il est très difficile que [...] l'esprit de fanatisme qui en est inséparable n'égare pas un peu l'amour de la vérité et de la justice'.[90]

---

86. 'Un physiocrate réticent': j'ajoute ici ma propre (et modeste) variante sémantique à l'effort des historiens de la pensée économique pour qualifier la nuance qui sépare l'intendant du Limousin de l'orthodoxie physiocratique: 'physiocrate dissident' (J. Cartelier), 'un non-physiocrate avec des sympathies physiocratiques' (Schumpeter), 'un physiocrate bien particulier' (C. Jessua), un homme 'qui se défendait d'appartenir à la "secte"' mais 'partageait la plupart de ses idées' (H. Denis), etc.
87. Il écrit en note de sa traduction de J. Tucker (*Questions importantes sur le commerce*): 'En politique comme en économie, la terre est la seule richesse réelle et permanente' (cité par J.-F. Nys, 'Le commerce et l'industrie chez Turgot: mercantilisme et physiocratie', dans *Turgot, économiste et administrateur*, éd. C. Bordes et J. Morange (Paris, 1982), p.23).
88. Hume s'étonne toutefois que l'intendant n'ait pas entièrement rompu avec le cercle de Quesnay: 'I wonder what could engage our friend, M. Turgot, to herd among them; I mean among the economists' (D. Hume à A. Morellet, 10 juillet 1769, dans John Hill Burton, *Life and correspondence of David Hume* (Edimbourg, 1846), t.2, p.428).
89. Turgot à Dupont de Nemours, 2 février 1770, dans G. Schelle, *Œuvres de Turgot et documents le concernant* (1768-1774), (Paris, 1913-1923), t.3, p.373-74.
90. [P.-S. Dupont de Nemours], *Mémoires sur la vie et les ouvrages de M. Turgot* (Philadelphie, PA, 1788), p.42.

Turgot est l'un des économistes les plus pénétrants de la théorie classique naissante.[91] Longtemps éclipsée par les hauts et les bas historiques de l'homme d'Etat qu'il fut, après avoir été un administrateur de terrain respecté, son étoile de théoricien de l'économie a peu à peu accru sa brillance posthume, au point que nombre d'historiens de la pensée polémiquent sur les mérites respectifs de ses *Réflexions* et de l'*Inquiry into the nature and causes of the wealth of nations* de Smith.[92] Bien que l'ouvrage de Turgot ait précédé de dix ans celui de Smith, une telle querelle de préséance ne laisse pas d'être quelque peu vaine: la somme de Smith a été la référence de tous les économistes classiques du XIXe siècle.[93] La brillante théorisation de Turgot appartient à l'archéologie de la science économique; la mise au net didactique de Smith ouvre l'ère d'une pédagogie de la connaissance.[94] Les deux économistes, qui se connaissaient fort bien durant le séjour de Smith à Paris en 1766, montrent, dans ces deux traités, une même capacité de synthèse en face du matériau intellectuel composite accumulé depuis un siècle. Ils font en outre chacun un apport spécifique décisif. Celui de Turgot dans les *Réflexions* nous paraît être la première théorisation du capital comme facteur universel de formation de la richesse à parité avec le travail.[95]

91. Un hommage marquant, à mes yeux, est celui que lui rend Schumpeter: 'ses droits évidents au titre de membre du triumvirat où le rejoignent Beccaria et A. Smith' (*Histoire*, t.1, p.344) et plus loin (à propos de la théorie des rendements décroissants): 'c'est là une performance des plus éclatantes, qui suffit à elle seule à faire de Turgot un théoricien bien supérieur à Adam Smith' (p.366).

92. Dupont écrit en 1788, à propos des *Réflexions*: 'un très petit volume qui n'a pas 180 pages; il est pourtant singulièrement clair; tout ce qu'il y a de vrai dans l'ouvrage estimable, mais pénible à lire, que M. Smith a publié depuis sur le même sujet en deux gros volumes *in-quarto*, s'y trouve; et tout ce que M. Smith y a ajouté manque d'exactitude et même de fondement' (*Mémoires*, p.113). De plus de poids objectif est le jugement de Schumpeter: 'Telle quelle, même si l'on fait abstraction de son antériorité, la structure théorique de cette œuvre est nettement supérieure à la structure théorique de la *Richesse des nations*' (*Histoire*, t.1, p.349).

93. Ecrites en 1766, les *Réflexions* ont d'abord été publiées par Dupont dans les *Ephémérides* 11 et 12 (1769), 1 (1770) puis dans *Œuvres de M. Turgot* (Paris, 1809-1811) avec des modifications substantielles de la main de Dupont (voir ci-dessus p.25). E. Daire ('Œuvres de Turgot' dans *Collection des principaux économistes* (Paris, 1844)) conserve la réécriture par Dupont. La version pro-physiocratie de Dupont fut celle qui fut attribuée à Turgot durant le XIXe siècle, contribuant sans doute à son image de *physiocrate*, une inexactitude qui perdure. Il faut attendre G. Schelle, biographe et éditeur de Turgot au début du XXe siècle, pour voir restitué le texte d'origine et les importantes innovations de l'auteur par rapport à la vision physiocratique.

94. Adam Smith et John Maynard Keynes sont les deux auteurs sur lesquels, dans tout pays, un jeune étudiant en sciences économiques est certain d'être, un jour, amené à disserter...

95. R. Finzi ('Turgot fra fisiocrazia e pensiero classico', dans *SVEC* 191 (1980), p.828-29) caractérise plus précisément la charnière représentée par Turgot entre la physiocratie et l'école classique; pour lui, les trois apports théoriques de l'économiste sont: une vision diversifiée du rôle des agents sociaux de l'économie; une intuition nouvelle de la théorie valeur-travail; une précision des mécanismes fondamentaux de financement du système

En effet, si le premier tiers du traité reproduit la stricte orthodoxie physiocratique (division sociale en trois classes, la terre comme source unique de la richesse, le travail du laboureur seul susceptible de produire au-delà du salaire, etc.), il s'en écarte ensuite peu à peu et de plus en plus nettement.[96] Quittant dès la proposition XXIX les questions agraires, Turgot élabore sa propre théorie de la valeur et de sa représentation (XXIX-LI: 'Toute marchandise est monnaie [...] toute monnaie est marchandise'). Ayant établi que les produits annuels de la terre peuvent être stockés sous forme de richesses mobilières, il énonce cet axiome: 'Les richesses mobiliaires [sic] sont un préalable indispensable pour tous les travaux lucratifs' (LI). De là découle une nouvelle analyse banalisant, en quelque sorte, la propriété d'un bien-fonds comme l'une des variantes de l'accumulation du capital: 'Tout capital en argent, ou toute somme de valeur quelconque, est l'équivalent d'une terre produisant un revenu égal à une portion déterminée de cette somme' (LVIII).[97] De ceci découle ensuite une palette de possibilités d'emploi des capitaux dont l''achat d'un fonds de terre' est évidemment le premier (LVIII), aussitôt suivi des 'avances des entreprises de fabrication et d'industrie' (LIX). Au total, le détenteur de valeurs mobilières a 'cinq différentes manières d'employer les capitaux [...] d'une manière profitable':

La première est d'acheter un fonds de terre qui rapporte un certain revenu;
La seconde est de placer son argent dans des entreprises de culture en affermant des terres [...];
La troisième est de placer son capital dans des entreprises d'industrie ou de fabriques;
La quatrième est de le placer dans des entreprises de commerce;
Et la cinquième, de le prêter à ceux qui en ont besoin, moyennant un intérêt annuel. (LXXXII)[98]

---

capitaliste et leurs alternatives d'emploi actif ou passif. On aura compris que je privilégie surtout ce troisième aspect.

96. Ecrites pour l'usage de deux étudiants chinois venus observer l'économie politique européenne, *Réflexions* est un manuel remarquablement pédagogique composé de cent titres ou assertions, brièvement commentés. Il propose donc deux niveaux de lecture (identique en cela à l'ouvrage de Le Mercier de la Rivière) et laisse apparaître avec une grande clarté la pensée de l'Intendant.

97. Il faut rappeler que Cantillon avait, lui aussi, proposé une théorie de la valeur fondée sur une parité avec le binôme terre/travail; il n'en tirait toutefois pas les conséquences universelles de l'accumulation capitaliste qui sont en germe dans l'exposé de Turgot.

98. J'anticipe un instant sur les ch.5 et 6 en faisant observer que Voltaire a commencé sa trajectoire capitaliste par la quatrième opportunité, l'a poursuivie par la cinquième puis a consacré ses ressources à Ferney dans les entreprises de la première, la seconde et la troisième sortes. Toutefois, la martingale sur la loterie des rentes de l'Hôtel de Ville – qui semble bien avoir été pour lui le facteur principal d'accumulation primitive – n'est pas

Turgot a l'élégance logique de ne pas contredire en conclusion l'énoncé physiocratique du premier tiers du traité: 'Il reste donc constant qu'il n'y a de revenu que le produit net des terres et que tout autre profit annuel, ou est payé par le revenu, ou fait partie des frais qui servent à produire le revenu' (XCVIII). Si cette phrase est bien issue du manuscrit original – et ne constitue pas un résidu des additions de Dupont qui aurait échappé à Schelle – elle est presque sophistique, étant précédée de celle-ci: 'l'intérêt de l'argent prêté est pris sur le revenu des terres, ou sur les profits des entreprises de culture, d'industrie ou de commerce'.[99]

Quoi qu'il en soit, Turgot marque à la fois une continuité et une innovation dans la pensée économique franco-anglaise. Il porte l'héritage de Cantillon, de Hume et de Quesnay, celui de Child aussi, traduit par son mentor De Gournay. Mais on peut – sans vouloir prendre parti dans la dispute historienne Turgot-Smith – à bon droit voir en lui le premier théoricien du capitalisme libéral.[100]

Ce n'est pourtant pas ce statut (futur) qui attache à lui Voltaire – dans un premier temps du moins – en 1760, mais la rencontre avec un philosophe universel, dans la meilleure tradition des Lumières. Le futur ministre est, avant tout, un homme d'une grande culture, dont la bibliothèque, à sa mort, contient 5000 volumes et ressemble, par sa taille et sa composition, à celle du patriarche de Ferney (environ 7500): philosophie, linguistique et littérature (1600 titres), histoire (1200), sciences et techniques (1000), droit, économie et matières administratives (700), religion (500).[101] Cette culture éclectique est le reflet de son polyglottisme (hébreu, grec, latin, anglais, allemand) et de ses nombreux centres d'intérêt intellectuels (Histoire naturelle, Géométrie,

---

envisagée par le vertueux Turgot qui énonce cet adage: 'il n'y a qu'un seul moyen de devenir riche: c'est d'avoir ou de se procurer [...] un revenu ou un profit annuel au-delà du nécessaire absolu pour sa subsistance, et de mettre, chaque année, ce superflu en réserve pour en former un capital' (LXXXI).

99. S'interrogeant sur l'ambivalence physiocratique du 'grand homme' Turgot, J. Schumpeter fait cette remarque: '[énoncé de plusieurs orthodoxies physiocratiques par l'Intendant] Mais, si nous y regardons de plus près, nous faisons une surprenante découverte. Nous voyons alors que ces passages sont étrangers à l'argumentation dans laquelle ils s'insèrent, et que l'on peut les supprimer sans porter atteinte au reste. En fait, ce qui subsiste gagne alors en cohérence' (*Histoire*, t.1, p.342-43).

100. Le libéralisme de A. R. J. Turgot est presque radical, comme le montrent ses 'Sept lettres au contrôleur général' [Terray], dont cinq nous sont parvenues, visant à le dissuader d'inverser la législation des édits de 1763-1764.

101. Ma source est ici la recherche effectuée par T. Tsuda sur le fonds Turgot conservé à la BnF (*Catalogue des livres de la Bibliothèque de Turgot* (Tokyo, 1974)). Le rayon 'Economie' montre le même éclectisme, avec une répartition mesurée des 134 titres entre toutes les subdivisions constituant à l'époque l'économie politique (principaux rayons: agriculture, impôt, commerce des grains, banques, etc). Tous les auteurs français et anglais rencontrés dans la bibliothèque de Voltaire s'y retrouvent.

Astronomie, Poésie, etc.).[102] Proche, dès son entrée au Parlement en 1752, de Montesquieu, d'Alembert, Galiani, Helvétius, Mme de Graffigny, il devient assez naturellement contributeur de l'*Encyclopédie*.[103] Son discours aux Sorbonniques de 1750 trahissait l'influence de ses lectures de Locke, Bayle, Clarke et Voltaire; la trame philosophique de l'*Essai sur les mœurs*, alors en cours de parution partielle (depuis le *Mercure* d'avril 1745), n'est-elle pas admirablement anticipée dans ce passage?

> On voit s'établir des sociétés, se former des nations qui dominent tour à tour et obéissent à d'autres nations; les Empires s'élèvent et tombent; les lois, les formes de gouvernement se succèdent les unes aux autres; les arts, les sciences tour à tour se découvrent et se perfectionnent; tour à tour retardés et accélérés dans leurs progrès, ils passent de climats en climats; l'intérêt, l'ambition, la vaine gloire changent à chaque instant la scène du monde, inondent la terre de sang; et au milieu de leurs ravages, les mœurs s'adoucissent, l'esprit humain s'éclaire, les nations isolées se rapprochent les unes des autres; le commerce et la politique réunissent enfin toutes les parties du globe, et la masse totale du genre humain par des alternatives de calme et d'agitation, de biens et de maux, marche toujours, quoique à pas lents, à une perfection plus grande.[104]

D'Alembert recommanda donc volontiers à l'exilé du Lac Léman le jeune Maître des Requêtes voyageant alors pour surmonter la tristesse du décès de Vincent de Gournay:

> M. Turgot m'a écrit qu'il compte être à Genève vers la fin de ce mois; vous en serez sûrement très content. C'est un homme d'esprit, très instruit et très vertueux, en un mot un honnête *cacouac*, mais qui a de bonnes raisons pour ne pas trop le paraître, car je suis payé pour savoir que la *cacouaquerie* ne mène pas à la fortune, et il mérite de faire la sienne.[105]

'Content' est un euphémisme, si l'on considère le caractère fondateur d'une relation d'estime exceptionnelle qu'inaugurèrent les dix journées passées par l'honnête *cacouac* aux Délices en novembre 1760:

---

102. Sur la personnalité de Turgot et sa carrière, on se reportera avec profit à la biographie de J.-P. Poirier, *Turgot* (Paris, 1999). Plus événementiel mais donnant une assez bonne idée des difficultés du réformisme à la fin de l'Ancien Régime, l'ouvrage d'E. Faure, *La Disgrâce de Turgot* (Paris, 1961). Enfin, déjà ancien, mais très intéressant quant aux affinités intellectuelles entre Voltaire et Turgot, le chapitre 'Turgot' dans *The Friends of Voltaire* de S. G. Tallentyre [E. B. Hall] (Londres, 1906).
103. Il rédige 'Etymologie', 'Existence', 'Expansibilité' (il eut très tôt une bonne intuition de l'avenir industriel du caoutchouc), 'Foires',' Fondation'. Il avait en projet 'Hôpital', 'Humidité', 'Immatérialité', 'Inspecteurs', 'Mendicité', articles interrompus lors de la suspension du privilège.
104. 'Les progrès de l'esprit humain', dans *Turgot: Formation des richesses*, éd. Ravix et Romani, p.70-71.
105. D'Alembert à Voltaire, 18 octobre 1760 (D9329).

Je suis encore tout plein de M. Turgot. Je ne savais pas qu'il eût fait l'article 'Existence'; il vaut encore mieux que son article. Je n'ai guère vu d'homme plus aimable ni plus instruit et, ce qui est assez rare chez nos métaphysiciens, il a le goût le plus fin et le plus sûr. Si vous avez plusieurs sages de cette espèce dans votre secte [les encyclopédistes], je tremble pour *l'inf*...; elle est perdue dans la bonne compagnie.[106]

En fait, le terrain d'entente entre les deux philosophes n'est pas la métaphysique. Voltaire eut assez d'intuition pour ne jamais terminer par la formule célèbre ses missives à Turgot; celui-ci était un catholique fidèle, bien que libéral.[107] Leur royaume d'affinité élective fut l'économie politique. Comme nous le verrons, lorsque l'un d'eux s'en écarta, la magie relationnelle cessa (voir plus loin, p.102-106).

Pierre-Samuel Dupont de Nemours est, aux yeux de Voltaire, un personnage attachant en dépit de sa rigidité doctrinale. Par une singulière ironie de l'histoire, ce défenseur farouche de la prééminence agraire en économie a légué son nom (par l'intermédiaire de son fils) au premier groupe mondial de chimie de synthèse.[108] Voltaire ne perçoit pas Dupont comme un *philosophe-économiste* à l'instar de Morellet ou Turgot, mais comme un brillant jeune journaliste. Il est vrai que l'œuvre éditoriale du rédacteur du *Journal de l'agriculture* puis des *Ephémérides* est impressionnante. Il corrige et annote personnellement tous les articles publiés dans ces deux supports, suscitant parfois l'agacement de ses commanditaires (*Journal de l'agriculture*) ou des auteurs (Turgot). Il édite séparément sous forme de fascicules des versions condensées des principaux textes physiocratiques. Il écrit lui-même des mémoires dont plusieurs se trouvent encore dans la 'Bibliothèque de Voltaire': *De l'administration des chemins* (Paris, Merlin, 1767) (BV1172); *Réflexions sur l'ouvrage 'Richesse de l'Etat'* (Londres [Paris], 1763), (BV1175); *De l'origine et des progrès d'une science nouvelle* (Londres/Paris, Desaint, 1768), (BV1173); *Du commerce et de la Compagnie des Indes* et *Histoire du Système de Law* (Amsterdam/Paris, Lacombe, 1769), (BV1174). Comme nous l'avons déjà mentionné, Dupont de Nemours est également l'éditeur scientifique des œuvres complètes de ses deux maîtres: Quesnay (*Physiocratie* (Leyde et Paris, Merlin, 1767), BV2841) et Turgot (*Œuvres de M. Turgot* (Paris, Delance/Belin, 1809-1811)).

---

106. Voltaire à d'Alembert, 17 novembre 1760 (D9412).
107. Il rédigeait sur son lit de maladie un mémoire sur la Tolérance à l'intention du roi lorsque intervint sa disgrâce.
108. Par une autre coïncidence de l'histoire (économique), le siège européen de E. I. du Pont and Company est situé hors de Genève, sur la route de Ferney, à deux lieues du résident illustre que Pierre-Samuel vint visiter en 1768. Sans doute découvrit-il depuis sa chaise, sur cette légère éminence du Grand Sacconex, le château que l'on distingue aujourd'hui depuis la terrasse du bâtiment.

Les rapports de Turgot et Dupont, amicaux et familiaux (le premier est le parrain d'un des fils du journaliste) contrastent avec l'irritation que provoquent chez l'intendant les convictions économiques sans nuance de son jeune adjoint. Philosophe du progrès de l'esprit et de la tolérance, Turgot ne supporte pas le ton sectaire du cercle des *Economistes*, qu'il connaît bien et qu'il retrouve chez Dupont:

> Je suis fâché encore que vous repoussiez le reproche du ton de secte de manière à prouver de plus en plus que ce reproche est juste. [...] l'on sait que la critique *sur les faits* n'est pas le fort du Maître [Quesnay] ni de son disciple l'ami des hommes [Mirabeau][109]
>
> [A propos du 'despotisme légal' de la 'puissance législative']: Ce mot, indépendamment de ce qu'on peut dire sur la justesse de l'expression, est le cachet économistique et il caractérise précisément la partie honteuse du système des économistes [...] Donc, il faut proscrire ce mot tutélaire, cachet de la secte économistique, en tant qu'elle est secte, c'est-à-dire en tant qu'elle a tort, car on ne fait jamais secte par ce qu'on dit de vrai, mais par ce qu'on dit de faux.[110]

Il faut reconnaître que l'intégrisme de Dupont de Nemours surprend chez un homme de sa culture et de son intelligence; en 1768 (l'année où Voltaire publie *L'Homme aux quarante écus*), il abandonne sa plume à un type d'effet rhétorique qui sera plutôt de mise un quart de siècle plus tard (et causera son propre exil en Amérique): '[Toute opposition à la doctrine physiocratique] ne peut jamais servir qu'à enfoncer de plus en plus ceux qui s'y abandonnent dans la fange du mépris et de l'indignation publique'.[111]

Dans le même ouvrage – que Dupont apporte sans doute à Ferney lors de sa visite (BV1173) – le patriarche aura pu lire en *incipit*:

> Il y a donc un *ordre* naturel, essentiel et général qui renferme les lois constitutives et fondamentales de toutes les sociétés; un ordre duquel les sociétés ne peuvent s'écarter sans être moins *sociétés*, sans que l'état politique ait moins de consistance, sans que ses membres se trouvent plus ou moins désunis dans une situation violente; un *ordre* qu'on ne pourrait abandonner entièrement sans opérer la dissolution de la société et bientôt la destruction de l'espèce humaine.[112]

Nul ne connaît le désaccord verbal que le philosophe a pu signifier au journaliste. Comme la sœur de Panckoucke en fit l'expérience, l'exquise

---

109. Turgot à Dupont, 26 décembre 1769 (D 16062).
110. Turgot à Dupont, 14 et 25 mars 1774 (citées dans *Œuvres de Turgot*, éd Schelle, t.3, p.663-64; également citées par J.-T. Ravix et P.-M. Romani dans 'Le Système économique de Turgot', introduction à *La Formation des richesses* (Paris, 1997), p.17).
111. Pierre-Samuel Dupont de Nemours, *De l'origine et des progrès d'une science nouvelle* (Londres et Paris, Desaint, 1768, fac-similé Catania, 1992), p.84.
112. *De l'Origine d'une science nouvelle*, p.7, c'est l'auteur qui souligne.

politesse du patriarche ne lui interdisait pas de compter qui approuvait ses amis et qui ses 'ennemis'.[113] Toutefois, rien dans leur correspondance ultérieure n'en garde trace. L'indulgence de Voltaire envers Dupont était-elle due à la critique de Montesquieu qui accompagne le passage cité? Ménageait-il le protégé de Turgot dont, au même moment, il sollicitait déjà l'appui (voir ch.6)? Nous préférons attribuer cette mansuétude à la sympathie naturelle née au tout début des échanges épistolaires entre le vieux philosophe et le jeune journaliste. Ceux-ci, en leur origine, ne laissent pas d'étonner. Car c'est par la poésie que leur relation s'amorce. Une première lettre (perdue) de Dupont au milieu de 1763 adressait au patriarche une brochure accompagnée de vers (une épître?). Le pamphlet de Dupont, *Réflexions sur l'écrit intitulé Richesse de l'Etat* ne pouvait que plaire à Voltaire qui vitupérait alors l'auteur de 'l'*écrit*': Roussel de la Tour (voir ch.3). L'envoi versifié ne suscitait dès lors qu'une malice modérée chez l'homme de lettres: 'Je vois, Monsieur, que vous embrassez deux genres un peu différents l'un de l'autre, la finance et la poésie. Les eaux du Pactole doivent être bien étonnées de couler avec celles du Permesse. Une pareille finance ne ressemble pas mal à la poésie; c'est une très noble fiction'.[114]

Durant les années suivantes, le 'cultivateur' de Ferney connaît les produits éditoriaux du journaliste économique. La relation s'établit sur un plan personnel cinq ans plus tard, lorsque Dupont, imitant son maître Turgot, rend une visite au seigneur de Ferney durant l'été 1768. Plus tard, Voltaire rappellera aimablement le bon souvenir qu'il garde de cette visite.[115] Il ne semble pas qu'elle ait procuré un choc de sympathie intellectuelle analogue à la rencontre avec Turgot en 1760. Néanmoins, l'échange épistolaire qui débute en 1769 (et se poursuivra jusqu'en 1776) montre la considération que le philosophe porte à l'économiste physiocrate sur l'agriculture, un sujet qui le passionne: 'Je suis laboureur, et je vous remercie du bien que vous dîtes de nous'.[116] Cette connivence agraire entre pour partie dans l'usage immodéré que le défenseur du Pays de Gex fera de l'entregent de Dupont auprès du Contrôleur général entre 1774 et 1776. Cette lettre du 7 juin 1769 fait également référence à une critique appréciative de Dupont sur le poème *Les Saisons* de Saint-

113. 'Mais, Madame, on me dit que vous êtes de nos ennemis' [Mme Suard préférait la position de Necker à celle de Turgot sur la question de la liberté de circulation des grains] (Amélie Suard à son mari, Juin 1775, Archives Suard BGE et D19499).
114. Voltaire à Dupont de Nemours, 16 août 1763 (D11369).
115. Voltaire à Dupont de Nemours, 9 novembre 1772 (D 18003).
116. Voltaire à Dupont de Nemours, 7 juin 1769 (D15679). N.B.: Cette lettre, envoyée par Voltaire au libraire Lacombe en l'absence de Dupont (alors en mission pour l'Intendant du Limousin), fut publiée par le libraire indélicat dans le *Mercure*, sans l'accord du destinataire (ni du scripteur).

Lambert. Elle est l'occasion d'un des beaux textes de Voltaire sur son exploitation agricole. Nous y reviendrons plus loin (ch.5).

Adam Smith

Un autre visiteur de Ferney durant cette décennie 1760 occupe une place de premier rang dans l'histoire de la théorie économique: Adam Smith. Son traité, *Wealth of nations*, ouvre l'ère classique dans la pensée économique. Comme Turgot, Voltaire ou son ami (et compatriote de Kirkcaldy) Hume, Smith est un philosophe polyvalent, apte à marquer son époque par des ouvrages, chez lui peu nombreux mais retentissants, sur la jurisprudence, les belles-lettres, la morale et l'économie.[117] Universitaire d'Edinburgh, où il détient la chaire de philosophie morale, il est, après Hutcheson dont il fut l'élève, une figure exemplaire du *Scottish Enlightenment*.[118] Alors connu en Europe pour son traité philosophique *Theory of moral sentiments* (Londres et Edimbourg, Millair/ Kincaid/Bell, 1761, BV3186), curieusement traduit en Français par *Métaphysique de l'âme*, c'est pourtant tardivement qu'il signe son ouvrage majeur, dans le domaine de l'économie. Les trois années qu'il passe en Europe continentale, et notamment à Paris, de 1764 à 1766, comme précepteur du futur duc de Buccleuch, apparaissent décisives dans la mise au net de ses réflexions antérieures sur la politique et l'économie, comparées à celles de ses interlocuteurs européens. Le résultat, *Wealth of nations*, résume un siècle de spéculations et de prospectives d'économie politique en Europe et constitue le socle conceptuel de la théorie classique.[119]

117. Les œuvres complètes d'Adam Smith ont fait l'objet d'une édition scientifique par l'université de Glasgow (Oxford, 1976-1987, dite 'édition de Glasgow'): *The Theory of moral sentiments*, éd. D. D. Raphael et A. L. Macfie (Oxford, 1976); *Lectures on jurisprudence*, éd. R. L. Meek, D. D. Raphael et P. C. Stern (Oxford, 1978); *An Inquiry into the nature and causes of the wealth of nations*, éd. R. H. Campbell et A. S. Skinner (Oxford, 1979); *Essays on philosophical subjects*, éd. W. P. D. Wightman, J. C. Bryce et I. S. Ross (Oxford, 1980); *Lectures on rhetoric and belles-lettres*, éd. J. C. Bryce (Oxford, 1983); *Correspondence of Adam Smith*, éd. E. C. Mossner et I. S. Ross (Oxford, 1987). N.B.: Les citations de *Wealth of nations* ci-dessous sont extraites de ma copie de travail *Oxford world's classics*, éd. K. Sutherland (Oxford, 1993), qui a repris et abrégé l''édition de Glasgow'; la correspondance de pagination avec celle-ci est indiquée. Le lecteur francophone peut se reporter à l'excellente traduction de J.-M. Servet et P. Jaudel (Paris, 2000) ou à l'édition Flammarion, trad. G. Garnier (Paris, 1991, rééd.).

118. Sa seule interface avec l'économie réelle, aura lieu après 1778, lorsqu'il sera nommé 'Commissioner of Customs and Salt Duties' d'Ecosse, poste administratif qu'il occupera jusqu'à la fin de sa vie (1790).

119. Sur la vie et le développement intellectuel du philosophe-économiste, on consultera avec profit sa plus récente biographie: Nicholas Phillipson, *Adam Smith, an enlightened life* (Londres, 2010). Le chapitre 9 (p.180-99) est plus particulièrement consacré à la période du séjour continental. Voir également I. S. Ross, *The Life of Adam Smith* (Oxford, 1995).

Le 'Grand tour' qui conduisit le maître et son élève successivement à Toulouse, Genève, Paris et en Allemagne avait principalement pour objectif de former le jeune duc à l'analyse politique en cherchant à déterminer les causes d'effondrement de la première puissance européenne lors du récent désastre de la Guerre de Sept Ans.[120] Le choix de Toulouse n'était pas indifférent à l'universitaire qui citera les derniers mots de Calas dans une réédition de son traité philosophique et conservera, selon des témoignages, un buste de Voltaire sur sa table de travail.[121] Isolés, son élève et lui s'y ennuyèrent cependant beaucoup.[122] Il semble bien que, pour combattre cet ennui, Smith commença à Toulouse la rédaction de *Wealth of nations* (ce point est toutefois controversé selon certains historiens).[123]

Avant le séjour d'une année à Paris, qui devait être intellectuellement et culturellement très riche pour le philosophe, le maître et son élève séjournent à Genève chez Théodore Tronchin durant deux mois de l'automne 1765.[124] Nous n'avons malheureusement que très peu d'éléments factuels sur ce séjour, occulté par l'effervescence locale suscitée – y compris chez les Tronchin et chez Voltaire – par les premières tensions graves entre 'Représentants' (Citoyens) et 'Magistrats' (Bourgeois) et de ce qui allait devenir plus tard l'affaire des Natifs. Voltaire, déjà, se laissait impliquer dans les problèmes internes de la 'parvulissime république':

[Voltaire reconnaît avoir accordé un entretien le jour même à quatre Genevois – des Natifs – mais assure que l'entretien n'était pas séditieux] je n'ai profité de la confiance qu'on a bien voulu avoir en moi, que pour établir la concorde, mes lumières sont bornées, mes vœux pour la prospérité de la

---

120. 'how this insidious and vast Monarchy, so enormous in its extent, at the completion, as it should seem, of its ambitious plan, renowned in arms, formidable in Navy, should have been found, in the last minute of decisive trial, a monster in size, and by some secret error in its constitution the most incapable power by land and sea that the modern times have exhibited' (Lettre de Charles Townshend, homme politique et beau-père du jeune Buccleuch, à A. Smith avant son départ, début 1764, citée par N. Phillipson, p.185).

121. 'Smith introduced the last words of Jean Calas into the final edition of Theory of moral sentiment (1790).' (Ross, *Smith*, p.213).

122. Il y fit pourtant la connaissance de Loménie de Brienne, archevêque de la ville, très lettré en finances publiques et ami de Turgot, Morellet et d'Alembert (Phillipson, p.186).

123. 'I have begun to write a book to pass away the time' (A. Smith à D. Hume, 5 juillet 1764, dans Mossner et Ross, *Correspondence of Adam Smith*, p.101-102). N.B.: l'hypothèse est d'autant plus crédible que: 1) Smith n'était pas un auteur prolixe et il n'est pas fait mention chez ses biographes d'un tel manuscrit toulousain qui serait resté inachevé; et 2) ses principales idées économiques et politiques avaient été formulées durant la décennie 1750, avant le *Grand Tour* (voir I. S. Ross, 'The physiocrats and Adam Smith', dans *SVEC* 216 (1983), Actes du VIe Congrès des Lumières, p.292).

124. François-Louis, le fils du Dr Tronchin, avait été l'élève de Smith à l'université d'Edinburgh.

République ont plus d'étendue. Je vous supplie, Monsieur, à assurer le Conseil de mon zèle et de mon très respectueux dévouement.[125]

Dans le même temps, les Bourgeois de Genève étaient également occupés par l'indignation que leur causaient les récents écrits de Rousseau, citoyen de Genève indigne.[126] Menacées dans la paix sociale et dans celle de la foi, les rives du Léman ne prêtèrent guère d'attention à la visite du philosophe écossais.[127] Nous ne pouvons qu'imaginer ce que furent les 'cinq à six visites' qu'il fit à Ferney.[128] La récente affaire Calas aura certainement été l'un des sujets de leurs conversations.[129] On parla peut-être aussi linguistique: dans la nouvelle édition de *Theory of moral sentiments* que Smith publie à son retour de France en 1767, on trouve une addition importante: 'Considerations concerning the formation of languages'. Voltaire avait publié dans les *Mélanges* de 1756 l'essai *Des langues* qu'il reprendra en le complétant dans l'article 'Langues' des *Questions sur l'Encyclopédie* en 1771. Les deux essais sont proches par plus d'un trait, le moindre n'étant pas le caractère parfaitement lockien de l'explication de la formation du langage proposée par les deux écrivains.[130]

La proximité intellectuelle de Voltaire et Turgot à l'époque et le fait très probable que la rédaction de *Wealth of nations* avait commencé laissent imaginer que les échanges ne se limitèrent pas à la philosophie

125. Voltaire à Lullin, secrétaire d'Etat, 21 novembre 1765, BGE MS fr.7163/30 et D12994 – voir également sur la même affaire D13060, 13065, 13115, 13143.

126. 'On a hier saisi chez un particulier, nombre d'exemplaires des lettres de la montagne, et d'autres pareilles ordures [...] je crains bien que le calme dont nous jouissons ne soit qu'apparent [...] L'irréligion et la licence qui en est le satellite, nous fera périr. Est-il si un frein [*sic*] équivalent à celui qu'on brise d'une main sacrilège?' (Th. Tronchin au pasteur Vernes, 5 octobre 1765, BGE MS fr.296, f.246).

127. Une étude extensive des archives Tronchin à la Bibliothèque de Genève ne m'a malheureusement apporté aucun témoignage factuel sur le séjour du philosophe écossais, autre que les sources indirectes citées par mes prédécesseurs Sir Gavin de Beer et A.-M. Rousseau (*Voltaire's British visitors*, SVEC 49 (1967), notice 83): P. W. Clayden et B. Faujas de Saint-Fond (voir ci-dessous n.128 et p.36).

128. Extrait du journal de S. Rogers, 19 juillet 1789: 'He [A. Smith] had been in Voltaire's company five or six times. [...] [V. said] that his old friend the Duke of Richelieu was a singular character [...]' (P. W. Clayden, *The Early life of Samuel Rogers* (London, 1887), p.95). N.B.: Clayden cite également cette anecdote rapportée dans *Dyce's table talk*: '"Once in the course of conversation I happened", said Rogers, "to remark of some writer that he was rather superficial, a Voltaire". "Sir", cried Adam Smith, striking the table with his hand, "there has been but one Voltaire"' (p.110).

129. '[Calas had suffered] the most cruel misfortune which it is possible for innocence to suffer' (Moral sentiments, p.120, cité par Phillipson, *Adam Smith*, p.187).

130. On trouve dans *Des langues* ce fragment montrant à nouveau le lien que fait Voltaire (dans l'*Essai sur les mœurs* [dorénavant *EM*] par exemple) entre économie et civilisation: 'La langue des Phéniciens [...] devait être très supérieure, parce qu'elle était l'idiome d'un peuple industrieux, commerçant, riche, répandu dans toute la terre' (éd. M. Mervaud, dans *OCV*, t.45в (2010), p.9-20 (10)).

morale mais inclurent les questions économiques. Il semble que Smith – à qui Hume avait fait lire *Candide* avant son départ pour la France – ait conservé de ses entretiens avec le philosophe français une grande estime pour celui-ci.[131] La relation était devenue assez proche pour que Mme Denis [i.e. Voltaire] adresse au philosophe écossais la seule lettre que nous possédions de leurs échanges, ceci pour lui demander d'intervenir dans un conflit avec un jeune gentilhomme anglais.[132]

A Paris, en 1766, la vie sociale de Smith prend un rythme très différent. Il est introduit par la duchesse d'Enville (connue à Genève) auprès de Turgot et servi par les recommandations antérieures de David Hume auprès du duc de Richelieu, du duc de Lorges et (semble-t-il sans résultat) de Choiseul lui-même.[133] Assez rapidement, il devient une figure des salons, chez Mme Geoffrin, Julie de Lespinasse, Mme de Grouchy, Mme de Boufflers.[134] Il pénètre les cercles économistes chez d'Holbach, Helvétius, à Versailles chez Quesnay, rue de Vaugirard chez Mirabeau. Dupont de Nemours (peut-être jaloux, en mémoire de Turgot, de la réputation ultérieure de l'économiste écossais) sous-entend que Smith était un néophyte en économie à son arrivée dans la capitale.[135] En tout état de cause, il devient néanmoins un interlocuteur familier du même Turgot ainsi que de Morellet, Necker, d'Alembert (auxquels il faut ajouter Marmontel et Mme Riccoboni). S'il perçoit assez rapidement les limites de la doctrine des *Economistes*, il gardera néanmoins pour le cercle de Quesnay une estime qui s'exprimera encore dix ans plus tard: 'This system, however, with all its imperfections is, perhaps, the nearest

---

131. 'The animation of his features was striking, when he spoke of Voltaire whom he had known and whom he greatly liked. "Reason", said he, one day, as he shewed me a very fine bust of this author, "owes him incalculable obligations [...]. He has done more in this matter than the books of the gravest philosophers."' (B. Faujas de Saint-Fond, *A Journey through England and Scotland in 1784*, trad. et éd. de Sir Archibald Grikie (Glasgow, 1907), p.245-46).

132. Cette *ténébreuse affaire* – très balzacienne, en vérité – concerne le comportement agressif d'un certain Dillon, élève de Needham (ce qui explique peut-être son agressivité envers les châtelains de Ferney), à la suite d'un incident de braconnage (M.-L. Denis à A. Smith, 11 décembre 1765, D13035). N.B.: On trouve un examen très complet des archives relatives à cette affaire dans l'ouvrage de O. Guichard, *Ferney, archives ouvertes* (Ferney, 2010).

133. A. Smith à D. Hume, 5 juillet 1764 et 21 octobre 1764, dans Mossner et Ross, *Correspondence*, p.101-103.

134. D'abord incompréhensible lorsqu'il s'exprime en français (ou en anglais!), son élocution comme son apparence vestimentaire se 'parisianisent' rapidement (voir sur le sujet de sa garde-robe les amusantes notations de N. Phillipson, p.191 sq.).

135. I. Ross, *Life of Adam Smith* p.213-14. N.B.: La concurrence était aussi ressentie par Smith, qui se vengeait au plan de la Morale: 'Adam Smith said Turgot was an honest, well-meaning man, but unacquainted with the world and human nature; that it was his maxim [...] that whatever is right may be done', 'S. Rogers' Journal, Edinburgh, 19 July 1789', cité par Clayden, *Early life of Samuel Rogers*, p.95).

approximation to the truth that has yet been published upon the subject of political economy, and is upon that account well worth the consideration of every man who wishes to examine with attention the principles of that very important science'.[136]

Selon son premier biographe, Dugald Stewart, Smith confia qu'il aurait probablement dédié son *Wealth of nations* à François Quesnay si celui-ci avait été vivant en 1776, une bienveillance qui contraste avec l'hostilité de son ami Hume.[137]

L'économie politique d'Adam Smith diffère cependant sensiblement de la vision physiocratique.[138] Non seulement il fait reposer la croissance économique sur la division du travail plutôt que sur la modernisation de l'agriculture, mais, de plus, il fait assez peu confiance à la *classe des propriétaires* pour investir dans cette modernisation: 'The class of proprietors [would contribute] to the annual produce by the expence [sic] which they may *occasionally* lay out upon the improvement of the land, upon the buildings, drains, enclosures'.[139]

Et surtout, il rejoint très clairement Turgot, Morellet et les économistes 'gournaysiens' dans le rejet de l'apparente stérilité des artisans, industriels et commerçants: 'The capital error of this system, however, seems to lie in its representing the class of artificers, manufacturers and merchants, as altogether barren and unproductive'.[140]

L'apport de *Wealth of nations* dans le corpus théorique de la science nouvelle est considérable: 'on doit en effet à Adam Smith des conceptions, des innovations théoriques, une optique enfin et un climat intellectuel qui marqueront désormais les principales œuvres de l'école classique. En un sens on peut voir en Smith le premier des Classiques'.[141] Il convient peut-être de nuancer cette appréciation: l'apport de Smith à la pensée économique naissante est en grande partie celle d'une synthèse, un jugement d'étape très clair sur un siècle d'avancées scientifiques. Toute proportion gardée, *Wealth of nations* joue un rôle épistémologique semblable à l'*Essai* de J.-F. Melon: donner un bilan des connaissances à un moment de l'histoire de la pensée. A quatre décennies d'écart, la comparaison des deux ouvrages donne une image saisissante du *progrès de l'esprit humain* durant les Lumières. Sur le style

136. *An Inquiry into the nature and causes of the wealth of nations*, éd. K. Sutherland (Oxford, 1993), (pour l'"édition de Glasgow', 1979: p.678).
137. Cité par N. Phillipson, p.194.
138. Observons toutefois que son élève Buccleuch, qui restera son ami, renonce à la carrière politique que souhaitait pour lui Townshend, et se consacre à la mise en valeur de son (immense) domaine agricole : influence combinée de Voltaire et des physiocrates? Peut-être.
139. *Wealth of nations* (Oxford, 1993), p.381 et (Glasgow, 1979), p.665. C'est moi qui souligne.
140. (Oxford, 1993), p.387, et (Glasgow, 1979), p.674.
141. Jessua, *Histoire de la théorie*, p.118.

d'abord: le traité de Melon est celui d'un honnête homme, au sens du XVIIe siècle, qui met son expérience et sa culture sous une forme stylistique agréable à l'esprit de contemporains habitués aux belles-lettres; Smith est déjà un théoricien universitaire, comme les sciences de l'homme en connaîtront au XIXe siècle, méthodique, didactique, un peu sec mais efficace à convaincre l'intelligence, ne se refusant pas cependant le narcissisme d'une digression ou d'une narration d'observation concrète. Sur le fond ensuite: Melon reste prisonnier des problèmes économiques de son temps (les obstacles politiques apportées au commerce international, l'absence d'instruments monétaires adaptables aux besoins, la nécessité de ne pas heurter le pouvoir royal, etc.), un *provincialisme* de la pensée qui lui assigne des limites dans le temps et l'espace et que les paradoxes de l'auteur enjolivent sans l'enrichir d'une qualité scientifique; en revanche, Smith écrit pour une société intemporelle et peu enracinée dans des tropismes nationaux, il place la réflexion sur un plan d'abstraction qui la protège de l'anecdotique et du circonstanciel, mais la désincarne quelque peu et lui fait courir le risque d'un divorce d'avec l'économie appliquée (un risque que la science économique court, ainsi que toutes les sciences de l'homme, quand leur théorisation progresse plus vite que les expériences censées les valider).[142]

Turgot et Smith ont élaboré leur propre économie politique durant les années 1750, longtemps avant de se connaître. Si leurs visions se rejoignent pour l'essentiel – sur la fonction du capital en particulier – elles se distinguent toutefois sur deux points: 1) sur la continuité du progrès économique et l'éventualité d'un état stationnaire de la croissance et 2) sur le traitement des concepts d'utilité et de valeur.[143] Turgot prévoit des rendements décroissants en agriculture et dans les différentes branches de l'économie, mais reste confiant dans le progrès tendanciel en raison de possibles économies d'échelle. Smith, plus pessimiste, envisage un terme au progrès humain du fait même des conséquences de la division du travail dont il est le premier grand théoricien. Il est également le premier à séparer les notions de valeur et d'usage, quand Turgot s'en tient à une explication subjective de la valeur, selon le *Paradoxe de la valeur* développé par Galiani.[144] Smith et Turgot,

---

142. J'invite le lecteur que la théorie économique ne rebute pas à prendre connaissance des exposés les plus éclairants de Smith: la théorie de la valeur et de la répartition (Livre 1, ch.4), l'apport de la division du travail dans la croissance économique (Livre 1, ch.1), la théorie du travail productif (Livre 2, ch.3), la théorie générale de la croissance économique (Livre 2. ch.4). Ces différents passages sont, parmi d'autres, étudiés et commentés dans l'ouvrage de Jessua (ch.3, p.121-62).

143. Sur ces deux points, voir les analyses de T. W. Hutcheson, 'Turgot et Smith', dans *Turgot, économiste et administrateur*, éd. Bordes et Morange, p.33-44.

144. Abbé Ferdinando Galiani, *Della Moneta libri cinque* (Naples, G. Raimondi, 1751). N.B.:

tous deux libéraux, s'accordent à rejeter l'interventionnisme colbertiste; Voltaire, sur ce point, semble quelque peu éloigné de ses interlocuteurs économistes.[145]

Le cheminement conceptuel qui, en un siècle, aboutit à une théorie classique de l'économie politique – encore présente, en pour et contre, dans les débats d'aujourd'hui – mérite d'être regardée comme l'une des aventures intellectuelles les plus fécondes des Lumières. Par ses relations personnelles, ses lectures, ses engagements, Voltaire est un témoin capital de cette élaboration. D'autant que, en France comme en Angleterre, chaque avancée de la pensée économique s'opère au sein de controverses passionnées: la place du commerce international dans la création de richesse, l'altération des monnaies, la valeur du papier-monnaie comme gage des échanges, la consommation somptuaire et l'économie de subsistance, la taxation de la terre, la liberté de circulation des biens, le rôle de la dette d'Etat, les restrictions corporatives, etc. Outre la littérature des essayistes, la prise de parole mensuelle des journalistes et gazetiers, les débats oraux des nouveaux lieux de con-frontation d'idées (salons, académies, sociétés d'agriculture, assemblées corporatives, parlements) démultiplient les échanges d'opinion. Aucun philosophe ne reste insensible aux questions politiques soulevées par les économistes. Moins que tous Voltaire, dont le goût pour la polémique, les capacités de satire et l'érudition font de lui un acteur obligé des grandes controverses. Nous le trouvons ainsi au cœur du débat sur l'économie du luxe (auquel il donne en France une impulsion décisive en 1736), sur les questions fiscales (durant toute sa vie), sur la politique monétaire (l'une de ses passions d'historien et d'arithméticien), sur la prééminence de l'économie rurale (pour et contre les physiocrates durant les décennies 1750 et 1760), sur le rôle social de l'entrepreneur capitaliste (où il prêche par l'exemple durant ses deux dernières décennies).

Galiani n'est pas le premier à avoir noté que les biens les plus utiles (ex.: l'eau) ont parfois une valeur d'échange très inférieure à certains biens sans utilité réelle (ex.: les diamants). Il explicite ce paradoxe par la subjectivité des notions d'*utilité* et de *rareté*, composantes causales de la valeur (voir J. Schumpeter, *Histoire*, t.1, p.420).

145. Le lecteur de *L'Homme aux quarante écus* sera amusé par un pastiche peu connu, écrit quelques décennies plus tard et dirigé cette fois contre les idées économiques d'A. Smith: Vicomte de Saint-Chamans, *Le Petit-fils de l'homme aux quarante écus* (Paris, 1843), accès: IMV, BnF-rés.

2. Voltaire et la pensée économique

'Je m'intéresse à tous les arts et aux objets du
commerce'[1]

Il eût été surprenant que Voltaire ne se saisisse point des ressources de la
science nouvelle. Pour au moins deux raisons. D'abord parce qu'il est le
philosophe essentiel auquel rien – ou presque rien – de ce qui fut de son
siècle ne sera resté étranger. Il n'est pas le seul, d'ailleurs, parmi ses
pairs, à trouver dans la science économique matière à exercer la
raison critique. Mais les autres philosophes semblent subordonner
l'économique, trop proche du réel, à un plan de pensée supérieur:
pour Diderot, c'est l'encyclopédisme des connaissances; pour Hume
(comme pour son ami et compatriote Ecossais Adam Smith), c'est la
Morale; pour Helvétius ou Condillac, la condition de l'Homme; pour
Rousseau également, avec la variante de morale sociale qui le singularise.
Le processus voltairien d'intellection et de création littéraire est plus
empirique: en amont, il aspire à lui tout ce que son érudition en
constante expansion exige de lectures et d'échanges (et aussi bien ce
que la fluidité du tourbillon des belles-lettres parisiennes abandonne à
l'air du temps); au quotidien, le graphomane parsème sa bibliothèque
comme sa correspondance de notes, d'ébauches, de pensées détachées;
en aval, il décide par quel angle de vue (historique, moral, spéculatif,
polémique ou de pur divertissement) la réflexion factuelle vient servir
l'œuvre composée. Les notations économiques se plient, comme toutes
les autres, à cette loi d'une œuvre polygraphique en perpétuel
mouvement intentionnel. Car chez cet explorateur des tensions entre
la raison et les passions, la passion reine, celle d'écrire, ne néglige aucun
des sujets séculiers. De son propre aveu, l'exil attise l'appétit de l'esprit: 'Il
me semble que la retraite rend les passions plus vives et plus profondes.
La vie de Paris éparpille les idées'.[2] C'est pourquoi Voltaire n'est jamais
tout à fait un théoricien de l'économie, ni un moraliste feignant de
résoudre les difficultés qu'elle oppose à la vertu. Plus souvent, on
rencontre l'historien qui décèle le rôle du fait économique dans
l'événementiel; le polémiste de la liberté de pensée qui affronte toute
tyrannie politique, y compris au moyen de la querelle sur la libre-

1. 'Vous avez raison de me dire, monsieur, que je m'intéresse à tous les arts et aux objets du
   commerce. [...] Vive la mémoire du grand Colbert qui fit naître l'industrie en France'
   (Voltaire à P. J. Laurent [ingénieur des ponts et canaux], 6 décembre 1771, D17496).
2. Voltaire à Mme Du Deffand, 31 décembre 1774 (D19263).

circulation des denrées, de l'impôt universel ou du droit au luxe; ou enfin, durant les années de Ferney, le praticien de la création de richesse mettant une immense gloire littéraire et ses réseaux d'influence au service de la morale de l'entrepreneur.

Car c'est là une deuxième raison de l'attirance du philosophe Voltaire pour la pensée économique: il en est lui-même un praticien de haut niveau. Philosophe parmi les philosophes, il est pourtant aussi l'image de la volonté entrepreneuriale. Ne disposant que d'un revenu modeste en sa jeunesse (toutefois dorée, par ses relations), il termine sa vie comme l'une des vingt fortunes rentières de France, une accumulation capitaliste qui, bien moins que chez ses confrères de la république des lettres, n'est due aux pensions et donations et n'est que partiellement due aux revenus littéraires.[3] En cet aspect, il est unique – du moins à ce niveau – parmi les philosophes-économistes: Diderot, qui gère la plus colossale entreprise éditoriale du siècle et connaît bien le commerce de la librairie sur lequel il écrit, vit modestement (chichement, estime Mme Diderot); Adam Smith, jouissant d'une immense popularité comme moraliste, juriste et comme le premier grand théoricien de la science nouvelle, termine sa vie comme celle de tout universitaire respecté: dans une confortable honnêteté édimbourgeoise ('polie' par son séjour français, précisent ses biographes). Mirabeau, Turgot sont de riches héritiers fonciers avant d'entrer en philosophie. Helvétius est riche comme un fermier général peut l'être. Quesnay, lui, n'est qu'un très aisé et très influent 'médecin du roi'. Quant à Dupont de Nemours, s'il ne fait fortune ni comme journaliste, ni comme politicien, sa postérité réparera cette injustice. Le chemin patrimonial de Voltaire est tout autre: doué d'une passion pour le calcul monétaire (comme le montrent tout autant les 'marginalia' que les textes rédigés sur la politique des monnaies et des subsistances), il comprend – à son profit – le modèle de fonctionnement d'une loterie, le produit net attaché à un nolisage de navire, la valeur actuelle d'un prêt à l'Etat, d'une rente viagère sur sa chétive personne, d'un contrat de fournitures à l'approche d'une guerre. Il ne crée jamais de frontière vertueuse entre son prodigieux réseau relationnel et la défense de ses intérêts ou de ceux de ses entreprises. Et si une évidente générosité vient ennoblir cette quête de la richesse, il ne s'agit pas de la générosité

---

3.   Il perçoit néanmoins assez bien la littérature comme 'objet de commerce': 'Les pensées des hommes sont devenues un objet important du Commerce. Les libraires hollandais gagnent un million par an, parce que les Français ont de l'esprit' (*Lettre à un premier commis*, éd. P. Rétat (*OCV*, t.9 (1999), p.320)). A la fin de sa vie, le bilan économique d'une entreprise éditoriale lui semble un élément significatif de son succès: 'tout l'ouvrage [l'*Encyclopédie*] pourrait avoir opéré une circulation de sept millions six cent cinquante mille livres [...] les libraires y ont gagné environ cinquante pour cent [...] si on envisage l'économie politique, on verra que plus de mille ouvriers [...] y ont été employés et ont nourri leurs familles' (*QE*, 'Introduction par des amateurs', *OCV*, t.38, p.5).

compassionnelle d'un Diderot: Denis – le 'Philosophe de la Montagne'– donne beaucoup de son temps à aider ceux qui le sollicitent à s'enrichir (son futur gendre Caroillon de Vandeul, par exemple). Voltaire s'enrichit lui-même pour avoir la liberté d'aider ceux qui le méritent à ses yeux (Mme Denis ou Mlle Corneille, par exemple). En fait, ce roturier comprend assez vite qu'en ce 'siècle de fer' l'intelligence peut assister la lutte contre les iniquités de deux manières: par le talent d'écriture (c'est une évidence que d'autres philosophes partagent), mais aussi par acquisition de l'indépendance financière, qui ouvre la sécurité des exils et des auto-éditions clandestines.[4] Enfin, il ne faut pas sous-estimer, chez cet homme qui aurait pu être du XIXe et bien s'y trouver, l'accord avec une morale du travail:

> Le bonheur est un bien que nous vend la nature.
> Il n'est point ici-bas de moisson sans culture:
> Tout veut des soins sans doute et tout est acheté.[5]

En dépit de cette expérience pratique, Voltaire n'est donc ni un théoricien de l'économie, ni un historien de la pensée économique.[6] Il confronte ce qu'il a expérimenté, ce qu'il entend dire et ce qu'il lit de ce champ de la connaissance à ce qu'il possède le mieux après la poésie: l'histoire des peuples et des mœurs, les tensions entre la métaphysique et la morale, la foi dans les ressources de l'esprit humain.[7] Ce sont ces confrontations qui parsèment l'œuvre et la correspondance de frag-ments de pensées sur la politique économique. Comme toute écriture fragmentaire, celle-ci exige rassemblement, tri, mises en perspective et en relations. Par chance, le philosophe nous a laissé un fil directeur.

---

4. A la fin de sa vie, il exprime, avec une certaine malice, cette vérité dans *Les Oreilles du comte de Chesterfield et le chapelain Goudman*: 'Allons, mon cher Goudman, c'est assez [trente guinées] pour vivre libre et pour penser [...] On peut, avec ce revenu assuré, dire tout ce qu'on pense de la compagnie des Indes, du parlement, de nos colonies, du roi, de l'être en général, de l'homme et de Dieu, ce qui est un grand amusement' (dans *Romans et contes*, éd. F. Deloffre et J. Van den Heuvel, coll. 'La Pléiade' (Paris, 1979), ch.3, p.580-81).

5. *Discours en vers sur l'homme*, éd. H. T. Mason, dans *OCV*, t.17 (1991), Quatrième discours: 'De la modération en tout', p.491-502 (499), v.117-19.

6. Comme le remarque avec humour un historien de l'économie: 'un homme peut être un excellent économiste sans être un bon théoricien. L'inverse est vrai aussi, malheureusement' (J. Schumpeter, *Histoire*, t.1, p.288).

7. Il y a chez lui fusion entre les deux processus phénoménologiques que distingue Schumpeter: ' les problèmes de toutes les sciences sociales de caractère analytique se divisent nécessairement en deux catégories différentes: l'une a essentiellement pour objet de savoir comment le comportement effectif des gens donne naissance aux comportements sociaux observés, l'autre comment ce comportement en est venu à être ce qu'il est' (J. Schumpeter, *Histoire*, t.1, p.307).

Une table des matières: les *Questions sur l'Encyclopédie*

Qui veut construire une table des matières des réactions de Voltaire à la science économique naissante doit commencer par la fin, c'est-à-dire par les *Questions sur l'Encyclopédie* (1769-1772). La cartographie des thèmes traités dans la suite de cet essai est, en effet, inscrite dans le 'petit dictionnaire encyclopédique'.[8] Une trentaine d'articles sur plus de quatre cents (auxquels il convient d'ajouter la cinquantaine de *L'Opinion en alphabet*, dont 'Banque') abordent, à titre principal ou secondaire, les questions économiques, sous leur angle technique ou sous leur angle moral. Cette proportion est à rapprocher du *Dictionnaire philosophique* où seul l'article 'Luxe' (repris et complété dans les *Questions*) peut entrer dans notre corpus. Elle est aussi à rapprocher de l'*Encyclopédie* elle-même où les mêmes sujets sont traités en autant de rubriques mais qui sont dispersées parmi plusieurs milliers d'articles.

Les rubriques de l'*Encyclopédie* sont, en général, beaucoup plus approfondies et techniques que les notations de Voltaire. Il y a là le signe de la méthode de pensée du philosophe qui n'est pas seulement en révolte contre Descartes pour le système des *tourbillons* mais aussi pour la rationalité sèche de sa démarche déductive. Voltaire se réserve le droit, en économie politique comme en d'autres champs philosophiques, de procéder par induction à partir de cas particuliers et de communiquer sa pensée au moyen de pièces détachées ou insérées *non sequitur* dans des discours, des relations ou des récits qui ont – en apparence – peu à voir avec la notation *a parte* qui émerge soudain.[9] C'est que, précisément, le patriarche de Ferney, au soir de sa vie, refusant les sollicitations de Panckoucke en ce sens, ne cherche pas à refaire un 'dictionnaire encyclopédique'.[10] Prenant le prétexte d'une lecture ou relecture du monument de la connaissance généré par Diderot et d'Alembert, il semble nous inviter à retrouver, dans l'œuvre que lui-même laisse à la postérité, les traces fragmentaires qui, si nous prenons soin de les agréger, constituent le témoignage de la réception par un philosophe des préoccupations du siècle sur la *richesse des nations*. A partir de l'aide-mémoire que constituent en ce sens les *Questions*, il est possible de constater son effort méthodique d'acquisition de connaissances dans

---

8. 'On fait actuellement un petit dictionnaire encyclopédique où [Galiani] n'est pas oublié à l'article Blé' (Voltaire à Mme d'Epinay, 16 novembre 1770, D16748).
9. C'est ainsi que l'article 'Conscience', qui vise la 'liberté de conscience', commence par un court dialogue entre un aumônier catholique et un anabaptiste qui livre une pensée libérale sur la fonction de l'entrepreneur dans la richesse nationale.
10. 'On fait, par ordre alphabétique, un ouvrage qui n'a rien de commun avec le *Dictionnaire encyclopédique*, et dans lequel on rend à cet ouvrage immense la justice qui lui est due' (Voltaire à d'Alembert, 28 février 1770, D16186).

ce domaine *a priori* étranger à ses ambitions littéraires, de retracer les influences personnelles ayant contribué à sa culture économique, de rappeler enfin sur quels sujets et de quelle manière il a cherché à donner sa voix aux débats en cours. C'est dire qu'il nous est donné de suivre une aventure épistémologique.

Le contenu économique des 'Questions sur l'Encyclopédie'

Si l'on adopte donc la valeur signalétique des *Questions* comme grille de lecture de l'œuvre politique de Voltaire, il n'est pas indifférent de constater la place prééminente accordée à la richesse issue de la terre. Les articles 'Population', 'Blé', 'Fertilisation', 'Agriculture' (et, à titre anecdotique, 'Arbre à pain' et 'Fécond') sont parmi les plus développés du corpus économique. Une première raison est sans doute la stimulation intellectuelle qu'ont procurée les articles équivalents de l'*Encyclopédie*.[11] Dans ce groupe, les intitulés homonymes des *Questions* fournissent de véritables hypertextes aux contributions des encyclopédistes.[12] D'ailleurs, l'article le plus riche de Voltaire dans ce groupe – 'Fertilisation' – n'a pas d'équivalent dans l'*Encyclopédie*. Le vrai ressort de la densité des rubriques provient de la passion de l'auteur pour ces questions au cours des deux dernières décennies de sa vie: c'est un agronome lettré qui écrit 'Fertilisation' et 'Agriculture'; c'est un démographe qui compose 'Population' et 'Dénombrement';[13] c'est un 'laboureur' qui analyse les causes de rendement dans 'Blé' et 'Agriculture'; c'est un habitué du fonctionnement des changes et de l'escompte qui rédige 'Banque'. Et parce que son 'petit dictionnaire' ne connaît pas la division du travail des encyclopédistes, c'est partout Voltaire le moraliste qui n'oublie pas de souligner le poids économique du parasitisme conventuel (dans 'Population'), de critiquer l'obscurantisme des Ecritures Saintes (dans 'Blé'), de dénoncer les abus

---

11. Ceux de Quesnay ('Grains', 'Fermiers' – que Voltaire distingue comme l''un des meilleurs de ce grand ouvrage'), de Diderot ('Agriculture') et de Damilaville ('Population' et 'Vingtième' – que Voltaire réfute, malgré son amitié pour l'auteur, en raison des influences physiocratiques perceptibles dans ces articles, en particulier la sous-estimation du dénombrement des Français et la pauvreté des campagnes dans 'Population').
12. 'je rebaptise désormais hypertextualité [...] toute relation unissant un texte B (que j'appellerai *hypertexte*) à un texte antérieur A (que j'appellerai, bien sûr, *hypotexte*) sur lequel il se greffe d'une manière qui n'est pas celle du commentaire' (G. Genette, *Palimpsestes* (Paris, 1982), p.13).
13. Voir l'essai de H. Hasquin ('Voltaire démographe', dans *Etudes sur le dix-huitième siècle* 3 (1976), p.133-47): '[Voltaire] assignait un rôle primordial à la population dans le développement économique; il n'y a pas de causalité unilatérale, mais bien interaction entre économie et population' (p.146). N.B.: L'auteur assigne le populationnisme du philosophe à l'influence de l'*Essai politique sur le commerce* de J.-F. Melon.

des sous-fermiers (dans 'Fertilisation') et même la médiocrité des
critiques littéraires (dans 'Envie').[14]

Un second groupe est non moins révélateur de l'incidence du
biographique dans l'intérêt de Voltaire pour la réflexion de politique
économique. Ce groupe est celui des questions afférentes aux finances
publiques ('Gouvernement', 'Impôt', 'Economie', 'Banque', 'Vénalité' [des
charges]). Il constitue sans doute l'un des domaines de réflexion les plus
constants dans la diachronie du philosophe, et celui où ses convictions
doivent le plus à ses analyses personnelles, en particulier dans le cours de
ses travaux historiques. C'est aussi un domaine, celui de l'impôt et des
emprunts publics, où il a ressenti (ou failli ressentir) l'impact des fautes
de l'Etat sur le destin financier des citoyens. Les quatre articles cités
(auxquels il faut ajouter en partie des articles du groupe suivant: 'Âge,
'Argent', Banqueroute', 'Confiscation', 'Intérêt', etc.) résonnent comme
des ironies de mention (allusion sans citation) sur les longs
développements (didactiques ou facétieux) que des textes majeurs (l'*Essai
sur les mœurs*, *Le Siècle de Louis XIV*, *Le Précis du siècle de Louis XV*, *L'Histoire
du Parlement*, *L'Homme aux quarante écus* et certaines comédies) consacrent
à la politique monétaire et fiscale de l'Etat, à la fortune des particuliers et
à des faits de société comme l'échec du système de Law. Par l'enjouement
du ton (cette sorte de distanciation mêlée de culture que les Anglais du
temps nomment 'learned wit'), Voltaire s'applique dans ce groupe
d'articles à rendre justice à l'incipit de l'article 'Economie': 'Il ne s'agit
pas ici des déclamations de ces politiques qui gouvernent l'Etat du fond
de leur cabinet par des brochures'. En apparence, l'article 'Economie'
suit fidèlement le plan dual de Rousseau dans l'article homonyme de
l'*Encyclopédie* (économie domestique/économie publique). Mais à la prose
lyrique et moralisatrice de Jean-Jacques (aux antipodes du discours
factuel et pro-scientifique des physiocrates), Voltaire substitue, à propos
d'économie domestique, un ton badin qui promène le lecteur de la vie
d'Abraham aux Pignoux d'Auvergne, du budget-type établi par Mme de
Maintenon pour sa belle-sœur à des conseils aux rentiers parisiens.
Quant à l'économie publique, l'exemple de la sagesse anglaise est opposé
à la frénésie irraisonnée qui a accompagné le système 'extravagant' de
Lass; mais la folie française et la sagesse anglaise conduisent au même
optimisme: 'Un bon pays se rétablit toujours par lui-même, pour peu
qu'il soit tolérablement régi: un mauvais ne peut s'enrichir que par une
industrie extrême et heureuse'.[15]

A première lecture, l'ensemble de l'article 'Economie' paraît un
condensé sommaire, légèrement parodique, et de l'*Essai sur les mœurs*,

14. Tous les textes mentionnés brièvement ici font l'objet de citations commentées dans les
    chapitres suivants.
15. *QE*, *OCV*, t.40, p.603.

et de *L'Esprit des lois*. Cependant, on y découvre bientôt un catalogue de thèmes maintes fois abordés dans l'œuvre et qu'il faut collationner: l'inutile nostalgie du patriarcalisme biblique; la supériorité économique des campagnes sur les villes; la contradiction des passions entre frugalité et luxe; la relativité historique de la notion de luxe; la tendance longue à la dévaluation des monnaies; l'inégalité des individus et des nations dans l'aptitude à produire la richesse; la supériorité de la politique anglaise du numéraire (espèces et papier, banque d'Etat); le paradoxe de la dette publique où une moitié de l'Etat est créancière de l'autre, etc.

Un troisième groupe d'articles à intention économique est plus familier au lecteur voltairien. Ce sont les réflexions du philosophe sur l'éthique du capitalisme libéral qu'il défend et qu'il pratique. On y trouve autant des prises de position sur les principes et les dérives de la vie économique (articles 'Argent', 'Avarice', 'Banqueroute', 'Confiscation', 'Âge/Calcul de la vie', 'Politique', 'Propriété', 'Egalité', 'Patrie') que des mises au point sur des auteurs ayant abordé la théorie économique par un biais moral (Mandeville dans les articles 'Abeilles' et 'Envie', Melon et Linguet dans 'Esclaves', Rousseau dans 'Egalité' et 'Loi naturelle', Law dans 'Raison').

Néanmoins, une déception attend le lecteur des *Questions*: les vues de Voltaire sur le développement de l'industrie, si cruciales au plan idéologique pour le situer par rapport aux physiocrates, sont peu présentes dans ce corpus récapitulatif. Seuls les articles 'Luxe' (à peine développé depuis le *Portatif*) et, indirectement, 'Chemins', 'Impôt', 'Raison' et 'Blé' font référence à des thèmes importants de l'œuvre antérieure consacrée au progrès des sociétés, telles les questions de la consommation somptuaire, de l'aménagement du territoire, de la contribution des manufactures à la richesse nationale. En revanche, des citations éparses hors corpus (comme dans le cas de 'Conscience', 'Arts, Beaux-arts', 'Lois', 'Philosophie') rappellent le cas que fait le philosophe, disciple de Gournay et de Turgot, du développement des 'manufactures' au sein d'une politique générale de libre circulation des biens et des espèces.[16]

Une pensée réactive, inductive et idéologique

Le mode d'expression que Voltaire choisit dans les *Questions* convient d'ailleurs bien à sa situation de locuteur: il n'est pas un théoricien de la science nouvelle et ne cherche pas à s'exprimer comme tel; il n'est pas un *homme à système* utilisant concepts et déductivité. Sa pensée économique

---

16. L'imbrication de l'éthique anti-religieuse et du politique économique est illustrée dans 'Conscience' par cette adresse aux jésuites: 'Dieux de la terre [...] jouissez et laissez nous paisibles; démêlez vos intérêts avec les rois; et laissez-nous nos manufactures' (*OCV*, t.40, p.198).

est *réactive, inductive* et *idéologique*. Elle est *réactive*, comme le montre l'abondance des auteurs contemporains cités: certains dans un but polémique, tels Boisguilbert ('Agriculture', 'Economie'), Quesnay et Le Mercier de la Rivière ('Agriculture', 'Impôt'), Naveau ('Agriculture', 'Gouvernement'), Darigrand et Roussel de la Tour ('Gouvernement'), Wallace, Mirabeau et Damilaville ('Population'), Montesquieu ('Argent', 'Esclaves'), etc.; d'autres comme références, tels d'Alembert ('Intérêt'), d'Argenson ('Esclaves'), Plumard de Dangeul ('Agriculture', 'Economie'), Mandeville ('Abeilles', 'Envie'), Galiani ('Blé'), Jaucourt ('Argent'), Melon ('Blé', 'Luxe'); Turgot ('Chemins'), John Law enfin comme exemple de la déraison en économie ('Blé', 'Economie'). Elle est réactive également par la fréquence de dénonciation des abus, le plus souvent à l'aide du registre ironique, comme dans 'Donations': 'toutes les fois que vous donnez à un citoyen, vous êtes bien plus libéral que vous ne pensez: vous avez le plaisir de contribuer à enrichir les fermiers généraux'.[17]

Deuxièmement, sa pensée économique dans les *Questions* est *inductive*, et ceci à deux niveaux: celui du *continuum* historique et celui de sa propre expérience de l'économie réelle. Voltaire se distingue des économistes de son temps par la place qu'il accorde, dans l'heuristique économique, à l'héritage du passé et aux faits culturels.[18] A preuve, les introductions de 'Blé' et 'Agriculture', parmi d'autres, qui cherchent dans l'étymologie et l'histoire pour l'une, dans les superstitions religieuses pour l'autre des conditions pour leur problématique économique. Ou encore, dans 'Propriété', le lien causal qu'il établit entre le 'droit naturel' de possession et la création de richesse:

> Il est certain que le possesseur d'un terrain cultivera beaucoup mieux son héritage que celui d'autrui. L'esprit de propriété double la force de l'homme [...] le possesseur [...] désire une femme qui partage son bonheur, et des enfants qui l'aident dans son travail. Son épouse et ses fils font ses richesses. Le terrain de ce cultivateur peut devenir dix fois plus fertile qu'auparavant sous les mains d'une famille laborieuse. Le commerce général sera augmenté. Le trésor du prince en profitera.[19]

---

17. *OCV*, t.40, p.523.
18. Et inversement. On peut souligner le rôle explicatif que le philosophe accorde à l'économique, comme le fait Louis Trénard ('Les préoccupations économiques et sociales de Voltaire', dans *Etudes sur le dix-huitième siècle* 3 (1976), p.235-53): 'Tout semble lié dans une société: les conditions économiques régissent les structures sociales, déterminent les institutions politiques mais en dépendent aussi' (p.247); '[Voltaire] décèle dans le commerce [plus que dans l'industrie] un facteur primordial de l'évolution historique: le mouvement des échanges est responsable de la grandeur ou de la décadence des empires' (p.248); 'La disette d'espèces paraît à Voltaire [dans *EM*] une explication de la stagnation économique du Moyen-Âge' (p.249).
19. *QE*, art. 'Propriété' (*M*, t.20, p.291-92). N.B.: Il faut rappeler l'origine de cet article dans une contribution de Voltaire à la question du servage en Russie (concours de la Société libre

A côté du contexte historique, géographique et anthropologique, l'expérience vécue est également ce qui donne originalité et valeur informative à certaines des *Questions*. Voltaire explique le calcul actuariel des rentes viagères dans 'Calcul de la vie'; les méthodes et difficultés du défrichement et de l'ensemencement dans 'Fertilisation' ou 'Agriculture'; les altérations naturelles ou artificielles des monnaies (qu'il a maintes fois calculées) dans 'Argent'; les méfaits du système fiscal sur ses paysans dans 'Gouvernement', etc. Ses positions sur le luxe, si elles doivent beaucoup à Melon au plan théorique, sont aussi le fruit de l'hédonisme de ses jeunes années et de la philosophie du goût qui sous-tend l'art de vivre de sa maturité.

Les convictions idéologiques de Voltaire

Enfin, la pensée économique de Voltaire, telle qu'elle est reflétée dans les *Questions*, est *idéologique*. Par là nous entendons qu'un certain nombre de principes régissent ses réactions aux questions économiques. Certains de ces principes sont quasiment innés, directement issus de l'éthique, voire de la métaphysique du philosophe, comme le droit à la propriété ('Patrie') mais aussi la nécessaire sécularisation du clergé ('Impôt', 'Population') ou l'impératif catégorique du travail ('Gueux, mendiant').[20] D'autres, les plus intéressants pour notre objet, sont acquis: ce sont des convictions formées par l'observation et confortées par les connaissances écrites ou l'échange avec les hommes éclairés de la science nouvelle. Voici ci-dessous, mis en forme d'aphorismes, quelques-uns de ces principes (liste non exhaustive), présents dans une ou plusieurs des *Questions* à teneur économique et que nous retrouverons dans les chapitres suivants, dispersés et répétés dans l'œuvre composée ou la correspondance.

Sur la richesse nationale:
La qualité des hommes, du travail et de la terre forme le trinôme de la richesse ('Population', 'Blé', 'Agriculture', 'Fertilisation', 'Propriété').
Toute richesse vient, directement ou indirectement, de la terre ('Agriculture', 'Blé', 'Economie', 'Fertilisation', 'Propriété', 'Patrie').
La richesse d'une nation dépend de ses ressources intrinsèques, non de la

---

d'économie de Saint-Pétersbourg, 1767, voir plus loin ch.5, p.173); il y a également dans cette mise en relation du droit de propriété et du progrès (aussi mise en avant par les physiocrates) le désir de contredire à nouveau le communisme de Rousseau, ce qu'il fait explicitement par un dialogue entre A et B dans l'article 'Loi naturelle'.

20. 'Il faut que l'opulence fasse travailler la pauvreté que les hôpitaux soient pour les maladies et la vieillesse; les ateliers pour la jeunesse saine et vigoureuse' (*QE*, art. 'Gueux, mendiant', *M*, t.19, p.323).

somme des richesses particulières ou du mode de gouvernement qu'elle se donne ('Economie', 'Gouvernement', 'Argent').

L'industrie humaine, toutefois, supplée aux faiblesses naturelles d'un pays et multiplie la création des richesses ('Population', 'Fertilisation', 'Politique').

L'industrie humaine n'est créatrice de richesse que grâce aux avances en capital ('Fertilisation').

Dans tous les secteurs de production, le progrès de l'esprit humain peut accroître les rendements quand les avances en capital sont possibles ('Agriculture', 'Fertilisation').

Sur le rôle économique de l'Etat:

Toute entrave légale à la circulation des denrées et des biens appauvrit les citoyens ('Agriculture', 'Blé', 'Fertilisation', 'Arbre à pain', 'Gouvernement').

Les deniers publics étant un catalyseur majeur de la circulation des richesses, un pays riche est aussi un pays à forte pression fiscale ('Impôt').

L'impôt doit être universel et progressif ('Impôt').

Les avances d'infrastructure sont le meilleur emploi possible des deniers publics ('Agriculture', 'Fertilisation', 'Chemins', 'Impôt').

Une des fonctions de l'impôt est la redistribution d'une partie de la nation vers l'autre ('Argent', 'Impôt').

La dette publique, même mise en défaut, n'est qu'un facteur de rotation des fortunes tant que c'est une partie de la nation qui doit à l'autre ('Economie').

La monnaie est une marchandise comme une autre ('Intérêt', 'Argent').[21]

La monnaie (espèces ou papier) ne peut représenter plus que les productions réelles de la terre et des manufactures ('Raison').

Sur l'effet économique de l'organisation sociale:

Par leur capital, leur dépense et leurs impôts, les riches permettent la subsistance des pauvres ('Agriculture', 'Luxe', 'Impôt', 'Argent', 'Avarice').[22]

La dépense est la vertu économique des riches, l'épargne celle des pauvres ('Luxe').[23]

Ce qu'il est convenu de nommer produit ou service de superflu est relatif à une époque et devient le nécessaire des époques suivantes ('Economie', 'Luxe', 'Argent').

---

21. On reconnaît ici l'influence de la filière analytique Child-Gournay-Turgot.
22. On reconnaît ici la fidélité à Melon.
23. A nouveau l'influence de l'*Essai* de J.F. Melon.

La rotation des fortunes est dans la nature des sociétés, aucune situation de richesse individuelle n'est pérenne ('Economie', 'Gouvernement', 'Esclaves', 'Egalité').

La propriété privée des moyens de production, conséquence de l'inégalité naturelle, garantit la possibilité des avances en capital ('Fertilisation', 'Propriété', 'Loi naturelle').

La France serait plus prospère si elle éradiquait les freins au facteur travail: superstitions, mendicité, paresse monacale, fêtes chômées, protestants exilés, parasitisme fiscal ('Agriculture', 'Blé', 'Population', 'Gueux', 'Fertilisation', 'Gouvernement').

L'ensemble intellectuel formé par ces principes ou axiomes voltairiens ne constitue pas à proprement parler une théorie économique: il manque des concepts explicatifs comme une théorie de la valeur, une analyse approfondie des facteurs ou un schéma d'équilibre global; il n'est pas quantifié (sauf pour la valorisation des espèces); il est relativement rigide et peu compatible avec des changements structurels (industrialisation, démocratisation).

Mais, en revanche, il s'intègre sans hiatus dans la vision philosophique globale de Voltaire. Il sert même, par les petits apologues enchâssés dans les *Questions*, de véhicule politique aux postulats éthiques du philosophe: établir le règne du droit naturel, vaincre les superstitions et intolérances de la religion, prévenir les abus des puissants contre les faibles, récompenser l'intelligence du bien public, éradiquer le fanatisme, etc. Voltaire étanche avec un plaisir évident dans les *Questions* et son érudition historique, et son anglophilie, et ses fixations politiques ou morales.

Les sources d'une sagesse citoyenne

Voltaire, contrairement à beaucoup d'encyclopédistes, ne cède pas à l'utilitarisme radical qui subordonne la politique à l'économie. Sa pensée de politique économique est une sagesse citoyenne plutôt qu'une réflexion scientifique; elle est une célébration du 'sens commun'.[24] Elle prend ses sources dans les méditations historiques de l'auteur, mais aussi dans les réalités biographiques de son expérience et, surtout peut-être, dans une volonté de confronter ces deux arrière-plans à des connaissances acquises systématiquement auprès des propagateurs de la science nouvelle.

---

24. Voir l'analyse comparative de J. Touchard dans *Histoire des idées politiques* (Paris, 1967), t.2, p.402-407.

L'historien et l'homme d'action

Toujours dans le reflet mémoriel des *Questions*, nous percevons tout d'abord, lorsqu'il est question de philosophie politique, et singulière-ment d'économie, le legs des travaux historiques et historiographiques de l'auteur. L'*Essai sur les mœurs* et parfois *Le Siècle de Louis XIV* ou le *Précis du siècle de Louis XV* sont présents dans la plupart des articles dont nous avons fait un corpus. Ils sont présents sous forme de rappels, de men-tions, d'allusions qui renvoient implicitement le lecteur à des ouvrages de fond qu'il est supposé connaître, sans que jamais ces citations légères prennent la forme d'un exposé historique didactique. Voltaire semble vouloir montrer deux choses. D'abord, la permanence aux différentes époques des mêmes problèmes économiques: l'inadéquation de l'offre et de la demande des produits nécessaires; la prévention instinctive du peuple envers le superflu des puissants, pourtant facteur de développement; la rareté des espèces incitant le pouvoir à en altérer la valeur numéraire; l'influence des mœurs et de l'industrie des peuples mal partagés en ressources pour pallier leurs désavantages; la concentration naturelle du pouvoir d'investir entre les mains des Etats ou des particuliers les plus industrieux, ou les plus travailleurs, ou les plus forts; la relation entre la liberté du commerce intérieur et extérieur et la prospérité collective, etc. Mais Voltaire semble également vouloir signifier que l'histoire des sociétés enseigne un progrès du savoir-produire la richesse: la tendance séculaire à l'augmentation de ce que nous appelons le *niveau de vie*; la meilleure police des biens et des personnes qui incite à ce que nous nommons la *formation brute du capital fixe*; la prise de conscience par les rois et leurs ministres que l'Etat doit favoriser la circulation des richesses plutôt que leur thésaurisation, etc.

La réflexion historique est toutefois allégée dans les *Questions* que nous sélectionnons. L'alternance des mentions historiques, bibliques ou mythologiques et des petites fables illustrant concrètement le propos de l'article constitue une proposition stylistique qui ne se rencontre chez aucun autre des philosophes généralistes traitant de politique (Condillac, Condorcet, Hume, Morellet, etc.), ni *a fortiori* chez aucun des économistes du temps.[25] Car au-delà de la somme considérable des connaissances amassées par le philosophe pour documenter ses travaux historiques,

---

25. Le tropisme voltairien consistant à ramener tout développement historico-économique à l'entretien des feux de la guerre contre l'*Infâme* fait parfois sourire tant il est prévisible. Ainsi l'article 'Abeille', qui rompt un silence de quarante ans sur Mandeville, est supposé donner un 'précis' versifié de la *Fable des abeilles*. En réalité, le petit conte en vers n'a rien à voir avec l'apologue philosophique de Mandeville: chez Voltaire, le paisible royaume des abeilles industrieuses est soudain colonisé par des bourdons [= des prêtres] qui volent leur miel en leur promettant le ciel; ce n'est que lorsque 'les esprits s'éclairèrent' que les bourdons sont 'écrasés' et que 'les abeilles prospèrent'... (*OCV*, t.38, p.45).

c'est aussi la trace d'un apprentissage des réalités économiques au cours de toute une longue vie qui transparaît dans ce corpus sélectif. Tôt déjà, l'exil anglais de 1726-1729, tout comme il a apporté au jeune poète des visions nouvelles sur d'autres domaines de la pensée, aura amorcé un intérêt pour le commerce: l'utilité sociale d'un Fawkener (et le respect qu'elle entraîne) est une révélation d'abord plus discrète, mais finalement tout aussi durable que la lecture de Bacon et Locke pour un *philosophe ignorant*, celle de Swift et Pope pour un humoriste ennemi de la satire, le théâtre de Shakespeare, Marlowe ou Wycherley pour le poète dramatique d'*Œdipe* et le futur auteur de comédies comiques.[26] D'ailleurs, les commentaires les plus directement issus de l'expérience concrète sont afférents aux finances, qu'elles soient personnelles ou publiques. Ayant bâti une fortune que l'on sait conséquente (voir ch.6, p215-25), Voltaire en connaît tous les mécanismes, et cela s'entend quand il s'exprime (voir ch.3, p.84-102 et p.108-117). Ayant géré les aléas de toute grande fortune, ce n'est pas en théoricien qu'il écrit 'Banqueroute' ou 'Confiscation'.

Ses positions si originales et si controversées sur l'utilité du luxe sont également le reflet des différents âges de sa vie, de l'insouciance brillante de la Cour de Sceaux au 'paradis sur terre' de Cirey et au faste tranquille des Délices et de Ferney (voir ch.4, p.125). Elles sont aussi le miroir des tensions qu'il partage avec d'autres philosophes et moralistes de son temps entre cœur et raison, entre l'énergie des passions que le siècle libère à nouveau et la maîtrise du réel par le progrès de l'esprit qui est tout autant signe et facteur de liberté: la quasi-concomitance du *Traité de métaphysique* (épître à la maîtrise morale) et du psychodrame littéraire du *Mondain* (ode à un hédonisme du progrès économique) en est un exemple saisissant. Nous y reviendrons longuement (ch.4, p.153-66).

Enfin, plus spécifiques à Voltaire sont les hauts et les bas de la fascination d'un homme de lettres pour l'entreprise productive, qu'elle soit agricole ou manufacturière, au service de laquelle il mobilise une part substantielle de ses capitaux durant les décennies 1750 à 1770 (voir ch.5 et 6). Il s'agit là aussi de passion plutôt que de raison. Mais aussi de cohérence philosophique. Car s'il s'ouvre à la science économique, ce n'est pas seulement sous l'aiguillon de l'*épistémè* (pour preuve son peu de goût pour la théorie, autre que monétaire); c'est aussi en moraliste: il se

26. La dédicace de *Zaïre* à un *marchand* plutôt qu'à un prince du sang fit rire, et la parodie de d'Allainval (*Le Temple du Goust* (s.l., 1733)), qui croque un Kafener/Fawkener 'nordique' et grossier, est surtout indicative de l'image négative de l'homme de commerce en France, un stéréotype que Voltaire provoque délibérément. Comme le rappelle en effet N. Perry: '[Voltaire] could have dedicated [*Zaïre*] to Fawkener as a gentleman of longer lineage than many in France and spared himself the jibes but that would not in reality have suited his mission of improving the French nation' (*Sir Everard Fawkener, friend and correspondent of Voltaire*, SVEC 133 (1975), p.149).

connaît lui-même dans la discrétion de ses opérations financières comme dans le désarroi des banqueroutes et revers nombreux qui sont le destin des hommes riches; et il connaît les hommes qui l'entourent dans l'action productrice (les banquiers, les serviteurs de l'Etat, les paysans matois, les artisans huguenots exilés et fiers). Il y a chez ce philosophe universel, ce *grand homme* qui se prétend *laboureur*, une attirance et un respect pour ceux dont l'intelligence et la force ne sont tournées que vers l'économie appliquée. Ce n'est pas par fausse modestie qu'il écoute ceux qui, contrairement aux Choiseul, Richelieu ou Turgot n'ont pas le pouvoir d'orienter la politique, ni même de l'influencer comme les Dupont, les Roubaud, les Galiani, mais savent la juger parce qu'elle est la trame de leur *ménage*, tel ce marchand anonyme auquel il demande son avis:

> Je ne sais si je me trompe, mais il me semble que l'édit du roi ne doit point déplaire et que le contrôleur général a choisi les moyens les moins onéreux pour payer les dettes de l'Etat je vous prie de me dire comment il est reçu. Surtout par les négocians qui sont ce me semble les meilleurs juges de ces arrangemens.[27]

Au total, le mélange de l'érudition (historique et technique) en économie politique et de l'expérimentation empirique de l'économie appliquée donne à la parole de Voltaire dans ce domaine plus d'acuité et de permanence qu'elle n'en a dans d'autres domaines de la connaissance scientifique. La démonstration en est donnée par *L'Homme aux quarante écus*, pseudo-conte en forme de roman d'apprentissage et vrai pot-pourri des lectures et préoccupations d'une année particulièrement dense: 1767. Si nous mettons de côté les *topoï* de la vindicte contre l'Infâme (l'égoïsme du carme, le raisonnement sur les moines, les impôts payés au Vatican, les querelles théologiques, etc.), le conte livre trois éléments significatifs. Le premier est la structure diégétique (l'ascension sociale de M. André) qui est une ode au progrès de l'esprit en liaison avec la prospérité personnelle lorsque celle-ci s'accompagne des vertus familiales ('mariage de l'homme aux quarante écus'), de la sociabilité ('d'un bon souper chez M. André') et de l'acquisition des lumières par la lecture ('le bon sens de M. André'). Le second est la brillante satire des excès doctrinaux de la physiocratie ('désastre de l'homme aux quarante écus', 'entretien avec un géomètre'), des systèmes économiques théoriques ('lettre à l'homme aux quarante écus'), et du système fiscal français ('audience de Monsieur le contrôleur général'); cette partie livre quelques réactions de Voltaire à l'économie politique du moment (nous y revenons ch.5, p.200-205). Le troisième élément est constitué par le

---

27. Destinataire inconnu, 8 juin 1763, copie de la main de Wagnière, inédite, IMV MS CA75 (graphie et ponctuation conservées).

groupe de chapitres (ou plutôt de pensées détachées) où Voltaire réagit à des lectures scientifiques de l'année: la proportion judiciaire des délits et des peines (Beccaria, Servan) où l'humanisme du philosophe de la tolérance s'exprime avec émotion; l'inoculation de la vérole, où la conviction de la onzième 'lettre anglaise' se réitère; enfin, de 'nouvelles douleurs occasionnées par de nouveaux systèmes', où les tentatives (parfois fantaisistes) des (futures) sciences de la vie et de la terre pour proposer une explication aux origines et à l'évolution sont mesurées avec ironie à l'aune du fixisme voltairien.[28] On ne peut qu'être frappé du contraste entre la pertinence du commentaire sur la science économique de 1767 et la perplexité, qui confine parfois au manque d'ouverture d'esprit, devant les sciences naturelles (une perplexité développée l'année suivante dans *Des singularités de la nature*). Si l'ironie mordante envers les économistes Le Mercier de la Rivière ou Naveau sonne juste, parce qu'elle est étayée par une vaste culture et l'expérience pratique, celle dirigée vers De Maillet/Telliamed (en réalité Buffon) à propos de la dérive des continents ou celle – facile – moquant les 'vers spermiques' découverts par Leeuwenhoeck (une avancée capitale pour la génétique humaine) laisse, deux siècles plus tard, une impression de péremption.[29]

Le livre et la conversation

La source la plus pertinente du commentaire voltairien sur la politique économique provient donc d'un effort systématique d'acquisition de connaissances par le livre et par l'échange, épistolaire ou conversationnel. Très tôt se manifeste un volontarisme en ce sens.[30] Peu à peu, Voltaire se constitue une bibliothèque de traités sur l'économie qui sera, à la fin des années de Ferney, comparable, par exemple, à celle de Turgot. Nous recensons ainsi dans la *Bibliothèque de Voltaire* (Leningrad/ Moscou, 1961) 143 ouvrages traitant d'économie (dont 49 consacrés à l'agronomie, l'élevage et la circulation des denrées), sans compter les revues (*Ephémérides*: 15 volumes; *Journal économique*: 32 volumes; *Gazette du commerce*: 21 volumes; *Journal encyclopédique*: 111 volumes), ni les dictionnaires (*Encyclopédie, Moreri, Trévoux, La Martinière*), ni les très nombreux documents classés dans les pots-pourris (arrêts, ordonnances, édits, remontrances, etc.) liés à l'encadrement public de la vie économique. Certains titres attestés comme reçus par la correspondance ont disparu du catalogue et de BV (dont Beccaria, *Delle Monete*, 1762) ou

28. 'Il me paraît démontré que les choses ont toujours été comme elles sont' (Voltaire à Turgot, 8 février 1768, D14741).
29. *L'Homme aux quarante écus*, éd. B. M. Bloesch dans *OCV*, t.66 (1999), p.213-409.
30. Dès 1735, Voltaire avait demandé à Thieriot de l'approvisionner en mémoires sur le *commerce* (Voltaire à Thieriot, 24 septembre 1735, D918).

sont présents dans le *Catalogue de Ferney* puis disparaissent, tel un *Traité du commerce* (il peut toutefois s'agir de la traduction de Child mentionnée en D5779 ou encore de Ricard, BV2971). D'autres, recensés par Havens et Torrey en 1959 sur la base de la liste de Wagnière (*SVEC* 9 (1959)), ne sont pas physiquement dans BV: Delcampe, *Connaissance des chevaux* (Paris, Cie des Libraires, 1741), (B810); *Mémoires sur la Cie hollandaise des Indes* (B2033, ms. 9-8-298, f.39) et sur les *Indes espagnoles* (B2030, ms.4-8-246,f.62v); *Edit de 1763 sur les dettes de l'Etat* (B1134, ms. 4-8-244, f.63); abbé Bexon, *Catéchisme d'agriculture* (Paris, Valade, 1773), (B284); De la Rivière et Du Moulin, *Méthode pour les arbres fruitiers* (Paris, 1763), (B1669); Condorcet, *Réflexions sur le commerce des blés* (Londres, 1776), (B712).

Si, après corrections, nous tentons d'approcher les dates d'entrée en rayon par les dates de publication (car le catalogue de Wagnière est muet sur les entrées mais nous savons par la correspondance et les catalogues de libraires conservés dans le fonds que Voltaire était prompt à se procurer les nouvelles parutions), nous constatons la montée en puissance de l'intérêt du lecteur pour l'économie: 5 titres entre 1730 et 1739 (dont Melon et Dutot), 13 titres entre 1740 et 1749 (dont Pâris-Duverney, Dupin, Dupré de Saint-Maur, Montesquieu, Plumard de Dangeul), 25 entre 1750 et 1759 (dont Gournay, Forbonnais, Herbert, Hume), 48 entre 1760 et 1769 (dont 12 ouvrages de physiocrates), 30 titres entre 1770 et 1778 (dont Galiani, Necker, Morellet). Les autres titres (soit 22) ne sont pas statistiquement significatifs: sans date ou anciens (dont Sully, Boisguilbert, Vauban et Mandeville).[31]

Le *Corpus des notes marginales* indique que ces ouvrages étaient lus, voire commentés ou même corrigés (en particulier quand ils traitent d'histoire des monnaies ou du trésor royal).[32] Le seul économiste majeur dont le patriarche ne semble pas avoir eu connaissance est Richard Cantillon: le fait que l'ouvrage posthume de Cantillon ait d'abord été loué par Mirabeau avant sa publication explique peut-être le fait.[33] Les

---

31. L. Kozminski (*Voltaire financier*) a relevé les titres d'ouvrages d'économie mentionnés dans la correspondance (telle qu'elle est connue en 1929); parmi eux, j'observe quatre titres ne figurant pas en BV: Elie de Baumont, *Discours sur la population* (V. à Elie de Beaumont, 21 janvier 1763, D934); H. Pattullo, *Essai sur l'amélioration des terres* (Paris, Durand, 1758), (Thieriot à V. 1er juillet 1759, D8382); Pesselier, *Idée générale des finances* (Paris, 1759), (V. à d'Argental, 18 juin 1759, D8363); Turgot, *Lettre à l'abbé Terray sur les grains* (V. à d'Argental, Ier juillet 1775, D19540).

32. Les jugements de Voltaire sont tranchés. Sur Melon: 'souffrez que je me livre au plaisir d'estimer tout ce qu'il dit sur la liberté du commerce, sur les denrées, sur le change, et principalement sur le luxe'; sur Dutot et Pâris-Duverney: 'Jamais les belles-lettres n'ont été si liées avec la finance, et c'est encore un des mérites de notre siècle' ([*Observations*] *Sur MM. Jean Law, Melon et Dutot*, dans *OCV*, t.18A (2007), p.244 et 247); sur Naveau: 'je vous prêterai le *Financier citoyen*. Mais n'allez pas le croire en tout' (*OCV*, t.66, p.335) [en marge de l'ouvrage, BV2556, Naveau est qualifié d'ignorant et plat auteur'].

33. J.-J.-L. Graslin (*Essai analytique sur la richesse et sur l'impôt* (Londres, 1767)), opposant décidé des physiocrates, manque également dans la culture économique du patriarche.

abonnements fidèles du philosophe aux revues économiques (qui lui fournissent les informations de publication) sont également signe de lectures régulières sur le sujet (comme l'attestent les appréciations favorables qu'il émet sur les *Ephémérides*, pourtant organe de la physiocratie). Ces lectures et leurs traces seront commentées dans les chapitres qui suivent.[34]

Mais l'apprentissage voltairien de la théorie économique n'est pas seulement livresque. Il faut rappeler les relations personnelles étroites entretenues par le philosophe avec nombre d'économistes européens majeurs: la correspondance, fort heureusement, conserve le souvenir de ses liens avec Melon, Morellet, Gournay, Dupont de Nemours, Hume, Turgot, Baudeau, Roubaud, Beccaria; de son admiration pour Dutot, Forbonnais ou Dangeul; de son intérêt naissant, en fin de vie, pour Necker. Il y a malheureusement peu de traces des conversations entretenues avec les uns et les autres dans le salon des Délices ou la bibliothèque de Ferney.[35]

Deux économistes jouent un rôle central dans l'orientation des réactions de Voltaire aux questions économiques. On peut les considérer, dans la tradition universitaire, comme les deux *maîtres* du philosophe dans ce domaine: Melon et Turgot. Par rapport à Turgot, Jean-François Melon est un économiste archaïque. L'écriture de l'*Essai politique* est encore marquée par la rhétorique des humanités et le subjectivisme. Mais, en 1736, c'est précisément cette rencontre avec un philosophe sans jargon, à la culture historique évidente, capable de rédiger la première compilation raisonnée de tous les aspects de la chose économique qui procure au philosophe de Cirey la révélation d'un nouvel angle de vue sur l'histoire et les ressorts des sociétés.[36] Le hasard biographique fait que le chapitre consacré par Melon au 'Luxe' est l'un des premiers pans de la théorie économique que Voltaire utilise (pour se sortir du mauvais pas du *Mondain*, voir ch.3, p.151-53).[37] Cependant, le legs ultérieur de

34. De nombreux fragments montrent l'estime en laquelle Voltaire tient certains philosophes économistes: 'Sans les avertissements de l'abbé de Saint-Pierre, les barbaries de la taille arbitraire ne seraient peut-être jamais abolies en France. Sans les avis de Locke, le désordre public dans les monnaies n'eût point été réparé à Londres' (*Ce qu'on ne fait pas et qu'on pourrait faire*, M, t.23, p.185).

35. Comme je l'ai déploré au ch.1, une absence particulièrement regrettée par l'historien des idées est le souvenir des propos échangés au cours des 'quatre à cinq visites' d'Adam Smith en 1765.

36. '[L'*Essai*] était une sorte de petite encyclopédie des notions alors régnantes sur l'économie générale d'un Etat, mais avec certains développements hardis et originaux [...] la plupart du temps, il y avait un grand fond de vérité dans ses allégations et l'on doit dire qu'il s'est révélé esprit perspicace et novateur, mais aux yeux de ses contemporains, il dut probablement passer pour un amateur de paradoxes' (P. Harsin, *Les Doctrines monétaires et financières en France du XVIe au XVIIIe siècle* (Paris, 1928), p.237, 239).

37. La 'Lettre X' des *Lettres anglaises* laisse transparaître une admiration pour l'économie réelle pratiquée en Angleterre mais ne fait pas encore référence à la théorie économique.

Melon va bien au-delà de cette théorisation bienvenue de l'économie du luxe. Ainsi, la mise en cause de Melon par Dutot en 1738 sur la question du 'surhaussement des monnaies' va le conduire à composer un texte engageant son jugement sur trois économistes: *Observations sur MM. Jean Law, Melon et Dutot*, l'un des rares textes exclusivement consacrés à la théorie économique (avec, dans des mesures variables, *La Défense du Mondain, La Lettre à l'occasion de l'impôt du vingtième, Dialogue entre un philosophe et un contrôleur général, Les Finances* et le corpus sélectif des *Questions* évoqué plus haut).[38]

Anne-Robert-Jacques Turgot est un personnage exceptionnel. L'étendue de sa culture philosophique en fait un lettré comparable à Voltaire (le déisme en moins). Il est, au jugement de plusieurs historiens des idées, le meilleur économiste français du XVIIIe siècle. Et, de même que Voltaire, il n'est pas seulement un économiste en chambre mais un acteur de l'économie réelle. Lui n'a pas la nécessité de se construire une fortune et son action concrète est au service de l'Etat. Intendant puis ministre, il personnifie la haute fonction publique, l'un des legs positifs du siècle de Louis XV. Nous avançons plus loin l'hypothèse que l'action entrepreneuriale et d'aménagement du territoire entreprise – à l'image des intendants et à son échelle – par le patriarche durant les deux décennies de Ferney n'est pas sans lien homothétique avec celle de son modèle, tant est absolue l'admiration qu'il porte à celui dont il avait prédit – avec une remarquable prescience – l'ascension. Une sorte de synthèse philosophique réunit alors chez le *seigneur de village* le populationnisme (la *peuplade*), la responsabilité sociale du riche et la mise en œuvre volontariste du progrès économique:

> Le vrai philosophe [...] sait comme le sage de Montbard [Buffon], comme celui de Voré [Helvétius], rendre la terre plus fertile et ses habitants plus heureux. Le vrai philosophe défriche les champs incultes, augmente le nombre des charrues, et par conséquent des habitants, occupe le pauvre et l'enrichit, encourage les mariages, établit l'orphelin, ne murmure point contre les impôts nécessaires.[39]

L'estime est réciproque après la rencontre des deux philosophes aux Délices en 1760: Turgot nomme Voltaire 'Confucius', le patriarche

---

38. *L'Homme aux quarante écus*, ainsi que *Babouc* ou *Les Oreilles de Chesterfield* abordent de nombreux autres sujets scientifiques ou moraux. La *Lettre à Baudeau* est moins dans la dissertation théorique que dans le registre historique (défense de Colbert) et le soutien à Turgot (guerre des farines). On peut en dire autant de la plupart des textes comportant des notations économiques où celles-ci sont un élément parmi d'autres de l'examen philosophique (c'est évidemment le cas des ouvrages historiques). Les nombreux *Mémoires sur le Pays de Gex*, à but politique, ne se réfèrent qu'implicitement à des analyses de fond que le scripteur partage avec le destinataire (Turgot).

39. Voltaire à Damilaville, 1er mars 1765 (D12425).

nommera le ministre 'Caton'. Cette estime réciproque deviendra asymétrique au tournant de 1770 pour un motif de parfaite vanité chez Turgot, de psycho-rigidité chez Voltaire (voir ch.3, p.102-106). Cette baisse de tension au sein d'une des relations les plus prometteuses du siècle ne sera épargnée du désastre que par l'entremise désintéressée de Dupont de Nemours, autre disciple de l'auteur de *Réflexions sur la formation des richesses*, ouvrage majeur dont le patriarche a pris connaissance dans les *Ephémérides*. Le refroidissement n'altère cependant en rien l'adhésion totale de Voltaire à la politique économique de Turgot qui fait passer dans les faits nombre de réformes économiques désirées par le philosophe: retour à la libre circulation des denrées, suppression des corvées, suppression de taxes indirectes. Celles-ci seront également la cause de la disgrâce de Turgot, au moment où il s'apprêtait à tenter de convaincre le roi de revenir sur l'abrogation de l'édit de Nantes.

Les polémiques

Enfin, il faut retenir, parmi les sources de cette *sagesse citoyenne* influencée par l'analyse économique, le goût voltairien pour les polémiques du moment. L'esprit du philosophe est comme aimanté par le débat d'idées quel qu'en soit le domaine (querelles théologiques, littéraires, politiques, éthiques, etc.). Les confrontations – souvent vives – entre économistes attirent à ce titre son besoin d'engagement, un penchant qu'exacerbe l'éloignement (à Cirey, à Berlin ou aux confins du royaume). C'est ainsi que nous devons les *Observations sur MM...* à une querelle très technique sur les mutations monétaires, qui passionna aussi, à la fin de la décennie 1730, une opinion encore sensibilisée à l'échec de Law. Auparavant, la crise du *Mondain* et l'exil temporaire en Hollande avaient cristallisé sa réflexion publique sur le luxe. Entre 1755 et 1768, les théories provocantes de Quesnay, Mirabeau et Le Mercier provoquent chez Voltaire une série de réactions d'amour-haine transcrites en temps réel dans la correspondance et la verve satirique de *L'Homme aux quarante écus*. L'intense débat public qui suit les édits de 1763-1764 libéralisant la circulation et l'exportation des grains fait entrer le 'laboureur' de Ferney dans l'arène: Roubaud, Galiani, Saussure, Necker, Baudeau, Dupont, Condorcet viennent alors enrichir la bibliothèque du château de leurs considérations sur le sujet. Avec certains d'entre eux (Baudeau, Dupont, Condorcet) la conversation épistolaire prolonge le débat.

Mais la lancinante question des finances publiques et de la politique monétaire, qui empoisonne tout le siècle depuis le règne précédent, est la polémique à laquelle Voltaire participe le plus longuement. Il le fait non seulement sur la base de ses lectures et de ses conversations avec des interlocuteurs éclairés, mais également avec son expérience personnelle de spéculateur international, de familier du système bancaire et des changes, de contribuable cherchant à échapper à l'impôt. Cette implication directe et continue du philosophe dans le débat intellectuel sur l'impôt et la monnaie fait l'objet du chapitre suivant.

3. Finances publiques et politique monétaire

'Le peuple le plus heureux doit être celui qui
paye le plus'[1]

La difficile question des finances publiques a stimulé le développement
de la pensée économique en Europe dès la fin du XVIIe siècle. Parce que
cette question a été plus mal résolue en France qu'en Angleterre, elle a
puissamment contribué à la chute de l'Ancien Régime. En effet, le
processus du consentement à l'impôt, qui a été à l'origine des révolutions
anglaises, a trouvé au Royaume-Uni un compromis satisfaisant (par
l'équilibre progressif, depuis le XVe siècle, des pouvoirs parlementaire
et royal). Il n'en va pas de même dans le royaume de France. Le système
fiscal y fait l'objet – en dépit du droit de *Remontrance* – d'une répartition
non seulement normative et autoritaire, du sommet de l'Etat vers la
masse des contribuables, mais encore fondamentalement inégale et
injuste – au su de tous, y compris des autorités:

> j'ai cru devoir donner les premiers soins de ma Régence à ce qui regarde les
> Tailles. Mon intention sur ce point est d'arrêter le cours des *frais excessifs* que
> font aux Taillables les Receveurs, Huissiers et autres, d'établir une *juste égalité*
> dans les Impositions, d'empêcher et les vengeances que les Collecteurs
> excitent contre ceux dont ils croient avoir sujet de se plaindre, et les
> *protections injustes* qu'ils donnent à leurs parents et à leurs amis, de remédier
> aux non-valeurs supposées, de régler les Effets qui ne sont point saisissables;
> et enfin de mettre dans ce Recouvrement une *forme* certaine et *invariable*.[2]

Le déficit chronique des finances royales, les maladresses des palliatifs
(emprunts, affermage de la collecte), le mécontentement social lié aux
injustices d'assiette, l'impuissance ou les vues erronées des résistances
parlementaires ont été les révélateurs d'un besoin de réflexion critique
sur les voies et moyens du financement d'un état moderne. D'un côté, le
problème fiscal a aidé la théorie économique naissante à se libérer du

1. 'Le peuple le plus heureux doit être celui qui paye le plus; c'est incontestablement le plus
    laborieux et le plus riche' (*Dialogue, OCV*, t.32A, p.91). N.B.: La formule est reprise de la
    Lettre à l'occasion du vingtième (Voltaire à Rouillé du Coudray, 16 mai 1749, D3927): 'Le
    peuple le plus heureux est celui qui paye et qui travaille le plus, quand il paye et travaille
    pour lui-même'.
2. *Lettre circulaire de son altesse royale Mgr le duc d'Orléans, Régent du Royaume, à Messieurs les
    intendants des provinces*, 4 octobre 1715 – c'est le scripteur qui souligne. NB: La lettre de
    Philippe d'Orléans – aux premiers jours de son pouvoir – visait à encourager les 'Sujets
    zélés à donner des Mémoires pour le soulagement des Taillables'; l'abbé de Saint-Pierre
    joint cette lettre au *Projet d'une taille tarifée* qu'il rédige en 1722.

corset mercantiliste pour donner plus d'attention aux paramètres internes de la richesse des nations: la demande solvable du marché domestique, les freins institutionnels aux échanges intérieurs et extérieurs, le financement des infrastructures; d'un autre côté, il a contribué à déplacer la problématique de l'économie depuis son angle politique (l'éternelle rivalité entre le pouvoir central et les parlements) vers la méthode expérimentale et inductive des philosophes. Car, souvent velléitaires ou utopiques, les nombreuses contributions sur le sujet ont généré – en dépit (ou à cause) de leur amateurisme initial – la prise de conscience d'une nécessaire scientificité de la pensée économique.

Dans ce domaine, Voltaire apparaît ambivalent. En tant que philosophe, il commente clairement la nécessité économique de l'impôt; le contribuable Voltaire, lui, hésite – comme l'homme ordinaire – entre mécontentement, indignation et tentative d'évasion. La complainte de l'homme riche accablé des foucades du pouvoir fiscal n'est toutefois pas la seule – ni même la principale – note critique qu'il fait entendre. Lorsqu'il s'exprime sur l'abus fiscal, c'est le plus souvent en relation conséquente avec des thèmes de politique économique et sociale qui lui sont chers: l'effet paralysant pour la croissance économique d'une perception en cascade sur la circulation des produits, le prélèvement sur la quantité de travail théoriquement disponible opéré par le parasitisme mendiant détaxé (clérical, en particulier), la vulnérabilité des citoyens les plus faibles à l'arbitraire que s'arrogent les bénéficiaires d'un pouvoir de taxation concédé sans contrôle. S'il déploie pour lui-même et ses entreprises un infatigable effort relationnel d'optimisation fiscale, il faut reconnaître que son engagement d'écrivain porte plus largement sur le redressement des torts collectifs dans la gestion des finances publiques. Comme dans les autres champs de ses réactions aux idées économiques du moment, la perspective historique est une caractéristique de ses considérations, de même que la polyvalence des moyens littéraires choisis pour les faire connaître: essais, facéties, contes, dialogues d'idées, correspondance, etc.

Nous nous appliquerons tout d'abord à brosser le contexte et les modalités du traitement de la question financière par le pouvoir royal et par les économistes des Lumières; nous relèverons ensuite les prises de position voltairiennes sur l'impôt, sur la politique monétaire, et comparerons les actes aux idées.

La question financière en France

L'incapacité de Louis XIV, puis de Louis XV, à corriger les failles du système fiscal d'Ancien Régime ne fait pas que susciter l'interrogation sur les limites d'un pouvoir monarchique se revendiquant comme *absolu.* Elle pointe également l'archaïsme de la réflexion politique à la charnière des deux siècles des Lumières. Ce sont, en effet, l'absence d'anticipation des besoins, le caractère erratique de ces besoins (guerres soudaines, mariages princiers et autres dépenses somptuaires, etc.), mais aussi la méconnaissance des fonctions économiques de l'impôt (incitatives, redistributives, protectrices) qui frappent aujourd'hui l'observateur de ce passé proche.

Les signes du malaise fiscal n'étaient pourtant pas étrangers aux consciences éclairées du temps, adeptes sincères de la notion nouvelle de *bien public.* Il est significatif que le substantif *Finances* ait été le plus souvent réservé à la dénotation de tout ce qui constituait la problématique de l'argent public: détermination du besoin royal, établissement de l'assiette des taxations, procédures de collecte, appareil judiciaire des contraintes. La masse des écrits – tant polémiques que propositionnels – sur *les Finances* constitue un rayon important du legs littéraire du XVIIIe siècle. Plus encore, le discours écrit sur ces sujets ne s'est pas limité aux techniciens de la chose fiscale; les gens de lettres (et particulièrement les planificateurs de la chose publique que voulaient être nombre de philosophes) furent, dans le débat, des contributeurs actifs et reconnus – quoique de valeur inégale.

L'état des lieux d'abord, les termes du débat ensuite constituent ci-dessous l'examen du contexte dans lequel nous verrons plus loin Voltaire réagir.

Les failles du système fiscal d'Ancien Régime

Nous supposons le lecteur familier du système fiscal du Royaume de France – au moins dans ses grandes lignes. Nous lui épargnerons donc un exposé – nécessairement long – sur la taille, la capitation et le vingtième, ainsi que sur les innombrables taxes indirectes dont la présentation, pour être pertinente, ne peut s'abstraire de leur évolution historique, ni de leur fragmentation régionale.[3] Nous préférons réserver cette section à un rappel des *défauts* du système: 1) l'absence d'uniformité de l'impôt

---

3.   On se reportera avec profit aux ouvrages canoniques de Marcel Marion sur les impôts directs (*Les Impôts directs sous l'Ancien Régime* (Paris, 1910)) et plus généralement l'histoire financière (Marcel Marion, *Histoire financière de la France* (Paris, 1914), t.1), ainsi qu'à l'essai de Marguerite Goubard sur les idées fiscales de Voltaire (*Les Idées fiscales*) dont la première partie brosse un tableau des taxations directes et indirectes en vigueur durant le XVIIIe, ainsi que les principales théories fiscales de substitution proposées. Pour une compréhension encore plus détaillée de ce système tentaculaire, on consultera une somme d'époque, extrêmement précise, l'in-quarto de Moreau de Beaumont (*Mémoire concernant les impositions et droits* (Paris, Imprimerie royale, 1769), t.2, 3, 4, Ars. 4o-S-812), à ma connaissance l'un des ouvrages les plus fiables (voir Bibliographie).

direct, due à une historicité d'agrégation plutôt que d'harmonisation des coutumes locales; 2) le sentiment public d'un arbitraire dans son mode de répartition, 3) son effet de redistribution inversée en raison des exemptions; 4) l'effet ralentisseur des impôts indirects sur le développement des échanges; 5) l'image – désastreuse pour le pouvoir – d'un gaspillage des ressources par la sous-traitance de la collecte; 6) la violence de traitement du contentieux fiscal; enfin 7) l'effet anti-économique des taxations en nature (dîmes, corvées).

Observons en préambule que les failles intrinsèques du système suffisent à expliquer son rôle dans le soulèvement révolutionnaire français. La pression fiscale globale n'était pas insupportable par elle-même – contrairement à une idée longtemps répandue après la Révolution;[4] en revanche, l'injustice criante de l'assiette des impôts directs et la privatisation de la collecte des indirects, l'une et l'autre constamment dénoncées dans des pamphlets, des satires, des comédies, des essais, porte en elle l'inéluctable Nuit du Quatre-Août et le délitement de la cohésion sociale que ce psychodrame nocturne n'a pas enrayé.

Les failles de l'impôt direct

En premier lieu, l'absence d'uniformité du mécanisme des recettes est une caractéristique des finances publiques françaises de l'époque. Elle est le reflet de l'histoire qui a vu l'agrégation progressive des territoires autour de la Couronne, selon une diversité de circonstances historiques (conquêtes, acquisitions, dévolutions, etc.) qui n'a jamais été compensée par un effort sérieux d'intégration institutionnelle. La répartition descendante de la taille (la principale ressource budgétaire) est ainsi

---

4. Pour retrouver des concepts modernes, il faudrait comparer le budget royal (environ 300 millions lt) au produit national brut du royaume. En l'absence de comptabilité nationale, ce dernier est évidemment estimatif. Quelques auteurs de l'époque s'y sont essayés (dans les *Ephémérides* notamment). Si nous prenons, chez Voltaire (qui a souvent une bonne pertinence des chiffres), le calcul du géomètre de *L'Homme aux quarante écus* sur le revenu national (qui diffère du PIB mais que nous accepterons comme approximation), nous voyons une richesse nationale d'environ 2400 millions lt (hypothèse de population de 20 millions d'habitants), soit une pression fiscale *apparente* de 12.5 %; ce chiffre est corroboré, en minoration, par l'estimation de Forbonnais (*Recherches et considérations*, t.1, p.298) du rapport entre richesse et taxation directe (i.e. taille et capitation) soit 1/16.6 (6 %). La pression réelle est supérieure en raison des abus du système de fermage pour les indirects. Tous les fantasmes existent à ce sujet chez les polémistes du temps. Si nous retenons l'estimation moyenne d'une collecte des indirects double de la recette nette du roi, la pression fiscale globale avoisine 20 %, ce qui est très éloigné des prélèvements d'environ 40 % à 50 % observés aujourd'hui dans beaucoup de pays développés. En revanche, comme en matière de météorologie, la pression *ressentie* est fort différente en raison de l'écart de taxation entre taillables et exemptés, entre urbains et ruraux pour les indirects. C'est le différentiel de pression (en la défaveur des plus pauvres) qui est cause du mécontentement populaire et de l'indignation des philosophes.

soumise à des procédures différentes dans les Pays d'Etats, les Pays d'Election et les pays conquis; cette historicité, qui peut paraître anecdotique, est en fait un obstacle à l'arbitrage par le Conseil des Finances entre le principe d'une taille personnelle (assise sur le revenu global estimé de chaque contribuable) et le principe d'une taille réelle (assise sur la valeur estimée des biens-fonds, rendue par ailleurs difficile en raison de l'inégale présence d'un cadastre sur le territoire). Pour la même raison, le pouvoir royal ne parvient pas à unifier la règle du lieu de taxation directe: par un arrêt du 17 février 1728, il tente d'imposer la perception au lieu de résidence du contribuable; mais la diversité des systèmes régionaux fait échapper nombre de biens-fonds à cette tentative de création du foyer fiscal unique et augmente les recours contentieux, au grand profit des cours et tribunaux qui auront un intérêt au maintien d'un système morcelé.[5]

La seconde faiblesse du système – qui est un vice lourd de menaces – réside dans le sentiment général de l'arbitraire dans la perception de l'impôt direct. L'arbitraire est tout d'abord dans la détermination du prélèvement global: impôt féodal et militaire en son origine, impôt de guerre donc, la taille est devenue aux XVIIe et XVIIIe siècles la variable d'ajustement du budget royal. Si le principal n'augmente que modérément au fil du temps, les additions successives (les *sols par livre*) en doublent en fait le montant et laissent aux assujettis le sentiment d'un empilement complexe d'impôts de circonstance dont la pérennité souligne et le caractère d'expédients, et la politique velléitaire du pouvoir royal. L'arbitraire est aussi (et – aux yeux des contribuables – surtout) dans le mode de répartition de la charge. Le sentiment de fatalité fiscale est d'autant plus fort dans la population que l'irrationalité du partage des devoirs d'impôt va croissant au fur et à mesure que ce partage autoritaire s'approche du niveau local. Si le manque de fiabilité des instruments de mesure de la richesse régionale rend, au mieux, approximative la répartition entre généralités (par arrêt du Conseil), leur absence au niveau des commissions élues dans chaque généralité la transforme en un maquignonnage ayant peu à voir avec l'égalité des pays. L'antépénultième répartition (entre les paroisses) fait de la fiscalité un facteur de jalousies et de divisions, parfois haineuses, au plus près des territoires. Enfin, l'établissement des rôles personnels par les collecteurs désignés annuellement, pour leur malheur, dans chaque paroisse ne peut engendrer – la taille étant majoritairement personnelle plutôt que réelle – que luttes d'influence, favoritismes, dissimulation.[6] Des graves tensions sociales que provoquent les ressentiments locaux envers un système si

5. Marion, *Impôts directs*, p.11-13.
6. 'La répartition était hasardeuse au sommet, arbitraire au niveau bas' (Marion, *Impôts directs*, p.4).

structurellement porteur d'inégalités naît pourtant, durant le siècle, un effet correcteur: l'intervention des intendants et des subdélégués dans l'établissement des rôles et la taxation d'office des dissimulateurs, c'est-à-dire l'amorce d'une administration fiscale de terrain que la Révolution et l'Empire institutionnaliseront définitivement.

Un troisième défaut rédhibitoire accentue encore le sentiment d'arbitraire et d'injustice du système d'imposition directe. Il s'agit de la place prise par les exemptions et privilèges. Il n'échappe pas aux observateurs impartiaux, en effet, que la cause de l'inflation sournoise des annexes de la taille réside moins dans l'extension du budget royal que dans l'attrition de l'assiette en raison de l'extension incontrôlée des nouveaux bénéficiaires d'exemptions (les acquéreurs de charges avec privilèges): de moins en moins de contribuables, partant de plus en plus imposés.[7] La dérive de ces cas particuliers vers un effet de masse, source de clivage de la population entre nantis échappant à l'impôt et groupes sociaux sans défense contre lui, équivaut à un effet de redistribution inverse de ce qu'il doit être dans une philosophie économique de la fiscalité. Dans la vision moderne du phénomène fiscal, l'impôt, lorsqu'il épargne les plus faibles économiquement, sauvegarde la propension à consommer de ceux-ci sans entamer significativement celle des plus fortunés. La taille, impôt guerrier, ne s'appliquait pas au second ordre, historiquement astreint à un service en nature pour la défense nationale. De même le clergé, en principe pacifique, ne pouvait être officiellement appelé à soutenir un effort de guerre et contribuait néanmoins à celui-ci (et aux dépenses ultérieurement couvertes par la taille) sous forme d'un *don gratuit*. Cet état des choses n'indignait pas fondamentalement une population en majorité paysanne qui, dans sa généralité, acceptait *volens nolens* – et surtout avec fatalisme – l'inégalité des états sociaux et restait attachée à sa religion. L'acceptabilité de cette inégalité de traitement change néanmoins avec la vénalité des charges. Les roturiers peuvent acquérir l'immunité fiscale. Un nombre de plus en plus grand de fonctionnaires de l'Etat échappent donc à l'impôt, réduisant la base taxable, accentuant la pression sur les moins riches. La redistribution, favorable à l'économie mais peu en usage dans la société féodale – sinon par la vertu chrétienne de charité – change de signe, s'inverse dès lors que l'épargne personnelle peut s'investir dans une charge publique qui, non seulement génère un revenu (ce qui peut s'entendre), mais aussi exonère de la contribution au budget national (ce qui n'a de fondement ni éthique, ni économique). De surcroît, l'inégalité de pression est en

---

7.   'Il n'y a qu'un moyen unique d'échapper à l'impôt, c'est de faire fortune' (Dupont de Nemours dans les Cahiers de doléance du Tiers-Etat de Nemours – cité par Goubard, *Les Idées fiscales*, p.20.

défaveur des campagnes: les villes bénéficient souvent de franchises, de forfaits de taille ou de taxes de consommation (Voltaire obtiendra ce régime pour les taxes du Pays de Gex, pourtant rural). Les campagnes, plus généralement, souffrent d'un transfert de la charge fiscale aux droits indirects (octrois, droits de consommation) dont nous savons la critique virulente qu'en faisaient, à juste titre, les physiocrates; l'industrie également est moins taxée que l'agriculture, reste de colbertisme paradoxalement conforté par la doctrine physiocratique de l'impôt unique sur la terre.

Le pouvoir royal, conscient de ces trois défauts du système d'imposition directe, tenta de les pallier par un impôt universel (la capitation) et un impôt de quotité (le dixième, devenu vingtième en 1743). Une capitation, en son principe, tentait d'appliquer l'idée d'une *taille tarifée* qui agita nombre de réformateurs. Cet impôt personnel était théoriquement dû en fonction du revenu estimé de chacun, selon une gradation en vingt-deux classes auxquelles correspondait un barème annuel de contributions, de vingt livres à deux mille livres. En réalité, la capitation prit rapidement tous les défauts de la taille: elle devint, dès 1701, un impôt de répartition, taillable (*au marc la livre*) dans les pays de taille personnelle, assise sur une estimation arbitraire du revenu foncier dans les pays de taille réelle, les privilégiés obtenant, dans tous les cas de figure, toutes formes d'allègement;[8] d'autre part la fiction d'un impôt proportionnel et universel s'effondra en raison d'un morcellement des règles d'assujettissement (régimes spéciaux pour la Cour, les Troupes, le Clergé, les pays d'Etats, la Ville de Paris, les Arts et Métiers, etc.) et des possibilités d'abonnement ou de rachat consenties au clergé, aux villes franches, aux pays d'Etats.[9]

L'impôt de quotité n'eut pas un meilleur destin. Après sa création, en 1710, sous forme de dixième temporaire, il ne connut pas moins de quinze modifications et prorogations jusqu'à 1772. Il était censé s'appliquer universellement selon quatre classes de revenus: biens-fonds, biens mobiliers, bénéfices commerciaux, revenus des charges et offices. Il dégénéra en réalité lui aussi sous l'effet des abonnements et rachats, et plus encore par son assimilation à des augmentations de taille, par exemple lors des tentatives du contrôleur Bertin, durant la Guerre de Sept Ans, pour introduire un deuxième, puis un troisième vingtième. De

8. 'C'est ici le lieu d'observer que dans la masse totale de cette imposition, la Capitation de la Noblesse et des Privilégiés forme dans les provinces l'objet le moins considérable, la portion la plus forte est celle qui est répartie entre les taillables et non privilégiés, au marc la livre de la taille' (Moreau de Beaumont, *Mémoire*, p.421).
9. Voir Goubart, *Les Idées fiscales*, p.23-26 et Moreau de Beaumont, *Mémoire*, p.424.

fait, les privilégiés échappent toujours plus ou moins à l'imposition réelle du vingtième.[10]

Au total, le pouvoir s'avère incapable de corriger des défauts universellement dénoncés comme autant de dénis de justice fiscale. Les vices du système entraînent la perversion du comportement des taillables: outre la pure et simple dissimulation ou l'utilisation des difficultés dans la notion de lieu de perception, beaucoup de taillables préfèrent souffrir des pénalités que de paraître payer sans contrainte, car acceptation du devoir fiscal sans protestation entraînait chez les receveurs le soupçon de dissimulation. Etre pauvre ou sembler l'être était la seule défense contre l'arbitraire supposé de la perception chez ceux qui ne pouvaient accéder à l'exemption.[11] Elle entraîne également la perversion du système judiciaire, encombré d'actions en *surtaux*, *réductions*, *aides* ou *profits*, et tirant une part malsaine de ses ressources de ce même encombrement. Marcel Marion résume bien ce système pervers en qualifiant la taille (et ses substituts) d'"impôt surtout rural, défectueusement réparti, pesant surtout sur les plus misérables, accablant en raison des vices de répartition et des abus de la levée, ruineux pour le pays dont il paralyse l'effort'.[12]

Les failles de l'imposition indirecte

Les dommages causés par les vices de l'impôt *direct* le sont aux comportements individuels (et à la morale qui les sous-tend) et au consensus social, ce qui suffit à créer une situation pré-révolutionnaire en l'absence d'une capacité réformiste (du pouvoir royal) ou de volonté de l'accompagner en raison de conflit d'intérêt (chez les parlements). Les défauts plus spécifiques à l'imposition *indirecte* (Aides, Gabelle et Domaines) n'endommagent que le progrès économique, effet qui, s'il provoque moins l'indignation immédiate, n'en est pas moins pré-révolutionnaire. Nous aborderons ces déficiences lors de l'examen de la 'tentation physiocratique' de Voltaire, en particulier au sujet de la question de la libre circulation des denrées. Il n'est cependant pas inutile de rappeler ici brièvement les défauts du système des indirects.

Le premier défaut (mis en avant par les physiocrates – et bien avant eux par Boisguilbert) est le ralentissement artificiel des échanges par la procédure fiscale des indirects. La richesse nationale ne résulte pas seulement de l'état d'un stock (le capital productif, les réserves monétaires) mais aussi (surtout ?) de la vitesse d'un flux (la demande, les échanges). Par leur

---

10. Goubart, *Les Idées fiscales*, p.27-32 et Moreau de Baumont, *Mémoire*, p.445-94.
11. Il faudra attendre la Révolution pour que se développe une idéologie du consentement à l'impôt comme facteur de l'unité nationale.
12. Marion, *Impôts directs*, p.24.

complexité, leur morcellement territorial et la lourdeur administrative de leur perception, les droits de traite sont un frein dommageable à la circulation économique. Le Royaume de France, au XVIIIᵉ siècle, est une mosaïque d'espaces économiques protégés les uns des autres par des douanes intérieures. Il connaît une demande de consommation engoncée dans des définitions corporatives astreignantes pour une majorité de produits, soumis aux soupçons d'innombrables contrôleurs et vérificateurs. Tout acte de consommation déclenche la perception d'une taxe (il ne peut en être autrement) mais de plus est inféodé à des restrictions normatives de l'offre et parfois à l'encadrement des quantités consommées (pour le vin, le sel). La puissance idéologique du libéralisme naissant ne peut qu'entrer en conflit frontal avec ces offenses à la liberté du consommateur et les droits de celui-ci au meilleur prix.

Si l'effet ralentisseur de la croissance par ce premier défaut est bien analysé par les économistes conscients, c'est le second qui fait en revanche l'objet du ressentiment populaire et, conjointement, est la cible des pamphlétaires de la vie publique. Il s'agit évidemment de la Ferme générale dont les agissements sont rassemblés sous le terme infamant de *maltôte*. Nous devons toutefois nous garder de juger le système de la Ferme avec les passions de l'époque. Historiquement, l'affermage représente une étape intermédiaire entre l'ancien système féodal de taxation de l'économie par la hiérarchie seigneuriale (en vue d'une redistribution au profit du suzerain: le tribut) et le système moderne où une bureaucratie collecte ces mêmes taxes au profit de l'Etat central, sous le contrôle des élus du peuple. La sous-traitance de la collecte des taxes de consommation n'est donc pas en soi une aberration à un âge de l'histoire administrative où l'Etat n'avait aucunement le personnel et l'encadrement nécessaires à la mise en place de régies directes. Il n'avait malheureusement pas non plus la volonté de les créer et ce n'est que tardivement qu'il plaça auprès des intendants des finances un corps d'inspecteurs des fermes. L'affermage des indirects au XVIIIᵉ siècle n'est que le pendant privé de la sous-traitance des impôts directs par les autorités locales, dont il faut rappeler qu'elles n'étaient pas alors l'émanation de la volonté générale. Mais le caractère privatif de cette concession de souveraineté – et des coercitions qu'elle entraîne – était précisément ce qui la rendait haïssable. Pourtant le fonctionnement de la Ferme générale sous Louis XV ne ressemble pas aux scandales des traitants et partisans sous le feu roi: les soixante fermiers généraux sont organisés en une Compagnie, organe corporatiste, à l'évidence pouvoir au sein du pouvoir mais qui ne diffère guère – sauf par la puissance financière – de nombre de jurandes et pouvoirs corporatistes intermédiaires de la société politique d'ancien régime (dont les parlements); l'attribution des concessions de collecte fait l'objet d'appels d'offres quinquennaux (décennal pour les droits domaniaux), dont il n'est pas avéré qu'ils soient transparents mais qui, en théorie, ne laissent pas une rétribution discrétionnaire aux traitants;[13] celle-ci est d'ailleurs amputée par la pratique arbitraire des croupes et pensions, imposées aux fermiers par le pouvoir au profit de ses protégés;[14] les prélèvements arbitraires sur le revenu des Fermes expliquent – sans l'excuser – sans doute en partie l'agressivité des fermiers envers les redevables, à travers quatre-vingt mille commis qui sont perçus, à juste titre, comme autant de tyranneaux impunis pour leurs exactions et, à en croire Darigrand, eux-mêmes exemptés des taxes qu'ils extorquent, de même que les deux cent mille buralistes qui les secondent passivement.[15]

Un troisième défaut du système des indirects, conséquence du précédent, est la violence de traitement du contentieux fiscal, d'autant plus durement ressentie par la population qu'elle représente un abandon du droit régalien de justice à ce qui apparaît comme des intérêts privés. Les plumes polémiques de talent – celle de Voltaire, par exemple – y trouvent une source légitime d'indignation et des illustrations convaincantes par leur réalisme et leur absurdité au service d'une rhétorique de contestation du sort fait aux plus miséreux.[16] La méconnaissance par la population paysanne d'une législation complexe et mouvante, la qualité de *sachant* abusivement endossée par le moindre commis de la ferme, l'intérêt personnel à la maximisation des condamnations retiré par chaque échelon de la chaîne contentieuse

13. En 1761, le bail des gabelles est accordé à J.-J. Prévost pour 33.3 millions lt; il est renouvelé en 1767 au profit de J. Alaterre pour 36.5 millions lt (Moreau de Baumont, *Mémoire*, t.3, p.46). Véron de Forbonnais (*Recherches et Considérations*, t.1, p.374), estime à 90 000 lt le profit net annuel de chaque fermier entre 1726 et 1754 (cité par Y. Durand, *Les Fermiers généraux au XVIIIe siècle* (Paris, 1971), p.163).

14. Le Bail des Fermes renouvelé à compter du 1er janvier 1775 par Terray (avant sa disgrâce) prévoit une rémunération de 6 millions lt pour la Compagnie, amputée *de facto* de 2 millions lt par 113 lignes de pensions et croupes sur 56 Fermiers (sur 60), ce qui laisse une rémunération théorique brute (avant coûts de collecte) de 66 000 lt par fermier (Anonyme [Jean-Baptiste Coquereau], *Mémoires concernant l'administration des finances sous le ministère de M. l'abbé Terrai, contrôleur général*, (Londres, J. Adamson, 1776), p.311-20). N.B.: La lecture des bénéficiaires de ces prélèvements (du roi et sa famille, aux Grands et à leurs protégés – dont quelques actrices – à d'anciens Fermiers, des premiers commis, etc.) donne une image éclairante de la corruption de la société d'ancien régime. Voltaire s'était procuré ce violent pamphlet (BV860, annotations *CN* 409) et l'a utilisé dans le conte en vers *Les Finances* (voir plus loin, p.95-96).

15. Anonyme [E. J. Darigrand], *L'Antifinancier* (Amsterdam, 1763), p.61.

16. Entre autres qualités, qui contribuèrent à son succès éditorial (24 éditions en 1768 et quatre traductions), *L'Homme aux quarante écus* présente, dans la scène 'Audience du contrôleur-général', un raccourci des abus du système sous la forme de quatre personnages croqués avec une sobre efficacité: le *moine décimateur* (de droit divin); le *fermier général*, habile confiscateur pour cause de *trop-bu*; le *contrôleur des domaines*, spoliateur d'héritiers; le *moine et seigneur*, possesseur de serfs mainmortables (une survivance barbare, tout de même limitée à quelques villages du Mont-Jura), *OCV*, t.66, p.328-33.

(receveurs, vérificateurs, huissiers, exempts, garnisaires, etc.), l'évidente disproportion entre la non-conformité (souvent involontaire) du comportement des assujettis face aux règles obscures de la taxation et les peines encourues (depuis les amendes confiscatoires jusqu'à la prison ou pire) sont une réalité de la pratique fiscale du XVIIIe siècle. Nous y reviendrons plus loin (p.95-96).

Enfin, la perception de contributions en nature (dîme, corvées), survivances du système social féodal, présente l'inconvénient d'une amputation *physique* de l'économie réelle, la première dès la moisson, les secondes en détournant la force travail, souvent au moment où elle pourrait être la plus productive et pour une efficacité médiocre au profit des infrastructures. Turgot – chaleureusement approuvé par Voltaire – aura le courage de s'attaquer à cet archaïsme.

Le système fiscal d'Ancien Régime est sans conteste l'une des faiblesses structurelles de l'économie française des Lumières. Obscur, étouffant, injuste et lent dans son principe, il génère le parasitisme d'une pseudo-administration pléthorique et la perversion d'un appareil judiciaire trop intéressé par son fonctionnement chaotique. Comme l'exprime fort justement M. Marion à propos de l'imposition directe: 'tout le système était vicié par l'intérêt qu'avaient les acteurs à ce qu'il ne fonctionne pas ou mal'. C'est cet état des choses qui incite un certain nombre de philosophes-économistes ou d'essayistes à proposer des réformes.

Les réformes proposées par les économistes

Parmi les auteurs réformateurs, nous retiendrons: Boisguilbert, Vauban, Castel de Saint-Pierre, Roussel de la Tour, Forbonnais, Quesnay et Mirabeau (et à leur suite tous les physiocrates), Montesquieu, Hume et Turgot. Cette sélection (loin d'être exhaustive) est guidée par les lectures de Voltaire qui contribuent, avant même leurs expérimentations concrètes dans le microcosme du Pays de Gex, à fournir une base rationnelle aux idées fiscales du philosophe de Ferney.

Boisguilbert, Vauban, Castel: l'idée d'une taille tarifée

C'est l'année de la mort de Vauban (1707) que Pierre le Pesant de Boisguilbert publie la deuxième édition de son œuvre économique (*Le Détail* et *Le Factum de la France*) sous le curieux pseudonyme de *Testament politique du maréchal de Vauban*, d'où probablement le soupçon de Voltaire concernant *La Dixme*.[17] Le philosophe n'a pas pour le magistrat normand

---

17. Le premier des deux exemplaires de la *Dixme royale* possédés par Voltaire (BV3505 et 3406) porte cette note manuscrite de sa main: 'ce livre insensé est de Boisguilbert qui le publie impudemment sous nom de maréchal de Vauban'.

(critique de Colbert) l'estime que la postérité portera à l'un des premiers économistes de la période moderne: les huit mentions de son nom dans l'œuvre du philosophe sont presque toutes accompagnées de commentaires dépréciatifs:

> Ce Bois-Guilbert, auteur du Détail de la France en deux volumes, n'était pas sans mérite, il avait une grande connaissance des finances du royaume; mais la passion de critiquer toutes les opérations du grand Colbert, l'emporta trop loin; on jugea que c'était un homme fort instruit qui s'égarait toujours, un faiseur de projets qui exagérait les maux du royaume, et qui proposait de mauvais remèdes.[18]

Pourtant, Boisguilbert, dont nous avons souligné l'apport dans la conception primitive du circuit global et du rôle initiateur de la demande, est aussi l'un des premiers à poser les principes d'universalité et de proportionnalité comme bases d'une nécessaire réforme de l'impôt en France. Dès *Le Détail de la France* [1697], il propose de rendre la taille universelle, de supprimer les Aides et les douanes intérieures, de libérer le commerce des grains à l'intérieur et vers l'extérieur (en supprimant les autorisations et les droits de sortie, mais en conservant des droits d'entrée, comme le fera Galiani un siècle plus tard).

Cette simplification radicale du système s'accompagnerait d'un abaissement du coût de la levée par la suppression des Fermes et du rôle répartiteur des collectivités. La répartition autoritaire des contributions est remplacée par une capitation personnelle assise, d'une part, sur la déclaration patrimoniale (impôt immobilier sur les cheminées et impôt de 10% sur les revenus mobiliers) et, d'autre part, sur la déclaration faite au greffe de l'Election par les propriétaires et fermiers sur la *contenance* et le revenu de leur faire-valoir.[19] L'universalité de la taille est assurée, dans le plan de Boisguilbert, par l'abolition des privilèges et la création d'une 'taille d'industrie' dans les villes et gros bourgs.

Surtout resté dans l'histoire comme bâtisseur militaire, Sébastien Le Prestre de Vauban était beaucoup plus que cela. Les finances publiques, tout comme la monnaie, mais aussi la religion, l'agriculture, la colonisation et, bien sûr, la guerre, les fortifications et la marine occupent les volumes de ses œuvres écrites. Son *Projet d'une dixme royale*, conçu en 1695 et publié en 1707, lui valut la défaveur du Roi parce qu'il montrait, avec la rigueur factuelle de l'ingénieur, les failles du système fiscal d'une France exsangue (alors en pleine Guerre de Succession d'Espagne): 'j'ai

---

18. *QE*, art 'Agriculture', *OCV*, t.38, p.133. N.B.: Faut-il voir dans cette persévérante antipathie un soupçon qu'aurait eu Voltaire de l'influence janséniste sur l'économiste normand? Boisguilbert janséniste? C'est l'hypothèse qu'explorent J.-C. Perrot (*Histoire intellectuelle*, p.350-52) et J.-Y. Grenier (*Histoire de la pensée*, p.138-39).
19. Daire, *Economistes*, p.208.

fort bien remarqué que dans ces derniers temps, près de la dixième partie du peuple est réduite à la mendicité'.[20]

Sa proposition consiste à remplacer l'entrelacs des impôts directs et indirects par un impôt principal, applicable à toutes les sources de revenus personnels, locatifs ou entrepreneuriaux, avec des taux variables selon la nature et l'importance du revenu (le plus élevé étant de 10%, la *dîme*). Il supprime les Aides dans leur ensemble, les douanes intérieures et les décimes du clergé. Il conserve cependant la Gabelle sur la denrée stratégique du sel, le Revenu fixe (droits de la Couronne sur ses biens domaniaux, et droits d'enregistrement, dont les parties casuelles) et des droits aux frontières (le ministère Colbert est encore récent) (p.43-48). L'universalisme de l'impôt est clairement revendiqué: 'tout privilège qui tend à l'exemption de cette contribution, est injuste et abusif' (p.48).

Le Maréchal-philosophe partage la levée fiscale en quatre fonds selon la nature des revenus dont le premier et principal (sur tous les produits de la terre, p.57 sq.) serait perçu en nature (sur le modèle de la dîme ecclésiastique). Le second fonds concerne tous les revenus autres qu'agricoles (p.70 sq.), le troisième est constitué par la Gabelle (p.89 sq.) et le quatrième par le Revenu fixe du roi (p.96 sq.). Vauban n'est pas hostile à l'affermage de la perception qu'il estime ne pas devoir dépasser un quart de la levée (p.66).

L'intérêt de la proposition de Vauban est moins dans les articles de celle-ci (qui rejoignent les évidences du besoin de simplification qui seront de plus en plus partagées), que dans l'argumentation qui la soutient. En effet, Vauban fait œuvre d'analyste rigoureux, fondant ses conclusions sur l'examen des faits et des chiffres, une méthode recommandée en Angleterre par William Petty et son disciple Charles Davenant mais encore rare chez les économistes archaïques. Il est l'un des premiers auteurs français à considérer explicitement la fiscalité comme un instrument au service d'une politique économique et pas seulement comme un composé d'éthique de justice sociale et de solution pratique aux besoins financiers du pouvoir royal. Il est surprenant que Voltaire, lui-même disposant d'une intelligence aiguë des chiffres, n'ait pas aperçu que cette plume d'ingénieur ne pouvait être celle de Boisguilbert.

Castel de Saint-Pierre, essayiste érudit et utopiste polyvalent, s'est intéressé à beaucoup d'aspects de la chose publique – avec un réalisme inégal.[21] Il publie en 1723 son mémoire au Régent sur la taille 'tarifée'. Pour remédier aux 'disproportions' (selon l'expression litotique de ce

---

20. Vauban, *Projet d'une dixme royale*, dans Daire, *Economistes*, p.36.
21. 'Comme Voltaire et Montesquieu, [l'abbé de Saint-Pierre] est passeur d'idées entre le Royaume-Uni et la France, lecteur assidu de Hobbes, Swift, Locke, Mandeville, ami de John Law, Ramsay, Lord Bolingbroke' (Perrot, *Histoire intellectuelle*, p.43).

lecteur de Swift) de la fiscalité française – sources, selon lui, de cent millions de moins-values pour l'économie – l'abbé propose d'attaquer les défauts des deux extrémités de la chaîne de collecte: la connaissance insuffisante de l'assiette taxable par les premiers Répartiteurs (les Intendants et assemblées d'Etat), d'une part, l'injustice des derniers Répartiteurs et Collecteurs (dans chaque paroisse), d'autre part. Le projet consiste à apprécier le revenu des taillables selon treize articles généraux de revenus annuels, dont le treizième, l'Industrie (au sens ancien d'inventivité) se subdivise en cinq classes; au total donc, dix-sept articles qui serviront à déterminer le Subside dû par chaque redevable:

> Par exemple pour les Terres, Maisons et Rentes dont ils sont propriétaires, ils payeront sur le pied de quatre sols pour livre, ou vingt pour cent du revenu [...] et sur le pied de trois sols pour livre ou quinze pour cent du prix des terres qu'ils tiennent à ferme [l'argent 'mis en commerce et en marchandises' serait imposé au *centième denier*].[22]

Les cinq classes d''Industrie' feraient l'objet d'un impôt forfaitaire annuel sur le revenu moyen estimé des professions composant chacune des classes.[23] L'ensemble des proportions des dix-sept classes servirait d'étalon pour comparer les *Mandements* de l'intendant (répartition fixée par paroisse) à la structure fiscale de référence pour la paroisse: les ajustements en plus ou en moins, qu'effectueront peu à peu les intendants pour se rapprocher de cette structure proportionnée à la sociologie de la paroisse (dont le rôle sera établi à partir des déclarations des résidents taxables), aboutiront à égaliser les mandements entre paroisses.

La *Taille tarifée* de Saint-Pierre est un projet très intéressant par sa simplicité et son effet auto-régulateur, qui inspirera nombre de propositions ultérieures. Il exprime déjà, dans son principe distributif, l'esprit de *bienfaisance* qui anime la réflexion philosophique de cet abbé antireligieux.[24] Il reste néanmoins utopique par certains aspects (les forfaits de perception, l'honnêteté déclarative dans un Etat sans administration fiscale). Surtout, il manque de l'universalisme préalable à toute justice fiscale (il ne remet pas en cause les exemptions) et ne propose pas de solution au problème du consentement à l'impôt (la masse globale à répartir restant à la discrétion du pouvoir exécutif).

---

22. Abbé Castel de Saint-Pierre, *Projet de taille tarifée* (Paris, Emery, Saugrain et Martin, 1723), ch.2, p.14, 18, 23.
23. 1) juge avocat, notaire, etc.: 20 lt/an; 2) maréchal, serrurier, artisans: 12 lt; 3) simples journaliers: 4 lt; 4) veuves: 40 sous; 5) invalides: 5 sous (Castel de Saint-Pierre, *Projet de taille tarifée*, p.23).
24. 'Comme Condorcet et Voltaire, l'abbé de Saint-Pierre est en effet un incroyant décidé qui [...] ne pardonne au bas clergé – avec Montesquieu, Helvétius ou Voltaire – que ses œuvres de charité.' (Perrot, *Histoire intellectuelle*, p.48).

Roussel de la Tour

Parmi les nombreux propagateurs ultérieurs de l'idée d'une taille tarifée, nous devons mettre en avant Roussel de la Tour car son pamphlet (*La Richesse de l'Etat*, s.l.n.d. [1763]) fait l'objet d'une réfutation de Voltaire, satirique et répétée.[25] Magistrat au Parlement de Paris, Roussel propose dans cette courte brochure (dont le succès la fera suivre d'une autre, le *Développement du plan intitulé: richesse de l'Etat*, s.l., [1763]) une taille unique et progressive de vingt classes qui assurerait à l'Etat à partir de 1763-1764 (période d'extrême tension des finances publiques) un revenu de 740 millions de livres contre 250 (en 1749).[26] Sa vision est clairement sociale:

> Les rôles des villages d'autour de Paris font foi qu'un simple journalier, qui n'a ni feu ni lieu, ni terre, ni vigne, en un mot, qui n'a que ses bras, paye douze livres par an, indépendamment de ce qu'il lui en coûte d'ailleurs en droits sur le peu qu'il consomme. (p.11)

> on remédie à cette inégalité [du système actuel de capitation] dans le plan du nouvel impôt, puisque la cotisation doit s'en faire, non à raison de la dignité, mais à raison de l'aisance du contribuable. (p.16)

> le remède le plus certain à cette inégalité qui se trouve partout, est de rendre l'Impôt si léger, qu'il ne soit pas au-dessus des facultés du plus indigent. (p.18)[27]

La taille progressive constituerait l'impôt unique du royaume: 'Quel meilleur moyen de simplifier les impôts que de les réduire à un seul?' (p.22).[28] Le plan repose sur l'auto-déclaration des revenus, contrôlée par les collectivités (paroisses, municipalités); la répartition par classes serait calquée sur celle de la capitation (rôle imparfait mais unique). Les économies à faire sur l'administration de la maltôte sont annoncées avec un sens certain de l'ironie par évidence: 'On objecte encore l'inconvénient de supprimer tout à coup une multitude de gens de Finance, que la suppression des Impôts rendrait inutiles. [...] cet arrange-

---

25. Un original du pamphlet de Roussel n'est pas toujours d'un accès facile dans les collections publiques. On le trouvera dans un recueil factice de la BnF sous la cote Rp 8806.

26. 'On entreprend de prouver [...] qu'il est possible de subvenir aux besoins de l'Etat, de satisfaire à ses engagements, de pourvoir au présent, au passé, à l'avenir, par une opération simple, dont l'effet serait en même temps et d'enrichir le Roi et de soulager les Peuples' (Roussel, *La Richesse de l'Etat*, p.4).

27. L'auteur propose 1 écu de taxation minimum pour la première classe, soit un quart de l'imposition actuelle.

28. Le pamphlétaire énonce, avec une certaine malice, les impôts devant être supprimés: 'Taille, Taillon, Ustensile, Capitation, Dixième, Vingtième, Deux Sols pour Livre, Quatre Sols pour Livre, Gabelles [la petite et la grande], Droits d'Aides, Droits de Gros, Trop-bu, Congés, Entrées, Péages, Ponts et Chaussées, Droits réputés domaniaux, Contrôle, Insinuations, Centième denier, Octrois [...] des Villes [etc.]' (Roussel, *La Richesse de l'Etat*, p.8).

ment ne devant avoir lieu que dans un terme, il conviendrait de l'annoncer d'avance, pour donner le temps à tous ces inutiles de se pourvoir d'autres occupations' (p.18).

Enfin, il faut relever l'orientation *keynésienne* donnée par Roussel de la Tour à l'emploi de la soudaine 'richesse de l'Etat':

> Que le Gouvernement, sur les premiers produits de l'augmentation [de ses revenus] répande dans le royaume pour huit ou dix millions de bestiaux, juments, vaches, chèvres et brebis, soit qu'on les fasse parquer dans les friches, soit qu'on les vende à bas prix et à crédit aux Particuliers ou Communautés, fallût-il même les donner en pur don, c'est de l'argent placé avec usure à profit de l'Etat. (p.25)

Cette dernière proposition, comme les autres, aurait dû interpeller Voltaire. Son rejet moqueur de l'utopie de Roussel (voir plus loin, p.107-108) a sans doute plus à voir avec la posture de défense du contribuable riche qu'avec les vues économiques du philosophe. *La Richesse de l'Etat* aura au moins eu la conséquence bénéfique d'initier son rapport avec Dupont de Nemours (voir ch.5: La tentation physiocratique).[29]

Véron de Forbonnais: une réforme fiscale d'ensemble

Avec le bon sens que lui reconnaît Schumpeter, Forbonnais propose un système aménagé plutôt que la table rase. La taille lui apparaît être le pivot de tout système fiscal; son historique en a malheureusement fait un impôt arbitraire dans sa répartition. Le point crucial d'une réforme est la juste appréciation des revenus de chacun. Il faut donc développer dans le royaume un réel cadastre donnant une évaluation de la valeur des biens-fonds. Proche des physiocrates sans jamais adhérer à leur cercle, Forbonnais observe que la grande culture augmente le rendement et que l'appréciation de la valeur des biens-fonds doit tenir compte de la taille de l'exploitation dans laquelle ils s'agrègent: les grandes fermes seront donc imposées à un taux supérieur aux petites. Contrairement aux physiocrates, il estime que la taille doit être véritablement universelle et s'appliquer aux bénéfices du *Commerce* (i.e. le commerce, l'industrie et le secteur financier). Dans la même logique, il prône la restriction des privilèges (non leur suppression totale pour l'impôt sur le revenu) et la

---

29. Paru en cette même année 1763, le pamphlet (beaucoup plus violent) de Darigrand (dont Voltaire s'inspirera) apporte un soutien marqué aux propositions de Roussel (*L'Antifinancier*, p.57). L'avocat récidive en fin d'année avec *La Patrie vengée [...]: conclusion des Richesses de l'Etat* (BnF RP-7731); dans celui-ci Darigrand propose d'amender le plan de Roussel par la création de trois classes de dignitaires dont la taxation serait forfaitaire selon leur état (et non leur revenu): la classe des 'personnes de dignité' (les princes: 6000 lt; les ducs et maréchaux: 3000 lt; les comtes: 3000 lt; etc.), la classe de la haute magistrature (de 1200 à 2000 lt) et la classe de 'toute personne titulaire d'une charge et ayant un équipage' (1200 lt), *Patrie vengée*, p.6.

suppression des charges inutiles (pensions). Une taille ainsi rénovée rend la capitation inutile. En revanche le dixième serait conservé comme impôt de quotité fixe sur les revenus locatifs, avec toutefois un allègement sur les loyers de biens ruraux.

Forbonnais est par ailleurs partisan des impôts de consommation, plus acceptables par les contribuables à condition d'être levés avec équité et discrimination. Il propose donc la suppression de la gabelle (remplacée par une taxe additionnelle à la taille, ce qui n'est guère cohérent), la suppression de tous privilèges territoriaux, l'élévation des droits d'entrée dans les cinq grosses fermes et leur abaissement dans les provinces réputées étrangères.[30] Les idées de Forbonnais ont surtout le mérite de refléter l'opinion commune du temps sur l'indispensable réforme du système fiscal: établir un impôt direct proportionnel au revenu, supprimer les privilèges et exemptions, diminuer les frais de levée.[31]

Quesnay et Mirabeau

Nous avons évoqué au chapitre 1 l'idée physiocratique concernant la levée d'un *impôt unique* assis sur le seul *produit net* de l'agriculture. Ce concept a été défendu avec constance pendant toute la période d'influence de l'Ecole de Quesnay et présenté dans *La Théorie de l'impôt* de Mirabeau, *L'Ordre naturel et essentiel des sociétés* de Le Mercier de la Rivière, ainsi que dans les divers résumés et commentaires que Dupont de Nemours publie dans *Les Ephémérides*. Il n'a jamais convaincu au-delà du cercle des *Economistes* et la satire qu'en fait Voltaire au début de *L'Homme aux quarante écus* a contribué à le décrédibiliser, plus sans doute que les nombreux détracteurs polémistes, tel Pesselier.[32] Les autorités fiscales, y compris sous Turgot, n'ont jamais envisagé sa mise en œuvre, même à titre expérimental. L'utopie d'un *Royaume agricole*, d'essence

---

30. Sous Louis XIV (en 1664) étaient réputées *étrangères* (i.e. ayant des droits d'entrée/sortie avec les autres provinces du royaume mais pas avec l'étranger) les provinces suivantes: Bretagne, Saintonge, Argonnais, Marche, Périgord, Auvergne, Guyenne, Languedoc, Provence, Dauphiné. Leur statut évolua au cas par cas (Guillaume-Francois Le Trosne, *De l'administration provinciale et la réforme de l'impôt* (Bâle et Paris, Duplain, 1788), p.325).

31. Voltaire fait grand cas de Forbonnais après la lecture de *Recherches et considérations*; il cite 'l'excellent ouvrage' dans *Les Edits de sa majesté Louis XVI* (M, t.29, p.399), l'un des textes apportés au soutien de la politique de finances publiques de Turgot.

32. Pesselier, lui-même employé de la Ferme générale, s'indigne de 'la suppression de toutes les Fermes et l'abolition à jamais de tous les prétendus droits extorqués ou tolérés dans l'administration des Finances' (Charles-Etienne Pesselier, *Doutes proposés à l'auteur de la théorie de l'impôt*, (Paris, 1761), p.111). Voltaire, sept ans avant *L'Homme aux quarante écus*, et malgré son irritation envers Mirabeau, ne fait pas cause commune avec le financier-polémiste: 'Pesselier m'a envoyé son ouvrage sur *La Théorie de l'impôt*. Je voudrais qu'on renvoyât toutes ces théories à la paix, et qu'on ne parlât point du gouvernement dans un temps où il faut le plaindre, et où tout bon citoyen doit s'unir à lui' (Voltaire à Damilaville et Thieriot, 11 avril 1761, D9737).

agrarienne, arrivait, en fait, trop tard dans une France, certes majoritairement rurale, mais déjà acquise à l'évidence d'une création de valeur par les activités du Commerce et de l'Industrie. Nous reviendrons plus loin sur les raisonnements économiques des physiocrates (ch.5, p.170-72 et 189-96).

Montesquieu

Les idées fiscales de Montesquieu sont exposées au Livre 13 et, pour partie, aux Livres 20 à 22 de *L'Esprit des Lois*.[33] Elles reflètent un contrat social fondé sur le droit de propriété: 'Les revenus de l'Etat sont une portion que chaque citoyen donne de son bien pour avoir la sûreté de l'autre ou pour en jouir agréablement' (Livre 13, ch.1, p.332).

Rédacteur de l'article 'Fermes' de l'*Encyclopédie*, Pesselier y expose sous forme de 'maximes de Mr de Montesquieu' le plaidoyer de celui-ci en faveur de la régie directe des levées d'impôt.[34] Pour l'auteur de *L'Esprit des lois*, la régie est 'l'administration d'un bon père de famille' qui donne au Prince la maîtrise du calendrier de la taxation 'suivant ses besoins, ou suivant ceux de son peuple'. Elle épargne à l'Etat 'les profits immenses du Fermier qui l'appauvrissent' et au peuple 'un spectacle de fortunes subites qui l'affligent'. Le Traitant est par nature despotique envers le Prince qui est son obligé, c'est pourquoi les républiques préfèrent la régie directe, et 'dans les Etats Despotiques où la régie est établie, les Peuples sont infiniment plus heureux, témoins la Perse et la Chine'. L'argent public arrivant plus vite au Prince, 'par conséquent revient plus vite au Peuple', selon Montesquieu qui évoque déjà le principe moderne de la redistribution incitative.

D'autres principes de la fiscalité moderne sont exposés dans *L'Esprit des lois*, par exemple celui d'une fiscalité proportionnelle s'appliquant au-delà d'une franchise de base protégeant le nécessaire physique. Le principe d'universalité s'applique par le moyen d'une taxation des personnes, de la terre et des marchandises, mais le patricien Montesquieu ne recommande pas l'abandon des privilèges. Contraire-ment à la plupart des essayistes, ce grand propriétaire foncier se montre partisan d'une taxation modérée du revenu agricole. Il demande au marchand d'être le seul collecteur des taxes indirectes et limite les droits d'enregistrement dont la complexité est pour lui incitation à l'abus des traitants. Enfin, concernant les biens de luxe importés, il n'envisage pas

---

33. Charles de Secondat, baron de Montesquieu, *L'Esprit des lois*, éd. J. Ehrard, C. Volpilhac-Auger *et al.*, dans *Œuvres complètes de Montesquieu* (Oxford, 2008), p.332-50 et t.4, p.578-90.
34. Un résumé en est donné dans les *Doutes proposés à l'auteur de la théorie de l'impôt* (p.118-40); les citations ci-dessous sont extraites de ce texte.

la nécessité de lois somptuaires mais conseille le contrôle à l'importation des marchandises trop chères.

Voltaire, assez souvent critique sur le fond et la forme de *L'Esprit des lois*, reprend très largement les idées fiscales de Montesquieu.

Hume et Turgot

Il n'est pas incongru de rapprocher David Hume et Anne-Robert-Jacques Turgot (liés par l'amitié), même si Voltaire n'avait pas pour le premier, qu'il respectait, l'admiration inconditionnelle qu'il professait pour le second. Ces deux philosophes ont accordé à la théorisation de l'économie politique une part notable de leur temps et de leur intelligence, Turgot atteignant pour la postérité un statut de grand théoricien. Tous les deux ont accordé une attention particulière aux finances publiques, Turgot ayant été, de surcroît, en charge de la politique financière du royaume durant vingt mois.

Hume a rédigé un *Essai sur les impôts*, inséré dans ses essais d'économie politique, et traduit avec ceux-ci en français en 1767.[35] Le philosophe écossais y fait part de son adhésion à une vision positive de l'impôt comme facteur de la croissance économique: 'Il est certain que lorsque les impôts sont modérés, qu'on les établit successivement et sans affecter les nécessités de la vie, ils contribuent souvent à exciter l'industrie d'une nation et à lui procurer des richesses, que sa situation, le climat, et la nature du sol semblaient lui refuser' (p.125).[36]

Il appartient donc au Souverain, et à son Législateur s'il est distinct, de proportionner l'impôt aux besoins de la régulation politique de l'économie nationale: 'Le Législateur prudent et animé du désir de faire le bien de son peuple, ne doit jamais perdre de vue le degré où l'accroissement des impôts cesse d'être avantageux à l'industrie de la nation, et lui devient préjudiciable [...] les impôts modérés et répartis avec égalité, peuvent contribuer au progrès de l'industrie' (p.128).

Avec clairvoyance et une justesse d'expression bien secondée par le traducteur (Mlle de la Chaux), Hume dénonce les méfaits économiques des impôts arbitraires dont la répartition obéit à d'autres lois que les facultés des contribuables et l'égalité entre eux; un tel arbitraire entraîne 'une espèce de *punition* de l'industrie': la propension du peuple

35. D. Hume, *Essais sur le commerce, le luxe, l'argent, l'intérêt de l'argent, les impôts, le crédit public, et la balance du commerce* (Paris, Saillant, 1767). N.B.: Voltaire possède deux exemplaires de l'édition Londres/Edimbourg des *Essays and treatises on several subjects* de Hume (Millar, Kincaid et Donaldson, 1753-1756, BV1696 et la réédition Londres et Edimbourg de 1758 (mêmes éditeurs), BV1697); les deux exemplaires portent des signes de lecture.

36. Hume emploie dans le texte anglais le terme d'"industry' avec le même sens que son synonyme français (création de richesse par la mise en oeuvre de l'*ingenium* humain), (*Essays*, Millar, Kincaid et Donaldson, 1753-1757, t.4, p.100).

industrieux à cacher ses richesses ou à vivre dans la pauvreté (p.130). Il se prononce en conséquence clairement pour une priorité donnée aux impôts de consommation sur les impôts personnels, qu'une fatalité politique mène toujours vers l'excès insupportable: 'Les droits imposés sur la consommation des denrées ne peuvent jamais être exposés au même danger parce que la consommation diminue à mesure que l'impôt s'accroît au-dessus de la proportion raisonnable et que le revenu du Prince diminue' (p.130).

De manière assez prévisible, Hume oppose son scepticisme aux visions agrariennes de l'impôt: 'On croît communément que les impôts [...] retombent toujours sur le propriétaire de la terre [...] j'avoue que ce principe [...] me paraît contraire à la raison' (p.131).

Et il en avance pour preuve que les commerçants n'ont de cesse que de devenir propriétaires avec leurs profits commerciaux (p.132-34).

La vérité oblige à dire que l'intérêt de cet essai est aussitôt occulté par les *Réflexions du traducteur* [en fait: Turgot] qui le suivent et en doublent la taille. Si la longueur est identique, la profondeur et la rigueur du texte de Turgot l'emportent largement. L'intendant du Limousin développe une vision radicalement nouvelle du sens économique de la dette souveraine: 'C'est moins le Roi qui lève les impôts sur les peuples que la partie créancière de ses sujets, dont les avances ne peuvent être remboursées que par la classe industrieuse et les propriétaires des terres' (p.136).[37]

Débarrassées de la tradition féodale du tribut dû au suzerain, les finances publiques peuvent être analysées comme l'un des flux du circuit global et le principal paramètre d'une politique monétariste (dont nous trouvons ici l'une des premières expressions):

La dépense journalière de ceux qui reçoivent du Prince les sommes qui leurs sont dues, les fait aussitôt reverser entre les mains des propriétaires des terres et des ouvriers; et je crois qu'on peut soutenir avec raison que les dettes de l'Etat contribuent très sensiblement à l'activité de la circulation de l'argent dont l'effet est de vivifier tous les canaux où il passe (p.137).

Turgot considère donc la dette et son service comme un régulateur et, au besoin, un accélérateur de l'économie – une conception évidente pour nos sociétés modernes mais novatrice en 1767. Il en déduit que ce serait une 'calamité' de prétendre au remboursement intégral de la dette publique.[38] A un afflux massif de la thésaurisation publique, Turgot préfère 'avec raison' l'irrigation régulière de la propension à consommer des prêteurs par des revenus en provenance du Trésor royal (p.140).

37. Nous retrouvons cette idée chez Voltaire qui l'adopte dans *QE*.
38. Celle-ci est considérable (2.5 milliards lt) en raison du legs d'endettement de Louis XIV et de l'impact plus récent de la Guerre de Sept Ans. Si notre approximation du Produit Intérieur Brut n'est pas erronée, c'est une année de richesse nationale qu'"une partie de la nation doit à l'autre'.

Mais au-delà de cette étonnante lucidité sur le rôle moteur de la dette, Turgot s'oppose ailleurs à Hume sur la question des impôts indirects. En cette même année 1767 (si féconde dans l'histoire de la pensée économique), l'intendant écrit au philosophe écossais ceci:

> Vous dites que je suppose que les salaires augmentent à raison des taxes, et que l'expérience prouve la fausseté de ce principe; et vous observez avec raison que ce ne sont point les taxes plus ou moins fortes qui déterminent le prix des salaires, mais uniquement le rapport de l'offre à la demande. [...] Mais il faut distinguer deux prix: le *prix courant* qui s'établit par le rapport de l'offre et de la demande, et le *prix fondamental*, qui pour une marchandise est ce que la chose coûte à l'ouvrier. Pour le salaire de l'ouvrier, le prix fondamental est ce que coûte à l'ouvrier sa subsistance. On ne peut imposer l'homme salarié sans augmenter le prix de sa subsistance [...] on augmente donc le prix fondamental du travail [...] un minimum au-dessous duquel [la valeur courante] ne peut baisser.[39]

La lettre de Hume réagissait aux idées de Turgot concernant la fiscalité indirecte, élaborées dans ses *Observations* de 1767 sur les deux essais de Saint-Péravy et Graslin.[40] La clarté intellectuelle de l'auteur des *Observations* se lit dans ses définitions respectives de biens, *valeurs*, *richesses* et *revenu* ou sa définition du *credo* libéral.[41] Ce texte exprime à la fois l'adhésion de Turgot à l'analyse fiscale de la Physiocratie (tout prélèvement fiscal est en définitive supporté par les propriétaires des biens-fonds) et une vision qui, d'une part, le rapproche de Boisguilbert et de Gournay (la politique fiscale doit être gouvernée non par l'optimisation du revenu des propriétaires mais avant tout par le souci de l'équilibre économique global), et, d'autre part, est fondée sur le concept des rendements décroissants dont il est l'auteur: 'lorsque la terre approche beaucoup de rapporter tout ce qu'elle peut produire, une très forte dépense peut n'augmenter que très peu la production' (Turgot, *Formation et distribution des richesses*, éd. Ravix/Romani, p.254).

---

39. Turgot à D. Hume, 25 mars 1767, Turgot, *Formation et distribution des richesses*, éd. Ravix et Romani, p.272.
40. Les deux mémoires, lauréats de la Société d'agriculture de Limoges présidée par Turgot, opposent de manière saisissante une vision physiocratique (Jean-Nicolas Guérineau de Saint-Péravy, *Mémoire sur les effets de l'impôt indirect* (1768)) à une vision 'gournaysienne' (Graslin, *Essai analytique*, Londres,1767); le commentaire de Turgot – en vérité plus libéral que physiocratique – fit néanmoins pencher le jury en faveur de Saint-Péravy. NB: voir dans la bibliographie les observations de Turgot dans les éditions citées, ainsi que le mémoire (non publié) de Saint-Péravy.
41. 'La valeur vénale des denrées, le revenu, le prix des salaires, la population sont des choses liées entre elles par une dépendance réciproque et qui se mettent elles-mêmes en équilibre suivant une proportion naturelle; et cette proportion se maintient toujours lorsque le commerce et la concurrence sont entièrement libres' (Turgot, *Formation et distribution des richesses*, éd. Ravix et Romani, p.243).

Outre éviter l'inflation par les coûts (le coût du travail ou les avances improductives), la politique fiscale doit, selon Turgot, favoriser l'apparition de profits là où elle est susceptible d'abaisser les taux d'intérêts (coût de l'argent) et de favoriser l'investissement en capital (fixe ou circulant), clé du développement économique:

> L'effet de cette accumulation est de baisser l'intérêt de l'argent prêté, d'augmenter la valeur vénale des biens fonds, de diminuer les reprises nécessaires des entrepreneurs en tout genre et les frais de toutes les entreprises, de rendre profitables et, par conséquent, possibles, des entreprises qui ne l'étaient pas, d'augmenter la somme des avances en tout genre et d'augmenter en proportion la somme des entreprises et des produits (Turgot, *Formation et distribution des richesses*, éd. Ravix et Romani, p.260)

En définitive, le futur contrôleur général recommande un critère d'imposition indirecte inspiré non par la justice fiscale mais par le pragmatisme: 'Il est physiquement impossible que l'impôt sur les consommations soit gradué sur la disproportion entre le superflu et le nécessaire. L'impôt sur les consommations a un *maximum* qu'il ne peut passer, et ce *maximum* est déterminé par le plus ou moins de facilité de la fraude' (Turgot, *Formation et distribution des richesses*, éd. Ravix et Romani, p.258).

La question fiscale, durant le dernier siècle de l'Ancien Régime, est donc entachée de nombreux paradoxes. Le moindre n'est pas l'incapacité du pouvoir monarchique à faire fond sur les nombreuses propositions de réforme avancées par les planificateurs de la chose publique (essayistes, philosophes, libellistes, techniciens). Les trois souverains de la période semblent faire preuve d'incapacité à agir pour des raisons différentes: la vieillesse et la tristesse d'avoir appauvri son pays pour le 'grand roi', l'indécision pour le 'bien-aimé', la crainte du despotisme pour 'le jeune souverain'. Il est vrai que la réforme de l'impôt direct ne pouvait passer que par l'universalisme – c'est-à-dire l'abolition des privilèges, et la proportionnalité – c'est-à-dire la taxation de la richesse, deux principes qui présupposaient une révolution sociale (ce qui se produira, en effet). Un gouvernement fort et des parlements moins asservis à des intérêts corporatifs eussent sans doute pu imposer progressivement ces principes d'équité qui ne conduisaient pas nécessairement au radicalisme inquisitoire d'un Rousseau (qui concède lui-même la difficulté à l'instaurer): 'pour répartir les taxes d'une manière équitable et vraiment proportionnelle, l'imposition n'en doit pas être faite non seulement en raison des biens des contribuables, mais en raison composée de la différence de leurs conditions et du superflu de leurs biens'.[42]

---

42. J.-J. Rousseau, *Discours sur l'économie politique* (Amsterdam, 1763), p.58.

Quant aux taxes indirectes, les obstacles à leur réforme, quoique nombreux, n'étaient pas insurmontables. La haute fonction publique était en place, tant au niveau central que dans les généralités et le maillage plus étroit des délégations. L'administration fiscale d'exécution pouvait être constituée à partir des 'quatre-vingt mille commis' des fermes, à condition de la doter d'un encadrement moyen non sujet à corruption et d'une législation claire des droits et devoirs des redevables. La principale difficulté résidait sans doute dans la résistance des pays au changement de leur statut coutumier, ce que la départementalisation révolutionnaire puis le régime autoritaire de l'Empire effectueront néanmoins.

Face à cette situation incertaine et insatisfaisante des finances publiques, frein non négligeable au progrès économique, le regard de Voltaire est particulièrement significatif, à la fois par sa lucidité critique et par les ambiguïtés des actions personnelles qui l'accompagnent. La question des finances publiques est certainement le domaine de la science économique où la réflexion voltairienne s'est le plus affermie par elle-même, à l'aide de l'expérience vécue et de la raison plutôt qu'à travers les influences extérieures. S'il est difficile de parler d'une doctrine fiscale à propos des nombreux fragments sur le sujet, il est clair cependant que ceux-ci sont gouvernés par l'éthique politique du philosophe: reconnaissance de l'utilité sociale de l'impôt et volonté de résistance aux abus qui la compromettent (voir: Les idées fiscales de Voltaire, p.84-89).

Cette double orientation philosophique générale rencontre à l'évidence la problématique de l'universalisme et la proportionnalité de l'impôt à laquelle s'affrontent tous les essais, mémoires et libelles sur le sujet, que les plumes qui les produisent soient celles des philosophes, des experts en finances, des utopistes du bien public ou des polémistes. La plume de Voltaire, toutefois, ne ressemble à aucune autre. Lorsqu'elle touche aux questions de finance, elle est capable des registres les plus divers: du mode badin ou satirique des nombreux apologues, contes, satires, lettres ou dialogues que l'indignation de l'auteur génère, au mode érudit des essais historiques et au mode sérieux – et même grave – des *Mémoires sur le Pays de Gex*. La polyvalence littéraire et la progression par fragments tout au long de l'œuvre sont le signe de l'intérêt porté par Voltaire à l'économie financière (voir: Un style au service de la réforme politique, p.90-96).

L'impôt et l'usage des deniers publics, objets de philosophie, sont donc constitutifs d'une curiosité et d'une réactivité vives aux idées des autres. Ce sont d'abord les rencontres avec des pensées et des convictions qui confortent celles du philosophe-historien sur la fiscalité et la monnaie:

d'où l'enthousiasme qui le saisit à la lecture de Melon, de Dutot ou de Forbonnais. Ce sont aussi des politiques économiques soudain réformatrices pour lesquelles se mobilise le philosophe-moraliste: d'où son soutien – pas véritablement couronné de succès – à Machault d'Arnouville; d'où, surtout, son adulation – pas totalement payée de retour – pour Turgot. Mais le philosophe-polémiste se dresse aussi, et avec un mordant caractéristique, contre les idées financières qu'il ne partage pas. C'est évidemment l'égarement des physiocrates dans le concept d'une fiscalité directe assise sur la mère de toute richesse, la terre, qui provoque la révolte – spirituelle et ravageuse – du philosophe du progrès de l'esprit humain, autre source avérée de richesse économique. Ce sont aussi des polémiques sulfureuses sur la fiscalité – celles des Coquereau, des Linguet ou des Darigrand – auxquelles le philosophe engagé souscrit par l'allusion satirique ou dans le secret de la correspondance privée. Plus partiales sont les réactions polémiques envers des auteurs comme Boisguilbert ou Roussel de la Tour qui n'ont comme défauts que d'être anti-colbertiste pour le premier, et d'être un archétype de ces 'auteurs qui dirigent l'Etat depuis leur grenier' pour le second (voir: Réactions aux idées des autres, p.96-108).

Plus raisonnée enfin est l'indécision du philosophe passionné de politique monétaire au sujet de John Law et de son *Law's System*: le jugement sur 'Jean Lass' est un des rares cas de balancement dans la diachronie des réactions de Voltaire aux questions économiques (voir: L'historien et la politique monétaire, p.108-117).

On ne pourra achever l'examen des idées de Voltaire sur les finances publiques sans faire le constat – amusé mais prévisible – que le philosophe et le contribuable ne sont pas toujours en accord. Contourner l'imposition personnelle et la fiscalité des Domaines lors de l'acquisition de Ferney, user d'influence pour obtenir des dérogations fiscales et réglementaires au profit des fermiers, des artisans et des ouvriers horlogers du Pays de Gex ne semblent pas compatibles avec la *taille tarifée*, universelle et progressive, dont le seigneur de Ferney est, par ailleurs, un ferme soutien... (voir: Les contradictions de l'homme d'action, p.117-122).

C'est par les touches successives annoncées ci-dessus que nous allons tenter de brosser le portrait d'un philosophe-financier.

Les idées fiscales de Voltaire

De l'utilité de l'impôt

L'inanité du système fiscal de son temps ne mène pas Voltaire à condamner le principe d'une épargne forcée sur la richesse nationale. Bien au contraire, l'utilité d'un prélèvement au profit du *Législateur* est défendue par lui avec constance. Le minimalisme fiscal est, dès 1738, un des points sur lesquels il censure son initiateur Jean-François Melon: 'je ne lui passe point qu'il vaille mieux égorger cent mille hommes que de faire payer quelques impôts au reste de la nation'.[43]

En 1749, le principe de l'utilité économique est réitéré dans la *Lettre sur le vingtième*: 'Qu'est-ce qu'un impôt justement établi, et qui ne gêne point le commerce? C'est une partie de son bien qu'on dépense pour faire valoir l'autre. La nation entière, en se payant un tribut à elle-même, est précisément semblable au cultivateur qui sème pour recueillir'.[44]

Encore, l'année suivante: 'Les impôts sont nécessaires'.[45] Et c'est en 1771 que ce principe d'utilité est confirmé et développé:

> il faut pourtant convenir qu'il est impossible qu'une société subsiste sans que chaque membre paie quelque chose pour les frais de cette société.
> Si tout cet argent n'était employé par le souverain qu'à faire venir des épiceries de l'Inde [...], il est clair qu'en peu d'années il ne resterait pas un sou dans le royaume. Il faut donc que l'impôt serve à entretenir les manufactures, et que ce qui a été versé dans les coffres du prince retourne aux cultivateurs.
> Plus un pays est riche, plus les impôts y sont lourds.[46]

Pour Voltaire, comme pour Turgot, l'utilité des finances publiques dérive de leur fonction activatoire au sein de l'équilibre économique général. Le prélèvement fiscal est, certes, le résultat historique du pacte conclu entre les vassaux et le suzerain pour le maintien de la sécurité collective et la préservation du droit de propriété.[47] Mais il est de plus en plus un facteur d'accroissement de la richesse car le philosophe fait sienne l'idée que le taux d'expansion économique est fonction de la vitesse de circulation de la monnaie:

> si le roi se sert de cet argent [...] pour encourager de tous côtés l'industrie, il faut avouer qu'un tel impôt, qui paraît un mal à quelques-uns, aura produit un très grand bien à tout le monde. Le peuple le plus heureux est celui qui

---

43. [*Observations*] *Sur MM...*, *OCV*, t.18A, p.243.
44. *Lettre à l'occasion de l'impôt du vingtième*, éd. H. Duranton, *OCV*, t.31B (1994), p.291-314 (312-13), et Voltaire à Rouillé du Coudray, 16 mai 1749 (D3927). N.B.: On note la différence avec ce que Montesquieu vient d'écrire; 'faire valoir' son bien n'est pas 'jouir' de son bien; à la 'sûreté', Voltaire, comme les physiocrates, préfère le développement (semer et 'recueillir').
45. *Dialogue*, *OCV*, t.32A, p.88.
46. *QE*, art. 'Impôt' (*M*, t.29, p.440, 441, 442).
47. 'les cultivateurs qui avaient payé auparavant des tailles à leurs seigneurs dont ils avaient été les serfs payèrent le tribut au roi seul dont ils furent sujets' [i.e. à partir de Charles VII] (*EM*, ch.84: 'Tailles et Monnaies', *M*, t.12, p.72). N.B.: Voltaire revient plus loin (ch.94), à propos des privilèges de la noblesse, sur l'usage féodal du tribut en nature du vassal au suzerain, ancêtre de la taille en temps de guerre, et l'absence de taxes en contrepartie du devoir militaire des nobles.

paye le plus et qui travaille le plus, quand il paye et travaille pour lui-même.[48]

Dans cette vision macro-économique, nous le trouvons en accord avec Boisguilbert –malgré qu'il en ait – et surtout avec Melon, dont il partage l'admiration pour l'œuvre de Colbert.[49] L'historiographie – qui est souvent hagiographie – du surintendant des finances de Louis XIV est d'une occurrence fréquente sous la plume de Voltaire. Elle dépasse de beaucoup les seuls ouvrages historiques:

> Ce grand Colbert, dont les soins vigilants
> Nous avaient plus enrichis en dix ans
> Que les mignons, les catins et les prêtres,
> N'ont, en mille ans, appauvri nos ancêtres.[50]

Nous sentons aujourd'hui tout ce que le ministre Colbert fit pour le bien du royaume; mais alors on ne le sentait pas: il travaillait pour des ingrats. [...] La postérité chérira cet homme [...]. Les Français lui doivent certainement leur industrie et leur commerce. [...]
On voit qu'il était persuadé que la richesse d'un pays ne consiste que dans le nombre de ses habitants, la culture des terres, le travail industrieux et le commerce.[51]
Colbert arriva au maniement des finances avec de la science et du génie; il commença comme le duc de Sully par arrêter les abus et les pillages qui étaient énormes. La recette fut simplifiée autant qu'il était possible: et par une économie qui tient du prodige, il augmenta le trésor du roi en diminuant les tailles.[52]

Sully et Colbert représentent ce que le bien public peut inspirer de mieux à l'économie de l'impôt, aux deux sens du mot *économie*. Toutefois, si le philosophe admire chez le premier le *bon ménager* des finances publiques, c'est dans l'action du second qu'il voit l'intelligence de la science économique:

---

48. *Lettre à l'occasion du vingtième*, OCV, t.31ʙ, p.313. N.B.: Je rappelle en quel sens il faut comprendre *industrie*: 'Ce n'est donc point l'argent qui enrichit un royaume: c'est l'esprit, j'entends l'esprit qui dirige le travail' (*Dialogue*, OCV, t.32ᴀ, p.85).

49. 'Enfin, Mr. Colbert arriva [...] On voit dans ses Principes de Finance une recherche de simplicité, qui tendait à l'impôt général du blé ou du sel; et dans la Caisse des Emprunts, un Crédit commencé dont il aurait bientôt détruit l'usure. La Marine abandonnée se renouvela sous ses ordres; les manufactures s'élevèrent; et nos Voisins virent avec envie former des Compagnies de Commerce, devenues depuis émules des leurs.' (Melon, *Essai politique sur le commerce*, p.37)

50. *Épître sur la calomnie* (à Mme Du Châtelet) [1732], éd. D. J. Fletcher, OCV, t.9 (1999), p.271-308 (299), v.84-87.

51. *Le Siècle de Louis XIV*, ch.29: 'Gouvernement' (*M*, t.14, p.500, 518-19) et ch.30: 'Finances' (*M*, t.14, p.523).

52. *Défense de Louis XIV* [1770], (*M*, t.20, p.332), paragraphe repris du *Siècle de Louis XIV* (*M*, t.14, p.519-20).

C'est un grand problème en finance et en politique, s'il valait mieux pour Henri IV amasser et enterrer vingt millions à la Bastille, que de les faire circuler dans le royaume. [...]

[Le] grand ministre Colbert ne sacrifia point l'agriculture au luxe, comme on l'a tant dit, mais il se proposa d'encourager le labourage par les manufactures, et la main d'œuvre par la culture des terres.[53]

Très tôt, Voltaire a acquis, par l'observation de la société anglaise, la conviction du lien causal entre la circulation des marchandises et la prospérité. Mais c'est la recherche historique qui le convainc du rôle de l'Etat dans cette causalité. L'appropriation d'un droit de taille perpétuel par Charles VII s'accompagne de l'abolition du droit seigneurial de battre monnaie et partant signe, à terme, la fin du système féodal.[54] La responsabilité monétaire du pouvoir d'Etat est donc antérieure à sa responsabilité judiciaire, qui n'est pas achevée sous Louis XV. Cette responsabilité monétaire ne se limite pas à l'accroissement de l'encaisse métallique (qui reste néanmoins la doctrine dominante durant trois siècles) mais s'étend à la circulation de celle-ci. L'usage fait du trésor royal en est le principe moteur: 'Le prince philosophe sera convaincu que plus un peuple est laborieux, plus il est riche; il aura soin que ses villes soient embellies, parce qu'alors il y aura plus de travaux et qu'il en résultera l'utile et l'agréable'.[55]

Le consentement à l'impôt équitable

Ce qui est du devoir du Prince l'est aussi du citoyen. La thésaurisation des espèces est une pratique condamnable.[56] Cependant, l'utilité économique de l'impôt est soumise à la morale politique. La première règle de celle-ci est le consentement citoyen à l'impôt. A cet égard, la comparaison voltairienne des régimes français et anglais n'est pas à l'avantage du premier:

le peu d'habitude que la nation a eu d'examiner ses besoins, ses ressources et ses forces, a toujours laissé les états généraux destitués de cet esprit de suite, et de cette connaissance de leurs affaires qu'ont les compagnies réglées. Convoqués de loin en loin, ils se demandaient les lois et les usages au lieu

53. *Diatribe à l'auteur des Ephémérides* [dite 'Lettre à Baudeau'] [1775] (*M*, t.29, p.363, 364). N.B.: Voltaire réagit ici à un article sur les finances publiques paru dans le t.4 des *Ephémérides* de 1775.

54. Voir *EM*, ch.94: 'Du roi de France Louis XI' (*M*, t.12, p.115-23).

55. *La Voix du sage et du peuple* [1750], éd. D. Williams, *OCV*, t.32A (2006), p.239-44 (244).

56. 'L'argent était dans le coffre. Si cela était, c'était une très grande sottise. L'argent est fait pour circuler, pour faire éclore tous les arts, pour acheter l'industrie des hommes. Qui le garde est mauvais citoyen, et même est mauvais ménager. C'est en ne le gardant pas qu'on se rend utile à la patrie et à soi-même.' ([*Observations*] *Sur MM...*, *OCV*, t.18A, p.246). N.B.: Voltaire contredit ici 'l'amer, le satirique La Bruyère' qui exalte dans le ch.7 des *Caractères* ('De la ville') la frugalité des contemporains d'Henri IV.

d'en faire. [...] Les parlements d'Angleterre se sont donnés plus de préroga-
tives; ils se sont établis et maintenus dans le droit d'être un corps nécessaire
représentant la nation. C'est là que l'on connaît surtout la différence des
deux peuples.[57]

La Nation assemblée qui remplacera l'Ancien Régime en 1791 aura –
avant ses dérives sanglantes – le mérite d'instituer le consentement à
l'impôt comme l'un des ciments de l'unité nationale. Voltaire en avait-il
la prémonition?

A l'égard des finances publiques, on sait assez que c'est aux citoyens à régler
ce qu'ils croient devoir fournir pour les dépenses de l'Etat; on sait assez que
les contributions doivent être ménagées avec économie par ceux qui les
administrent, et accordées avec noblesse dans les grandes occasions. Il n'y a
sur cet article nul reproche à faire à notre république.[58]

La morale politique commande aussi la justice en matière d'imposition directe. Voltaire prend parti dans la polémique du temps sur
l'universalisme et la proportionnalité de l'impôt. Cohérent avec lui-
même, il voit dans les exemptions un abus, conséquence de l'excès de
pouvoir des deux premiers ordres: 'Un Etat est aussi bien gouverné que
la faiblesse humaine peut le permettre, quand les tributs sont levés avec
proportion, quand un ordre de l'Etat n'est pas favorisé aux dépens d'un
autre, quand on contribue aux charges publiques, non selon sa qualité,
mais selon son revenu'.[59]

Ici encore, la perspective de l'historien l'aide à relativiser le bien-fondé
des inégalités en rappelant leur fondement circonstanciel. Ainsi, après
avoir rappelé l'historique de la taille au chapitre 84 de l'*Essai sur les mœurs*,
l'auteur revient au chapitre 98 ('De la noblesse') sur l'origine territoriale
et militaire des privilèges nobiliaires en matière fiscale. Il décrit l'extension des exemptions aux clercs du Parlement sous Philippe le Bel et
s'échappe du XVe siècle pour ce commentaire sur l'actualité: 'de là vient
qu'encore aujourd'hui, les nouveaux nobles, les anoblis, qui ne possèdent
même aucun terrain, ne payent point l'impôt appelé *taille*'.[60]

---

57. *EM*, ch.84: 'Tailles et monnaies' (*M*, t.12, p.71-72). N.B.: La supériorité politique du
    système fiscal anglais est une conviction de Voltaire exprimée dès les *Lettres philosophiques*:
    'tout le monde paie, chacun donne non selon sa qualité (ce qui est absurde), mais selon
    son revenu; il n'y a point de taille ni de capitation arbitraire, mais une taxe réelle sur les
    terres' (Voltaire, *Lettres philosophiques*, éd. G. Lanson (Paris, 1924; réédé. 1964), Lettre IX:
    'Sur le gouvernement', p.107).
58. [1762] *Idées républicaines*, art. XLII (*M*, t.24, p.426). N.B.: La supériorité morale des
    républiques en matière de consentement à l'impôt est réaffirmée dans *QE*: 'Dans les
    républiques [...] chaque particulier est taxé suivant ses forces et suivant les besoins de la
    société. Dans les royaumes despotiques, ou pour parler plus poliment, dans les Etats
    monarchiques [...] on taxe la nation sans la consulter', (art. 'Impôt', *M*, t.19, p.440).
59. *Lettre à l'occasion du vingtième*, *OCV*, t.31B, p.313.
60. *EM*, ch.98 (*M*, t.12, p.436).

Et ici encore l'expérience anglaise vient conforter son adhésion à l'universalisme de la taxation directe: 'Un homme, parce qu'il est Noble ou parce qu'il est Prêtre, n'est point ici [en Angleterre] exempt de payer certaines taxes'.[61]

Sur le fond, les positions de Voltaire sur l'impôt direct universel et proportionnel ne s'écartent guère de celles de la plupart des commentateurs du temps – que le pouvoir ne sait pas (ou ne peut pas) entendre.[62] Mais il est toutefois un fondement éthique de la critique voltairienne sur l'utilité de l'impôt qui se trouve encore rarement dans la littérature fiscale du temps: celui de la redistribution. La fonction redistributive de l'impôt, dont la revendication se généralisera lors des luttes idéologiques du XIXe siècle, est déjà présente chez l'hôte de Frédéric II et plus encore chez le patriarche de Ferney qui le met en pratique dans son fief, sans attendre que l'Etat ne l'adopte comme principe constitutionnel:

> Qu'est-ce qu'un impôt? C'est une certaine quantité de blé, de bestiaux, de denrées que les possesseurs de terres doivent à ceux qui n'en ont point.[63]
> A quoi est employé tout cet argent? L'usage le plus honnête qu'on puisse en faire est de le donner à d'autres citoyens.[64]

Voltaire adhère donc à la pensée commune des observateurs de la vie publique quant à l'utilité de l'impôt et la nécessité de le rendre équitable: 'Ce ne sont point les impôts qui affaiblissent une nation, c'est, ou la manière de les percevoir, ou le mauvais usage qu'on en fait'.[65] On peut seulement observer qu'en raison de sa culture économique et historique, il perçoit un peu mieux que d'autres philosophes ce qu'est la fonction circulatoire, voire redistributive, des finances publiques. Il n'en va pas de même pour la forme dans laquelle ces positions s'expriment, où sa singularité est manifeste.

---

61. *Lettres philosophiques*, p.106.
62. Le désir de rentrer dans la grâce du souverain le mène cependant à cette curieuse inexactitude (contredite peu après par l'état des lieux dressé par Moreau de Baumont): 'La taille proportionnelle, substituée à l'arbitraire dans quelques provinces, a contribué encore depuis environ trente années à rendre plus solides les fortunes des cultivateurs qui possèdent des charrues, des vignobles, des jardins', (*Le Siècle de Louis XIV, M*, t.14, p.532). En réalité, presque tous les projets de *taille tarifée* encouragés par le Régent avaient échoué, en grande partie en raison de l'opposition parlementaire. Le seul projet qui réussira – initié sous le ministère Maupéou par l'intendant Bertier de Sauvigny et protégé par Turgot – est celui de la généralité de Paris (Marion, *Histoire financière*, t.1, p.284).
63. *Dialogue, OCV*, t.32A, p.89.
64. *QE*, art. 'Impôt', *M*, t.19, p.440.
65. *Lettre à l'occasion du vingtième, OCV*, t.31B, p.313.

Un style au service de la réforme politique

A la différence des Vauban, des Graslin, des Forbonnais, des Hume, des Turgot, des Condillac, et pratiquement de la plupart des philosophes ayant disserté sur les finances, Voltaire se distingue par la pluralité des registres qu'il emploie.[66] Non seulement il adopte (pour les finances comme pour d'autres sujets d'économie politique) tous les *genres d'écrire* indifféremment: épître, poème, conte en vers, conte en prose, dictionnaire, dialogue d'idées, fable, facétie, pamphlet, etc.; mais encore (en particulier pour les finances), l'inspiration critique et polémique l'oriente vers le mélange des trois modes mineurs où il excelle: 1) la légèreté apparente du ton masquant l'érudition historique, géographique, biblique ou mythologique; 2) l'alternance déconcertante de l'ironie et de l'humour produisant un mixte satirique qui n'appartient qu'à lui;[67] et 3) l'indignation vertueuse suggérée au lecteur, non par l'envolée lyrique, mais par la sobre description des abus. Avec Voltaire, l'économie politique n'est pas que dissertation ou réfutation: elle est cela mais elle est surtout récit. Dire la question financière comme on dit l'apprentissage de Babouc n'est pourtant pas abandon au fil de la plume, quelle que désillusion le lecteur trop grave n'en retire. L'écriture voltairienne, quand il s'agit de philosophie politique, pratique l'isotopie rhétorique: la pluralité des modes employés, la sinuosité des détours, l'exotisme des références et des anecdotes ne changent rien à l'intention du message. Cette particularité stylistique est très bien illustrée par les fragments concernant les finances publiques. Si le registre est volontiers discursif et moralisateur lorsque le commentaire porte sur l'univer-salisme et la proportionnalité de l'imposition directe, il devient satirique, voire polémique, à propos des méfaits et des abus du système d'impo-sition de la consommation. Toutefois, dès lors que ses propres intérêts économiques sont en jeu, le philosophe est capable d'une expression écrite modérée, argumentée, incisive, voire éloquente.

Erudition et finances

Au moins jusqu'à Quesnay, les écrits des planificateurs de la chose publique sacrifient au tropisme des références à l'Antiquité (à la

---

66. J'émets plus loin (ch.4) l'hypothèse que son maître en économie, J.-F. Melon, avait d'abord tenté de présenter ses idées économiques à travers un *conte oriental* (*Mahmoud le Gasnevide*) mais – de l'aveu même de Voltaire – sans le talent nécessaire et donc sans succès.

67. C'est l'alternance des définitions données par Bergson des deux voies de l'écriture oblique: 'Tantôt on énoncera ce qui devrait être en feignant de croire que c'est précisément ce qui est: en cela consiste l'*ironie*. Tantôt, au contraire, on décrira minutieusement et méticuleusement ce qui est, en affectant de croire que c'est bien là ce que les choses devraient être: ainsi procède souvent l'*humour*' (Henri Bergson, *Le Rire, essai sur la signification du comique* ([1899], Paris, 1940), p.97).

république romaine en particulier), en dépit de leur manque de pertinence à l'aube de la révolution industrielle. La fidélité aux usages de la
rhétorique des Humanités persiste durant tout le siècle chez les
philosophes non spécialistes de science économique.[68] Voltaire s'octroie
une certaine liberté dans l'usage de l'*auctoritas* et des mentions, mais sait
aussi étayer l'étude historique des finances publiques par la recherche
érudite. Il bénéficie donc d'un atout stylistique dans ses écrits financiers:
la désinvolture apparente avec laquelle il dispose de son évidente érudition historique, géographique, mythologique ou biblique.

Désinvolte, en effet, apparaît la plume voltairienne lorsqu'elle émaille
les *Questions sur l'Encyclopédie* de références et de mentions. Il est vrai qu'en
1771-1772, l'auteur s'adresse à des lecteurs fidèles auxquels il n'a nul besoin
de prouver ses sources.[69] L'érudition suggérée apparaît comme clin d'œil à
un cercle d'initiés. Les articles sur les finances abondent donc en références
rapides, mais aussi en doutes sur la pertinence de celles-ci. Il cite ainsi, pour
s'en moquer, la plaidoirie d'un avocat général dans un procès en confiscation de biens en 1673, 'dans le plus beau siècle de la France'. Ledit
procureur avait fait reposer son réquisitoire sur le Deutéronome (anecdotes des dépossessions de Naboth et Miphibozeth, ch.13). Voltaire, après
le récit de cette *auctoritas* surréelle, change brusquement de ton:

> Assurément la vigne de Naboth n'avait aucun rapport avec l'héritage de Mlle
> de Canillac. [...] C'est avec cette pédanterie, avec cette démence de citations
> étrangères au sujet, avec cette ignorance des premiers principes de la nature

---

68. David Hume, par exemple, commence ainsi le 'Discourse VIII' du t.4 (*Of public credit*): 'It
appears to have been the common practice of antiquity, to make provision in time of peace,
for the necessities of war, and to hoard up treasures, beforehand, as the instruments either
of conquest or defence' (*Essays*, t.4, p.107). Adam Smith lui-même se plaît à citer Pline ou
Thucydide et, comme son ami Hume, enracine la question des finances publiques dans
l'antiquité: 'From the produce or rent of the publick lands, the ancient republicks of Greece
and Italy derived, for a long time, the greater part of that revenue which defrayed the
necessary expences of the commonwealth' (*Wealth of nations*, t.5, ch.2, p.448).
69. L'un des exemples de cette facilité légère à évoquer, par l'allusion, d'immenses lectures
réside dans l'article 'Population': la section première convoque au débat l'instinct de
peuplement; la condition des filles chez les Arabes, les Turcs, les flibustiers, les Romains,
les Juifs, les Tartares, les Cannibales, les Teutons et même les Welches; onze paragraphes
de réfutation du dénombrement de 'Vallace' [Robert Wallace, *Essai sur la différence du
nombre des hommes, dans les temps anciens et modernes*, trad. de M. de Joncourt, (Londres [Paris],
1754), BV3822] avec l'aide des Egyptiens, Chaldéens, Persans, Indiens, Chinois, de Saint
Jérôme, du Saint-Esprit, etc.; la querelle des Anciens et des Modernes sur le talent
d'engendrer où Strabon a raison et Mirabeau tort; puis viennent les Huns, Alains,
Ostrogoths, Visigoths, Vandales, Lombards et Mandrin, Attila, Xerxès, Cyrus, Thomiris,
les déserts de Barca, d'Arabie, d'Oreb, de Sinaï, de Jérusalem, de C[G]obi; soit une
encyclopédie d'une centaine de lignes pour en venir à cette conclusion pourtant bien
prévisible à son lecteur fidèle: 'Le terrain de la France est assez bon, et il est suffisamment
couvert de consommateurs [...] puisque la France nourrit près de quatre-vingt mille
moines, dont aucun n'a fait servir ses mains à produire un épi de froment' (*M*, t.20, p.250).

humaine, avec ces préjugés mal conçus et mal appliqués, que la jurisprudence a été traitée par des hommes qui ont eu de la réputation dans leur
sphère.[70]

Ailleurs, il relativise par l'exégèse le sens à accorder à une citation
biblique: 'On sait bien que les taxes sont nécessaires, et que la malédiction prononcée dans l'Evangile contre les publicains, ne doit regarder
que ceux qui abusent de leur emploi pour vexer le peuple'.[71]

Il sait néanmoins utiliser l'avalanche des références historiques
lorsqu'elles servent son angle de vue. Ainsi, dans ce même article 'Impôt'
(Section troisième), à propos du thème récurrent des immunités
ecclésiastiques, il fournit une liste d'ordonnances royales prouvant
qu'à certaines époques (sous Philippe-Auguste, Philippe le Bel, le roi
Jean, Charles V), il fut admis qu'il est juste 'que ceux qui jouissent des
avantages de l'Etat, en supportent les charges'.

Portrait du philosophe en polygraphe ironiste des finances

La polyvalence de ton atteint sa meilleure aisance lorsque la question des
finances rejoint l'un des thèmes chers au polémiste déiste, par exemple le
fardeau économique que représente la cléricature contemplative pour la
nation:

> En France, où la raison se perfectionne tous les jours, cette raison nous
> apprend que l'Eglise doit contribuer aux charges de l'Etat à proportion de
> ses revenus, et que le corps destiné en particulier à enseigner la justice doit
> commencer par en donner l'exemple. [...]
> Il y a tel couvent, inutile au monde à tous égards, qui jouit de deux cent mille
> livres de rente. La raison démontre que si l'on donnait ces deux cent mille
> livres à cent officiers qu'on marierait, il y aurait cent bons citoyens ré-
> compensés, cent filles pourvues, quatre cent personnes au moins de plus
> dans l'Etat, au bout de dix ans, au lieu de cinquante fainéants. [...] La
> superstition seule s'y opposait autrefois; mais la raison soumise à la foi
> écrase la superstition.[72]

Le premier paragraphe pourrait être extrait d'un des multiples traités
ou essais moralisateurs sur la réforme des finances. Mais à ces évidences
de bon sens sur la justice fiscale, l'exemple choisi oppose un ton
parfaitement polémique pour l'époque, au point de se terminer par
un *Ecrl'inf* en toutes lettres. Ironiste, Voltaire inverse à dessein la
méthode inductive des philosophes en énonçant tout d'abord une
proposition anesthésiante (à laquelle nulle intelligence de bonne foi ne
peut s'opposer) pour infliger au *lecteur diligent* une vision de la réalité en

---

70. *QE*, art. 'Confiscation', *OCV*, t.40, p.189.
71. *QE*, art. Impôt' (*M*, t.19, p.441-42).
72. *La Voix du sage et du peuple*, *OCV*, t.32A, p.240, 242.

parfaite contradiction avec le précepte moral, ce qui ne peut que diviser le lectorat entre *esprits éclairés* et *superstitieux*.

Comme pour les grandes attaques satiriques contre Berthier, Jean-Jacques, Maupertuis ou Pompignan, la plume du polémiste sait aussi recourir à l'effet dévastateur de la facétie burlesque pour ridiculiser l'opposant; par exemple, peu après le texte ci-dessus (*La Voix du sage*), cette parodie d'interdiction vaticane en défense des immunités fiscales au profit des ecclésiastiques: '[l'Antéchrist Barjeton] avance que ceux qui ont le tiers du revenu de l'Etat [...] doivent au moins le tiers en contribution, ne se souvenant plus que nos frères sont faits pour avoir tout, et ne rien donner [...] A ces causes, il a semblé bon au Saint-Esprit et à nous de faire brûler ledit livre [...] Signé: Coglione-Coglionaccio, cardinal-président'.[73]

Une autre facétie, qui vise, elle, les fermiers généraux, met en scène un malheureux prédicateur ayant choisi le passage de l'Evangile associant dans une même condamnation *païen* et *publicain*.[74] Assistant à l'office, le sous-fermier des aides et gabelles et ses acolytes saisissent l'orateur au sortir de la chaire et le somment de brûler aussitôt 'le livre contre l'Etat et les bonnes mœurs' (i.e. le *Nouveau Testament*) qui fait au corps une telle insulte. Peut-être membre des 'cuistres d'Ignace',[75] le prédicateur sauve son âme par une distinction sémantique dont, heureusement pour lui, ses bourreaux ne perçoivent pas le sens second:

> les publicains [...] étaient ceux qui recevaient les deniers publics: ils en rendaient compte au public, et c'est pour cela qu'ils étaient excommuniés; mais vous, messieurs, vous percevez les deniers du roi, vous ne rendez point compte au public: ainsi l'anathème ne peut être pour vous et vous ne trouverez nulle part que les sous-fermiers du roi soient excommuniés.[76]

Mais l'ironie devient humour grinçant quand le propos s'attaque à peindre l'iniquité et les abus de pouvoir du système de collecte des indirects. La liberté du style épistolaire permet l'emploi de cette forme acide du constat humoristique, même quand le correspondant est le président de la Cour des Comptes de Dijon lui-même: 'les fermiers généraux ont trouvé un beau secret dans ce petit pays-là [Gex], celui de réduire à huit mille habitants, seize à dix-sept mille que le pays en

---

73. *Extrait du décret de la sacrée congrégation de Rome* [à propos de l'interdiction des 'Lettres Ne Repugnate' de Barjeton], éd M. Waddicor, *OCV*, t.32A (2006), p.169-73. N.B.: Voir également l'étude sérielle de L. Macé ('Séries politiques', dans *Séries et variations*, p.189-97) sur la polyphonie des textes accompagnant *La Voix du sage* (*Extrait du décret*, *Dialogue entre un philosophe et un contrôleur général*, ainsi que toutes les *Voix* discordantes suscitées par le texte de Voltaire).
74. Matthieu, 18, 17.
75. Voltaire à Condorcet, 8 janvier 1777 (D20507).
76. *Des païens et des sous-fermiers* [1765] (*M*, t.25, p.353-55).

contenait il y a quatre-vingts ans; mais en récompense, ils entretiennent dans ce pays de six lieues de long quatre-vingt-douze commis extrêmement utiles à l'Etat'.[77]

Huit mille habitants remplacés par quatre-vingt-douze commis: voilà qui ressemble au titre d'une fable. C'est d'ailleurs sous forme de petit apologue que Voltaire reprend, avec la naïveté d'un Micromégas, la description faussement détachée de cette plaie bureaucratique dans la seconde section de l'article 'Fertilisation' des *Questions sur l'Encyclopédie*, sous l'annonce neutre 'Pourquoi certaines terres sont mal cultivées':

> Je vis à l'entrée de cette petite province une maison bien bâtie, où demeuraient sept à huit hommes bien faits et vigoureux. Je leur dis, Vous cultivez sans doute un héritage fertile dans ce beau séjour? [...] – nous avilir à rendre féconde la terre qui doit nourrir l'homme! [...] Nous poursuivons les cultivateurs qui portent le fruit de leurs travaux d'un pays dans un autre; nous les chargeons de fers [...] dans ce pays de deux lieues sur six, nous avons quatorze maisons aussi respectables que celle-ci [...] nous ne payons aucune contribution parce que nous ne travaillons à rien qu'à faire trembler ceux qui travaillent. [...] Je m'avançais tout confus vers une autre maison; je vis dans un jardin bien tenu, un homme entouré d'une nombreuse famille [...] j'appris qu'il était revêtu de la charge de contrôleur du grenier à sel. Plus loin demeurait le directeur de ce grenier, dont les revenus étaient établis sur les avanies faites à ceux qui viennent acheter de quoi donner un peu de goût à leur bouillon. [...] il y en avait d'autres plus proprement vêtus, et qui avaient des appointements plus réglés pour ne rien faire. Ils étaient originairement payés pour chanter de grand matin, et depuis plusieurs siècles ne chantaient qu'à table. Enfin, je vis dans le lointain quelques spectres à demi-nus qui écorchaient avec des bœufs aussi décharnés qu'eux un sol encore plus amaigri; je compris pourquoi la terre n'était pas aussi fertile qu'elle pouvait l'être.[78]

'Nous ne travaillons à rien qu'à faire trembler ceux qui travaillent': quel traité fiscal, quelle diatribe anonyme, quel éloquent plaidoyer de Remontrance peut revendiquer la concentration corrosive d'une telle formule? Seul un habitant de Sirius, semble dire le philosophe, peut accepter, impavide, l'absurde et inhumaine organisation des finances du royaume de France où l'homme (du fisc) est un loup pour l'homme (du travail) et où quelques milliers d'inutiles vivent – au nom de Dieu – de la peine et de l'industrie des autres.[79]

---

77. Voltaire à De Ruffey, 16 janvier 1761 (D9555).
78. *QE, OCV*, t.41, p.376-77.
79. L'ironie (ou ici l'humour), qui personnalise tant les notations de Voltaire sur l'économie du temps et ses problèmes, n'est que l'application à ce domaine particulier d'une attitude intellectuelle qui transparaît aussi dans des régions plus *nobles* de la réflexion philosophique. A propos du *Traité sur la tolérance*, il écrit: 'il y a des endroits qui font frémir, d'autres qui font pouffer de rire; car, dieu merci, l'intolérance est aussi absurde qu'horrible' (Voltaire à Damilaville, 24 janvier 1763, D10943).

Les Finances, conte en vers et conte envers

C'est dans un conte en vers tardif (1775) que le registre de l'humour désespéré atteint son degré de perfection littéraire.[80] Un demi-vers d'incipit ('Quand Terray nous mangeait') dédie la dénonciation vengeresse qui va suivre à un ministre passé que Voltaire a quelque raison d'exécrer (voir plus loin, p.97 et 119-120). Le conte commence par l'exposé d'une situation quasi bucolique ('un honnête bourgeois [...] transplanta sa famille [...] une obscure retraite; / Son plus clair revenu consistait en bon vin'). Suit une amorce de diégèse aussi paisible et anodine que le tableau l'annonçait : 'Un jour [...] il fut [...] visité d'un voisin, / Qui parut [...] le seigneur du village [...] suivi de brillants estafiers [...] Le bourgeois [...] / Du meilleur de son cru prodigua l'abondance'. Intervient alors une révélation dont le lecteur perçoit la menace implicite : 'Je suis (dit l'inconnu) dans les fermes nouvelles / Le royal directeur des *aides et gabelles* [...] Je viens prendre chez vous les droits qui me sont dus'. Du vers 24 au vers 67 s'enchaîne alors une implacable mécanique qui va broyer la modeste famille après que le 'royal directeur' s'est targué de connaître 'l'art de *travailler un royaume en finances*', une formule qui reviendra en conclusion du conte ('C'est ainsi qu'on *travaille un royaume en finance*'), où l'on comprendra qu'il faut ici entendre *travail* à la lumière de son étymon (= torture).[81] Ainsi la catastrophe se construit par l'addition des obligations légales en matière d'impôts indirects: le *trop-bu*, le *sel du devoir* (la sous-consommation de sel), les pénalités des Domaines pour méconnaissance d'héritage, le tout entraînant confiscation des biens et même condamnation aux galères pour outrage et rébellion. Le père et le fils aux galères, la mère expirant de douleur, le jeune frère aux *Enfants trouvés*, la fille 'servante à Paris' (il faut entendre 'prostituée'): en quelques heures, le système légal, concédé à des fermiers avides, a anéanti le destin de cette maisonnée sans histoire, à laquelle le philosophe apporte en gage le nom d'une famille à qui pareil désastre serait arrivé. L'habileté de l'humoriste consiste à nommer chacune des justifications juridiques de cette barbarie par une périphrase anodine: 'tant pour [les brocs de vins] qu'aux marchands vous n'avez point vendus', 'le sel marin duquel [...] vous deviez garnir vos savoureux jambons', 'ramer pour le roi vers la mer de Cadix'. Elle consiste également à décrire les sous-fermiers tortionnaires comme patelins et compatissants, tant leur pouvoir de rétorsion est assuré: 'je ne suis point méchant et j'ai l'âme assez tendre' dit l'un, l'autre 'serre entre ses bras' le

---

80. *Les Finances* (M, t.10, p.57).
81. Voltaire a trouvé cette formule dans le violent pamphlet de l'avocat Darigrand qui lui-même en assigne l'origine à un 'auteur' anonyme, défenseur des fermiers (*L'Antifinancier* (Amsterdam, 1763), p.52, BV941).

malheureux vigneron comme ailleurs fit le Grand Inquisiteur à Scarmentado extrait de sa geôle humide. Si la cause n'eût été déjà entendue par tous les citoyens de bonne foi, ces soixante-huit alexandrins eussent été un brûlot semblable à *L'Anti-financier*.

Osant paraphraser Bergson, nous pouvons observer que l'écriture ironique repose sur un écart éthique, l'écriture humoristique sur l'absence d'écart. Lorsque Voltaire dénonce le parasitisme clérical, il a beau jeu de rappeler l'écart objectif entre cette situation d'immunité fiscale et les vœux de pauvreté. Lorsqu'il décrit, avec une fausse placidité, la réalité factuelle du système de collecte sous-traité, l'écart éthique n'est pas explicité par le texte mais s'impose néanmoins à la conscience du lecteur. Son ton est toutefois beaucoup moins subtil lorsqu'il réagit aux idées des autres sur les mêmes sujets.

Les réactions aux idées des autres

La participation de Voltaire au débat sur la problématique des finances publiques du royaume ne se limite pas aux indignations de l'ironiste et aux mises en perspective de l'historien. Dès 1750, sa correspondance et des pièces détachées nous le montrent réagissant aux décisions politiques des ministères successifs et aux écrits théoriques qui paraissent. Son éloignement des cénacles parisiens (à Berlin, puis Colmar, Lausanne, Genève et Ferney) est, en vérité, une chance pour la recherche voltairienne car les sources écrites sont *de facto* nombreuses pour cerner ses jugements. Ceux-ci vont de l'enthousiasme quasi-militant au rejet radical pour les idées ou les hommes que l'actualité éclaire.

Voltaire, militant de la réforme fiscale

Le philosophe de Ferney est toujours élogieux envers les auteurs dont les vues coïncident avec ses propres analyses en matière de finances. C'est le cas du 'judicieux M. de Forbonnais', qu'il cite en qualité d'historien des finances publiques.[82] Vingt ans plus tôt, l'hôte de Cirey avait trouvé chez Melon une formule concernant la dette publique, à laquelle il reste fidèle: 'Les dettes d'un Etat sont les dettes de la main droite à la main gauche dont le corps ne se trouvera point affaibli, s'il a la quantité

---

82. *Diatribe à l'auteur des Ephémérides* (M, t.29, p.362). La citation qui suit ce crédit est toutefois apocryphe (note de Beuchot). N.B.: La convergence des idées économiques de Voltaire avec celles de Forbonnais – et réciproquement, car de nombreux passages de l'ouvrage de Forbonnais reproduisent ou paraphrasent *Le Siècle de Louis XIV* – a été étudiée dans un mémoire disponible à l'IMV (Roger Dupuy, *Voltaire, historien de l'économie dans Le Siècle de Louis XIV* (Grenoble, 1959).

d'aliments nécessaires et s'il sait les distribuer'.[83] Les critiques modérées qu'il émet contre son initiateur à l'économie, après la lecture de la réfutation de Dutot (sur les 'mutations de monnaie', par exemple), n'entament nullement son accord sur l'essentiel des idées de Melon (le caractère bénéfique du luxe, la fonction circulatoire de la dépense publique, l'admiration du colbertisme, la création de richesse par l'échange commercial, etc.).[84] En revanche, la Guerre de Sept Ans lui fait soupçonner des risques liés au surendettement de l'Etat, confondant pour une fois encaisse métallique et richesse nationale:

> la France et l'Angleterre, pour s'être fait la guerre, se sont trouvées endettées chacune de trois milliards de nos livres. C'est beaucoup plus qu'il n'y a d'espèces dans ces deux Etats. C'est un des efforts de l'esprit humain dans ce dernier siècle, d'avoir trouvé le secret de devoir plus qu'on ne possède, et de subsister comme si l'on ne devait rien.[85]

Il faudra attendre la banqueroute sélective de Terray (voir: Les contradictions de l'homme d'action, p.119-20), qui le pénalise personnellement, pour que le remboursement de la dette publique s'associe à l'idée de confiscation, l'un des abus qu'il combat: 'L'idée qu'on nous charge parce que nous sommes utiles est très vraie [...] en voilà trop pour un pauvre vieillard qui n'en peut plus et qui est entre les mains des contrôleurs généraux et des apothicaires'.[86]

La lecture de l'ouvrage de Dutot en 1738 ouvre à Voltaire de nouvelles perspectives dans sa réflexion sur les finances publiques. Il rencontre alors un auteur aussi passionné que lui par le calcul financier et monétaire (ce que Melon n'était pas). Il s'empresse de refaire ses calculs de la richesse des rois et de le contredire.[87] Mais il adopte sa vision sur

---

83. J.-F. Melon, *Essai politique*, ch.18 ('Du crédit public'), p.232. N.B.: Voltaire paraphrase à plusieurs reprises la formule de Melon, par exemple: 'un Etat qui ne doit qu'à lui-même ne peut s'appauvrir et ces dettes mêmes sont un encouragement à l'industrie' ([*Observations*] *Sur MM...*, *OCV*, t.18A, p.255), 'Une partie de la nation devait cet argent à l'autre' (*Lettre du vingtième*, *OCV*, t.31B, p.311), etc.

84. Il faudra attendre les *Questions sur l'Encyclopédie* (art. 'Esclaves') pour lire une réfutation (bien modérée et indirecte car elle vise en apparence Linguet) du paradoxe de Melon sur l'esclavage: 'l'espèce humaine aime mieux se pouvoir que dépendre; et les chevaux nés dans les forêts les préfèrent aux écuries' (*OCV*, t.1, p.228).

85. *Supplément à l'Essai sur les mœurs* [1763], 'Remarque 18: Du commerce et des finances', *M*, t.24, p.578. N.B.: Dans *Le siècle de Louis XIV* comme dans les *Observations*, Voltaire ne paraît pas s'émouvoir des 2.5 milliards ('deux fois dix centaines de millions de dettes, à trente francs le marc') de dettes laissés par le souverain à sa mort (soit 4.5 milliards en valeur 1750): 'Lorsqu'un État puissant ne doit qu'à lui-même, la confiance et la circulation suffisent pour payer' (*M*, t.14, p.528).

86. Voltaire à Mme d'Epinay, 6 novembre 1770 (D16748).

87. *OCV*, t.138 (2010), p.330-36 (*CN* 557).

le danger du surhaussement des monnaies, la préférant à celle de Melon dont il a bien compris qu'elle vise surtout à soulager les dettes de l'Etat:[88]

> Ce livre de M. Melon en a produit un de M. Dutot, qui l'emporte de beaucoup pour la profondeur et pour la justesse. [...] n'y a-t-il point de cas où une augmentation de monnaie devienne nécessaire? [...] puisque M. Dutot a si bien fait voir les dangers de ces promptes secousses que donnent aux Etats les changements des valeurs numéraires dans les monnaies il est à croire que [...] nous n'aurons plus à essuyer de pareils orages. [...] Ce qui m'a le plus étonné dans le livre de M. Dutot, c'est d'y voir que [les rois du XVIe siècle] étaient plus riches que Louis XV [...] Ce que je dis ici suffit pour faire voir que, malgré les calculs de M. Dutot, les rois, aussi bien que l'Etat, sont plus riches qu'ils n'étaient. Je ne nie pas qu'ils ne soient plus endettés.[89]

Sur la réforme fiscale à introduire en France, Voltaire rejoint, nous l'avons dit, le courant principal de la philosophie politique du siècle: un impôt consenti par le vote, universel et proportionnel aux ressources de chacun. S'il se distingue par l'accent mis sur la redistribution, c'est par souci de cohésion sociale (garante du respect du droit de propriété) et nullement par un quelconque attrait pour les utopies communisantes des Rousseau, Mably, Linguet ou Morelly.[90] Il se distingue surtout par les formes dans lesquelles il intervient dans le débat, y compris pour soutenir les réformistes. C'est le cas des textes produits autour de 1750 en soutien de la politique du Contrôleur-général Machault d'Arnouville.[91] Outre les pièces détachées satiriques déjà mentionnées (*La Voix du sage et du peuple*, l'*Extrait de la sacrée congrégation*), le groupe comprend la *Lettre sur le vingtième*, *Dialogue entre un philosophe et un contrôleur général*, *Des embellissements de Paris* et *Des embellissements de la ville de Cachemire*.[92] Ces textes, en dépit de leur diversité formelle (prose épistolaire, propos de table, dialogues, pensées détachées), constituent, une fois regroupés, l'argumentaire le plus complet en faveur de la

---

88. Melon justifiait les mutations de monnaie par l'observation que, depuis Charlemagne, les espèces n'ont jamais cessé de diminuer de valeur intrinsèque et, cependant, le commerce n'a jamais cessé de croître en étendue, en intensité et en profit (ce qui ne prouve d'ailleurs pas un lien de causalité). Voir l'étude comparative des deux auteurs dans l'introduction de P. Harsin à son édition critique de [C] Dutot, *Réflexions politiques sur les finances et le commerce* (Liège, 1931).

89. [*Observations*] *Sur MM...*, *OCV*, t.18A, p.246-54.

90. 'Sois maintenant libre, douce et paisible humanité, ne forme qu'un corps organisé par les accords d'une unanimité parfaite [...] qu'elle ne meuve les hommes que vers un but unique, le bonheur commun [...] Sois la mère commune d'une famille heureuse' (abbé Morelly, *La Basiliade* [1753], p.292, cité par P. Minois, *L'Âge d'or* (Paris, 2009), p.289).

91. J.-B. Machault d'Arnouville tentait d'établir un impôt de quotité universel et réel, le Vingtième, pour abonder une caisse d'amortissement affectée au remboursement de la dette (180 millions) contractée lors de la Guerre de Succession d'Autriche.

92. L'édition scientifique de ces textes par la Voltaire Foundation figure dans les volumes *OCV*, t.31B, t.32A.

réforme de fiscalité directe souhaitée par Voltaire (et beaucoup d'autres intellectuels). Ils présentent l'originalité d'être étayés moins par les principes moraux de justice et de solidarité que par le raisonnement économique sur la circulation des espèces, l'investissement volontariste et la gestion de la dette. Derrière l'enjouement du ton, les écrits dénotent la maturité des connaissances acquises par le philosophe en seulement quinze années depuis la lecture de l'*Essai* de Melon. Ainsi:

> On dit toujours le roi est riche dans le même sens qu'on le dirait d'un seigneur ou d'un particulier. Mais en ce sens-là, le roi n'est point riche du tout. Il n'a presque point de domaines [...] Le roi a pour trésors, la manutention, l'usage de l'argent que lui produisent la culture de nos terres, notre commerce, notre industrie, et avec cet argent il supporte des charges immenses. Or de ce produit des terres, du commerce, et de l'industrie du royaume, il en reste dans Paris la plus grande partie, et si le roi au bout de l'année redoit encore, c'est-à-dire s'il n'a pu comme nous avons dit, de ce produit annuel payer toutes les charges annuelles de l'Etat, s'il n'est pas riche en ce sens, la ville de Paris n'en est pas moins opulente. Le roi est précisément et à la lettre l'économe de toute la nation; la moitié de l'argent circulant dans le royaume, passe par ses trésoriers comme par un crible [...] Que [l']Hôtel de Ville emprunte en rentes viagères, en rentes tournantes quelques millions qui feront un fonds d'amortissement. Qu'elle fasse une loterie bien combinée; qu'elle emploie une somme fixe de son revenu tous les ans; que le roi daigne ensuite, quand ses affaires le permettront, concourir à ces nobles travaux, en affectant à cette dépense quelque partie des impôts extraordinaires que nous avons payés pendant la guerre, et que tout cet argent soit fidèlement économisé.[93]

Un argument très pertinent de Voltaire est inclus dans cette question: pourquoi les principes acceptés pour une économie de guerre ne le seraient pas pour l'œuvre du temps de paix?

> LE PHILOSOPHE: Comment avez-vous fait pour soutenir une guerre qui a coûté beaucoup de sang et de trésors?
> LE BOSTANGI: Nous avons fait justement contribuer en proportion de leurs biens les possesseurs des terres et de l'argent.
> LE PHILOSOPHE: Eh bien, si on contribue pour le malheur de l'espèce humaine, ne donnera-t-on rien pour son bonheur et pour sa gloire? Quoi! Depuis que vous êtes établis en corps de peuple, vous n'avez pas encore trouvé le secret d'obliger tous les riches à faire travailler tous les pauvres? Vous n'en êtes donc pas encore aux premiers éléments de la police?[94]

La Lettre à l'occasion de l'impôt du vingtième était le soutien le plus manifeste apporté à Machault à qui elle était destinée. Elle ne lui fut pas remise.[95] Sa conclusion résume fort bien la philosophie fiscale de

93. *Des embellissements de Paris*, éd. M. Waddicor, *OCV*, t.31B (1994), p.222-27.
94. *Des embellissements de la ville de Cachemire*, *OCV*, t.31B (1994), p.258-59.
95. La *Lettre* fut envoyée le 16 mai 1749 sous le couvert de Rouillé du Coudray, intendant des

Voltaire, tout empreinte de colbertisme ou, pour nous référer à la science économique d'aujourd'hui, de keynésianisme:

> Ce ne sont point les impôts qui affaiblissent une nation, c'est, ou la manière de les percevoir, ou le mauvais usage qu'on en fait. Mais si le roi se sert de cet argent pour acquitter des dettes, pour établir une marine, pour embellir la capitale, pour achever le Louvre, pour perfectionner ces grands chemins, qui font l'admiration des étrangers, pour soutenir les manufactures et les beaux-arts, en un mot, pour encourager de tous côtés l'industrie, il faut avouer qu'un tel impôt, qui paraît un mal à quelques-uns, aura produit un très grand bien à tout le monde. Le peuple le plus heureux est celui qui paie le plus et qui travaille le plus, quand il paie et travaille pour lui-même.[96]

Un quart de siècle plus tard le long plaidoyer du patriarche de Ferney auprès du contrôleur général Turgot pour obtenir un allègement de la fiscalité indirecte du Pays de Gex ajoute une tonalité supplémentaire au registre de ses écrits concernant les finances publiques. A côté des écrits satiriques sur les aides et la gabelle et des notations argumentées sur les freins au développement économique du système français d'impôt sur la consommation, apparaît, en effet, un autre type d'écrits: des mémoires, lettres, suppliques et remontrances au roi dont le destinataire final, en 1774-76, est le contrôleur général (*via* son adjoint Dupont de Nemours ou l'intendant des finances Trudaine) et dont la finalité est une modification substantielle du régime appliqué au territoire enclavé de Gex.[97] Accompagnés d'une abondante correspondance (échangée avec le Ministère, les édiles locaux et des intermédiaires de bons offices, telle Mme de Saint-Julien ou encore Morellet), ces textes constituent un corpus homogène. Autour d'un cas concret (Gex) – et en dépit de leur insistance à obtenir des exemptions – ces écrits de Voltaire représentent une monographie documentée et éclairante sur les principaux aspects de la question fiscale appliquée aux impôts indirects: restrictions de fait à la circulation des denrées et des marchandises ouvrées, coût prohibitif d'un ingrédient de base (le sel) en raison d'une organisation

Finances; celui-ci, en dépit d'un accusé de réception poli à Voltaire (25 mai 1749, D3935), ne la transmit pas au ministre ni ne restitua à Voltaire le texte, dont aucune copie n'avait été faite par Longchamp; elle fut découverte dans les papiers du haut-fonctionnaire, après sa mort.

96. *Lettre à l'occasion du vingtième*, OCV, t.31B, p.313.

97. Les principaux textes de ce groupe sont: *Mémorandum sur le monopole du sel* [1760], *Mémoire sur l'état de l'agriculture au Pays de Gex* [1764]; *Au Roi en son Conseil* [1774]; *Lettre écrite à M. Turgot* [1774]; *Lettre à M. Turgot* [1775]; *Mémoire des Etats du Pays de Gex* [1775]; *Mémoire du Pays de Gex* [1775]; *Mémoire sur le Pays de Gex* [1775]; *Notes concernant le Pays de Gex* [1775]; *Délibération des Etats du Pays de Gex* [1776]; *Mémoire à M. Turgot* [1776]; *Mémorandum sur Gex* [1776]; *Prières et questions adressées à M. Turgot* [1776]; *Remontrances du Pays de Gex au roi* [1776]. N.B.: Le *Mémoire sur l'agriculture* n'a pas été publié par Voltaire (MS BnF N24342, f.287-92); les textes de la période Turgot (1774-1776) figurent dans *M*, t.29-30.

bureaucratique et arbitraire de la consommation, retards et vexations liés à des flux mineurs des finances publiques (tabac, vin, marquage des cuirs, domaines), coût de perception absorbant l'essentiel de la collecte et réduisant à la portion congrue et le profit de la ferme, et le revenu du trésor royal, etc.

Il n'entre pas dans notre propos de rappeler le détail historique du combat voltairien pour les franchises du Pays de Gex, d'autant que celui-ci est fort bien étudié par les diverses générations d'historiens locaux auxquels nous renvoyons le lecteur souhaitant approfondir ce sujet.[98] Nous en retenons trois aspects. Tout d'abord, la précision chiffrée de l'argumentaire voltairien. Plusieurs mémoires du corpus appuient leurs revendications non seulement sur des principes de justice et d'humanité, sur des rappels historiques et géographiques mais aussi sur la démonstration de l'inanité du système, faits quantifiés à l'appui.[99] Nous y voyons le goût déjà mentionné du philosophe de Ferney pour l'"arithmétique politique' chère à W. Petty et à J.-F. Melon. Mais aussi l'effet de la pédagogie physiocratique sur le lecteur attentif des *Ephémérides* qu'est le patriarche. Le second trait caractéristique de ces mémoires est l'aisance de Voltaire dans le passage du général au particulier, de la critique politique de la mauvaise gestion du royaume de France (dont l'"Audience du contrôleur général' dans *L'Homme aux quarante écus* est emblématique) à la problématique spécifique du petit pays. Lorsqu'il évoque le sort difficile des habitants des paroisses autour de Gex, il est toujours dans la peinture de situations concrètes. Les philosophes traitant de finances (Hume, Turgot, Condillac, Condorcet, etc.) se cantonnent aux principes moraux et aux mécanismes économiques globaux. Les essayistes pamphlétaires (Coquereau ou Darigrand, par exemple) font largement appel à l'anecdote, voire à la médisance. Voltaire peint le quotidien des agriculteurs et artisans confrontés à la tyrannie fiscale, et s'il s'en dégage un pathétique révoltant, le ressort n'en est pas le lyrisme, mais l'arrangement – en apparence objectif – des données factuelles. La troisième caractéristique de ce corpus spécifique ne laisse pas d'étonner le chercheur: c'est le caractère répétitif des tentatives d'influence sur un seul destinataire (Turgot) que constitue la séquence de ces mémoires

98. Outre les relations historiques des biographies du philosophe, qu'elles privilégient l'anecdote (G. Desnoiresterres, *Voltaire et la société française* (Paris, 1871)) ou le contexte plus général de la vie et l'œuvre du patriarche (R. Pomeau, dir., *Voltaire en son temps* (Oxford, 1995)), on lira avec intérêt F. Gerlier (*Voltaire, Turgot et les franchises du Pays de Gex* (Genève et Paris, 1883), H. Beaune (*Voltaire et l'administration du Pays de Gex* ([Dijon], 1874)), R. Allombert, *L'Œuvre économique de Voltaire au Pays de Gex*, (s.l.,1931)), et les ouvrages plus récents sur la période de Ferney cités au ch.5: Le philosophe-entrepreneur.
99. Voir en particulier le *Mémoire du Pays de Gex* écrit l'année de *Les Finances* (1775) qui donne un bilan chiffré du résultat de la Ferme locale, aussi accablant sur le plan financier que son pendant, le conte en vers, le montre haïssable sur le plan humain.

après 1774, assez peu différents par la forme et les analyses qu'ils contiennent. Est-ce l'effet du grand âge du scripteur, comme le laissait entendre, au siècle suivant, la critique anti-voltairienne? Nous ne le pensons pas, au vu de toutes les autres productions écrites du patriarche durant cette période 1774-1776. Nous y lisons plutôt la trace d'un fait relationnel entre deux hommes d'exception qui prive la postérité d'un des dialogues des Lumières qui eût dû accompagner la naissance de la science économique. Nous lui consacrons le paragraphe suivant.

Voltaire et Turgot: un dialogue manqué

Il peut paraître digressif de consacrer à l'approche biographique et à un incident particulier quelques pages d'un essai consacré à l'épistémologie de l'économie politique. En l'espèce, les deux approches s'expliquent l'une par l'autre. Nous évoquons ailleurs (ch. 6: Le philosophe-entrepreneur) la rencontre intellectuelle de Voltaire et Turgot aux Délices en 1760.[100] L'un est le premier philosophe du temps, l'autre sera considéré par la postérité comme l'un des principaux théoriciens du libéralisme. Ces deux philosophes partagent une immense culture générale, la conviction d'un progrès de l'esprit humain et un intérêt marqué pour les questions économiques. Le patriarche de Ferney a aussitôt l'intuition de l'avenir brillant du jeune magistrat: comme il est d'usage à l'époque, il sollicite à plusieurs reprises, pour protéger tel ou tel, le haut fonctionnaire en pleine ascension. Ils sont donc en relation épistolaire chaleureuse durant la décennie 1760, liés par une estime mutuelle que la présence du journaliste physiocrate Dupont de Nemours auprès de chacun d'eux renforce (voir ch.5: La tentation physiocratique). Un incident trivial va pourtant venir interrompre l'échange et remplacer le dialogue attendu entre deux intelligences, dont l'une dispose pour vingt mois de la confiance du roi et du pouvoir (théorique) de réformer les finances du royaume, par un monologue voltairien (qui ressemble – c'est un comble, le concernant – à une litanie).

L'incident en question est banal si l'on prend en considération la prééminence accordée alors aux belles-lettres parmi les activités de l'esprit. Turgot, polyglotte au goût sûr et écrivain de qualité, se pique, à ses heures de loisir, de traduction. En 1770, alors intendant du Limousin, il vient d'achever celle des *Géorgiques* et – par vanité de poète amateur, sans nul doute – veut obtenir l'approbation de Voltaire, grand connaisseur de Virgile, sur 'l'harmonie' qu'il a donnée à ses vers. Il

---

100. 'On voyageait autrefois pour être instruit et vous êtes venu pour instruire. Ce serait encore peu de chose si vous n'aviez pas le talent de plaire' (Voltaire à Turgot, 1er décembre 1760, D9438).

sollicite donc cet avis en adressant son manuscrit au patriarche.[101] Mais il le fait sous pseudonyme (abbé de L'Aage) et par l'intermédiaire de son ami Caillard, alors secrétaire du comte de Cucé: timidité de poète? Ou, plus probablement, désir d'éviter le biais que l'exquise politesse de Voltaire ne manquerait pas d'apporter à sa critique littéraire?[102] Quoi qu'il en soit, Voltaire, apparemment, ne perce pas l'identité réelle de son correspondant et, tout à son admiration pour la traduction de Virgile par l'abbé Delille, ne prend pas la peine de répondre au poète inconnu (qui, de surcroît, critique Delille).[103] Plus exactement, il répond, quatre mois plus tard, par un accusé de réception, poli mais non dénué de double sens (si l'on se réfère, par exemple, à ce que connote chez lui *enthousiasme*), et surtout esquivant la demande de commentaires du poète amateur: 'Voici la première traduction où il y ait de l'âme. Les autres, pour la plupart sont aussi sèches qu'infidèles. Je vois dans la vôtre de l'enthousiasme et un style qui est à vous. Qui traduit ainsi méritera bientôt d'avoir des traducteurs. J'applaudis à votre mérite autant que je suis sensible à votre politesse'.[104]

Turgot est un homme trop fin pour ne pas lire entre les lignes ce que signifie 'un style qui est à vous' et qui appelle des traducteurs. Piqué, il insiste un peu lourdement, prétendant dix jours plus tard n'avoir pas reçu la réponse de Voltaire: 'J'aurais été infiniment flatté que vous eussiez daigné m'en dire votre avis; votre approbation eût été pour moi le plus grand des encouragements. Je crains bien que votre silence ne soit l'arrêt de ma condamnation'.[105]

101. [Turgot] à Voltaire, 28 février 1770 (D9986).
102. Un commentateur a fait l'hypothèse d'une 'plaisanterie' délibérée de Turgot. Cette supposition ne me paraît absolument pas plausible au regard de la personnalité de l'intendant. Dupont de Nemours, dans la biographie qui accompagne les *Mémoires sur la vie et les œuvres de M. Turgot* qu'il édite l'année de la mort de Turgot, insiste longuement sur l'importance que son maître et ami attachait à l'écriture poétique et loue la beauté de ses traductions: 'la profonde connaissance que M. Turgot avait de sa langue et l'extrême pureté avec laquelle il la parlait, le rendaient infiniment sensible aux moindres inflexions de la prosodie' (p.15).
103. '[Je dis anathème] à qui ne sera pas charmé de voir Virgile traduit mot à mot avec élégance' [*Les Géorgiques*, trad. de l'abbé Delille, B2951, BV3420] (Voltaire à d'Alembert, 19 mars 1770, D16241).
104. Voltaire à l'abbé de L'Age des Bournais [Turgot], 19 juin 1770 (D16432). N.B.: Comment un tel expert de l'écriture sous pseudonyme n'a-t-il pas été alerté par le subterfuge? Pour une fois peu curieux, le patriarche n'interroge aucun des correspondants sur la personnalité de cet élégant épistolier (dont la seule erreur est de critiquer la traduction concurrente de Delille). Ma conviction est que Voltaire a parfaitement compris de qui émanait le manuscrit et, en raison du respect et de l'admiration qu'il porte au 'traducteur', ne veut pas entacher leur relation par une critique sévère, voire satirique (comme elle l'est déjà, je crois, dans cette réponse du 19 juin, quoique très *gazée*). J'étaye cette conviction par les derniers vers de l'*Epître à un homme* que je cite plus loin, p.105-106.
105. [Turgot] à Voltaire, 28 juin 1770 (D16437).

Tout autre homme de lettres que Voltaire se fût plié à la nécessité de plaire, ou du moins de ne pas s'aliéner un homme tel que l'intendant du Limousin, dont la qualité intellectuelle, l'entregent et, de l'aveu même du patriarche, la carrière à venir lui sont également chers. Mais Voltaire, tel qu'en lui-même, pousse rarement l'exquise politesse jusqu'à la courtisanerie lorsqu'un jugement littéraire est en jeu: il ne répond pas. L''abbé de L'Aage' insiste encore:

> Je parle du genre d'harmonie que j'ai essayé de donner à ma traduction. Si j'en devais croire les choses flatteuses que vous avez la bonté de me dire [il reconnaît enfin avoir reçu la lettre du 19 juin], la contrainte à laquelle je me suis assujetti n'aurait fait perdre à mon style ni la correction, ni le naturel, ni même la chaleur. Ce serait beaucoup; mais je n'ose adopter une idée aussi agréable.[106]

On ne peut guère fournir plus explicitement la lettre du compliment que l'on sollicite... Voltaire ne répond pas. Aussi entêté que son partenaire, Turgot le relance près d'un an après: 'j'osais me plaindre de ce qu'en me louant vous n'aviez pas eu la bonté de m'éclairer sur l'objet d'un doute que je vous soumettais; je veux dire sur la réalité du genre d'harmonie que j'ai tenté de donner à ma traduction'.[107]

Cette fois, Voltaire répond, mais pour sceller leur désaccord. Se présentant comme 'vieillard accablé de maladies, devenu presque entièrement aveugle' (une posture coutumière), il prétend que 'le triste état où il est ne lui permet guère d'entrer dans des discussions littéraires'.[108] Puis il assène le coup de grâce d'une amitié philosophique parmi les plus complémentaires du siècle: 'Tout ce qu'il peut dire, c'est qu'il a été infiniment content de ce qu'il a lu, et que c'est la seule traduction *en prose* dans laquelle il a trouvé de l'*enthousiasme*'.[109]

Ainsi Voltaire refuse la qualité de poète à un économiste dont il partage pleinement les idées libérales et même les penchants physiocratiques, le seul ministre pour lequel il professera jusqu'à ses tout derniers jours la plus fervente admiration.[110] Il y a du courage dans

---

106. [Turgot] à Voltaire, 15 juillet 1770 (D16515). N.B.: Entre-temps (10 juillet 1770, D16507), il manifeste sa frustration au fidèle Caillard: 'Je ne puis comprendre comment on n'a pu goûter la traduction et en faire d'aussi grands éloges sans s'être aperçu que ce n'était pas une simple prose'.
107. [Turgot] à Voltaire, 28 avril 1771 (D17160).
108. Rappelons que 1771 est l'année des *Lettres de Memmius à Cicéron*, des *Lois de Minos*, de neuf volumes des *QE* et de près de 2000 lettres dictées à Wagnière, dont beaucoup traitent de littérature.
109. Voltaire à l''abbé de L'Aage', 22, mai 1771 (D17203) – c'est moi qui souligne l'affront répété.
110. 'Dans son voyage à Paris [le dernier voyage, printemps 1778], son admiration pour M. Turgot perçait dans tous ses discours [...] je l'ai vu se précipiter sur ses mains, les arroser de ses larmes [...] *"laissez-moi baiser cette main qui a signé le salut du peuple"*' (Jean-Antoine Caritat, marquis de Condorcet, *Vie de Voltaire* – M, t.1, p.274).

cette intégrité, mais aussi de la raideur.[111] Nous connaissons dix-sept lettres échangées entre le patriarche et Turgot depuis la visite aux Délices jusqu'à l'épilogue de l'affaire De L'Aage. Après un silence réciproque de trois ans, Voltaire adressera trente lettres au ministre entre le 28 juillet 1774 et le 3 mai 1776: une seule fois, quelques jours avant la disgrâce, recevra-t-il une lettre du ministre, courte mais aimable, l'assurant que ses sollicitations en faveur de Gex sont en bonne voie.[112] Pour prix de son intransigeance littéraire, Voltaire connaîtra l'humiliation de devoir converser avec cet autre grand homme qu'est Turgot au travers d'intermédiaires aussi proches du patriarche qu'ils le sont du contrôleur général: Dupont, Condorcet, Morellet.[113]

La disgrâce amorcera la réconciliation entre les deux philosophes qui sont aussi désormais deux grands malades. Voltaire avait eu l'élégance de renouveler son soutien au ministre disgracié, au moment où chacun se détournait de l'homme d'Etat déchu.[114] Il fit plus: en poète, il lui fit cadeau d'une épître.[115] Les premiers vers en sont très élogieux:

> Philosophe indulgent, ministre citoyen
> Qui ne cherchas le vrai que pour faire le bien; [...]
> Ce qu'on nomme disgrâce a payé tes bienfaits [...]
> Ainsi que Lamoignon [Malesherbes],[116] délivré des orages,
> A toi-même rendu, tu n'instruis que les sages.

Ce sont ces vers louangeurs que citent les biographes de Turgot. En revanche, ils oublient de lire l'épître jusqu'au bout; elle contient la réponse tant attendue par l'"abbé de L'Aage':

> C'est dans l'art dangereux par Phébus inventé,
> Dans le grand art des vers et dans celui d'Orphée,
> Que du désir de plaire une muse échauffée
> Du vent de la louange excite son ardeur.

111. La raideur est de part et d'autre: ' Je ne suis pas plus surpris de voir déraisonner ce grand poète en économie politique qu'en physique et en histoire naturelle: le raisonnement n'a jamais été son fort' (Turgot à Caillard, 5 mai 1774 – citée par Poirier, *Turgot*).
112. Turgot à Voltaire, 29 avril 1776 (D20092).
113. Dupont de Nemours s'acquitta avec beaucoup de zèle de l'obtention des franchises pour le Pays de Gex. Cependant, son silence est éloquent: dans les *Mémoires sur M. Turgot*, après avoir donc insisté sur l'"harmonie' des vers métriques dans la traduction des *Géorgiques* et des *Eglogues*, le biographe décrit les voyages de Turgot en 1760: 'Après avoir resté quelque temps à Montigny, M. Turgot en partit pour aller voir les Alpes et la Suisse. Il passa par Lyon, fut à Genève, parcourut le pays de Vaud, et revint par Zürich, Bâle et l'Alsace' (*Mémoires*, p.47). Sur la semaine à Genève: rien. Le nom de Voltaire n'apparaît pas une fois dans tout l'ouvrage.
114. Voltaire à Turgot, 17 juin 1776 (D20177).
115. Voltaire, *Epître CXVIII 'A un homme'*, 16 juillet 1776 (*M*, t.10, p.451-53).
116. Malesherbes avait dû démissionner en cette même année 1776 de sa fonction de secrétaire de la Maison du Roi pour les mêmes raisons qui provoquèrent la chute de Turgot (hostilité de l'entourage aux réformes engagées).

> Le plus plat écrivain croit plaire à son lecteur. [...]
> Nul mortel en un mot ne veut être ennuyeux.
> Mais où sont les héros dignes de la mémoire,
> Qui sachent mériter et mépriser la gloire.

Une promesse d'un nouveau séjour à Ferney sera échangée.[117] En fait, ils ne se reverront qu'à Paris, au milieu d'une foule d'admirateurs, quelques jours avant le décès du 'vieux Suisse'. Pour une pique d'amour-propre de l'un, un réflexe condescendant de l'autre, l'histoire des idées reste à jamais privée du commentaire à deux voix qui devait illustrer l'œuvre financière du ministre-philosophe. Voltaire et Dupont de Nemours la célèbrent chacun: rétablissement de la liberté de circulation des grains, abolition de la vénalité des charges dépendant du Contrôle-général, suppression des corvées, des jurandes et des croupes, nombreuses réformes des impôts indirects (sols pour livre, baux des domaines, 'pot de vin', contraintes solidaires, etc.).[118] L'absence de ce dialogue fait que l'appui indéfectible du philosophe au ministre manque de l'indépendance d'esprit qui accompagne souvent le face-à-face de deux intelligences exceptionnelles: c'est un appui souvent lyrique, et presque excessif au moment de la *Guerre des farines*.[119]

Finances publiques: un combat polémique

Durant pratiquement toute sa vie d'intellectuel engagé, c'est-à-dire à partir du séjour anglais, Voltaire accompagne ses réflexions sur les finances publiques d'un désir caractéristique d'affrontement polémique. Certes il évite la virulence imprudente des pamphlétaires, les Coquereau,

117. Le 'vieux malade' remercie Turgot de son désir de visite, l'assure qu'il le recevra avec 'des larmes de joie' car il 'aime les grands hommes à la folie' (Voltaire à Turgot, 20 février 1778, D21069).

118. Comme une ironie de l'histoire des alliances manquées, Turgot, qui s'était beaucoup engagé en soutien de Voltaire au moment de l'affaire Calas, apprit sa disgrâce alors qu'il rédigeait, comme nous l'avons signalé plus haut, dans son lit de malade, un mémoire au roi sur la tolérance, proposant une nouvelle promulgation de l'Edit de Nantes, autre combat cher au philosophe de Ferney.

119. La 'Lettre à Baudeau' se termine par une pseudo relation de voyage dans l'Ile-de-France émeutière où il apparaît que ce sont les prêtres qui fomentent la sédition populaire. V. S. Ljublinski a apporté une vision marxiste des événements de 1775, qui, entre autre, stigmatise le 'jugement aveugle' de Voltaire face à la 'lutte des classes': 'Est-ce que c'est la doctrine des "Economistes" [les physiocrates] qui a aveuglé son jugement sur le sens des événements? Son incompréhension des causes réelles du désespoir populaire est-elle due seulement à la haine sacrée qu'il portait en toutes circonstances aux obscurantismes et parasites portant soutane? [...] l'irascible vieillard de Ferney se jeta dans la bataille au premier signal de menace contre le programme de réformes qu'incarnait le nom de Turgot' (Viktor S. Ljublinski, *La Guerre des farines, contribution à l'histoire de la lutte des classes* (Grenoble, 1979), ch.I-4, 'Voltaire et la Guerre des farines', p.61-65).

Darigrand ou encore Linguet qui, pour la plupart, auront maille à partir avec le pouvoir royal. Mais il lit *L'Antifinancier*, la diatribe de Coquereau contre Terray et les ouvrages de Linguet sont nombreux dans sa bibliothèque. Il cite souvent les brochures sulfureuses des pamphlétaires à ses correspondants. Son style polémique est cependant plus celui de la satire que de l'injure pamphlétaire, un parti-pris d'écriture évident mais qui laisse songeur au regard de ses dénonciations maintes fois répétées de la satire, ce 'détestable genre d'écrire'.[120] En vérité, le ton satirique qui soutient si bien l'*ironie voltairienne*, s'il ne convient pas aux causes graves que sont Calas, Sirven, La Barre ou Lally-Tolendal (et Voltaire le sait bien, qui ne l'emploie pas), est parfaitement efficace dans le domaine de la philosophie politique pour saper les idées des autres et ridiculiser les auteurs qui ne le convainquent pas.[121] Nous verrons (ch.5: La tentation physiocratique) comment la fausse naïveté de 'monsieur André', grand succès éditorial, ruine en effet l'idée d'un impôt unique assis sur la seule agriculture.

En dehors des physiocrates, dont le raisonnement en matière de fiscalité lui paraît 'monstrueux', Voltaire a ses cibles particulières. L'une est une cible générique: celle des réformateurs lui paraissant appartenir au groupe des 'hommes à système' qui 'gouvernent l'Etat depuis leurs greniers'.[122] Le classement dans cette catégorie relève de l'arbitraire voltairien. On y trouve Naveau, auteur du *Financier citoyen* (titre contradictoire, souligne le scripteur de la 'lettre à l'homme aux quarante écus'), dont le principal méfait est d'attribuer à Vauban la *Dixme royale*.[123] Plus arbitraire encore est l'anathème jeté contre Roussel de la Tour, pour le même motif (ne pas voir que Boisguilbert est l'auteur de la *Dixme*). Le censeur de Ferney avait pourtant réclamé haut et fort la brochure *La Richesse de l'Etat* dont bruissait tout Paris: 'Je vous supplie de m'envoyer le projet de finance. Je le trouve ridicule sur l'énoncé mais j'aime tout ce qui semble tendre à tort et à travers au bien de l'Etat'.[124] A peine a-t-il pris connaissance du doublement proposé de la pression fiscale (740 millions lt au lieu d'environ 300) et de l'*erreur* apocryphe concernant Vauban, que son sens polémique se déchaîne:

---

120. Voltaire au *Nouvelliste du Parnasse*, 1er juillet 1731 (D415).
121. 'Point d'injure, beaucoup d'ironie et de gaieté. Les injures révoltent, l'ironie fait rentrer les gens en eux-mêmes, la gaieté désarme' (Voltaire à d'Argental, 18 mai 1772, D16694).
122. 'La rage des remontrances et des projets sur les finances a saisi la nation. Nous nous avisons d'être sérieux et nous nous perdons [...] C'est Arlequin qui veut être philosophe [...] Je suis bien las de tous ces gens qui gouvernent l'Etat depuis leurs greniers' (Voltaire à B. L. Chauvelin, 18 septembre 1763, D11423).
123. Jean-Baptiste Naveau, *Le Financier-citoyen* (Paris,1757) BV2556.
124. Voltaire à Damilaville, 15 juin 1763 (D11267).

J'ai lu les *Richesses de l'Etat*; on aurait beau faire cent volumes de cette espèce, ils ne produiraient pas un sou au roi. Ce petit roman de finance n'est point du tout pris de la dîme attribuée au maréchal de Vauban, laquelle n'est point de ce maréchal, mais d'un Normand nommé La Guilletière [Boisguilbert], autant qu'il puisse m'en souvenir'.[125]

Le cercle des proches est aussitôt mobilisé contre la brochure scandaleuse: 'On m'a envoyé des choses assez plaisantes sur les sept cent quarante millions de M. Roussel. Je l'avais d'abord pris pour le trésorier d'Aboulcassem. MM. Les Parisiens doivent regorger d'or et d'argent'.[126]

Dans cette réaction intempestive du philosophe contre Roussel, il est difficile de départager ce qui tient de son obstination au sujet de la *Dixme* – œuvre prétendu de l'anti-colbertiste Boisguilbert écrite sous un pseudonyme – et la prise de conscience des conséquences financières personnelles qu'aurait pour lui l'adoption d'un système proportionnel sans exemption tel que le propose, comme d'autres, l'auteur. Car dans les vingt classes de contribuables de *La Richesse de l'Etat*, le patriarche de Ferney, jusque là exempté, aurait appartenu sans nul doute à la plus contributive[127].

Beaucoup plus nuancés au plan des idées économiques sont toutefois son intérêt pour la théorie monétaire et son balancement au sujet de John Law.

L'historien et la politique monétaire

Chez Voltaire, l'historien de l'économie et l'observateur satirique des mœurs de son temps s'unissent pour considérer qu'on ne peut abuser des comparaisons entre époques:

> Nos cochers ont des montres d'or que les sept rois de Rome, les Camille, les Manlius, les Fabius n'auraient pu payer. Si par hasard la femme d'un receveur général des finances se faisait lire ce chapitre à sa toilette par le bel esprit de la maison, elle aurait un étrange mépris pour les Romains des trois premiers siècles, et ne voudrait pas laisser entrer dans son antichambre

125. Voltaire à Thieriot, 10 août 1763 (D11351).
126. Voltaire à d'Argental, 16 août 1763, D11368). N.B.: Les 'choses assez plaisantes' renvoient sans doute aux *Réflexions sur l'écrit intitulé Richesses de l'Etat*, brochure de Dupont de Nemours (Londres, 1763, BV1175) que le jeune journaliste avait pris l'initiative d'adresser à Voltaire, initiant ainsi une longue et riche relation; nous ne connaissons que la réponse de Voltaire: 'Une pareille finance ne ressemble pas mal à la poésie [Dupont avait joint quelques vers de son cru]; c'est une très noble fiction. Il faut que l'auteur avance la somme pour achever la beauté du projet' (16 août 1763, D11369).
127. Roussel, magistrat du Parlement de Paris, avait contribué à l'acceptation populaire des décrets de 1762-1763 contre les jésuites par un pamphlet polémique (Roussel de la Tour, *Extrait des assertions dangereuses en tout genre* (Paris, Simon, 1762)), qui aurait dû le ranger parmi les gens estimables dans le temple voltairien.

un Manlius, un Curius, un Fabius, qui viendraient à pied, et qui n'auraient pas de quoi faire sa partie de jeu.[128]

Derrière cette saillie, il faut lire une passion très sérieuse du philosophe-historien: la possibilité de comparer dans le temps la valeur économique des monnaies.

Une méditation historique sur la politique monétaire

Le *Corpus des notes marginales* nous montre un lecteur qui, plume en main, recalcule les estimations de Melon, Dutot et d'autres sur la valeur réelle du trésor royal aux différentes époques.[129] Il aime mettre en évidence les erreurs qu'il suppose chez ces auteurs, compte-tenu de l'inflation naturelle et surtout de la mutation dans la valeur intrinsèque des espèces qui servait, au XVIIIe siècle encore, de politique monétaire aux Etats.[130] Les écrits historiques de Voltaire présentent nombre de calculs d'actualisation des masses monétaires comparées: cette démarche scientifique à l'occasion de la monnaie est même l'un des traits de la méthode historique du philosophe. En voici un exemple parmi d'autres:

Les impositions, sous Charles VII, indépendamment du domaine, étaient de dix-sept cent mille livres de compte. Sous Louis XI, elles se montèrent jusqu'à quatre millions sept cent mille livres; et la livre était alors de dix au marc, cette somme revenait à vingt-trois millions cinq cent mille livres d'aujourd'hui. Ainsi avec vingt-trois millions numéraires, on faisait précisément ce qu'on fait à présent avec quarante-six.[131]

Une chercheuse a pu se demander si l'*Essai sur les mœurs* n'était pas avant tout 'une histoire de la monnaie?'[132] Le libellé du titre de cette contribution est sans doute exagéré car l'*Essai* examine de nombreux paramètres de l'histoire universelle (notamment la population, les arts, les sciences et les structures politiques) et fait une place importante à l'événementiel. Néanmoins, l'extrait choisi par l'auteur de l'essai en

---

128. *QE*, art. 'Argent', *OCV*, t.38, p.586.
129. Par exemple, en marge de sa lecture (et relectures, selon ses déclarations) de l'*Essai politique* de Melon (BV2386), la reprise d'une 'étrange faute' de calcul au ch.16 sur la valeur comparée des monnaies (*CN* 1101).
130. Cette politique rudimentaire consistait à modifier le titre de l'unité de compte (= dévaluation) ou, plus souvent, à profiter du rapport non décimal des espèces numéraires entre elles pour 'surhausser' (ou, plus rarement, abaisser) arbitrairement la valeur en livres du louis ou de l'écu (décider par exemple que le louis *vaut* 26 francs au lieu de 24 ou l'écu 4 livres au lieu de 3); le 'surhaussement' de la monnaie équivalait à une inflation artificielle qui allégeait le fardeau des débiteurs, au premier rang desquels l'Etat.
131. *EM*, ch.94 ('Du roi de France Louis XI'), (*M*, t.12, p.121-22). N.B.: On trouve des calculs similaires dans *Le Siècle de Louis XIV* (par ex. ch.35, *M*, t.15, p.2; et surtout la deuxième moitié du ch.30 'Finances et règlements'), dans [*Observations*] *Sur MM...* (*OCV*, t.18A, p.247-55), dans la *Lettre à l'occasion du vingtième* (*OCV*, t.31B, p.310), etc.
132. M. Laurent-Hubert dans *Le Siècle de Voltaire* (Oxford, 1987), p.577.

manière d'épigraphe illustre bien l'intérêt particulier de Voltaire pour la phénoménologie monétaire: 'J'insiste souvent sur le prix des monnaies; c'est, ce me semble, le pouls d'un Etat, et une manière assez sûre de reconnaître ses forces'.[133] Plus qu'un indicateur de richesse de la nation, il semble à l'essayiste que le philosophe observe dans l'évolution de la monnaie une triple causalité: celle de la loi générale de variation des usages, celle de la loi de proportionnalité entre quantité d'espèces, prix et valeur de la monnaie et enfin la loi évidente d'une dévalorisation historique progressive (p.579). Sur les neuf cents ans que couvre l'*Essai*, l'historien Voltaire dégage trois grandes périodes d'histoire de la monnaie: une stabilité pluriséculaire, suivie d'étapes de déstabilisation durant les règnes précédant celui de Charles VII et, sous le règne de celui-ci, l'amorce d'une reprise des échanges, prélude aux temps modernes et au capitalisme naissant (p.582). C'est à partir de la seconde moitié du XVe siècle que la marche du monde a 'accru le volume des transactions, augmenté le numéraire d'un flux puissant, provoqué à terme la hausse des prix, favorisé la prospérité en même temps qu'accentué la déprécation de la livre de compte' (p.586).

En élargissant la perspective, nous pouvons remarquer que les analyses historiques, politiques, économiques et anthropologiques que Voltaire fait de son pays, aux divers endroits de son œuvre composée, convergent vers un relatif optimisme (en dépit des critiques adressées aux 'Welches'). L'abondance du numéraire n'est qu'une des causes de cette confiance: 'la France a cet avantage, avec beaucoup plus d'espèces qu'il n'en faut pour la circulation'.[134] Le vrai fondement est cependant, pour lui, un autre facteur économique maintes fois repris dans l'œuvre et dans la correspondance, le capital humain: 'de quelques manières que les finances soient administrées, la France possède dans l'industrie de plus de vingt millions d'habitants, un trésor inestimable'.[135]

Qui sait s'il n'a pas communiqué cette foi dans la productivité du travail industrieux à un certain Adam Smith lors des conversations de Ferney, une fin d'automne 1765? – 'It is the great multiplication of the productions of all the different arts, in consequence of the division of labour, which occasions, in a well-governed society, that universal opulence which extends itself to the lowest ranks of the people'.[136]

Mais la confiance dans l'*industrie* et les progrès de l'esprit humain ne suffit pas à arbitrer le juste du faux en matière de politique monétaire. Nous en avons un exemple dans le dilemme qui a empoisonné toute la

---

133. *EM*, ch.51, 'D'Othon IV et de Philippe-Auguste' (*M*, t.11, p.426).
134. *Le Siècle de Louis XIV* (*M*, t.14, p.531).
135. *Le Siècle de Louis XIV*, p.533.
136. *Wealth of nations* (Oxford, 1993), t.1, ch.1, p.18.

réflexion du siècle sur la monnaie et auquel Voltaire ne cesse de laisser paraître son indécision: l'échec du visionnaire John Law.

'Un Ecossais, homme utile et dangereux'[137]

Au moment le plus fort du *Law's System*, Voltaire, jeune poète peu fortuné, affectait l'étonnement amusé pour la folie spéculative de ses contemporains:

> Il est beau, mon cher ami de venir à la campagne, tandis que Plutus tourne toutes les têtes à la ville. Etes-vous réellement devenus tous fous à Paris? Je n'entends parler que de millions [...] Law est-il un dieu, un fripon ou un charlatan qui s'empoisonne de la drogue qu'il distribue à tout le monde? [...] Pour moi personnellement je ne me berce à d'autres chimères que celles de la poésie.[138]

Peu de temps après l'effondrement du *System*, l'épisode reste un objet d'imagerie poético-comique:

> On voit surtout un superbe Ecossais:
> Lass est son nom; nouveau roi des Français,
> D'un beau papier il porte un diadème,
> Et sur son front il est écrit système.
> Environné de grands ballots de vent,
> Sa noble main les donne à tout venant,
> Prêtres, catins, guerriers, gens de justice
> Lui vont porter leur or par avarice.[139]

'Papier chimérique', 'arrangements chimériques': le champ sémantique de *chimère-chimérique* et leurs synonymes revient souvent dans ses notations ultérieures sur 'Jean Lass'.[140] Les références péjoratives au financier abondent: 'un banquier de pharaon, fugitif de Londres' (*Lettre à l'occasion de l'impôt du vingtième*), 'un maudit Ecossais, chassé de son pays' (*Epître à Boileau*), 'le plus fameux des charlatans de la première espèce' (*Questions sur l'Encyclopédie*, art. 'Charlatan'), 'un charlatan à qui on donnait l'Etat à guérir, qui l'empoisonnait de sa drogue' (*Histoire du Parlement de Paris*, ch.61). D'autres fragments dénotent pourtant l'ambivalence de son appréciation du personnage: 'ces faux billets, vains

---

137. 'Un Ecossais, homme utile et dangereux, établit en France le papier de crédit: c'était un médecin qui donnait une dose d'émétique trop forte à des malades. Ils en eurent des convulsions; mais, parce qu'on a [trop] pris d'un bon remède, doit-on y renoncer à jamais?' (*Dialogue, OCV*, t.32A, p.92).
138. Voltaire à N. Lefèvre de la Faluère, juillet 1719 (D84).
139. *La Pucelle*, éd. Jeroom Vercruysse, *OCV*, t.7 (1970), 'Chant 3', p.302-303.
140. Par exemple dans *Le Précis du siècle de Louis XV* (ch.2 sur le 'Système de Lass' et ch.3 à propos de Melon), dans la *Lettre à l'occasion de l'impôt du vingtième*, dans l'*Histoire du Parlement* (ch.60, 61), dans *QE* (art. 'Blé', 'Démocratie' et 'Economie'), dans les *Fragments sur l'Inde* (*OCV*, t.75B, art.1, p.63, etc.

enfants du système/De ce fou d'Ecossais qui se dupa lui-même' (*Discours en vers sur l'homme*, 7ᶜ), 'un fou sérieux tel que Lass' (*Questions*, art. 'Economie'), 'l'Ecossais Law ou Lass, homme extraordinaire, dont plusieurs idées ont été utiles, et d'autres pernicieuses' (*EM*, ch.151), 'ce système était très compliqué mais réduit à ses justes bornes, il pouvait être très utile' (*Précis du siècle de Louis XV*, ch.2), 'Le système chimérique de Lass, qui bouleversa toutes les fortunes, et qui exposait la France aux plus grands malheurs, ranima pourtant l'esprit de commerce' (*Fragments sur l'Inde*, art.1). Dans ses références les plus tardives, il semble que sa prévention vienne moins du côté 'chimérique' de Law que de son appartenance aux *hommes à systèmes*:

> Tous ces faiseurs de projets sont trompés eux-mêmes les premiers, comme Lass le fut par son système.[141]

> Les systèmes des calculateurs sur l'origine du monde, sur les montagnes formées par les mers, sur la terre formée par les comètes, ne sont que des folies de philosophe; mais le système de Lass fut une drogue de charlatan, qui empoisonnait des royaumes.[142]

> On peut comparer le système de Descartes à celui de Law; tous deux étaient fondés sur la synthèse. Descartes vint dans un temps où la raison humaine était égarée. Law se mit à philosopher en France, lorsque l'argent du royaume était plus égaré encore. Tous deux élevèrent leur édifice sur des vessies.[143]

Il faut sans doute voir dans l'ambivalence de Voltaire sur Law l'influence persistante du courant principal de pensée d'une nation qui, après la Régence (et pour plusieurs générations), a l'inconséquence d'attribuer au papier-monnaie la catastrophe qui n'était due qu'à sa frénésie d'enrichissement sans cause. En revanche, à mesure que la culture économique du philosophe se construit, on observe que ses jugements sur la politique monétaire du visionnaire écossais trahissent une certaine hésitation entre le conformisme de cette réprobation et le raisonnement sur la nature de la monnaie. Melon et Dutot, ses deux premières rencontres significatives avec la connaissance économique, sont tous deux – malgré leur désaccord sur des points de doctrine – des admirateurs de Law qu'ils ont servi. Il est significatif que Voltaire commence les *Observations sur MM...* (son premier texte exclusivement consacré à l'économie) par une réhabilitation du banquier écossais:

> On entend mieux le commerce en France depuis vingt ans qu'on ne l'a connu depuis Pharamond jusqu'à Louis XIV. C'était auparavant un art caché, une espèce de chimie entre les mains de trois ou quatre hommes qui

---

141. *QE*, art. 'Force en physique', *M*, t.19, p.170.
142. 'Mémoires d'Adrien-Maurice de Noailles', dans *Articles extraits du journal de politique et littérature*, éd. A. Hunwick, *OCV*, t.80ᴄ (2009), p.13-76 (74).
143. *Les Systèmes*, éd. C. Seth, *OCV*, t.74ʙ (2006), p.199-247 (228), v.11, note de Voltaire nᵒ5.

faisaient en effet de l'or, et qui ne disaient pas leur secret. Le gros de la nation était d'une ignorance si profonde sur ce secret important qu'il n'y avait guère de ministre ni de juge qui sût ce que c'était que des actions, des primes, le change, un dividende. Il a fallu qu'un Ecossais, nommé Jean Law, soit venu en France, et ait bouleversé toute l'économie de notre gouvernement pour nous instruire.[144]

Voltaire s'est accordé par deux fois, comme historiographe puis comme historien, la possibilité d'analyser les causes du désastre historique que fut la faillite de Law: dans le *Précis du siècle de Louis XV* puis dans l'*Histoire du Parlement de Paris*. Avec plus de vingt ans d'écart, il y a des différences entre les deux récits, le second, plus libre, étant plus critique envers les erreurs commises par le pouvoir royal confié au duc d'Orléans. Hors la variation historiographique, cependant, l'appréciation du bien-fondé intrinsèque du *Système*, comme des déviances qui entraînent sa chute, restent sensiblement identiques. Dans le *Précis* [1745]:

un système tout chimérique enfanta un commerce réel, et fit renaître la compagnie des Indes, établie autrefois par le célèbre Colbert, et ruinée par les guerres. [...] ce fameux système de Law, qui semblait devoir ruiner la régence et l'Etat, soutint en effet l'un et l'autre par des conséquences que personne n'avait prévues [...] s'il y eut beaucoup de fortunes particulières détruites, la nation devint bientôt plus commerçante et plus riche.
Un Ecossais nommé Jean Law, que nous nommons Jean Lass, avait dès longtemps rédigé le plan d'une compagnie, qui payerait en billets les dettes d'un Etat, et qui se rembourserait par les profits. Ce système était très compliqué mais réduit à ses justes bornes, il pouvait être très utile.
[...] les richesses auparavant resserrées par la défiance circulèrent avec profusion; les billets doublaient, quadruplaient ces richesses. La France fut très riche en effet par le crédit. Toutes les professions connurent le luxe; et il passa chez les voisins de la France, qui eurent part à ce commerce. [...]
Tout fut donc entre les mains de l'Ecossais Lass, et toutes les finances du royaume dépendirent d'une compagnie de commerce. [...] Il était aisé au gouvernement de mettre un frein à cette frénésie; mais l'avidité des courtisans et l'espérance de profiter de ce désordre empêchèrent de l'arrêter [...] chacun chercha à convertir ses billets en espèces: mais la disproportion était énorme. Le crédit tomba tout d'un coup [...] on ne vit plus que du

144. *[Observations] Sur MM...*, *OCV*, t.18A, p.239. N.B.: On retrouve à plusieurs reprises sous la plume de Voltaire cette reconnaissance de l'effet *pédagogique* du système de Law en matière de finances: 'Avant le système de Law ou Lass, qui commença à éclairer la France en la bouleversant, il n'y avait que quelques financiers et quelques négociants qui eussent des idées nettes de tout ce qui concerne les espèces, leur valeur réelle, leur valeur numéraire, leur circulation, le change avec l'étranger, le crédit public; ces objets occupèrent la régence et le parlement' (*Histoire du Parlement*, ch.60, *OCV*, t.68, p.470); en 1769, Voltaire place cette même phrase en note de l'*Epître à Boileau* (*M*, t.10, p.399). On trouve encore: 'Ce système éclaira les esprits, comme les guerres civiles aiguisent les courages' (*Précis du Siècle de Louis XV*, ch.2, *M*, t.15, p.163).

papier; une misère réelle commençait à succéder à tant de richesses fictives [...] Lass chargé de l'exécration publique, fut obligé de fuir du pays qu'il avait voulu enrichir, et qu'il avait bouleversé [...].

Après la destruction de ce vaste édifice de Lass, si hardiment conçu, et qui écrasa son architecte, il resta pourtant de ses débris une compagnie des Indes, qui devint quelque temps la rivale de celles de Londres et d'Amsterdam.[145]

Et dans l'*Histoire du Parlement* [1768]:

Tant que cet établissement fut limité dans ses bornes, et qu'il n'y eut pas plus de papier que d'espèces, il en résulta un grand crédit, et par conséquent le bien du royaume [...] une des grandes démences de ce système était de décrier l'argent pour y substituer des billets, au lieu que le papier et l'argent doivent se soutenir l'un par l'autre [...] il bouleversait la France en poussant les actions de cette banque jusqu'à une valeur chimérique, en y joignant des compagnies de commerce imaginaires, et en ne proportionnant pas ces papiers de crédit à l'argent qui circulait dans le royaume.

[...] ni le régent ni le garde des sceaux, malgré leur esprit et leurs lumières, n'entendaient rien à la finance qu'ils n'avaient point étudiée [...] la seule valeur intrinsèque d'un marc d'argent est un marc d'argent, une demi-livre du poids de huit onces. Le poids et le titre font seuls cette valeur intrinsèque.

[...] Paris n'était occupé que du jeu des actions auquel Lass le faisait jouer; et la populace [...] laissait le parlement aller faire au roi des remontrances inutiles [...] le système de Lass, en excitant la cupidité de tous les citoyens, les rendait insensibles à tout le reste [...] Après avoir porté la valeur numéraire des espèces à un prix exorbitant, il indiqua des diminutions successives. Le public, craignant ces diminutions sur l'argent, et croyant, sur la foi de Lass, que les billets avaient un prix immuable, s'empressait en foule de porter son argent comptant à la banque [...]

Que devenait donc tout l'argent du royaume? Les gens habiles le resserraient. Lass en prodiguait une grande partie à l'établissement de sa compagnie des Indes orientales qui enfin a subsisté longtemps après lui; et il fit du moins ce bien au royaume: ce qui a fait penser qu'une partie de son système aurait été très-utile si elle avait été modérée. Mais il remboursait en papier toutes les dettes de l'Etat: [...] tous les débiteurs payaient en papier leurs créanciers. La France se crut riche; le luxe fut proportionné à cette confiance; mais bientôt après tout le monde se vit pauvre [...]

Le désordre croissant, on crut y remédier en réduisant tous les billets de banque à moitié de leur valeur. Ce coup ne servit qu'à faire sentir à tout le monde l'état déplorable de la nation [...] Lass [...] se démit bientôt de sa place, et sortit du royaume beaucoup plus pauvre qu'il n'y était entré, victime de ses chimères, mais emportant avec lui la gloire d'avoir rétabli la compagnie des Indes, fondée par Colbert.[146]

Ces deux relations (ici très condensées) donnent des indications convergentes sur la politique monétaire selon Voltaire: 1) la monnaie-

---

145. *Précis du Siècle de Louis XV*, p.163-68.
146. *Histoire du Parlement*, éd. J. Renwick, *OCV*, t.68 (2005), ch.60, 61, p.470-82.

papier est bénéfique à l'économie d'une nation tant qu'un lien proportionne sa masse aux encaisses or et argent détenues par le pays;[147] 2) une banque centrale régulant la circulation du papier-monnaie est nécessaire à la stabilité du système;[148] 3) les actions de cette banque placées dans le public doivent être adossées à des actifs, réels et non fictifs; 4) l'épargne publique investie dans la banque d'Etat doit être rémunérée au prorata des revenus dégagés par ses actifs;[149] 5) l'altération (surhaussement ou diminution) de la valeur de la monnaie (espèces et papier) doit être, pour le pouvoir royal, une opération de dernier recours.[150]

Observons que dans ces relations historiques, la critique personnelle de John Law est modérée: s'il s'est enivré de son pouvoir rapide et s'il a laissé des actifs fictifs (Compagnie du Mississippi, du Sénégal) gagé sa banque, du moins il ne lui est pas reproché de corruption ni de fuite de capitaux à son profit. Le personnage semble, aux yeux du philosophe, mériter la reconnaissance publique au moins pour une chose: la résurrection de la Compagnie des Indes, joyau du colbertisme (et dont le patriarche de Ferney est lui-même un actionnaire).[151] Sur le fond conceptuel de son *Système*, Voltaire est également bien plus positif que l'opinion publique de son temps. Comme beaucoup d'économistes postérieurs, il n'attribue pas l'échec de l'expérience à un vice de raisonnement mais à l'absence de règles prudentielles.[152] En historien

147. 'Cette opération doublait réellement les espèces en ne fabriquant de billets de banque qu'autant qu'il y avait d'argent courant dans le royaume, et les triplait si, en faisant deux fois autant de billets qu'il y avait de monnaie' (*L'Opinion en alphabet*, art. 'Banque', *M*, t.17, p.536). N.B.: Ce sera, au XXe siècle, le système de Bretton Woods, depuis largement dépassé.

148. 'Tous les bons gouvernements sentent les avantages d'une banque d'Etat' (*L'Opinion*, art. 'Banque', *M*, t.17, p.537). N.B.: Voltaire ne critique pas le caractère privé de cette 'banque royale': il loue dans le *Précis* l'action des frères Pâris lors de la liquidation du système après 1721.

149. 'Il régnait encore un préjugé si grossier parmi nous, quand la présente compagnie des Indes fut établie, que la Sorbonne déclara usuraire le dividende des actions. C'est ainsi qu'on accusa de sortilège, en 1470, les imprimeurs allemands qui vinrent exercer leur profession en France' ([*Observations*] *sur MM...*, *OCV*, t.18A, p.239-40).

150. 'le gouvernement, au lieu de fournir de nouveaux fonds pour les payements, ce qui était le seul moyen de soutenir la banque, imagina de punir la mauvaise volonté de ses ennemis, en portant par un édit la monnaie un tiers au-delà de sa valeur [...] ce haussement de la valeur numéraire des espèces acheva de la décrier. Ce fut la première époque du bouleversement du fameux système de Law' (*L'Opinion*, art 'Banque', *M*, t.17, p.536)

151. 'Je vous avoue que j'ai toujours regardé l'assignation des neuf millions que le roi *nous* [la Compagnie des Indes] donne par an comme un bienfait. Je ne suis pas *directeur* mais je suis *intéressé à la chose*, et je dois au roi la part de ma reconnaissance' (Voltaire à Simon Gilly, 12 août 1763, D11355 – c'est moi qui souligne).

152. 'Il osa, dans le plus horrible dérangement de nos finances, dans la disette la plus générale, établir une banque et une compagnie des Indes. C'était l'émétique à des malades; nous en

des mœurs, il sait cependant qu'un traumatisme collectif de cette ampleur rend réforme et innovation difficiles en politique; c'est pourquoi, en 1745, l'historiographe qualifie de 'chimérique' l'espérance du Régent (conseillé par Melon) de rétablir le *Système*.[153] Mais en 1768, rééditant *Le Siècle de Louis XIV*, le patriarche ajoute une apposition qui signale son scepticisme envers la capacité même du régime à conduire une véritable politique monétaire:

> si dans un Etat purement monarchique, on pouvait introduire les papiers circulants qui doublent au moins la richesse de l'Angleterre, l'administration de la France acquerrait son dernier degré de perfection, *mais perfection trop voisine de l'abus dans une monarchie*.[154]

Enfin, pour Voltaire, la poésie résume une époque, parfois mieux que l'économie politique:

> L'espoir trompeur et vain, l'Avarice au teint blême,
> Sous l'abbé Terrasson calculant son système,
> Répandaient à grands flots leurs papiers imposteurs,
> Vidaient nos coffres-forts, et corrompaient nos mœurs;
> Plus de goût, plus d'esprit: la sombre arithmétique
> Succéda dans Paris à ton art poétique.[155]

Si l'échec de Law est si souvent mentionné ou analysé dans l'œuvre voltairienne, c'est sans doute que le philosophe y voit le difficile passage de la pensée économique théorique à l'économie réelle que les mœurs des sociétés, la morale des citoyens (ou l'absence de celle-ci) et l'incompétence des dirigeants peuvent entraver. Dans son esprit, l'expérience anglaise, confortée par ses lectures soutient la certitude d'un métissage bénéfique entre la masse métallique et ses représentations virtuelles (le papier).[156] En dépit de sa confiance dans les progrès de l'esprit humain, il

---

prîmes trop, et nous eûmes des convulsions. Mais enfin, des débris de son système il nous resta une compagnie des Indes avec cinquante millions de fonds. Qu'eût-ce été si nous n'avions pris de la drogue que la dose qu'il fallait? Le corps de l'Etat serait, je crois, le plus robuste et le plus puissant de l'univers' (*[Observations] sur MM...*, *OCV*, t.18A, p.239).

153. 'Son secrétaire Melon, esprit systématique, très éclairé mais chimérique, lui avait inspiré ce dessein et l'y confirmait de jour en jour. Il oubliait la différence établie par la nature entre le génie des Français, et des peuples qu'on voulait imiter, combien il faut de temps pour faire réussir de tels établissements, que la nation était alors plus révoltée contre le système de Lass qu'elle n'en avait été d'abord enivrée, et que Lass revenant une seconde fois bouleverser la France avec des billets trouverait des ennemis plus en garde, plus acharnés et plus puissants, qu'il n'en avait eu à combattre dans ses premiers prestiges' (*Précis*, ch.3, *M*, t.15, p.171).

154. *Le Siècle de Louis XIV*, ch.28 [je souligne l'ajout dans l'édition de 1768], *M*, t.14, p.529.

155. *Epître à Boileau* [1769], v.35-40, *M*, t.10, p.399.

156. 'Il serait même très avantageux au genre humain d'avoir peu de métaux qui servent de gage d'échange, parce qu'alors le commerce est bien plus facile [...] en très peu de temps

n'est pas convaincu que ses compatriotes soient prêts à en gérer avec raison la délicate gestation. Aussi lui-même y met-il des bornes: un rapport constant entre l'encaisse et l'émission monétaire.

C'est (peut-être) la même distinction philosophique entre l'idéal et le pragmatique qui le conduit à protéger ses finances personnelles par des moyens qui ne sont pas totalement congruents avec sa philosophie des finances publiques, ce que nous évoquons rapidement – et avec un *granum salis* voltairien – pour clore ce chapitre.

Les contradictions de l'homme d'action (Voltaire contribuable)[157]

L'intelligence et la ténacité du philosophe, qui contribuent à marquer sa place dans le siècle, sont aussi mises au service de ce que nous nommons aujourd'hui l'optimisation fiscale. La correspondance nous le montre contribuable actif pour lui-même et ses protégés. Celui qui, à maintes reprises, s'est prononcé en faveur d'une imposition directe universelle et progressive, était lui-même un exempté: 'je suis très désintéressé sur cette matière [la fiscalité de Mirabeau] car mes terres sont libres, et ne payent rien au Roi; mais je n'en gémis pas moins sur le sort de notre petite province de Gex'.[158]

La sincérité de son empathie pour les habitants de sa 'petite province' ne fait guère de doute. Il est néanmoins parvenu à disjoindre son cas personnel du leur, car la *liberté* des terres lui appartenant n'allait pas de soi et n'est que le produit de son industrie relationnelle. Comme le rappelle avec humour Fernand Caussy: 'il est deux points sur lesquels un homme de l'ancien régime, quelque philosophe qu'il soit, se montre également irréductible: le premier, c'est de refuser l'impôt au roi, et le second, c'est de l'exiger irrémédiablement de ses vassaux'.[159]

Ici encore, nous n'entrerons pas dans le détail de la lutte (le mot n'est pas trop fort) engagée par le patriarche en 1759 pour obtenir le privilège d'exemption, non seulement de la taille, mais aussi de la capitation, du vingtième et des droits domaniaux (lods et ventes). Elle est un des (nombreux) exemples de la ténacité du vieil homme de lettres, y compris dans les questions du *ménage* de ses biens.[160] La partie n'était pas gagnée

---

l'égalité s'établit, et enfin le peuple le plus industrieux devient en effet le plus riche' (*Fragments sur l'Inde, OCV*, t.75B, art.1, p.60).

157. 'Un Etat est aussi bien gouverné que la faiblesse humaine peut le permettre [...] quand on contribue aux charges publiques, non selon sa qualité, mais selon son revenu' (*Lettre à l'occasion du vingtième, OCV*, t.31B, p.313).

158. Voltaire à De Ruffey, 16 janvier 1761 (D9555).

159. F. Caussy, *Voltaire seigneur de village* (Paris, 1912), p.15.

160. Outre l'ouvrage canonique de Caussy, je recommande les travaux des historiens de

d'avance pour un roturier car le privilège d'exemption de Ferney était en partie coutumier (sur la capitation et le vingtième): l'affranchissement subreptice des gros propriétaires locaux (Mallet, de Budé) constituait bien l'un de ces abus dont l'auteur de *Pot-pourri* disait: 'Je suis las de tous les abus que je vois'. A cet égard, l'acquisition du bien au nom de Mme Denis (veuve d'un officier exempté) était une manœuvre un peu grossière.[161] Mais l'entregent du subdélégué Fabry (qui sut très vite ce que l'arrivée du philosophe pouvait apporter à la 'petite province'), de De Bussy, premier commis aux Affaires étrangères, et surtout la protection de Choiseul et de Mme de Pompadour, finirent par arracher le brevet royal.[162] Sans trop de scrupules, le nouveau maître de Ferney requiert tout ensemble l'exemption de ses propres taxes, le privilège d'exportation des grains et la confirmation des dîmes inféodées à son profit.[163] Deux années plus tard, l'euphorie de l'homme riche exempté d'impôt (celui-là même que brocarde l'auteur de *L'Homme aux quarante écus*) n'a pas cessé (même s'il faut, dans cette envolée épistolaire, faire la part de l'auto-ironie): 'Vive la campagne, ma chère nièce; vivent les terres et surtout les terres libres où l'on est chez soi maître absolu, et où l'on n'a point de vingtièmes à payer! C'est beaucoup d'être indépendant; mais d'avoir trouvé le secret de l'être en France, cela vaut mieux que d'avoir fait *La Henriade*'.[164]

Le contribuable Voltaire, qui avait autrefois acheté une charge de Gentilhomme ordinaire du roi qui l'exemptait de la taille, est donc fier d'avoir obtenu pour la sœur de sa correspondante l'un de ces privilèges personnels que la Nuit du Quatre-Août abolira.[165] C'est même le

---

Ferney, en particulier l'article de M. Bory dans *Voltaire chez lui*, éd. J.-D. Candaux (Genève 1994), le ch.8 de J. Donvez, *De quoi vivait Voltaire?* (Paris, 1949), p.144-54, et l'ouvrage récent d'O. Guichard, *Ferney, archives ouvertes* (Ferney, 2010).

161. L'aplomb du grand homme est remarquable: 'laisser à mes nièces le peu de bien que j'ai sauvé des naufrages de ce monde [il jouit alors de 120 000 lt de rente annuelle]. Mais j'aurais fait un présent funeste [à Mme Denis] si la petite seigneurie de Fernex [75 ha] que je lui ai achetée était privée des droits et des franchises dont elle a joui deux cents années [par abus]' (Voltaire au duc de Choiseul, 9 mars 1959, D8164). Cette lettre, dont l'habileté persuasive mériterait une étude de texte, a suscité l'admiration de Caussy pour 'l'art léger, le désordre, la négligence avec lesquels il change la question, introduit par parenthèse et comme sans prendre garde des demandes nouvelles' (*Seigneur de village*, p.14)

162. L'enjeu était de taille: les exemptions se montent à 30 000 lt annuels (Bory, 'Le Château de Ferney', dans *Voltaire chez lui*, p.14, n.9 et 11).

163. Dans une pseudo-lettre de M.-L. Denis à Choiseul (D8104) il ajoute cet argument, étonnant sous la plume de l'auteur du *Traité sur la tolérance*: 'Il eût été bien dur qu'une catholique sujette du roi eût vu périr ente ses mains des privilèges dont des étrangers huguenots souvent ennemis du roi ont été en possession sans y être jamais troublés'.

164. Voltaire à M.-E. de Dompierre de Fontaine, 27 février 1761 (D9655).

165. Le même philosophe avait vilipendé 'cette distinction avilissante entre l'anobli inutile qui ne paie rien à l'Etat, et le roturier utile qui paie la taille' (*EM*, ch.94 'De la noblesse', *M*, t.12, p.141).

financier habitué du jeu spéculatif qui regrette de n'avoir pas joint le fief de Tournay à l'offensive réussie à Ferney: 'Figurez-vous quel plaisir ce serait d'avoir deux terres entièrement libres, et comme cela irait à l'air de mon visage'.[166]

Le souci d'exonération fiscale le mène même à cette réécriture – 'tongue-in-cheek' – de la morale de Candide: 'Que faire? Cultiver son jardin mais surtout conserver ses dîmes'.[167]

Il est juste de rappeler qu'il met un acharnement encore plus persistant à obtenir pour ses compatriotes gessiens l'allègement des taxes indirectes sur les denrées et des contraintes de conformité aux normes de consommation, de circulation, de stockage qui les accompagnent. Mais la complexité du système le rattrape alors même qu'il croit avoir gagné cette fois encore. La décision prise par Turgot, à la demande insistante du patriarche, de *désunion* du Pays de Gex du système de la ferme générale et l'accord final sur la forfaitisation de la taxe indirecte à 30 000 lt s'accompagnent de nouvelles difficultés que le stratège fiscal Voltaire n'avait pas anticipées. Tout d'abord, le repli de mauvais gré (il y eut des échauffourées) des commis de la ferme sur les *frontières* de la 'petite province' s'accompagne d'une vengeance: Gex, libéré de la ferme, redevient *de facto* 'province réputée étrangère' et doit donc acquitter des taxes d'entrée et sortie sur les marchandises provenant ou à destination de Bourgogne ou de Franche-Comté. Par ailleurs Voltaire, fidèle aux idées qui, sur ce point, le séparent des physiocrates, a proposé aux syndics locaux que le forfait de taxation soit réparti sur toutes les professions, alors qu'il remplace des taxes affectant principalement les agriculteurs. Ces deux sources de pénalisations nouvelles, qui s'ajoutent aux désillusions concernant le 'poinçon' spécial et l'exemption de la taille, vont jouer un rôle dans l'exode des maîtres horlogers de Ferney vers Genève, leur patrie d'origine, malgré l'offre de Voltaire d'avancer lui-même la contribution (voir ch.6, p.243-46).

Enfin, l'affaire des *Rescriptions* offre un exemple flagrant d'écart entre les idées et les comportements. En 1770, l'abbé Terray, nouveau contrôleur général, procède, avec une brutalité sans doute nécessaire, à une banqueroute sélective de l'Etat royal, dont les finances n'ont toujours pas surmonté l'endettement consécutif à la Guerre de Sept Ans. L'une des

---

166. Voltaire à d'Argental, 3 juin 1759 (D8331).
167. Voltaire aux d'Argental, 22 août 1764 (D12057). N.B.: Il faut évidemment faire la part de l'enjouement complice dans une missive aux 'chers anges'; néanmoins, la correspondance de cette période montre la bataille obsessionnelle menée par le Seigneur et la Dame de Ferney pour conserver les dîmes inféodées, menacées par le conflit avec le curé local: 'notre terre va être dégradée, tous les agréments dont nous jouissons vont être perdus [...] Maman [Mme Denis] m'a proposé de mettre le feu au château' (Voltaire aux d'Argental, 10 avril 1764, D12057). Cette menace pyromane sera réitérée aux mêmes en 1767, lors de l'affaire Lejeune.

mesures du défaut de paiement partiel de l'Etat consiste dans le gel des rescriptions, bons du Trésor normalement payables à vue. Voltaire possède pour 200 000 lt de ces dépôts rémunérés chez Laborde, lui-même correspondant du banquier royal Magon de la Balue. Même s'il ne s'agit pas d'une confiscation (les dépôts seront libérés sur quinze années), le coup de force du ministre en charge des finances publiques indigne le philosophe au point de lui faire renier ce qu'il a toujours professé être nécessaire au bien public: 'Le mot d'impôt et tout ce qui a le moindre rapport à cette espèce de philosophie me fait frémir, depuis que le philosophe M. l'abbé Terray m'a pris deux cent mille francs qui faisaient toute ma ressource, et que j'avais en dépôt chez M. de la Borde'.[168]

A sa décharge, il faut replacer ce coup du sort fiscal dans le contexte de quelques années difficiles (au regard des charges nouvelles qu'il a engagées à Ferney et à Versoix en faveur des *Natifs* genevois) qui commencent avec la faillite Gilly en 1767 et les difficultés faites par le duc de Würtemberg pour honorer ses dettes (voir ch.6, p.221-22). Certes, cette perte (dont personne ne peut alors assurer qu'elle ne sera pas définitive dans la gestion chaotique des finances publiques) provoque une gêne de trésorerie importante, mais nous verrons qu'elle n'entame pas ses facultés capitalistiques. Néanmoins, Voltaire ne décolère pas.[169] Mais peu à peu ses récriminations se colorent du meilleur de l'ironie qui porte son nom; ainsi on peut lire:

> Il est vrai, je suis capucin [...]
> Dès que monsieur l'abbé Terray
> A su ma capucinerie,
> De mes biens il m'a délivré:
> Que servent-ils dans l'autre vie?[170]

---

168. Voltaire à Mme d'Epinay, 6 novembre 1770 (D16748).

169. Voltaire comprend assez vite que ses appels à la mansuétude du ministre (jusqu'au 20 novembre 1772, D18034) n'auront pas l'effet dont bénéficie au contraire son amie Mme Du Deffand (signe de l'arbitraire fiscal du régime). Il se venge en inondant ses correspondants de lamentations, amères mais souvent pleines d'esprit: voir correspondance à J.-F. Tabareau (D16197, D16211, D16291, D16700); d'Argental (D16199, D16237, D16240, D16253, D16313); Mme Du Deffand (D16258, D16314); Richelieu (D16304); Hennin (D16310).

170. 'Stances à M. Saurin' [1770], (*M*, t.8, p.536). N.B.: un prieur de couvent régional avait décernée (bien imprudemment) la distinction de 'membre d'honneur de l'ordre de Saint François' à l'auteur de *La Canonisation de saint Cucufin*. Nombre de missives de cette période à des proches sont signées '†Frère François, capucin indigne', par exemple à d'Argental (D16199). Rappelons cet extrait de *La Canonisation*: 'Quand un pauvre cultivateur a payé au receveur de la province, en argent comptant, le tiers de sa récolte non encore vendue, les droits à son seigneur, la dîme de ses gerbes à son curé, que lui reste-t-il? Presque rien; et c'est ce rien que les moines mendiants demandent comme un tribut qu'on n'ose jamais refuser. Ceux qui travaillent sont donc condamnés à fournir de tout ceux qui ne travaillent pas?' (*M*, t.27, p.426).

Sa rancune envers le ministre auquel il 'donne sa malédiction séraphique' (D16237, à d'Argental) durera aussi longtemps que celui-ci restera au pouvoir. A aucun moment ne considère-t-il avec objectivité les résultats de la politique financière du contrôleur-général. Pourtant Terray, tout brutal, cynique, corrompu qu'il est, parvient à redresser les finances publiques: les dépenses de l'état baissent de 277 à 234 millions lt, quand les revenus du trésor royal augmentent de 318 à 377 millions lt, laissant un revenu net (pour l'amortissement de la dette) qui passe de 169 à 213 millions lt; sous Terray, le déficit global des finances publiques (qui avait atteint 247 millions lt durant la guerre) diminue de 108 millions lt (1770) à 25 millions lt (1775).[171]

Sous son incipit vengeur, le conte *Les Finances* impute au ministre une tendance anthropophagique.[172] Il est l'écho lointain de cette colère à propos de 'ce qu'on appelle, dit-on, chez les Welches, une opération de finances'[173] mais, par un retour à l'orthodoxie de la pensée voltairienne, il étend la satire à l'ensemble d'un système fiscal inique et vexatoire dont Terray ne serait finalement que la personnification haïssable.

Même si quelques réactions du patriarche de Ferney s'inscrivent en faux par rapport à ses convictions (comme il arrive parfois aux grands hommes), il reste que la vision voltairienne des finances publiques est cohérente et étayée. Cohérente, parce que reposant sur des options de philosophie politique et des engagements éthiques plus généraux et constants. Etayée, parce que confortée par une bonne connaissance livresque des questions de finance, de monnaie et de fiscalité, partagée et commentée avec nombre de ses interlocuteurs et correspondants, ressentie à travers sa proximité intellectuelle avec hommes et femmes de pouvoir: Frédéric, l'Impératrice, Choiseul, Turgot. C'est le champ de la science économique où le philosophe est le mieux assuré de sa maîtrise du sujet, où il ose réagir avec le recul de l'ironiste, où il ne varie guère. Les autres champs de la science économique naissante où nous allons ci-après analyser ses réactions lui sont moins familiers au plan théorique.

---

171. Voir les ouvrages de E. Le Roy Ladurie (*L'Ancien Régime*, t.2, (Paris, 1991)) et Marion (*Histoire financière*, p.253 et sq.).

172. On sait la *fascination horrifiée* de Voltaire pour l'anthropophagie. L'interrogation sur 'cette atrocité, si révoltante pour notre nature' (*EM*, ch.146; *M*, t12, p.388-89) remonte à sa rencontre, à Fontainebleau, avec des *sauvages du Mississipi*, mangeurs de chair humaine, en 1725 (ou 1723 selon la lettre du 15 octobre 1737, D1376, à Frédéric, alors prince royal de Prusse). Le thème apparaît ailleurs dans l'œuvre: *Histoire de Charles XII*, préface à l'éd. de 1748 (*OCV*, t.4, p.573-74); *Dictionnaire philosophique* (éd. de 1764), art. 'Anthropophagie' (*OCV*, t.35, p.344-50), complété dans *QE* (*OCV*, t.38, p.424-39); *Histoire du Parlement de Paris* (*OCV*, t.68, p.401-402); *Histoire de Jenni*, ch.7 (*M*, t.21, p.550); *Un Chrétien contre six Juifs* (*M*, t.29, 530-32).

173. Voltaire au Maréchal de Richelieu, 12 février 1772 (D17956).

C'est à partir de ses expériences personnelles dans la diachronie de sa longue existence que son appréhension intellectuelle du luxe, de l'agriculture, de l'esprit d'entreprise vont progressivement s'enrichir par l'érudition historique, la connaissance encyclopédique et la réflexion épistémologique. Le premier de ces domaines (aussi au plan de la temporalité) concerne la question de la fonction économique du luxe, objet du chapitre 4.

4. L'économie du luxe

'Le superflu, chose très-nécessaire'[1]

La polémique déclenchée, fin 1736, par la circulation non autorisée du *Mondain* a fait de Voltaire dans l'histoire littéraire une figure emblématique de l'art de vivre somptuaire. On peut étudier l'affaire du *Mondain* en soi, comme l'une des crises éditoriales qui, de *La Pucelle* au *Dîner du comte de Boulainvilliers*, ont – involontairement ou pas – jalonné la carrière littéraire du philosophe. On peut préférer contextualiser ce poème et le replacer, en tant qu'artefact littéraire, au sein d'une controverse qui a agité les esprits durant tout le siècle, à savoir: quelles sont les conséquences morales et sociales d'une demande et d'une offre croissante pour les produits et services luxueux? En acceptant une vision encore plus large, on peut rappeler que ce débat sur la légitimité du désir de bien-être temporel s'inscrit dans une interrogation longue de la conscience européenne et chrétienne: l'incompatibilité supposée entre les passions humaines (et leur forme addictive: le Vice) et l'aspiration spirituelle à l'exemplarité divine (et sa forme idéalisée: la Vertu). *Le Mondain* se situe donc dans un flux intellectuel et spirituel, qui connaît un amont et un aval au sein du débat philosophique public et dans la réflexion personnelle de Voltaire sur l'économie et la morale. Nous examinerons: la problématique du débat sur le luxe; les sources antérieures de la pensées de Voltaire sur le sujet; l'apport théorique de Jean-François Melon au philosophe; celui, en amont, de Bernard Mandeville; la transmutation voltairienne de ces sources dans *Le Mondain* et *La Défense du Mondain*; et enfin la constance ou l'évolution des idées du philosophe sur le luxe au cours de sa vie.

La question du luxe au XVIIIe siècle

Dans un essai de 1909, qui reste une étude de référence, André Morize mettait ainsi en lumière l'insertion du *Mondain* dans un échange philosophique à plusieurs voix. Il retraçait les influences ou sources directes que pouvait révéler chaque vers du poème (et ceux de *La Défense du Mondain* qui lui fait suite).[2] La relative sévérité de la recherche universitaire d'époque envers les emprunts (souvenons-nous des procès faits à Diderot 'plagiaire') explique en partie l'extrême précision du

1. *Le Mondain*, éd. H. T. Mason, *OCV*, t.16 (2003), p.295-303 (295), v.22.
2. Morize, *L'Apologie du luxe*.

relevé de Morize: la recherche contemporaine, en revanche, a une attitude plus positive envers l'intertextualité. D'ailleurs, quel que soit l'héritage intellectuel recueilli par Voltaire, son génie propre le transforme en propositions poétiques, jugements historiques, assertions philosophiques à leur tour porteurs d'influences contradictoires. Ainsi Morize signale en appendice que soixante-treize ouvrages avaient pris parti sur la question du luxe entre 1736 et 1789, c'est-à-dire après la commotion du *Mondain*. Nous limiterons le corpus aux sources qui ont incontestablement pu stimuler la réflexion de Voltaire lors de l'écriture du poème et à celles qui peuvent avoir infléchi ou conforté ses convictions sur le luxe, telles que les textes postérieurs au *Mondain* les expriment, par fragments ou par exposition raisonnée.

Observons au passage que, par certains traits, cette controverse sur le luxe ressemble à une autre querelle qui continue d'occuper la société du temps: la moralité des spectacles. Comme celle-ci, celle-là est née au siècle précédent, au moment où la *crise de la conscience européenne* commence de séparer bonheur spirituel et bonheur sensuel. Comme pour elle, l'enjeu du débat est la concurrence, au sein de la société, entre la frugalité de la morale chrétienne et l'épicurisme qui accompagne les progrès de la raison critique depuis les philosophes libertins et sceptiques du XVIIe. Comme elle encore, la controverse sur le luxe est paradoxale car le *siècle du goût* est alors autant triomphant que celui du théâtre. Enfin, comme pour la critique des spectacles, encadrée par deux textes majeurs – l'un chrétien (Bossuet en 1694), l'autre laïque (Rousseau en 1758) – le débat autour du luxe fait appel aux belles-lettres, avec les plumes de Mandeville, Hutcheson, Voltaire, Hume, Montesquieu, Helvétius, Rousseau, Diderot, Condillac et d'autres. Et il reste, dans l'histoire littéraire, encadré par deux textes au fort retentissement: la séquence *Le Mondain/La Défense du Mondain* de Voltaire et le *Discours sur l'inégalité* de Rousseau. Toutefois, si la question des spectacles est principalement posée au plan de la morale, celle de la consommation de luxe l'est aussi au plan de cette nouvelle branche de la philosophie: l'économie politique. Car le mécanisme d'offre et de demande de superflu est au cœur de la problématique concernant la richesse des nations: la division du travail induite par la fourniture du luxe est-elle une déviance par rapport à l'utilité sociale, qui vise prioritairement à assurer la suffisance des denrées nécessaires? L'importation des denrées de luxe (café, soie, épices, tabac, etc.) conduit-elle à une saignée des ressources monétaires d'un petit pays et, au contraire, à l'impulsion bénéfique de la conquête coloniale dans un grand pays?

Plus encore que la liberté du commerce, la question du luxe engage Voltaire dans la décennie 1730. Pour au moins deux raisons majeures, l'une ayant trait à son tempérament, l'autre à sa curiosité intellectuelle.

En premier lieu, comme le rappelle A. Morize,[3] parce que l'art de vivre élitiste et raffiné est celui que le jeune auteur prodige d'*Œdipe* a connu, entre vingt et trente ans, avant l'exil anglais, dans les sociétés du Temple ou de Sceaux, chez le Prince de Conti ou Mme de Livry. 'Il se fit', écrit Gustave Lanson, 'de bonne heure une philosophie que l'on trouve éparse en ses écrits de la vingtième à la trentième année: "La grande et la seule affaire que l'on doive avoir, c'est de vivre heureux"'.[4] Ce dandysme voltairien des jeunes années trouve, chez le quadragénaire de Cirey, un épanouissement studieux (et amoureux), dans un cadre dont Mme de Graffigny a vanté le goût,[5] qui le convainquent de la possibilité *hic et nunc* du 'paradis terrestre'[6] et d'une métaphysique du plaisir: 'le plaisir est le but universel, qui l'attrape fait son salut'.[7] En second lieu, engagement dans la querelle du luxe parce que cette attirance instinctive de François-Marie Arouet pour la vie agréable, de l'écrivain Voltaire pour la volupté tranquille a pour contrepartie intellectuelle des lectures qui confortent assez tôt chez lui une morale néo-épicurienne: Rabelais, Montaigne, Saint-Evremond, Bayle, Fontenelle, etc.

Par ailleurs, l'expérience anglaise a démontré au jeune poète-philosophe les évidents bienfaits de l'empirisme économique au plan de la vie matérielle (sans qu'il ait eu le temps d'en percevoir les risques). C'est aussi en Angleterre qu'il prend connaissance d'une étonnante variante de la controverse sur le luxe, celle provoquée par le succès inattendu d'une petite satire allégorique de quatre cents trente-trois vers octosyllabes, d'abord vendue au coin des rues en 1705: *The Grumbling hive or Knaves turn'd honest* du docteur Bernard Mandeville. En Angleterre, le court apologue de Mandeville, devenu au fil du temps un véritable traité philosophique,[8] fournit à l'échange intellectuel des *difficultés* tant au plan de la morale que de la science économique. Ce débat économico-philosophique est à son plus fort durant l'exil londonien et Voltaire ne peut pas en avoir manqué les échos dans les cercles qu'il fréquente.

Tout autant qu'un penchant naturel au goût, au raffinement, voire parfois au somptuaire, c'est donc chez Voltaire le mécanisme de l'observation critique, du débat d'idées et de la lecture qui va construire sa propre théorisation de la fonction du luxe dans la richesse des nations. A cet égard, plusieurs auteurs ont sur sa réflexion une influence certaine

---

3. Morize, *L'Apologie du luxe*, p.34.
4. G. Lanson, *Voltaire*, éd. de R. Pomeau (Paris, 1960), p.13-31.
5. Voir la lettre à François-Etienne 'Pampichon' Devaux, 5 décembre 1738 (D1178).
6. Voltaire à Formont, 23 décembre 1737 (D1410); à Richelieu, 12 janvier 1739 (D1766).
7. Voltaire à Berger, 10 octobre 1736 (D1165).
8. Rebaptisée *The Fable of the bees or Private vices, publick benefits* dès l'édition de 1714, la satire s'enrichit de 25 'remarques' au fil des éditions (1723, 1724, 1725, 1729) et d'essais complémentaires: *An Enquiry into the origin of moral virtue*, *An Essay on charity and charity schools* et *A Search into the nature of society*.

durant la décennie 1730: Mandeville et ses contradicteurs, probablement;[9] mais aussi l'héritage diffus des philosophes *libertins d'idées* et sceptiques du siècle précédent (Bayle et Saint-Evremond en particulier); et enfin, beaucoup plus directement, la rencontre intellectuelle et personnelle avec un philosophe – économiste français dont l'expérience passée auprès de Law et du Régent donne à ses écrits une particulière pénétration: Jean-François Melon. *L'Essai politique sur le commerce* de J.-F. Melon est, comme signalé plus haut (ch.2, *passim*), l'une des lectures qui ont le plus marqué la culture économique du philosophe de Cirey; l'ouvrage a structuré sa réflexion sur l'économie du luxe lors de l'écriture du *Mondain* et de *La Défense*. Enfin, parmi les pairs de Voltaire au sein de la république des lettres, les écrits ultérieurs sur la question du luxe (de Montesquieu, Helvétius, Diderot, Hume, Condillac), tout comme les réfutations critiques des physiocrates, nourrissent une pensée philosophique sur le nécessaire et le superflu qui se poursuit jusqu'aux dernières années de Ferney. Nous examinons ci-après le poids relatif de ces différentes influences.

Les premières sources de la pensée de Voltaire sur le luxe

La tradition sceptique et néo-épicurienne

Voltaire exprime à de nombreuses reprises dans sa correspondance et dans son œuvre composée son estime pour Pierre Bayle '[Le *Dictionnaire* de Bayle] est le premier ouvrage de ce genre où l'on puisse apprendre à penser'.[10] Il reconnaît en lui l'esprit libre, indifférent aux critiques que lui valent ses considérations affranchies: '[j'] avoue que Bayle, le plus grand dialecticien qui ait jamais écrit, n'a fait qu'apprendre à douter'.[11] Il s'identifie à Bayle persécuté par Jurieu: '[J'ai] écrit cet article pour rendre, si je puis, l'esprit de parti odieux et ridicule'.[12] Il apprécie aussi, en maître de l'ironie, les euphémismes, antiphrases et fausses naïvetés de l'exilé de Rotterdam; il parodie ainsi la critique antireligieuse *mezzo voce* de Bayle avec son propre sens de la litote, comme dans ce passage:

> Cependant s'élevait alors, et depuis plusieurs années, l'immortel Bayle, le premier des dialecticiens et des philosophes sceptiques [...] ses plus grands défenseurs avouent que, dans les articles de controverse, il n'y a pas une seule page qui ne conduise le lecteur au doute, et souvent à l'incrédulité. [...] il faisait des impies, en mettant les objections contre nos dogmes dans un jour

---

9. La recherche est partagée sur ce point (voir ci-dessous, p.141-47).
10. *Le Siècle de Louis XIV*, ch.22 (*M*, t.14, p.546).
11. 'Préface' au *Poème sur le désastre de Lisbonne* [1756], éd. D. Adams et H. T. Mason, *OCV*, t.45A (2009), p.271-358 (327).
12. *QE* [art. 'Bayle', 1770], *OCV*, t.39, p.333.

si lumineux qu'*il n'était pas possible à une foi médiocre de n'être pas ébranlée; et malheureusement la plus grande partie des lecteurs n'a qu'une foi très médiocre.*[13]

Dans la bibliothèque transférée à Saint-Pétersbourg, plusieurs des six ouvrages de Bayle sont des éditions anciennes, confortant l'hypothèse du rôle de la lecture de Bayle dans la formation initiale du philosophe.[14] Celui-ci a pu y rencontrer nombre de notations préfigurant l'amoralisme torturé de Mandeville, sans le cynisme satirique du médecin britannique. Ainsi:

> Voulez-vous qu'une Nation soit forte pour résister à ses voisins; laissez les maximes du Christianisme pour thème aux prédicateurs; conservez cela pour la théorie, et ramenez la pratique sous les lois de la Nature qui permet de rendre coup pour coup, et qui nous excite à nous élever au-dessus de notre état, à devenir plus riches et de meilleure condition que nos pères. Conservez à l'avarice et à l'ambition toute leur vivacité, défendez-leur seulement le vol et la fraude, animez-les d'ailleurs par des récompenses: promettez une pension à ceux qui inventeront de nouvelles manufactures, ou de nouveaux moyens d'amplifier le commerce. Envoyez partout à la découverte de l'or, faites passer à nos flottes les deux tropiques; que le froid, que le chaud, que rien ne puisse arrêter la passion de s'améliorer, vous accumulerez dans votre pays les richesses de plusieurs autres.[15]

Cette vision de l'expansion économique, assise sur le lucre et la *libido dominandi*, va bien au-delà du colbertisme métalliste. Elle est en phase avec le libéralisme économique voltairien qui est en filigrane dès la 'Lettre X: Sur le commerce' des *Lettres philosophiques* et s'exprime dans nombre d'écrits ultérieurs. Aussi, en 1737, Voltaire place-t-il un signet en cette même page 360 de l'édition Des Maizeaux qu'il vient de se procurer.[16]

Par ailleurs, dans le Tome I de cette édition de 1737, Voltaire lit (ou relit) la réfutation par Bayle des critiques d'Arnauld sur le *Traité de la nature et de la grâce* du père Malebranche.[17] Sans doute ne peut-il qu'apprécier l'ironie légère avec laquelle Bayle défend la morale du plaisir:

> Le plus sûr est d'avouer aux gens, qu'ils sont heureux pendant qu'ils ont du plaisir; aussi bien le croiraient-ils, quelque chose qu'on leur pût dire [...] Mais, dit-on, c'est la grâce, c'est l'amour de Dieu, ou plutôt Dieu seul qui est notre

---

13. *Lettres à Son Altesse Mgr le Prince de *****, sur Rabelais et sur d'autres auteurs* [Lettre VII: 'Sur les Français' art. 'Bayle'], (*OCV*, t.63B, p.447) – c'est moi qui souligne.
14. Pierre Bayle, *Pensées diverses* (Rotterdam, Leers, 1683), (BV295); *Dictionnaire historique et critique* (Rotterdam, Leers, 1697), (BV292); *Lettres choisies* (La Haye, Des Maizeaux, 1714), (BV294); *Œuvres diverses* (La Haye [Trévoux], rééd. Des Maizeaux, 1737), (BV290).
15. Pierre Bayle, 'Continuation des pensées diverses' (art.124: 'En quel sens le Christianisme est propre ou non à maintenir les sociétés') dans *Œuvres diverses*, t.3 (La Haye, P. Husson, 1727), p.361.
16. *CN*, *OCV*, t.137, section 122, art.124, 125.
17. Signet dans BV290, p.48-49 ('Nouvelles de la République des Lettres', mai 1684, art. 4).

béatitude. D'accord, en qualité d'instrument ou de cause *efficiente*, comme parlent les Philosophes, mais en qualité de cause *formelle*, c'est le plaisir, c'est le contentement qui est notre seule félicité.[18]

Voltaire ne place pas Saint-Evremond à la hauteur de Bayle. Il n'accorde à cet 'inégal' et 'mauvais poète'[19] qu'une place de second rang dans *Le Temple du goût*. Il lui conteste même – à tort, semble-t-il – la paternité de cet *Entretien du maréchal d'Hocquencourt avec le père Canaye*, si proche pourtant de ce que sera l'ironie voltairienne. Néanmoins, s'il apparaît lucide sur la valeur d'ensemble de l'œuvre du souriant moraliste: 'C'était un esprit agréable et assez juste; mais il avait peu de science, nul génie, et son goût était peu sûr [...] On peut le mettre au rang des hommes aimables et pleins d'esprit qui ont fleuri dans les temps brillants de Louis XIV, mais non pas au rang des hommes supérieurs',[20] il estime en lui la liberté de ton et de raison: 'on trouve dans ses véritables ouvrages plusieurs traits qui annoncent un esprit dégagé des préjugés de l'enfance'.[21]

Sans doute, le dilettantisme de Charles de Saint-Evremond agace-t-il le bourreau de travail de Cirey et de Ferney. Sans doute, n'aime-t-il pas qu'on érige la légèreté en sagesse, comme le revendique celui-là: 'je pense sur toutes sortes de sujets; je ne médite sur aucun. Les Vérités que je cherche n'ont pas besoin d'être approfondies; d'ailleurs, je ne veux avoir sur rien un Commerce trop long et trop sérieux avec moi-même'.[22]

Pourtant, lors de ses années d'apprentissage littéraire, Voltaire avait acquis l'une des premières éditions des mélanges de l'exilé de Londres.[23] Peu après l'affaire du *Mondain*, il renouvelle son intérêt pour l'auteur en se procurant une réédition des œuvres choisies par Silvestre et des Maizeaux en 1705.[24] Dans celle-ci, il retrouve certainement quelques-unes des belles pages consacrées par l'épicurien à la morale du plaisir:

La Gloire, les Fortunes, les Amours, les Voluptés bien entendues et bien ménagées, sont de grand secours contre les rigueurs de la Nature, contre les Misères attachées à notre Vie. Aussi la Sagesse nous a été donnée principalement pour ménager nos Plaisirs [...] L'Esprit a plus de part au goût des *Délicats* qu'à celui des autres ; sans les *Délicats*, la Galanterie serait

18. Pierre Bayle, 'Nouvelles de la République des Lettres', août 1685, art. 3, dans *Œuvres diverses*, t.1 (La Haye [Trévoux], rééd. Des Maizeaux, 1737), p.348.
19. *Le Temple du goût*, éd. O. R. Taylor, *OCV*, t.9 (1999), p.25-256 (158).
20. *Lettres à Mgr le Prince de *****, [Lettre VII: 'Sur les Français', art. 'Saint-Evremond'], (*M*, XXVI, 500).
21. *Lettres à Mgr le Prince de*****, p.499.
22. Charles de Saint-Evremond, 'Sur les plaisirs, lettre au comte d'Olonne', dans *Les Véritables Œuvres de Mr. de Saint-Evremond* (London, J. Tonson, 1706), t.1, p.160.
23. *Œuvres meslées de M. de Saint-Evremont[d]*, (Paris, C. Barbin, 1689), (BV3062).
24. *Œuvres de monsieur de Saint Evremond* [éd. Des Maizeaux contrefaite], ([Paris],1740), (BV3061).

inconnue, la Musique rude, les Repas malpropres et grossiers. C'est à eux qu'on doit l'*Eruditio luxu* de *Petrone*, et tout ce que le raffinement de notre siècle a trouvé de plus poli, et de plus curieux dans les Plaisirs.[25]

On peut conjecturer que l'épicurisme voltairien doit plus qu'il ne souhaite le reconnaître à la lecture de cet élégant touche-à-tout, dont la philosophie est, certes, moins pénétrante que celle de Montaigne, mais aussi moins complexe que celles de Gassendi et La Mothe le Vayer, plus aristocratique que celles de Patin ou Naudé. Conservant jusqu'à la fin de sa vie les manières et les fréquentations sélectives du bel-air, cultivant le savoir-dire de la galanterie, vivant avec dignité un long exil en partie volontaire, il est – même 'poète inégal' – une figure proche de l'*Eruditio luxu* et du savoir-vivre heureux que Voltaire exalte en cette décennie 1730.

Montesquieu

Enfin, parmi ses contemporains il faut mentionner Montesquieu, malgré les réserves de Voltaire à son endroit.[26] La véritable formalisation des idées du seigneur de La Brède, favorables au développement des *arts du luxe* pour le bien public, interviendra avec la rédaction de *L'Esprit des lois* (publié en 1748).[27] Toutefois, un passage des *Lettres persanes* (1721) en contient déjà l'essentiel. Bien que les écrits de Montesquieu dans la bibliothèque de Ferney appartiennent tous à des éditions postérieures à 1749, Voltaire a certainement lu, à sa parution, le roman épistolaire, dont le succès auprès du public lettré a été considérable durant la décennie 1720. Plus tard, il affecte de n'y voir qu'un 'ouvrage de plaisanterie' qui toutefois, concède-t-il, contient 'plein de traits qui annoncent un esprit plus solide que son livre'.[28]

Quelles sont les idées d'Usbek sur le luxe telles que la lettre CIII les expose?[29] Notons tout d'abord ce rejet de la mollesse, par nécessité d'échange économique, qui s'oppose à la posture esthétisante qui sera celle du *Mondain* (source d'un malentendu initial vis-à-vis de la position voltairienne sur le luxe):

---

25. *Les Véritables Œuvres de Mr. de Saint-Evremond*, p.161 & 165.
26. Voir, par exemple, les critiques sur *L'Esprit des lois*, dans *L'A, B, C* [1762]: 'B: Je suis fâché que ce livre soit un labyrinthe sans fil et qu'il n'y ait aucune méthode' (Premier entretien; *M*, t.27, p.314).
27. Voir les développements sur le luxe dans les chapitres 5, 7, 17, 18, 19, 21.
28. 'Catalogue de la plupart des écrivains français', dans *Le Siècle de Louis XIV* (*M*, t.14, p.106). N.B.: Mme de Graffigny rapporte ainsi l'opinion des hôtes de Cirey: 'J'ai entendu dire hier en *chorus* que les *Lettres persanes* étaient puériles: c'est du fretin, c'est un piètre livre' (à Devaux, 23 décembre 1738, D1708).
29. Cette numérotation correspond à l'édition princeps de 1721, texte de base de l'édition scientifique citée. Les éditions à partir de 1758 donnent le numéro CVI à cette lettre.

Quand on dit que les arts rendent les hommes efféminés, on ne parle pas du moins des gens qui s'y appliquent, puisqu'ils ne sont jamais dans l'oisiveté, qui, de tous les vices, est celui qui amollit le courage [...] ceux qui jouissent des commodités d'un art sont obligés d'en cultiver un autre, à moins de se voir réduits à une pauvreté honteuse, il suit que l'oisiveté et la mollesse sont incompatibles avec les arts.[30]

La seconde idée d'Usbek/Montesquieu concerne le bénéfice – apporté par le luxe – d'un plein emploi des facteurs humains de la production: 'Pour qu'un homme vive délicieusement, il faut que cent autres travaillent sans relâche. [...] Cette ardeur pour le travail, cette passion de s'enrichir, passe de condition en condition, depuis les artisans jusques aux grands. Personne n'aime à être plus pauvre que celui qu'il vient de voir immédiatement au-dessous de lui'.[31]

Montesquieu, par la plume d'Usbek, se rallie donc au concept de réciprocité qui deviendra l'axiome de toutes les théories du circuit économique en situation d'équilibre. Cette idée d'un équilibre économique général fondé sur la multitude des réciprocités micro-économiques est déjà présente, à l'orée du siècle, chez deux précurseurs mentionnés au chapitre I: Petty en Angleterre et Boisguilbert en France.[32]

Enfin, une troisième idée-force est à retenir, parce qu'elle apparaît également chez Mandeville, Melon et ... Voltaire, celle du rôle de la consommation somptuaire dans la prospérité et la puissance de l'Etat:

Je suppose, Rhedi, qu'on ne souffrît dans un royaume que les arts nécessaires à la culture des terres [...] le Peule dépérirait tous les jours, et l'Etat deviendrait si faible qu'il n'y aurait si petite puissance qui ne pût le conquérir [...] on verrait finir cette circulation de richesses et cette pro-gression de revenus qui vient de la dépendance où sont les arts les uns des autres [...] pour qu'un prince soit puissant, il faut que ses sujets vivent dans les délices; il faut qu'il travaille à leur procurer toutes sortes de superfluités, avec autant d'attention que les nécessités de la vie.[33]

Ce qui est remarquable dans cette Lettre CIII, écrite au plus tard en 1720-1721,[34] est l'apparition des arguments de Mandeville avant que

30. Charles de Secondat, baron de Montesquieu, 'Lettres persanes' [Lettre CIII (Usbek à Rhedi), p.419-23], dans *Œuvres complètes de Montesquieu*, t.1, p.420-21.
31. 'Lettres persanes', p.421-22.
32. Sir William Petty, 'Political arithmetick' [1671], dans *The Economic writings*, t.1, p.233-313; Pierre Le Pesant de Boisguilbert, 'Le Détail de la France' [1697], dans Daire, *Economistes financiers*, p.163-247. NB: Ce second précurseur en donne même une représentation sociologique en décrivant le circuit des échanges réels entre la classe des 'Marchands et laboureurs' et celle du 'Beau monde' [les propriétaires fonciers et le Prince], une représentation qui préfigure – en beaucoup plus sommaire – le Tableau de Quesnay.
33. 'Lettres persanes', p.422-23.
34. La date de rédaction des *Lettres persanes* fait l'objet de débats, certains chercheurs

Montesquieu ne lise *La Fable des abeilles* en 1723 et avant son séjour en
Angleterre (1729-1731).[35] Car c'est le Dr Mandeville qui va donner à la
controverse sur le luxe des bases théoriques, à la fois éthiques et
économiques.

Bernard Mandeville

La Fable des abeilles constitue un cas assez rare de traité philosophique
élaboré au cours de trois décennies, non seulement par addition d'essais
mais aussi par agrégation de commentaires autour d'un noyau de départ,
modeste quoique provoquant, transposant ainsi la métaphore de la
miellerie au plan de la génétique d'une œuvre. Mandeville n'avait sans
doute pas conscience de l'audience qu'il allait trouver lorsqu'il fit
circuler, en 1705, *The Grumbling hive* (*La Ruche mécontente*, selon les
traducteurs soucieux du bon usage,[36] mais plus littéralement *La Ruche
'rouspéteuse'*), poème satirique de quatre cents vers sur une feuille volante.'
Avec un humour certain, il s'en étonnera d'ailleurs lui-même plus tard:
'The following fable was printed above eight years ago in a sixpenny
pamphlet, call'd *The Grumbling hive or Knaves turn'd honest*; and being soon
after pirated, cry'd about the streets in a half-penny sheet'.[37] Il faut se
rapporter à la situation politique troublée de la société anglaise du
tournant du siècle (que les parodies satiriques de Swift évoquent
également) pour mesurer la relative cruauté du miroir que l'auteur
tend à ses compatriotes. Le *Journal des savants* le résume ainsi en 1725:

> où l'auteur représente une ruche comme un état florissant, quoique tous les
> vices y règnent. Les abeilles sont assez sottes pour demander à Jupiter de
> changer leurs mœurs et de leur donner la sagesse et la vertu. Ce dieu les
> exauce avec indignation. Alors ce n'est plus parmi elles que confusion et
> misère. Ainsi, honteuses de leur vertu, elles sont contraintes d'abandonner la
> ruche et de se disperser.[38]

La force d'impact de l'ouvrage de Mandeville est d'abord liée à la
forme littéraire de l'apologue. Comme chez Esope ou La Fontaine (dont
Mandeville a été le traducteur), la fable et sa morale finale (voir citation
ci-dessous p.133) ont le mérite de résumer en peu de mots, et par le biais

---

défendant la thèse d'une écriture très antérieure à la publication. L'édition scientifique
citée indique une période 1716-1721.

35. La date de 1723 est donnée par Paulette Carrive (*Bernard Mandeville: passions, vices, vertus*
(Paris, 1980), p.31) qui en trouve des réminiscences dans *Réflexions sur la monarchie
universelle* [1724]. Morize (*L'Apologie du luxe*, p.43, n3) affirme la présence de la *Fable* dans
la bibliothèque de La Brède, ce qui n'est toutefois pas avéré par le récent *Catalogue de
Montesquieu à La Brède*, éd. L. Desgraves et C. Volpilhac-Auger, (Oxford, 1999).
36. *La Fable des abeilles*, trad. et éd. L. et P. Carrive (Paris, 1985).
37. Préface de l'édition de 1714 (reproduite dans l'édition critique de F. B. Kaye (Oxford,
1924)).
38. Cité par Morize, *L'Apologie du luxe*, p.81.

d'une plaisante métaphore animalière, une analyse politique qui occupe ailleurs de longs traités. La force d'impact est également liée au proverbe qui sert de sous-titre à l'édition de *The Fable of the bees* à partir de 1714: *Private vices, publick benefits*.[39] Ce chiasme paradoxal, compréhensible par tous mais explicable par très peu, est une provocation de choix pour l'acuité intellectuelle des moralistes (les anglophones dans un premier temps), par exemple chez les principales figures du *Scottish Enlightenment*: Francis Hutcheson, David Hume, plus tard Adam Smith.[40] Le Dr Mandeville a d'ailleurs payé le prix d'une formule-choc trop évidemment contraire à la morale du temps: devant le Grand Jury du Middlesex (habilité à prononcer l'équivalent d'une interdiction parlementaire en France) il regrette cette formule trop lapidaire et concède qui aurait mérité un syntagme complémentaire: 'by the dextrous management of a skilful politician', concession équivoque qui n'évitera pas la condamnation (elle-même en réalité motivée par l'essai très 'swiftien' sur les Ecoles de Charité).

Il n'est donc pas étonnant que, durant le quart de siècle qui suit la circulation du *sixpenny pamphlet*, l'auteur polygraphe se soit appliqué à expliciter et nuancer par des essais, des remarques et des dialogues d'idées la force explosive de la fable et de son sous-titre, tous hypertextes venus s'agréger à l'hypotexte de 1705 au fil des éditions. Dans son édition critique de 1924, F. B. Kaye donne cet intéressant renvoi des paradoxes économiques énoncés dans la fable – avec le tour elliptique de la poésie – aux longs développements des *Remarks* qui les justifient (les lettres I, K, L, M, N correspondent aux titres des 'remarques'):

> (I) The Root of Evil, Avarice,
> That damn'd ill-natur'd baneful Vice,
> Was Slave to Prodigality,
> (K) That noble Sin; (L) whilst Luxury
> Employ'd a Million of the Poor,
> (M) And odious Pride a Million more:
> (N) Envy itself and Vanity,
> Were Ministers of Industry; [...] (*Fable of the bees*, éd. Kaye, p.25).

Il n'est pas étonnant non plus que le premier essai que Mandeville place après la fable ait pour titre 'An Enquiry into the origin of moral virtue'. Ce commentaire, en fait plus proche de La Rochefoucauld ou de

---

39. Mandeville doit à Montaigne la source philosophique de cette opposition (Michel de Montaigne, *Essais*, III, 2-3 (Paris, 1965)) mais la contraction du commentaire en cette formule lapidaire est de son inspiration propre.

40. 'Smith, like Hume, denounced Mandeville while accepting much of the substance of his argument' (Maurice Mark Goldsmith, 'Regulating anew the moral and political sentiments of mankind: Bernard Mandeville and the Scottish Enlightenment', *Journal of the history of ideas* 44/4 (Oct.-Dec. 1988), p.603.

Jacques Esprit que de Hobbes, explique que l'être humain n'est pas naturellement sociable et privilégie, dans l'état de nature, la satisfaction de ses appétits individuels dès que le progrès de ses connaissances fait naître l'envie en lui. Ceux qui ont organisé les sociétés les plus paisibles n'ont pas assuré la paix sociale par la contrainte mais par la flatterie: l'homme charmé par la louange et sensible au mépris a volontiers intégré les notions abstraites d'honneur et de honte. La vertu procure l'honneur, le vice la honte. Ainsi: 'The moral virtues are the political offspring which flattery begot upon pride' (*Fable*, éd. Kaye, p.51).

Cette ontologie pessimiste ne change rien au fait que la morale finale du conte est d'un rare cynisme, au regard de la morale chrétienne comme à celle, parfaitement binaire, qui oppose le vice à la vertu chez les défenseurs d'un art de vivre de l'honnêteté et de la politesse.

> Il faut qu'existent la malhonnêteté, le luxe, l'orgueil,
> Si nous voulons en retirer le fruit [...]
> Ainsi on constate que le vice est bénéfique,
> Quand il est émondé et restreint par la justice;
> Oui, si un peuple veut être grand,
> Le vice est aussi nécessaire à l'Etat
> Que la faim l'est pour le faire manger.
> La vertu seule ne peut faire vivre les nations
> Dans la magnificence; ceux qui veulent revoir
> Un âge d'or, doivent être aussi disposés
> A se nourrir de glands, qu'à vivre honnêtes.

> Fraud, Luxury and Pride must live,
> While we the Benefit receive [...]
> So Vice is beneficial found,
> When it's by Justice kept and bound;
> Nay, where the People would be great,
> As necessary to the State,
> As Hunger is to make them eat.
> Base Virtue can't make Nations live
> In Splendor; they that would revive
> A Golden Age, must be as free
> For Acorns, as for Honesty.

Ainsi se termine *La Fable des abeilles*, où l'on voit que la langue anglaise dit les choses de la politique en moins de mots que la française.[41] Paulette Carrive, qui a consacré une thèse à Mandeville, résume bien la complexité de lecture de cet auteur prolixe: 'Chez Mandeville, l'élément éthique n'est jamais absent d'une réflexion économique déroutante'.[42]

41. Texte anglais: *The Fable of the bees or Private vices, publick benefits*, éd. F. B. Kaye (Liberty Classics, Indianapolis, IN, 1988, fac-simile de l'éd. Oxford 1924), p.36-37 (p.24 de l'édition Tonson, 1732); texte français: *La Fable des abeilles*, trad. Carrive, p.40.
42. Carrive, *Mandeville: passions, vices, vertus*, p.98.

On aura remarqué, dans les trois derniers vers, la mise en cause d'un primitivisme idéalisant le supposé âge d'or des premiers temps, qui forme le début provoquant du *Mondain*. Plus que probablement, Voltaire a eu connaissance de la controverse qui opposait moralistes et économistes à propos de *The Fable of the bees* durant son exil anglais. Il s'est d'ailleurs procuré deux éditions de l'ouvrage[43] et a certainement incité Emilie du Châtelet à le traduire.[44] Pourtant, le philosophe, que nous verrons reconnaître ce qu'il doit à J.-F. Melon pour la formalisation de ses idées sur les problèmes économiques (la consommation de luxe en particulier), est plus discret sur l'influence de Mandeville. Il le mentionne rarement dans la correspondance et tardivement dans les textes composés. Dans les *Questions sur l'Encyclopédie* (article 'Abeilles', 1770), Voltaire se souvient de *La Fable des abeilles* en ces termes:

> Mandeville [...] prétend que les abeilles ne peuvent vivre à l'aise dans une grande et puissante ruche sans beaucoup de vices. Nul royaume, nul Etat, dit-il, ne peuvent fleurir sans vices. Otez la vanité aux grandes dames, plus de belles manufactures de soie, plus d'ouvriers ni d'ouvrières en mille genres: une grande partie de la nation est réduite à la mendicité. Otez aux négociants l'avarice, les flottes anglaises seront anéanties. Dépouillez les artistes de l'envie, l'émulation cesse; on retombe dans l'ignorance, la grossièreté.[45]

Dans l'article 'Envie' (1771), où la fable de Mandeville sert de trame au commentaire sur l'envie et les envieux, il va jusqu'à concéder: 'Je crois que Mandeville, auteur de *La Fable des abeilles* est le premier qui ait voulu prouver que l'envie est une fort bonne chose'.[46] Il ajoute toutefois aussitôt: 'Mandeville a peut-être pris l'émulation pour l'envie'. Auparavant (1768), dans la préface de *Le Marseillois et le lion*, poème inspiré d'un conte inséré dans *La Fable*, il admet avoir emprunté 'des traits de la philosophie anglaise'.[47] En revanche, il se sert de Mandeville comme contre-exemple pour tancer Helvétius: 'Il y a des choses que tout le monde sait mais qu'il ne faut point dire, à moins qu'on ne les dise en plaisantant. Il en est ainsi de quelques propositions de votre livre; l'auteur de la fable des abeilles vous a induit dans le piège'.[48]

---

43. Celle de J. Tonson, 1724 (BV2300) et celle de J. Rabeits (London, 1729), (BV2301). N.B.: Cette dernière édition contient des signes de lecture, en particulier dans les dialogues II et IV entre Horace et Cléomène, *CN* 1066).

44. La traduction de Mme Du Châtelet est restée incomplète; elle vaut principalement par une très belle préface (voir ci-dessous, p.144-45); l'ouvrage sera traduit en français par J. Bertrand en 1740; il sera aussitôt mis à l'index et brûlé.

45. *OCV*, t.38, p.40.

46. *M*, t.18, p.557.

47. *Le Marseillois et le lion*, éd. S. Menant, *OCV*, t.66 (1999), p.735-60 (746). N.B.: Le suffixe *-ois* dans Marseillois correspond à la prononciation d'époque comme le montre la rime aux vers 31-32 (p.746, n.3).

48. Voltaire à Helvétius, 13 août 1760 (D9141).

Et, sauf découverte à venir, ceci est la seule mention de Mandeville dans la correspondance active.

Pourquoi cet intérêt tardif et, somme toute, réticent, alors que *La Fable* inspire (indirectement) certains passages du *Mondain* et (plus directement) les arguments économiques de *La Défense?* Peut-être Voltaire ne souhaite-t-il pas paraître trop proche d'un auteur dont Louis Moreri dit ceci: 'B. de Mandeville: Fameux déiste [...] Il a soulevé contre lui tous les gens judicieux par sa *Fable des abeilles* et ses *Pensées libres sur la religion,* deux de ses ouvrages qui ont fait le plus de bruit, et où l'on trouve le plus d'irréligion'.[49]

Cette hypothèse n'est cependant pas de celles sur lesquelles se divisent les chercheurs, en particulier depuis un essai très érudit d'Ira O. Wade publié à Princeton en 1947.[50] Comme la réponse est inséparable de l'influence accordée réciproquement à Melon, nous examinerons d'abord la théorie du luxe proposée par cet auteur puis nous reviendrons en fin de section sur les points de vue des uns et des autres.

Jean-François Melon

Lorsqu'il prend connaissance de la soudaine notoriété de Melon, au tout début de 1735 à Cirey, Voltaire est d'abord circonspect, car les débuts littéraires de l'économiste ne l'avaient guère impressionné:[51] 'On m'a parlé aussi d'un *Traité sur le commerce* de M. Melon; la suppression de son livre ne m'en donne pas une meilleure idée: car je me souviens qu'il nous régala il y a quelques années d'un certain *Mahmoud,* qui pour être défendu n'en était pas moins mauvais'.[52]

Mais il en fallait plus pour déjouer l'intuition du futur auteur du *Mondain,* dont toutes les antennes sont tendues vers les rumeurs de la capitale. Il sait ce que peut être le potentiel d'un homme qui connut les hautes sphères du pouvoir et de la finance une quinzaine d'années plus tôt, un homme dont la réputation d'esprit encyclopédique ne peut lui déplaire, non plus que les cercles où il fut – ou est – connu et apprécié: le groupe du *café Gradot* autour d'Houdar de la Motte durant la décennie 1720, où l'introduisit son ami Maupertuis, où il côtoya Fréret et Boindin (esprits plus que libres) ou encore Marivaux, Terrasson ou le jeune Saurin (qui sera, plus tard, un proche de Voltaire); et surtout le salon de Mme de Lambert, dont on sait le passeport pour la république des lettres

49. L. Moréri, *Grand dictionnaire historique* (Paris, Libraires Associés, 1759, Slatkine reprints, 1995), t.7. C'est l'auteur qui souligne.
50. I. O. Wade, 'Voltaire and Mandeville', dans *Studies on Voltaire* (Princeton, NJ, 1947), p.22-49.
51. Nous avons vu que si ceux de Dupont en poésie l'amusent, les sollicitations de louange de Turgot/abbé de L'Aage dans le même domaine des belles-lettres ne lui inspirent qu'irritation: économiste ou poète, jamais les deux!
52. Voltaire à J.-B. Formont, 26 janvier 1735 (D837).

que représentaient ses 'mardis', que Melon fréquente en compagnie de Montesquieu, où ses vis-à-vis sont Fontenelle, Buffier, le président Hénault et tout aussi bien Mme de Tencin ou Adrienne Lecouvreur. On peut conjecturer que ces bruits mondains, tout autant que l'intérêt croissant du philosophe pour la lecture de 'mémoires de commerce', le poussent à continuer ainsi la missive à Formont: 'Je veux lire cependant son *Traité sur le commerce*; car, au bout du compte, M. Melon a du sens et des connaissances, et il est plus propre à faire un ouvrage de calcul qu'un roman'.

Un roman, *Mahmoud le Gasnevide* n'en est assurément pas un, en dépit de son habillage de conte oriental. S'il démontre la très bonne érudition, géographique et historique, de Melon, son intention n'est toutefois pas très claire. Il ne peut se prétendre une imitation des *Lettres persanes* (parues huit ans plus tôt), dont il n'a aucune des finesses diégétiques et ironiques. On a cru y trouver un livre à clés sur la Régence, écrit par un familier du pouvoir: cette allégation, qui justifia l'interdiction, ne nous paraît pas avoir été le but de Melon. En revanche, cette série de dialogues, souvent techniques, entre le vizir et ses conseillers, ressemble plus simplement à un dialogue philosophique sur le pouvoir et plus particulièrement sur la bonne administration de la cité. *Mahmoud* serait, selon notre lecture, un préalable un peu maladroit à l'*Essai*.[53] Melon n'a pas l'étoffe littéraire qui lui permettrait d'écrire un traité d'économie travesti en dialogue d'idées, qui plus est orientalisé. Qui le lui reprocherait? Il commet une faute générique, tout comme Voltaire en commettra une avec *Le Mondain*. Et pourtant, au lecteur attentif se révèlent dans *Mahmoud* les linéaments, l'esquisse de ce que sera l'*Essai sur le commerce*:

> Ce n'est point dans la quantité de Terrain que consiste la Puissance d'un Roi; c'est dans le nombre de ses Sujets, et dans les fruits que leur industrie sait retirer de la Terre.[54]
>
> [Mahmoud exhorte ses nouveaux sujets de Surate:] Jouissez de votre situation avantageuse, et de la fertilité de votre Terroir. Portez votre Commerce dans toutes les parties de l'Univers, tout vous favorisera. Les Vaisseaux que je fais construire assureront votre Navigation: Vos marchandises seront transportées librement dans tous mes Etats; et ceux de vous qui se distingueront par des Talents supérieurs, seront élevés aux plus grands honneurs.[55]

53. Cette lecture fut aussi celle de J. Bouzinac qui relève dans *Mahmoud* les thèmes de la liberté de circulation des biens, d'investissement d'Etat, de commerce international, de plein-emploi, de spécialisation des tâches, de primauté de l'agriculture, d'expansion démographique, etc., qui seront autant de chapitres de *L'Essai politique sur le commerce*.

54. Anon. [Jean-François Melon], *Mahmoud le Gasnevide, histoire orientale, fragment traduit de l'Arabe, avec des notes* (Rotterdam, J. Hofhondt, 1729), p.31.

55. *Mahmoud*, p.65.

Populationnisme, valeur ajoutée du travail, liberté du commerce, rôle structurant des transports, dignité de l'état de commerçant: lorsqu'il lit *Mahmoud* en 1729 ou 1730, Voltaire reste-t-il indifférent à ces thèmes (qui accompagneront sa pensée économique sa vie durant)? On peut en douter lorsqu'on extrait la thématique de la 'Lettre sur le Commerce', dixième des *Lettres philosophiques* dont G. Lanson établit précisément l'écriture en 1729-1730:[56]

> Le commerce, qui a enrichi les citoyens en Angleterre, a contribué à les rendre libres, et cette liberté a étendu le commerce à son tour; de là s'est formée la grandeur de l'état; c'est le commerce qui a établi peu à peu les forces navales, par qui les Anglais sont les maîtres des mers [...]
> En France est Marquis qui veut, et quiconque [...] peut [...] mépriser souverainement un Négociant; le Négociant entend lui-même parler si souvent avec dédain de sa profession, qu'il est assez sot pour en rougir; je ne sais pourtant lequel est le plus utile à un état, ou un seigneur bien poudré qui sait précisément à quelle heure le roi se lève, à quelle heure il se couche, et qui se donne des airs de grandeur en jouant le rôle d'esclave dans l'antichambre d'un ministre, ou un négociant qui enrichit son pays, donne de son cabinet des ordres à Surate et au Caire, et contribue au bonheur du monde.[57]

Quoi qu'il en soit, en 1735, à Cirey, Voltaire est réceptif, comme d'autres esprits éclairés, à l'apparition du premier traité de synthèse de l'économie politique naissante. Le philosophe ne voue toutefois pas à son initiateur une admiration inconditionnelle. Il ira même jusqu'à le qualifier de 'chimérique' dans le *Précis du siècle de Louis XV*.[58] Il lira avec intérêt la réfutation de Charles Dutot sur les vues de politique monétaire de Melon.[59] Dans ses *Observations sur MM Jean Lass, Melon et Dutot*, écrites en 1738, il fait la part des choses.[60] Il ne juge 'point vrai[es]' les assertions de l'*Essai* sur le lien entre 'barbarie' et mendicité, sur l'idée selon laquelle il vaut mieux tuer des hommes à la guerre que d'augmenter les impôts pour la gagner, sur les causes de la décadence espagnole ('les peuples sont ce que les rois ou les ministres les font être').[61] S'il ne prend pas la peine de réfuter les paradoxes de l'économiste sur les bienfaits de l'esclavage, on connaît par ailleurs suffisamment la position du philosophe sur le

---

56. Voltaire, *Lettres philosophiques*, éd. G. Lanson (Paris, 1924; rééd. 1964), p.xxxvii.
57. *Lettres philosophiques*, Lettre 10 ('Sur le commerce'), p.120-129 (122).
58. 'Son secrétaire Melon, esprit systématique, très éclairé, mais chimérique, lui [le Régent] avait inspiré ce dessein [rappeler Law] et l'y confirmait de jour en jour' (*Précis du Siècle de Louis XV*, ch.3, *M*, t.15, p.171).
59. Anon. [C. Dutot], *Réflexions politiques sur les finances et le commerce* (La Haye, fres. Vaillant & N. Prévost, 1754, rééd.).
60. [*Observations*] *Sur MM...*, *OCV*, t.18A.
61. [*Observations*] *Sur MM...*, p.361-62.

sujet pour savoir qu'il les désapprouve.[62] Cela étant dit, Voltaire, dans le texte que publie Thieriot en 1739, réitère son appréciation du traité de Melon:

> Je viens de relire aussi le petit livre de feu M. Melon, qui a été l'occasion de l'ouvrage plus détaillé et plus approfondi qu'a donné M. Dutot [...] L'essai de M. Melon, me paraît toujours digne d'un ministre et d'un citoyen, même avec ses erreurs. Il me semble, toute prévention à part, qu'il y a beaucoup à profiter de ces lectures.[63]

En 1736, Melon et Voltaire se connaissent sans doute déjà sur un plan mondain: le Paris des salons est un village. La teneur de la lettre citée plus haut laisse entendre qu'ils ont déjà confronté leurs esprits encyclopédiques ('M. Melon a du sens et des connaissances'). Il semble que l'exemplaire Changuion 1736 de l'*Essai*, que possède Voltaire (BV2386) et qu'il a abondamment *marginé* (*CN* 1101), ait été remis au philosophe par l'auteur lui-même, peut-être durant le séjour de celui-là à Paris durant l'été 1736. L'exilé champenois ne cache pas le choc de lecture qu'il en retire: 'Ne m'oubliez pas auprès de MM. Dubos et Melon. Nous ne jetons point au feu [...] l'*Essai sur le commerce: libellum aurum* [petit livre d'or]'.[64] L'expression d'estime personnelle ne faiblira pas, l'économiste étant même qualifié, du surnom de 'Colbert Melon'.[65] Au-delà même de l'enjouement habituel de la correspondance, la gratitude du lecteur Voltaire trouve aussi le ton de l'éloge *post mortem* (Melon est décédé au début de l'année) dans un texte écrit en 1738 et destiné à la publication: 'L'*Essai sur le commerce* de M. Melon est l'ouvrage d'un homme d'esprit, d'un citoyen, d'un philosophe; il se sent de l'esprit du siècle, et je ne crois pas que du temps même de M. Colbert il y eut en France deux hommes capables de composer un tel livre'.[66]

Le rapport entre les deux écrivains n'est d'ailleurs pas seulement

---

62. Il faudra attendre près de quatre décennies pour lire chez Voltaire une critique du paradoxe de Melon sur les bienfaits humains et économiques de l'esclavage (*QE*, art. 'Esclaves', *M*, t.18, p.602). Encore le fait-il sous couvert d'une réfutation du Livre 5 de la *Théorie des lois civiles* de Nicolas-Simon Linguet ('Du développement des Lois relativement au pouvoir des maîtres sur leurs esclaves' (Londres, 1767, fac-similé Paris, 1984), p.437-614). Provocateur ou véritable cynique, Linguet est explicite dans son panégyrique de l'esclavage: 'Loin de leur en faire sentir l'injustice, attachez-vous à leur en inculquer la nécessité' (p.610). Voltaire a écrit en marge de son exemplaire (B1838, BV2136) sous le titre *Théorie des lois civiles*: 'ou théorie, des paradoxes en déclamations fastidieuses mais qui annoncent de l'esprit'.
63. 'Lettre de Voltaire à M. T[h]i[e]riot', *Bibliothèque française ou Histoire littéraire de la France*, t.29 (Amsterdam, du Sauzet, 1739), cité par M. Raaphorst dans *OCV*, t.18A, p.228.
64. Voltaire à Berger, 24 octobre 1736 (D1181).
65. 'Si vous rencontrez, Colbert Melon, et Varron du Bos, bien des compliments' (Voltaire à Thieriot, 18 novembre 1736, D1202). La même expression est utilisée l'année suivante (à Thieriot, 4 février 1737, D1279).
66. [*Observations*] *Sur MM...*, *OCV*, t.18A, p.240-41.

intellectuel et semble avoir été animé d'une réelle sympathie, partagée d'ailleurs par la Dame de Cirey. Le témoignage s'en trouve dans l'émotion manifestée par Voltaire à l'annonce de la maladie fatale de l'économiste: 'Je suis sensiblement touché du danger de ce pauvre M. Melon. C'est un des hommes du monde que j'estime le plus. Au nom de Dieu dîtes-lui combien je m'intéresse à lui. Mme Du Châtelet, qui a beaucoup lu son livre, aime comme moi l'auteur'.[67]

Jean-François Melon est l'économiste qui aura le plus impressionné Voltaire avant sa rencontre avec Turgot en 1760, qui aura excité sa perception de l'économie comme champ spéculatif et lui aura fait prendre conscience de l'interrelation des questions touchant au commerce et aux finances. L'examen des notes marginales indique que Voltaire s'est attardé sur toutes les parties de l'*Essai*, qualifiant au passage de 'bon' ou de 'faux' les raisonnements de Melon sur l'inflation ou les recettes royales. Cependant, c'est la question du luxe qui va le plus clairement rapprocher les deux esprits en cette fin de décennie 1730. C'est le chapitre 9 ('Du luxe') qui va entrer dans l'histoire voltairienne et mener, après la Lettre 10 'Sur le commerce', à l'une des premières positions écrites du philosophe en matière d'économie politique, une posture polémique dans laquelle il est, certes, entraîné à son insu, mais qui l'amène à expliciter sa pensée face à une controverse morale passionnée.

Que dit J.-F. Melon sur la question du luxe? L'essentiel est d'abord dans la définition qu'il en donne, qui en fait la conséquence naturelle de la prospérité: 'Le Luxe est une somptuosité extraordinaire, que donnent les richesses et la sécurité d'un gouvernement; c'est une suite nécessaire de toute société bien policée'.[68]

On notera l'inversion par rapport à la vision mandevillienne: pour celle-ci, le bouillonnement des vices individuels (lucre, orgueil, etc.) génère une demande de biens superflus dont la satisfaction est par elle-même créatrice de richesse; pour Melon, la demande est induite par la satisfaction des besoins primaires, elle est 'extraordinaire' et l'apanage des sociétés déjà prospères. Dès l'entame du *Mondain*, Voltaire se range à cette vision historicisante qui convient à sa satire du primitivisme: 'Regrettera qui veut le bon vieux temps'. Il s'amuse, dans *La Défense du Mondain*, à relativiser l'archétype de la frugalité romaine: 'L'auguste Rome, avec tout son orgueil, / Rome, jadis, était ce qu'est Auteuil'.[69] Par ailleurs, comme Melon, il corrèle puissance et abondance:

---

67. Voltaire à Thieriot, 25 janvier 1738 (D1436). N.B.: Voltaire ignore que J.-F. Melon est décédé la veille.
68. [Melon], *Essai politique*, p.122.
69. *La Défense du Mondain*, éd. H. T. Mason, *OCV*, t.16 (2003), p.304-309, v.89-90.

> Sachez surtout que le luxe enrichit
> Un grand Etat, s'il en perd un petit.
> Cette splendeur, cette pompe mondaine,
> D'un règne heureux est la marque certaine.[70]

J.-F. Melon ne rejette cependant pas entièrement le ressort économique que Mandeville décèle dans les réalités les moins édifiantes de la nature humaine. Ambition et cupidité se convertissent, dans un état stable, en propension bénéfique à consommer:

> ce sont les passions qui conduisent et le Législateur ne doit chercher qu'à les mettre à profit pour la Société. Le Militaire n'est valeureux que par ambition, et le Négociant ne travaille que par cupidité; souvent l'un et l'autre pour se mettre en état de jouir voluptueusement de la vie: et le luxe leur devient un nouveau motif de travail.[71]

Des exemples historiques montrent l'énergie de conquête impulsée par l'ambition de jouissance.[72] Dans un fragment manuscrit conservé à l'IMV, non daté mais que l'on peut supposer contemporain des travaux préparatoires à l'*Essai sur les mœurs*, Voltaire développe la même idée: 'On dit le luxe a perdu les romains. mais l'empire dura près de 500 ans après la république. S'ils n'avaient point voulu jouir pourquoi conquérir? Les brigands volent pour partager les dépouilles. Un peuple modéré peut se passer de luxe. Voler et être modéré est une contradiction'.[73]

Un troisième argument est développé dans le chapitre 9 en faveur de la consommation somptuaire: celui du plein emploi. Melon affirme que, sur un terroir prospère, la production de première nécessité (grains) atteint le niveau suffisant avant le plein emploi des facteurs humains, une abondance que l'exportation ne peut, à elle seule, absorber. Il pointe les risques de l'oisiveté d'une partie de la main d'œuvre dont l'expatriation ne constitue qu'un pis-aller:

> Lorsqu'un Etat a les hommes nécessaires pour les Terres, pour la Guerre et pour les Manufactures, il est utile que le surplus s'emploie aux ouvrages du Luxe, puisqu'il ne reste plus que cette occupation, ou l'oisiveté; et qu'il est bien plus avantageux de retenir les citoyens dans les lieux de la domination, quand ils trouvent à vivre, que de les envoyer dans les Colonies où l'on ne travaille que pour le Luxe [le sucre, la soie; le café, le tabac].[74]

Au cours des décennies suivantes, on sait ce que Voltaire retient surtout de la nécessité du plein-emploi, avec la constance d'une idée fixe:

---

70. *La Défense du Mondain*, v.53-56.
71. Melon, *Essai politique*, p.122.
72. Melon, *Essai politique*, p.129.
73. IMV, f.DA36, MS48 (graphie conservée). Plus loin dans le feuillet, Voltaire note à nouveau cette réminiscence de Melon: 'le luxe ne perd pas les grands états il les enrichit et les polit'.
74. Melon, *Essai politique*, p.124.

dénoncer aussi souvent que possible le parasitisme monacal. Mais, au-delà de son anticléricalisme, il ne s'écartera jamais de sa conviction sur la valeur du travail, pour l'individu et pour la société. Dès *La Défense du Mondain*, son adhésion à la thèse d'une complémentarité sociale inhérente à l'existence d'industries du luxe est affirmée on ne peut plus clairement:

> Le riche est né pour beaucoup dépenser;
> Le pauvre est fait pour beaucoup amasser. [...]
> Le goût du luxe entre dans tous les rangs
> Le pauvre y vit des vanités des grands.[75]

C'est très exactement le cycle vertueux décrit par Melon: 'Le luxe est en quelque façon le destructeur de la paresse et de l'oisiveté. L'homme somptueux verrait bientôt la fin de ses richesses, s'il ne travaillait pour les conserver ou pour en acquérir de nouvelles; et il est d'autant plus engagé à remplir les devoirs de la Société, qu'il est exposé aux regards de l'Envie'; et: 'Il vaut mieux la folle dépense d'un banquet qui récompense le jardinier et habille ses enfants que l'aumône faite de la même dépense à des mendiants oisifs'.[76]

Voltaire a volontiers reconnu sa dette envers J.-F. Melon sur la question du luxe. Dans les *Observations* de 1738, il tient à préciser:

> souffrez que je me livre au plaisir d'estimer tout ce qu'il dit [sur divers sujet d'économie] et surtout sur le luxe. Cette sage apologie du luxe est d'autant plus estimable dans cet auteur et a d'autant plus de poids dans sa bouche, qu'il vivait en philosophe [suit une longue citation de l'*Essai* sur la relativité historique du luxe et sur le lien entre luxe de quelques-uns et prospérité générale].[77]

Il est beaucoup moins explicite sur ce qu'il retire de la lecture de Mandeville. Pourquoi cette différence? Nous allons nous attacher maintenant à en comprendre les raisons.

Melon ou Mandeville?

Si l'influence sur Voltaire des épicuriens des XVIe et XVIIe siècles ne fait pas débat, les voltairistes, en revanche, divergent sur le poids relatifs de Mandeville et Melon dans la formation des idées du philosophe sur la question du luxe. Une majorité de chercheurs admet une influence conjointe. C'est le cas d'André Morize, de Roger Charbonnaud,[78] de

---

75. *La Défense du Mondain*, v57-58, 69-70.
76. Melon, *Essai politique*, p.126, 142.
77. [*Observations*] *Sur MM...*, p.245-46.
78. Charbonnaud, *Les Idées économiques de Voltaire*, (Angoulême, 1907), p.92.

Marie-Rose de Labriolle-Rutherford,[79] d'Ellen Ross[80], de Paulette Carrive[81]. A l'inverse, Maurice Gaffiot attribue au seul Melon l'influence sur la séquence de la fin d'année 1736, sans même mentionner Mandeville.[82]

Ira O. Wade, quant à lui, nuance sensiblement le poids relatif des deux inspirateurs: 'It can be affirmed with a fair degree of assurance that Voltaire's poem is in no respect Mandevillian in origin. It does not contain a single verse which can be traced to the Fable'.[83] L'universitaire de Princeton reconnaît toutefois la présence des théories de Mandeville dans *La Défense*: 'in his second work, Voltaire discards the purely hedonistic justification for luxury, and offers boldly an economic apology for it' (p.34); 'The *Défense* is thus the real economic apology of luxury, while the *Mondain* is the moral apology' (p.35). Il est toutefois difficile de suivre Wade lorsqu'il émet, pour expliquer ce contraste entre l'œuvre 'morale' et l'œuvre 'économique', l'hypothèse selon laquelle la première aurait été écrite dès 1735, sous l'influence du seul Melon, avant que Voltaire n'ait connaissance, à la fin de l'année suivante, des théories de Mandeville à travers la traduction d'Emilie du Châtelet (p.38). A l'appui de cette datation, Wade n'apporte que la lettre à Formont déjà citée où Voltaire indique, dès 1735, son projet de lire l'*Essai*, et deux lettres de 1736 où il prétend avoir écrit *Le Mondain* 'il y a longtemps'.[84] D'une part, les dates d'édition des volumes de l'un et l'autre auteurs que possède Voltaire indiquent le contraire; il en va de même pour d'autres témoignages de la correspondance, en particulier une lettre de la marquise à Cideville.[85] Quant aux deux lettres précitées (à Mlle Quinault, à Thieriot), il faut les replacer dans la stratégie de contre-feu mise en place par Voltaire, comme à chaque fois que ses audaces le menacent d'un effet en retour. Cela devient évident si l'on veut bien – plutôt qu'extraire une citation partielle ('[*Le Mondain*] fait il y a deux ans') – se reporter à l'intégralité de la missive à Mlle Quinault, envoyée par une voie détournée, et qui est une lettre de reproche pour la désinvolture, réelle ou supposée, de l'actrice vis-à-vis de l'espionnage épistolaire et une invitation pressante à tromper celui-ci par une correspondance minimisant l'effet scandaleux du poème:

79. M.-R. de Labriolle-Rutherford, 'L'évolution de la notion du luxe depuis Mandeville jusqu'à la Révolution', *SVEC* 26 (1963), p.1025-34.
80. Ellen Ross, 'Mandeville, Melon and Voltaire: the origins of the luxury controversy in France', *SVEC* 155 (1976), p.1897-912.
81. Carrive, *Mandeville: passions, vices, vertus* (Paris, 1980), *passim*.
82. M. Gaffiot, 'La théorie du luxe dans l'œuvre de Voltaire', p.320-43.
83. I. O. Wade, 'Voltaire and Mandeville', p.31.
84. Voltaire à Mlle Quinault, 26 novembre 1736 (D1209) et à Thieriot, 27 novembre 1736 (D1210).
85. 18 juillet 1736, D1116 (voir ci-dessous, p.148).

Il y a sur la route de Vassy, dans la ville de Maux, un bureau de commis maladroits qui sans y penser décachètent les lettres, et puis en font des extraits. Je suis très fâché que vous les ayez mis dans la confidence des choses que vous me reprochez. On croirait par votre lettre que j'ai écrit quelque chose d'horrible sur des matières sacrées [...] Si on a pris de travers un ouvrage très innocent, et fait il y a deux ans, ce n'est pas ma faute [...] Il est de conséquence pour moi que dans la première lettre que vous m'écrirez, vous me parliez de *la décence et des mœurs qui font le caractère de mes ouvrages.*[86]

D'autre part, les papiers inédits de Mme Du Châtelet, incluant le manuscrit de la traduction de la *Fable* (que Wade, le premier, publie dans le même volume de mélanges), indiquent que ce travail a commencé en 1735 (date de la préface, de la main de la marquise). Il se poursuivait durant le séjour de Voltaire à Paris à l'été 1736.[87] Peut-on imaginer que cette année de travail intermittent sur Mandeville n'ait pas fait l'objet de discussions avec celui qu'elle qualifie dans sa préface de 'plus grand poète français' et d''homme universel'? De nombreux témoignages sur l'intimité de Cirey indiquent l'intensité des échanges intellectuels au sein du couple et, selon toute vraisemblance, Voltaire est celui qui a attiré l'attention de sa compagne sur le philosophe anglais.

Car, ainsi que le rappelle William Barber, 1735 a été une année de réflexion en commun à Cirey sur la réconciliation des Passions et de la Raison, à la suite de la lecture (ou relecture) de *Essay on man* d'Alexander Pope:[88] 'Pope reconciles reason with passions, brings self-love and benevolence into harmony as the foundation of ordered society, and identifies happiness with virtue'.[89]

Ces thèmes sont ceux que Voltaire développe depuis l'*Anti-Pascal*. La réhabilitation voltairienne des passions, note Barber, est plus proche de Pope et Shaftesbury que du cynisme paradoxal de Mandeville (combattre le pessimisme pascalien appelle pourtant des alliances inattendues...). Ajoutons enfin, s'il en était besoin, ceci: ne peut-on déduire avec certitude l'influence précoce de Mandeville dans cette paraphrase de *An Enquiry into the origin of moral virtue*, écrite à partir de 1734?

A peine les besoins eurent rassemblé quelques hommes que les plus adroits d'entre eux s'aperçurent que tous ces hommes étaient nés avec un orgueil indomptable aussi bien qu'avec un penchant invincible pour le bien-être.
Il ne fut pas difficile de leur persuader que, s'ils faisaient pour le bien commun de la société quelque chose qui leur coûtait un peu de leur bien-être, leur orgueil en serait amplement dédommagé.[90]

---

86. D1209, c'est Voltaire qui souligne.
87. Mme Du Châtelet à Algarotti, 20 avril 1736 (D1065).
88. *The Works of Mr Alexander Pope* (Londres, B. Lintot, 1717-1735), (BV2792).
89. 'Introduction' au *Traité de métaphysique*, éd. W. H. Barber, *OCV*, t.14 (1989), p.359-503 (377).
90. *Traité de Métaphysique*, ch.8, p.470, l.58-65 (voir 'An Enquiry', dans *The Fable of the bees*, éd. F. B. Kaye., p.42-43 et Tonson, p.29-30).

Quoi qu'il en soit, Mme Du Châtelet place, dans sa préface de 1735, l'ouvrage du philosophe-économiste anglais dans la sphère de la Morale: 'il me semble que c'est un des ouvrages du monde qui est le plus fort pour l'humanité en général. C'est, je crois, le meilleur livre de morale qui ait jamais été fait, c'est à dire celui qui ramène le plus les hommes à la véritable source des sentiments auxquels ils s'abandonnent presque tous sans les examiner'.[91]

Emilie et The Fable of the bees

Cette traduction partielle de Mandeville par la marquise Du Châtelet mérite que nous nous y arrêtions car son éditeur scientifique, I. O. Wade, n'y a pas relevé un élément interne contredisant, selon nous, son hypothèse de datation des influences réciproques de Mandeville et Melon sur Voltaire. Soulignons d'abord à nouveau, pour mémoire, la très intéressante préface, témoignage à la fois modeste et audacieux d'une femme du XVIIIᵉ siècle sur le droit de son sexe à faire œuvre scientifique utile, un écrit personnel qui fut admiré, un peu plus tard, par Mme de Graffigny.[92] N'hésitons pas, en revanche, à critiquer sa méthode traductologique, d'une sécheresse toute scientifique, qui écourte le verbe incisif et fleuri de Mandeville.[93] Mme Du Châtelet fait moins œuvre de traduction que de contraction de texte et d'interprétation:[94] elle n'hésite pas à remplacer les digressions de l'essayiste par des exemples et des commentaires de son cru ou de celui de Voltaire (Wade, citant Patterson,[95] donne seize citations paraphrasées du *Traité de métaphysique*). Cette intertextualité montre, à notre avis, la proximité temporelle entre la lecture de la *Fable*, sa traduction/adaptation et la rédaction du *Traité*, une confrontation d'idées particulièrement marquée dans les chapitres 8 ('De l'homme considéré comme un être sociable') et 9 ('De la vertu et du vice') de l'ouvrage de Voltaire.

Ayant renoncé à traduire la fable elle-même ('parce qu'il faudrait qu'elle fût en vers et que je n'en fais point'), Mme Du Châtelet s'attaque méthodiquement à *An Enquiry into the origin of moral virtue*, puis aux remarques A ('des diverses professions'), B ('des négociants'), C ('de l'honneur et de la honte'), D ('des marchands en détail'), E ('des joueurs'), F ('des professions fondées sur les vices des hommes'); elle supprime G

---

91. I. O. Wade, 'Papers of Mme Du Châtelet', dans *Studies on Voltaire*, p.137 (f.13 du manuscrit).

92. Voir la lettre à Devaux du 23 décembre 1738 (D1708).

93. 'ces petites finesses, ces tours délicats que l'on donne à des pensées ordinaires n'entraient pas dans l'immensité de ses talents [...] Elle eût plutôt écrit comme Pascal et Nicole que comme Mme de Sévigné' (Voltaire, *Eloge historique de Mme du Châtelet*, [1752], *OCV*, t.38A, p.388).

94. 'traduction désinvolte et incomplète', Carrive, *Mandeville: passions, vices, vertus*, p.32.

95. Voltaire, *Traité de métaphysique*, éd. H. T. Patterson (Manchester, 1937).

('sur les criminels') mais traduit H ('des Musicos de Hollande'), I ('de l'avarice'), K ('de la prodigalité'), L ('du luxe'). Et là, sur la section 'luxe', sa plume s'arrête après trois feuillets (f.125-27). Non seulement elle n'ira pas plus loin (la Remarque L couvre pourtant dix-huit pages de l'édition Tonson), mais les quelques paragraphes qu'elle trace s'ouvrent largement (11 lignes sur 41) à une paraphrase (non créditée) de Melon extraite du chapitre 9 de l'*Essai sur le commerce* (exemple des bas de soie et des chaussures à la poulaine).

Nous sommes probablement à l'automne 1736 et Voltaire a rapporté de Paris le livre de l'économiste comme sans doute aussi l'ébauche du *Mondain*. Une séquence-phare de la controverse sur le luxe est proche de s'ouvrir.

Désaccord sur le vice et la vertu

En dépit d'une datation contestable, Wade pointe avec justesse ce qui sépare Mandeville et Voltaire et la probable raison de la réticence de ce dernier. Le philosophe français regarde la croissance historique du luxe comme preuve de sa conviction sur le progrès humain, un progrès qui ne marque aucunement le triomphe du vice sur la vertu (Wade, 'Voltaire and Mandeville', p.43). Et, en effet, vice et vertu ne sont que des conventions sociales adoptées dans l'intérêt général, comme Voltaire l'affirme peu avant l'écriture du *Mondain*: '*La vertu et le vice, le bien et le mal moral, est donc en tout pays ce qui est utile ou nuisible à la société*; et dans tous les lieux et dans tous les temps celui qui sacrifie le plus au public est celui qu'on appellera le plus vertueux'.[96]

Mandeville, au contraire, et comme nous l'avons indiqué plus haut, fait reposer le progrès des sociétés sur l'étrange alchimie qui transmute les vices individuels (intrinsèques à la nature humaine) en bienfaits collectifs: 'For the main Design of the Fable [...] is to shew the Impossibility of enjoying all the most elegant comforts of Life that are to be met with in an industrious, wealthy and powerful Nation, and at the same time be bless'd with all the Virtue and Innocence that can be wish'd for in a Golden Age'.[97]

Si les deux philosophes se rejoignent sur la relativité de la vertu, il faut rappeler que Mandeville, comme La Rochefoucauld, fait reposer le respect de celle-ci sur un vice, en l'occurrence l'orgueil (dans les *Maximes*: l'amour-propre). Il y a donc une rupture de nature ontologique entre Voltaire et Mandeville quant aux sources de la morale sociale: le premier, au contraire du second, croit en 'la bienveillance qui vous dispose à

---

96. 'Traité de métaphysique', dans *OCV*, t.14, p.475 (c'est Voltaire qui souligne).
97. Mandeville, Preface, dans *The Fable of the bees*, éd. Kaye, p.6 (éd. Tonson, p.vii).

l'union avec les hommes'.[98] Dans ce même *Traité de métaphysique*, peut-être en réaction contre la lecture de la *Fable*, on trouve l'une des meilleures formulations de l'équilibre voltairien entre passions et raison qui préside à une vie en société empreinte d'émulation comme de tolérance: 'il faut s'en tenir aux présents [que Dieu] nous a faits. Ces présents sont la raison, l'amour-propre, la bienveillance pour notre espèce, les besoins, les passions, tous moyens par lesquelles nous avons établi la Société'.[99]

Deux commentateurs ont utilisé cette fracture pour expliquer le masque posé par le philosophe français sur la source mandevillienne de ses idées économiques. D'abord Madeleine Raaphorst qui souligne que 'l'attitude [de Voltaire] à l'égard de l'économie est orientée par celle qu'il montre à l'égard de la vie et par son idéal humanitaire'.[100] Si l'acquisition du bonheur matériel est le résultat de la prospérité économique, il est aussi le signe vectoriel d'un progrès civilisationnel inhérent à notre condition. Voltaire est ouvertement moderniste; pour lui, selon M. Raaphorst, 'il n'y a que du bien à dire du temps présent, en dépit de tant d'auteurs qui ne louent que le passé' (p.73). Jusqu'à la fin de sa vie, le bien-être matériel ne se sépare pas d'une philosophie pragmatique de 'l'art d'être heureux' *hic et nunc*: 'pour le patriarche de Ferney, le luxe n'appartient pas à un système isolé, il fait partie du complexe de civilisation qui englobe sciences, arts, *philosophie*, et qui contribue à rendre la vie supportable et même à l'adoucir' (p.77).

A. Owen Aldridge, de son côté, revient plus directement sur la prise de distance envers Mandeville: 'The deliberate linking of luxury to the idea of progress was a typical Voltairean refinement completely independant of Mandeville'.[101] Voltaire s'écarte de la réflexion éthique du moraliste anglais (qui analyse le désir de luxe au plan des instincts individuels) pour placer la consommation ostentatoire au niveau du devenir national (Aldridge, *Mandeville studies*, p.148). On pourrait faire observer à Aldridge que c'est ici la perspective de l'historien (ce que Mandeville n'est pas) et aussi l'influence particulière de Melon, dont tout l'*Essai* est préoccupé de bonne gouvernance macro-économique. Le chercheur avance une opinion d'homme de lettres pour expliquer la prudence de Voltaire: 'It is my thesis that Voltaire's occasional and non-committal borrowings from *The Fable of the bees* indicate that he did not accept the latter's basic

---

98. 'Traité de métaphysique', *OCV*, t.14, p.470, l.49-50.
99. 'Traité de Métaphysique', *OCV*, t.14, p.479.
100. M. Raaphorst, 'Voltaire et la question du Luxe', *The Rice University studies* 51/3 (1965), p.69-80 (72).
101. A. Owen Aldridge, 'Mandeville and Voltaire', *Mandeville studies*, éd. Irwin Rimer (La Haye, 1975), p.147.

tenets. Voltaire used him for his shock value, in order to amaze timorous minds' (p.143).

La relation complexe de Voltaire aux thèses éthiques et économiques du Dr Mandeville n'a probablement pas encore épuisé la spéculation interprétative des chercheurs. L'intention satirique du *Mondain* (voir section ci-dessous) suffirait à expliquer l'absence de référence aux théories du polémiste anglais. Car l'ironie voltairienne s'exerce parfois au détriment du débat d'idées. Toutefois, une autre manière d'aborder le problème serait de considérer l'influence de l'essayiste anglais sur J.-F. Melon car le chapitre 9 ('Du luxe') de l'*Essai* est très largement d'inspiration mandevillienne. Avec cette différence significative que l'économiste français épure sa théorie du luxe de toute réflexion éthique pour n'en retenir que les facteurs économiques. Ne serait-ce pas cette focalisation sur les seuls aspects politiques qui aurait séduit Voltaire, dont les pensées morales sont par ailleurs au centre des travaux intellectuels de Cirey (*Traité de métaphysique, Discours en vers sur l'homme*) et sont incompatibles avec le pessimisme mandevillien? Cette explication rejoint une remarque de bon sens de Wade: 'Certain it is, however, that he found the compact little chapter 9 of the *Essai* more readily usable than the rambling paradoxes of the Fable'.[102]

Compte-tenu de ces influences sur sa réflexion, comment s'exprime Voltaire sur la question du luxe lors de la séquence du *Mondain*?

Eruditio luxu: *Le Mondain* et *La Défense du Mondain*

Genèse d'une controverse

Voltaire mentionne pour la première fois l'écriture du poème dans une lettre à Cideville du 5 août 1736.[103] Comme nous l'avons avancé plus haut, il n'est pas hasardeux de supposer que le substrat économique implicite de la satire soit sinon directement inspiré par la lecture récente de l'*Essai* de Melon, du moins influencé, en partie, par lui: bienfaits du progrès matériel; relativité de l'appréciation du luxe par rapport au temps et aux individus; le désir somptuaire comme ressort de l'industrie et du commerce; la consommation de superflu 'suite nécessaire d'une société bien policée'. Mais il n'est pas certain que l'exposé d'un argumentaire économique corresponde à l'intention principale de l'auteur dans *Le Mondain* (à l'inverse de *La Défense*). Il semble que l'intention première est celle d'une satire du primitivisme, celui de Fénelon en

---

102. I. O. Wade, 'Voltaire and Mandeville', p.42.
103. D1122. N.B.: Dans une lettre du 20 octobre à J.-F. de la Faye (D1178), Voltaire cite, apparemment de mémoire, quelques vers du *Mondain* sans référence explicite au poème ('Certain vin frais, dont la mousse pressée / [...] De nos Français est l'image brillante').

attendant celui de Rousseau. C'est d'ailleurs l'impression qu'en retire l'un des premiers auditeurs du texte, l'abbé Le Blanc, après une lecture que lui en aurait faite Voltaire: 'je me souviens qu'il maltraite fort Dieu, Adam et M. de Cambrai [Fénelon]'.[104]

Haydn Mason, dans son introduction à l'édition critique des trois textes,[105] suggère que cette lecture ait pu avoir lieu lors d'un dîner avéré entre Le Blanc et Voltaire à Paris en avril.[106] Si tel est le cas, une première ébauche du poème aurait pu être rédigée lors du séjour du philosophe dans la capitale (estimé entre le 24 avril et le 6/7 juillet 1736), sous l'effet d'une redécouverte de la vie fastueuse des cercles parisiens. H. Mason voit une confirmation de cette hypothèse dans la lettre (déjà citée) de Mme Du Châtelet à Cideville en ce mois de juillet: 'Une petite pièce que votre ami a faite dans sa chaise de poste en revenant ici'.[107] Le contraste entre le luxe brillant de cette vie matérielle et intellectuelle et les idées de frugalité antique mises à la mode depuis le *Télémaque*[108] aurait pu inciter Voltaire à partager avec un cercle restreint d'esprits forts une satire du primitivisme de la Genèse. Strictement privée, cette défense et illustration du progrès humain n'aurait eu qu'un rôle secondaire dans la justification économique du luxe. Quoi qu'il en soit, les circonstances en décidèrent autrement.

Il n'est pas de notre objet de revenir sur les péripéties du scandale qui appartiennent à l'histoire littéraire et sont fort connues: écriture non destinée à la publication; circulation fortuite de nombreuses copies à la suite de l'indiscrétion du président Dupuy, qui découvre par hasard le poème parmi les papiers du comte de Bussy-Rabutin, évêque de Luçon; montée en puissance du scandale bien attisé par Desfontaines; peur de Voltaire et exil volontaire de deux mois en Hollande, etc.[109] Notre angle de vue – celui des idées économiques – nous suggère plutôt de considérer comme un triptyque le factum philosophique constitué par les trois textes séquentiels (*Le Mondain, La Défense du Mondain ou L'Apologie du luxe* et la pseudo-lettre de J.-F. Melon *A Mme la comtesse de Verrue*). Ce corpus nous révèle la première confrontation littéraire du philosophe à ce mélange nouveau de la morale (voire de la métaphysique) aux réalités

104. Le Blanc à Bouhier, 19 novembre 1736 (D1205).
105. 'Introduction', *Le Mondain, La Défense du Mondain, Lettre de M. Melon*, dans *OCV*, t.16, p.273-310.
106. [c.30 avril 1736] (D1068).
107. 18 juillet 1736 (D1116).
108. La première édition non censurée des *Aventures de Télémaque* date de 1717 (Paris, F. Delaulne et J. Estienne, 1717).
109. Je renvoie à nouveau à A. Morize (*L'Apologie du luxe*), de même qu'à H. T. Mason (*OCV*, t.16), qui donnent tous deux un compte-rendu de l'enchaînement des événements, Mason bénéficiant du corpus moderne de la Correspondance.

politiques de l'économie réelle. Est-il outré de suggérer que cette confrontation se fait quelque peu à son corps défendant?

En effet, du point de vue des seules idées économiques, la première impression, légèrement comique, est celle d'un hiatus entre la forme et le fond au début de la séquence. Car le contenu du texte dépasse la 'private joke' entre esprits éclairés. Voltaire adresse donc un poème enjoué et très personnel à quelques amis de jeunesse (Berger, Bussy, Cideville, Formont, d'Olivet, de Tressan, etc.) pour ironiser sur la candeur des laudateurs de l'état de nature. La confidentialité supposée du manuscrit entraîne l'ironiste à quitter le discours oblique et à discréditer ouvertement sa cible. La structure du *Mondain* se ressent de cette connivence marquée avec les témoins du triangle habituel de l'ironie (ironiste/cible/témoins). Elle se présente sous la forme d'un double balancement comparatif entre modernité confortable et premiers temps grossiers de l'humanité: une première contradiction est affirmée entre un prétendu 'âge d'or' (v.1-4) et 'ce temps profane' tout entier adonné 'au luxe, aux plaisirs de ce monde' (v.5-29); le développement de cet exorde est l'occasion d'une opposition encore plus réaliste et détaillée entre la condition de nos premiers ancêtres (v.30-60) et 'le train des jours d'un honnête homme' de 1736 (v.61-113). La clausule (v.114-30) nomme la cible: Fénelon et les tristes théologiens du Paradis.[110] Le progrès de l'esprit humain et son corollaire le progrès économique sont symbolisés par les deux constituants d'un axe orienté: il y a une origine ('Ils étaient nus; et c'est chose très claire/Que qui n'a rien n'a nul partage à faire'), et il y a un devenir ('Ah! Le bon temps que ce siècle de fer '). Ce contraste appuyé et répété accentue la volonté satirique (et blasphématoire) au détriment du raisonnement économique de fond, qui fusionne implicitement la vision voltairienne du progrès avec l'axiome de prospérité de Melon: l'humanité, par son travail et sa raison, progresse vers l'établissement de sociétés prospères, gages d'épanouissement et de bonheur individuels.

Plutôt que le discours libéral et progressiste, la posture d'écriture est donc celle de l'hédonisme brillant (même Fréron louera, des années plus tard, la qualité de la versification).[111] Provocante et légère, l'apologie du plaisir et du luxe dans le passage du 'train des jours'[112] se confond

---

110. I. O. Wade rappelle que cette méfiance de Voltaire envers la frugalité de l'état primitif s'adresse à Pascal et La Bruyère tout autant qu'à Fénelon, que Voltaire place d'ailleurs à l'intérieur du Temple du Goût (I. O. Wade, 'A note on the genesis of *Le Mondain*', dans *Studies on Voltaire*, (Princeton, NJ, 1947), p.52-53.

111. *L'Année littéraire*, t.8, 1764.

112. Ce passage (v.61-113) pourrait s'inspirer d'un texte semblable inclus dans la 'Remarque Q' de Mandeville.

quelque peu avec celle de la frivolité. Le poète y frôle l'impudence du petit-maître. Surtout que, à la différence de la description similaire chez Mandeville, l'honnête homme' de Voltaire jouit de ces commodités somptuaires sans obligatoirement les posséder (Wade, 'Voltaire and Mandeville', p.31), ouvrant le champ au parasitisme social. Parce qu'il est conçu comme un contrepoint venant renforcer le tableau satirique de la Genèse, le portrait du bénéficiaire de la modernité approche d'un peu trop près les mille portraits à charge de la comédie comique envers une frange irresponsable et impudente de la société aisée du temps.[113] Une telle désinvolture peut amuser un petit cercle d'esthètes. Elle deviendrait totalement déplacée dans un texte public ayant pour but principal de prendre parti dans ce débat philosophique sérieux: la place de la production de biens superflus dans la formation des richesses d'une nation. En vérité, si l'intention première de Voltaire avait été celle-ci, la forme poétique adéquate pour s'exprimer sur ce sujet eût été celle des *Discours en vers sur l'homme*, écrits à la même période.[114] Ces *Discours*, empreints de modération, évoquent la sagesse tranquille jusque dans le mouvement majestueux de l'alexandrin qui contraste avec la sèche impertinence des décasyllabes du *Mondain*.

Heureusement pour la malice voltairienne, la critique bien-pensante se focalise alors sur l'image peu flatteuse des premiers héros de la Genèse que brosse le poète: Adam et Eve aux 'ongles longs [...] crasseux', à la 'peau bise et tannée', copulant 'sans propreté' et sans joie.[115] Certes, mais le véritable blasphème (et il est de taille) est bien dans le dernier vers: 'Le Paradis terrestre est où je suis'. Ce *credo* néo-épicurien s'oppose frontalement au dogme évangélique du péché originel, de la chute et de la rédemption par le Sauveur. Rarement Voltaire sera aussi direct dans sa critique du christianisme. Même le titre sent le fagot, qui renvoie à la répulsion traditionnelle de l'Eglise pour le *monde*. Cette audace pollue, tout autant que l'éloge de la frivolité, la réflexion que le poème propose, à l'arrière-plan, sur la question du luxe comme effet bénéfique du progrès humain.

---

113. Voir, par exemple, les parodies qu'en donnent Desmahis dans l'*Impertinent* (Joseph-François Corsambleu-Desmahis, *L'Impertinent* (Paris, Prault, 1750)), Gresset dans *Le Méchant* (Jean-Baptiste Gresset, 'Le Méchant', dans *Œuvres de Gresset* (Paris, 1806)), et Voltaire lui-même dans *L'Indiscret*, éd. J. Dunkley et R. Goulbourne, *OCV*, t.3A (2004), p.1-122.

114. Entre 1734 et 1737, selon Voltaire dans l'édition de 1740, plus probablement en 1738, selon la recherche.

115. Dans le manuscrit d'origine, Adam s'évertue à 'forger le genre humain, / En secouant madame Eve'...

Déplacement du débat vers l'économique

Dépassé par la mise intempestive de son poème sur la place publique,[116] Voltaire prend donc conscience d'une véritable erreur générique que *La Défense* va s'appliquer à redresser sans se renier. En effet, *La Défense du Mondain ou L'Apologie du luxe* se présente, à première vue, dans une continuité formelle avec l'objet du scandale: apologue d'un débat de table, décasyllabes rapides, métaphores chatoyantes, etc. Mais la structure actantielle et l'échelle de valeur du poème sont inversées. L'hédonisme intempérant est assimilé au caractère grotesque de l'hypocrite 'doux béat', prélat jouisseur et néanmoins prêcheur (qui annonce le chanoine Couet du *Dîner du comte de Boulainvilliers*), tandis que le goût raffiné est moteur d'une 'humaine industrie' bénéfique à tous et non pas aux seuls privilégiés qui en goûtent la volupté. La morale du plaisir cède le pas à la morale sociale. Une marque de cette transition transparaît dans la lettre d'envoi, dès janvier 1737, de *La Défense du Mondain* au Prince royal Frédéric; on y rencontre à la fois la morgue du bel-air, tel que le 'train des jours' la laissait deviner, et les arguments économiques de *La Défense*:

> c'est un petit essai de morale mondaine, où je tâche de prouver, avec quelque gaieté, que le luxe, la magnificence, les arts, tout ce qui fait la splendeur d'un Etat en fait la richesse; et que ceux qui crient contre ce qu'on appelle le *luxe* ne sont guère que des pauvres de mauvaise humeur. Je crois qu'on peut enrichir un Etat en donnant beaucoup de plaisir à ses sujets. Si c'est une erreur, elle me paraît jusqu'ici bien agréable.[117]

Le correspondant princier avait d'ailleurs, à la réception du *Mondain* ('vrai cours de morale'), tenu à rappeler que la 'jouissance pure' ne se trouve point 'dans l'excès d'une débauche outrée'.[118] Dans *La Défense*, Voltaire, au milieu des images poétiques et des réfutations des mythes historiques de la frugalité, avance, au crédit du luxe, quatre arguments économiques inspirés de Melon: 1) l'enrichissement de l'Etat (lorsqu'il s'agit d'un grand pays); 2) l'enrichissement de l'artisan fournisseur de 'vanités des grands'; 3) la circulation monétaire activée entre ceux-ci et celui-là, facteur de cohésion sociale; 4) l'apologie du colbertisme (désormais récurrente chez Voltaire), protecteur des industries nationales du haut de gamme et d'un commerce d'exportation. Les trois premiers arguments sont, via Melon, en conformité avec les théories de Mandeville, de même que l'observation selon laquelle richesse et prodigalité sont des facteurs naturellement concomitants dans une

116. 'La pièce n'était pas faite assurément pour être publique' (Voltaire à de Tressan, 9 décembre 1736, D1222).
117. Voltaire à Frédéric, [c.10] janvier 1737 (D1251).
118. Frédéric à Voltaire, 3 décembre 1736 (D1218).

société, tout autant que pauvreté et frugalité. Dans l'envoi du poème, Voltaire s'offre le plaisir de l'humilité ('mes peintures naïves'), qu'il compense aussitôt par la qualification de 'discours honnête' (le syntagme 'honnête homme' apparaissait déjà dans *Le Mondain*).

Plus circonstancielle et auto-justificatrice apparaît l'ébauche d'une prétendu, *Lettre de M. de Melon, ci-devant secrétaire du Régent du royaume, à Madame la comtesse de Verrue sur L'Apologie du luxe.*[119] Usant sans trop de scrupule (Melon est encore en vie) d'un subterfuge d'emprunt d'identité qui deviendra un procédé courant du philosophe, la *Lettre* vise à couvrir de l'autorité de l'économiste (alors grande en 1737) les raisonnements exprimés poétiquement dans *La Défense*:

> J'ai lu, madame, l'ingénieuse *Apologie du luxe*; je regarde ce petit ouvrage comme une excellente leçon de politique, cachée sous un badinage agréable. Je me flatte d'avoir démontré, dans mon *Essai politique sur le commerce*, combien ce goût des beaux-arts et cet emploi des richesses, cette âme d'un grand Etat qu'on nomme *luxe*, sont nécessaires pour la circulation de l'espèce et pour le maintien de l'industrie.[120]

Voltaire joindra cette 'lettre' aux deux poèmes dès l'édition des *Œuvres* qu'il prépare avec Etienne Ledet, chez qui il loge durant son exil en Hollande (déc. 1736/fév. 1737).[121]

A propos de cette édition Ledet, 'revue par l'auteur', il est intéressant d'observer l'erreur factuelle [?] de l'imprimeur un an après les séances de travail avec Voltaire. En effet, les deux poèmes sont inversés dans leur chronologie et dans leurs titres. *La Défense* apparaît la première, sous le titre *Le Mondain ou L'Apologie du luxe*, *Le Mondain* est imprimé à la suite, sous le titre *L'Homme du monde ou La Défense du Mondain*. La *Lettre à Mme de Verrue* est insérée entre les deux poèmes. Diverses éditions pirates de la décennie 1740 reproduisent cette étrange séquence. Assez étrangement aussi, l'auteur [Voltaire] du *Mémoire sur l'édition des œuvres de M. de Voltaire faite à Amsterdam chez Desbordes et Ledet, 1739, in.8°, 4 vol.*, qui paraît fin 1739 dans *Bibliothèque française* (vol.29, part 2, p.308-13), relève 'plusieurs choses qui ont paru curieuses' dans cette édition: toutes ont trait aux tragédies, rien n'est reproché à l'inversion *Mondain/Défense*.[122] Voltaire a-t-il

---

119. *Lettre de M. de Melon, ci-devant secrétaire du Régent du royaume, à Madame la comtesse de Verrue sur l'Apologie du luxe*, éd. H. T. Mason, *OCV*, t.16 (2003), p.310. N.B.: Mme de Verrue, décédée en 1736, était connue pour son goût raffiné et le sens artistique qu'elle appliquait à la décoration de ses demeures; son épitaphe – rédigée par elle-même – la nommait *dame de volupté*.

120. 'Lettre de M. de Melon', dans *OCV*, t16, p.310. On notera l'emploi archaïque de 'politique' pour 'économie politique'.

121. *Œuvres de M. de Voltaire* (Amsterdam, Ledet et Desbordes, 1738-1739), t.4 (Trapnell W38, Bengesco 2120; disponibilité: IMV, BnF Rés. Z-Beuchot 4, Ars. Rés. 8-BL-34043-4).

122. N. Cronk, qui a rédigé l'édition scientifique du *Mémoire* (*OCV*, t.18ʙ (2007), p.413-29), fait contraster ce silence avec la 'faute extraordinaire' imputée par Beuchot à Ledet, dans

délibérément voulu imposer le poème le mieux argumenté en premier, le second (*Le Mondain*) n'étant qu'une illustration 'badine'? Nous laissons cette interrogation à l'état d'hypothèse car les éditions ultérieures, supervisées par l'auteur (par exemple Cramer 1768 (w68) ou l'"encadrée' (w75G) de 1775), ne reproduisent pas cette *erreur*.[123]

Inversée ou non, la séquence des deux poèmes traduit une prise de conscience du philosophe. L'art de vivre ne fournit pas, en soi, une justification morale au raffinement de quelques-uns. Pour être posée en droit moral, la jouissance du luxe doit se concevoir comme rouage d'un système d'échanges économiques bénéficiant à différentes classes de la société ou à des nations solidaires dans leur complémentarité. Voltaire associera désormais souvent cette double dimension morale et 'politique' à sa réflexion sur le progrès humain. On le vérifie dans l'œuvre historique, mais également dans ses prises de position sur la liberté du commerce, sur le primat de l'agriculture, sur la responsabilité de l'entrepreneur.

La problématique du luxe reste abordée régulièrement dans les écrits voltairiens ultérieurs. Néanmoins, les avis divergent sur la constance de son opinion à propos des bienfaits économiques de la consommation somptuaire, en particulier au regard de ce qui devient la grande passion des années de Ferney: la création de richesse par le secteur agricole.

Voltaire a-t-il évolué sur la question du luxe?

Dans une contribution au Colloque Voltaire organisé par l'université de Western Ontario en 1976, John Pappas adoptait une position sensiblement différente de celle des quelques chercheurs s'étant jusque-là intéressés aux idées de Voltaire sur le superflu. Selon lui, la

---

Bibliographie de la France (1820) et l'édition des *Œuvres complètes* en 72 volumes, (Paris, 1829-1834). Dans le *Mémoire*, parmi les 'choses curieuses', Voltaire signale des vers nouveaux et même des scènes nouvelles (dans *Brutus*), négligences peu probables de la part d'un simple imprimeur...

123. L'exemplaire du fonds Beuchot conservé à la BnF (*ex-libris* du Président Hénault) porte de nombreuses corrections manuscrites qui ne sont pas de la main de Voltaire mais auraient été dictées par lui (selon Beuchot, *Œuvres de Voltaire*, t.19, p.xiv, n.1). Le titre du premier poème est ainsi corrigé: l'apologie 'du mondain' (en marge: 'cette pièce devrait être après celle qui la suit'); le second devient: 'L'homme du monde / le Mondain' (en marge: 'cette pièce devrait être avant la précédente'). L'exemplaire de l'Arsenal cité est également corrigé à la main (par Paulmy?), plus succinctement que celui de Beuchot. L'hypothèse d'une simple erreur de l'imprimeur repose sur la note (sans doute de Voltaire) figurant au bas du deuxième poème (*L'Homme du monde ou La Défense du Mondain*): 'Nous donnons cette Pièce *et la suivante* dans le Recueil de Mr. De Voltaire. On nous assure qu'elles sont de lui, quoique quelques personnes les attribuent à d'autres' (W38, t.4, p.113, je souligne).

diachronie montre une évolution dans la morale du philosophe: 'Il éclate, à l'évidence, dans ses œuvres et dans sa correspondance postérieures au *Mondain*, qu'au fur et à mesure que Voltaire vieillit, il modifie sa position à l'égard de la vie mondaine de Paris et se rapproche de celle de Rousseau'.[124]

Le point d'inflexion se situerait très exactement en 1755, au moment de l'émotion apportée au poète-philosophe par le désastre de Lisbonne:

> Sur un ton moins lugubre on me vit autrefois
> Chanter des doux plaisirs les séduisantes lois:
> D'autres temps, d'autres mœurs[125]

La prise de conscience d'une vanité des plaisirs face au destin aurait amené Voltaire à se tourner vers la Nature et sa domestication pacifique par l'agriculture. Poursuivant le parallèle inattendu avec Rousseau, Pappas compare l'expérience de l'installation aux Délices au patriarcalisme de *La Nouvelle Héloïse*: 'Le mélange d'utilité sociale et d'épicurisme de Julie n'est pas loin de la formule que Voltaire utilise pour décrire "ma retraite trop belle pour un philosophe: il faut savoir jouir et savoir se passer, j'ai tâté de l'un et de l'autre"' (Pappas, p.223).[126] Il y aurait donc chez l'homme de lettres habitué des salons parisiens, chez le courtisan des cours de Versailles, Lunéville ou Berlin, la découverte d'une nouvelle règle de vie liée aux plaisirs simples et mesurés de la vie rustique. J. Pappas en trouve la trace dans nombre d'écrits ultérieurs. Dans *Candide* (1759) et sa morale finale qui prônerait l''heureux oubli d'un monde pervers et frivole'.[127] Dans l'*Epître à Mme Denis sur l'agriculture* (1761).[128] Dans le *Dictionnaire philosophique* (1764) où l'article 'Economie' indiquerait un rejet du mercantilisme de Melon: 'Telle est la différence entre l'économie de la campagne et les illusions des villes'.[129] Dans *L'Ingénu* (1767), porteur d'un 'message anti-parisien, anti-versaillais' (Pappas, p.226). Le rejet du mercantilisme d'importation apparaît encore dans *L'Homme aux quarante écus* (1768)[130] et dans les *Fragments sur quelques révolutions dans l'Inde* (1773).[131]

124. J. Pappas, 'Voltaire et le luxe: une mise au point', *Enlightenment studies in honour of Leslie G. Crocker* (Oxford, 1979), p.221-30 (222).
125. *Poème sur le désastre de Lisbonne*, éd. D. Adams et H. T. Mason, dans Voltaire, *OCV*, t.45A (2009), p.271-358 (348), v.223-25.
126. La citation est extraite de la lettre du 5 août 1755 à Darget (D6386).
127. Voltaire à Diderot, 16 novembre 1758 (D7943).
128. 'Epître XCII à Mme Denis sur l'agriculture' (*M*, t.10, p.378-82).
129. Il s'agit en fait d'un article des *QE* de 1771 (*OCV*, t.40, p.593).
130. *OCV*, t.66, p.318.
131. 'le plus grand et le plus rude des impôts est celui que nous imposons sur nous-mêmes par nos nouvelles délicatesses qui sont devenues des besoins, et qui sont en effet un luxe ruineux, quoiqu'on ne leur ait point donné le nom de luxe' (*M*, t.29, p.88).

Pour l'universitaire, 'ces attaques [contre la consommation somptuaire] proviennent d'une nouvelle conscience sociale acquise dans son rôle de patriarche terrien' (Pappas, p.227), sans que celles-ci impliquent un véritable renoncement aux douceurs du confort ni à la littérature:

> Mais ne détournons pas nos mains et nos regards
> Ni des autres emplois ni surtout des beaux-arts.[132]

Et Pappas conclut ainsi: 'Il est donc simpliste de représenter le petit-maître du *Mondain* comme l'incarnation de la véritable et ultime doctrine de Voltaire sur la question du luxe alors que [...] ses écrits ultérieurs renient cette première position' (Pappas, p.229).

Hédonisme et modération

Nous avons résumé cette intéressante contribution de Pappas parce qu'elle propose une vision dynamique de la réflexion voltairienne sur le luxe. Elle mérite également d'être commentée à son tour parce qu'elle nous paraît quelque peu biaisée. Elle prouve que Voltaire en sa maturité intellectuelle a rejeté le pur hédonisme épicurien, ce qui n'est pas faux mais mérite d'être nuancé. En revanche, elle entretient une ambiguïté entre ce rejet moral et un éventuel rejet politique de ses idées sur l'économie, sous l'influence supposée de la physiocratie et des entreprises agricoles des vingt dernières années. En simplifiant, nous reprochons à une telle analyse de constituer implicitement le 'badinage' du *Mondain* en étalon de la pensée politique de Voltaire sur le sujet. A partir du plaidoyer hédoniste – un rien frivole – de l'automne 1736 l'évolution est certaine. Elle est moins évidente lorsque l'on constate la fidélité du philosophe aux idées de *La Défense du Mondain*, le texte qui reflète véritablement son analyse de politique économique.

Tout d'abord, rappelons qu'il faut toujours admettre le droit de la licence poétique à contredire la pensée rationnelle. Citer un poème lyrique ou des épîtres pour prouver une thèse intellectuelle n'est pas sans risque. On pourrait ainsi s'interroger sur ce distique de *La Henriade* et inférer (à tort) que François-Marie Arouet en sa jeunesse favorisait une forme non épicurienne du stoïcisme:

> Le luxe, toujours né des misères publiques,
> Prépare avec éclat ces états tyranniques.[133]

Rien ne préparerait plus mal l'adhésion aux thèses de J.-F. Melon et Mandeville. Mais le distique du jeune poète paraît frappé dans le bronze cornélien et cela suffit à son plaisir esthétique et au nôtre. Dans le cas

---

132. *Epître sur l'agriculture* (*M*, t.10, p.380).
133. *La Henriade*, chant Sixième, éd. O. R. Taylor, dans *OCV*, t.2, p.491.

précis du *Mondain*, à la licence poétique s'ajoute, comme nous l'avons souligné plus haut, une licence satirique entre initiés – peu 'gazée' – qui accuse le trait.

D'autre part, le désir légitime de tout chercheur de ne pas alourdir son texte par des citations trop longues entraîne le risque de gauchir celles-ci, prises hors de leur contexte. Dans l'exemple ci-dessus, les deux vers de *La Henriade* se rapportent au rapprochement de certains Grands et dignitaires étrangers à la Ligue, ce qui fait du mot *Luxe* une métonymie. Ainsi, la citation extraite par J. Pappas de la lettre (D7943) à Diderot est une simple apposition, la principale se lisant: 'j'interromprai mes travaux avec joie quand vous me demanderez des articles intéressants', ce qui relativise le renoncement rural du patriarche. On peut également sourire du stoïcisme apparent ('Il faut savoir jouir et se passer') de la lettre à Darget (D6386) quand on constate qu'il s'agit d'oignons de tulipe que le locataire des Délices n'ose demander à Pâris-Duverney, ce qu'il invite discrètement son correspondant à faire: 'c'est la seule chose qui me manque dans ma retraite trop belle pour un philosophe'... Le jeu subtil des contrastes entre l'hyperbolique et l'anecdotique est un des ressorts attachants de l'esprit voltairien: il ne faut pas retenir la solennité de l'un sans le contrepoint ironique de l'autre.

Enfin, sans exagérer l'intrusion des éléments biographiques dans la portée des textes, il n'est pas inutile de tenir compte de l'intention cachée de leur composition: l'épître *A Mme Denis sur la vie de Paris et de Versailles*,[134] également citée dans l'article comme signe d'un rejet de 'l'image grimaçante du plaisir' (Pappas, p.224), répond aussi, en 1748, au souci de modérer une jeune veuve peu tentée par la tempérance:

> Le tourbillon qu'on appelle le monde
> Est si frivole, en tant d'erreurs abonde,
> Qu'il n'est permis d'en aimer le fracas
> Qu'à l'étourdi [e?] qui ne le connaît pas.[135]

Venons-en à la question principale effectivement posée par l'article de J. Pappas, celle du partage entre l'hédonisme voltairien et la conviction 'politique' des bienfaits de la consommation somptuaire pour l'économie nationale. Sur le premier aspect, il est exact que l'éthique hédoniste du philosophe a évolué postérieurement à 1736, mais peut-être moins que ne le laisserait croire le choix emblématique du *Mondain* par l'histoire littéraire. L'épicurisme voltairien est en réalité plus proche de l'enseignement du Philosophe du Jardin que de l'image donnée par la

---

134. *Epître LXXVI* (*M*, t.10, p.344-49).
135. *Epître LXXVI*, v.5-8. N.B.: Le désir de fuite du poète, son rejet des faux-semblants de la vie mondaine, sa désillusion envers le jugement public ont amené R. Pomeau à considérer ce poème comme le véritable 'Anti-Mondain' (*La Religion de Voltaire* (Paris, 1969), p.243.

satire de 1736. Le Quatrième des *Discours en vers sur l'homme*, composé à la fin de 1737,[136] constitue une mise au point sur l'éthique des plaisirs. N'en déplaise à Piron, ce texte fait paraître excessif *L'Anti-Mondain*, poème satirique contre un Voltaire frivole, publié l'année suivante.[137] Ce *Discours* dédié à Helvétius, qui traite 'De la modération en tout', nous montre un philosophe à mille lieues du petit-maître boulimique du 'train des jours':

> Tout vouloir est d'un fou, l'excès est son partage:
> La modération est le trésor du sage;
> Il sait régler ses goûts, ses travaux, ses plaisirs,
> Mettre un but à sa course, un terme à ses désirs.
> Nul ne peut avoir tout. [...]
> O vous [...]
> Qui, plongés dans le luxe, énervés de mollesse,
> Nourrissez dans votre âme une éternelle ivresse;
> Apprenez, insensés qui cherchez le plaisir,
> Et l'art de le connaître, et celui de jouir. [...]
> N'offrez pas à vos sens, de mollesse accablés,
> Tous les parfums de Flore à la fois exhalés:
> Il ne faut point tout voir, tout sentir, tout entendre:
> Quittons les voluptés pour savoir les reprendre. [...]
> Jadis trop caressé des mains de la Mollesse,
> Le Plaisir s'endormit au sein de la Paresse[138]

S'il est un terme du *Mondain* que Voltaire renie, c'est donc celui de *mollesse*. La mollesse, fruit de l'intempérance, fait du luxe un abîme où les sens trop 'plongés' en deviennent 'accablés' et 'énervés'. Et le philosophe introduit, pour soutenir une règle de vie fondée sur la modération, une discipline éthique dont on ne peut, chez lui, contester la sincérité: l'effort personnel. Le travail est la source énergétique de la modération:

> Le travail est souvent le père du plaisir:
> Je plains l'homme accablé du poids de son loisir. [...]
> Un dieu qui prit pitié de la nature humaine
> Mit auprès du Plaisir le Travail et la Peine.[139]

L'éthique du travail est au cœur de la morale voltairienne de la décennie 1730: 'Il me semble que la vertu, l'étude et la gaieté sont trois sœurs qu'il ne faut point séparer'.[140] Pourtant la notion d'effort est absente du *Mondain* qui ne chante que la consommation. En revanche, la

---

136. Voir la réaction du Prince Royal à sa réception: lettre de juin 1738 (D1515).
137. A. Piron, 'L'Anti-Mondain', dans *Lettres de M. de V*** (La Haye, P. Poppy, 1738), p.149-59 (BnF Rés.4588).
138. *Discours en vers sur l'homme* [Quatrième discours (De la modération)], *OCV*, t.17, p.491, 499.
139. *OCV*, t.17, p.500.
140. Voltaire au Prince Royal de Prusse, 30 juillet 1737 (D1359).

valeur ajoutée du travail apparaît dès *La Défense* qui exalte 'l'humaine industrie', les 'mille mains' de la Chine, 'le travail [de l'artisan], gagé par la mollesse [des Grands]', l'"ouvrage industrieux' des Lyonnais et lance au 'pieux atrabilaire' ce reproche qui est aussi politique: 'tout l'univers a travaillé pour vous'. L'influence de Melon est ici évidente; il n'y manque que cette remarque (citée plus haut) de l'*Essai sur le commerce*: 'l'homme somptueux verrait bientôt la fin de ses richesses, s'il ne travaillait pour les conserver ou pour en acquérir de nouvelles'. Toute la vie de Voltaire et l'évolution de sa richesse patrimoniale sont les témoins de son adhésion à cet axiome.

Quelques mois plus tard (juin 1738), toujours à destination de Frédéric, le *Discours* sur la modération est complété par un *Cinquième discours* 'Sur la nature du plaisir'. On y retrouve l'enseignement de Bayle, mais aussi une intéressante perspective combinée de la foi et de la morale voltairiennes. Présent divin, la tension entre passion et plaisir n'est bonheur que dans l'équilibre, ouvrage humain:

> Partout d'un Dieu clément la bonté salutaire
> Attache à vos besoins un plaisir nécessaire. [...]
> Dieu nous a, par bonté, donné les passions:
> Tout dangereux qu'il est, c'est un présent céleste;
> L'usage en est heureux, si l'abus est funeste. [...]
> Le ciel nous fit un cœur, il lui faut des désirs.[141]

Ce 'recadrage' moral du *Mondain* est de taille mais il est à la mesure de l'imprudence de l'écrivain désireux de complaire, en partie contre sa propre règle de vie, à quelques amis bons vivants. Il faut, toutefois, observer que si les désillusions ultérieures de Voltaire sur la vie mondaine et la vie de cour l'amènent à condamner la frivolité et la vacuité de ces illusions sociales, il s'en éloigne sans altérer les principes philosophiques de son épicurisme orthodoxe:

> Sachez, mes très chers amis,
> Qu'en parlant de l'abondance,
> J'ai chanté la jouissance
> Des plaisirs purs et permis,
> Et jamais de l'intempérance.[142]

---

141. *Discours en vers sur l'homme* [Cinquième discours (Sur la nature du plaisir)], *OCV*, t.17, p.503-12 (505-507). N.B.: dans une note de bas de page (p.507-508), Voltaire affine sa vision du lien entre passions et plaisirs, une vision curieusement préromantique: 'il est bon d'avertir ici qu'on entend par le mot *passions* des désirs vifs et continus de quelque bien que ce puisse être. Ce mot vient de *pâtir*, souffrir, parce qu'il n'y a aucun désir sans souffrance: désirer un bien, c'est souffrir de l'absence de ce bien, c'est *pâtir*, c'est avoir une passion; et le premier pas vers le plaisir est essentiellement un soulagement de cette souffrance'.
142. *Sur l'usage de la vie, pour répondre aux critiques qu'on avait faites du Mondain* [1770], éd. H. T.

Et précisément, dans l'article 'Frivolité' publié avec les *Nouveaux mélanges* de 1765, le principe du plaisir comme antidote au désespoir est réaffirmé: 'Mortels, voulez-vous tolérer la vie? Oubliez et jouissez'.[143] Voltaire ne sera jamais Alceste.

L'historien et la question du luxe

L'évolution morale étant mesurée, qu'en est-il des idées économiques sur le superflu? Les écrits voltairiens nous montrent, en dépit de la tentation physiocratique – sur laquelle nous reviendrons au chapitre suivant – une assez remarquable constance des convictions. Nous y lisons la fidélité à la quintessence de l'analyse mandevillienne telle que Melon l'a formulée, en économiste, plutôt qu'en moraliste.

C'est tout d'abord dans l'œuvre de l'historien qu'il est possible d'observer le lien qu'établit Voltaire entre la puissance des états, le rayonnement des sociétés civiles et la prospérité des peuples. Dans l'*Essai sur les mœurs*, la place accordée à l'économie et à la géopolitique comme facteurs explicatifs de l'histoire des civilisations peut paraître modeste à un lecteur moderne, surtout comparée à la narration événementielle. Elle l'est moins, si l'on relie entre eux les passages que Voltaire leur consacre. Ce sont parfois de simples notations qui renvoient au progrès des techniques, à la police des mœurs, à la situation économique générale: celles-ci brossent, dans leur continuité et leur progression, et surtout le renvoi implicite à l'état actuel du royaume, le lien entre le progrès humain et l'abondance.

Ainsi, dans le Chapitre 81, consacré au 'Développement des arts raffinés en Europe au XIIIe et XIVe siècles', peut-on lire cette remarque comparative: 'Cependant, ce luxe dont [La Flamma] se plaint était encore loin à quelques égards de ce qui est aujourd'hui le nécessaire des peuples riches et industrieux'.[144]

Et quelques pages plus loin, cette annonce du rôle économique de la bourgeoisie d'affaires: 'il n'y avait point d'état mitoyen entre les grands et les petits, entre les riches et les pauvres. Le commerce et l'industrie n'ont pu former qu'avec le temps cet état mitoyen qui fait la richesse d'une nation'.[145]

Dans le Chapitre 121 ('Usages du XVe et XVIe siècles'), la référence au luxe du XVIIIe siècle est encore plus précise:

Mason, *OCV*, t.16, p.311-13, poème incorporé à la séquence du *Mondain* dans l'"encadrée' Cramer de 1775.

143. *M*, t.19, p.210.
144. *EM*, ch.81 (*M*, t.12, p.55).
145. *EM*, ch.81 (*M*, t.12, p.55-56).

cet appareil passager [le Camp du Drap d'Or] et cet effort de luxe ne supposait pas cette magnificence générale et ces commodités d'usage si supérieures à la pompe d'un jour, et qui sont aujourd'hui si communes [...] aujourd'hui les spectacles journaliers, la foule des chars dorés, les milliers de fanaux qui éclairent pendant la nuit les grandes villes, forment un plus beau spectacle et annoncent plus d'abondance que les plus brillantes cérémonies des monarques du XVIe siècle.[146]

L'historien n'omet jamais de critiquer l'inanité des lois somptuaires (tout comme Melon le faisait dans son Chapitre 9), par exemple celles de François Ier et Henri III: 'Toutes ces lois somptuaires ne prouvent autre chose sinon que le gouvernement n'avait pas toujours de grandes vues, et qu'il parut plus aisé aux ministres de proscrire l'industrie que de l'encourager'.[147]

Dans *Le Siècle de Louis XIV* (publié à partir de 1751, mais dont l'essentiel aurait été rédigé entre 1736 et 1738), deux chapitres (27 et 28)[148] font une large place à l'économie. Voltaire y développe longuement ses idées sur les Finances et la circulation monétaire (nous y avons consacré le ch.3). Il y fait l'éloge du colbertisme et vante en particulier l'industrialisation permise par le protectionnisme et l'intervention de l'Etat, y compris au moyen de la dépense publique correspondant au 'luxe de décoration' (pour employer le terme des physiocrates): 'Ceux qui attribuaient l'affaiblissement des sources de l'abondance aux profusions de Louis XIV dans ses bâtiments, dans les arts, et dans les plaisirs, ne savaient pas qu'au contraire, les dépenses qui encouragent l'industrie enrichissent un Etat'.[149]

Surtout, cet ouvrage, qui couronne l'évolution civilisationnelle décrite dans l'*Essai sur les mœurs*, revient sur les bienfaits politiques de l'abondance. Dans le chapitre consacré au 'Gouvernement intérieur', Voltaire brosse le tableau d'une société française du XVIIe siècle apaisée par le bien-être et la politesse. Fleuron de la civilisation européenne, cette société harmonisée dans ses mœurs aurait maîtrisé la propension à la consommation ostentatoire et troqué l'aspiration à la jouissance pour un art de vivre du raffinement: 'On est parvenu enfin à ne plus mettre le luxe que dans le goût et la commodité. [...] On a laissé la vaine pompe et le faste extérieur aux nations chez lesquelles on ne sait encore que se montrer en public et où l'on ignore l'art de vivre'.[150] Cette description (au passé composé qui incorpore le présent) vient à nouveau contredire l'hypothèse selon laquelle Voltaire aurait cessé d'être thuriféraire de

146. *EM*, ch.121 (*M*, t.12, p.244).
147. *EM*, ch.121 (*M*, t.12, p.244)
148. Selon l'édition Walther de 1753. Les éditions ultérieures portent les numéros 29 et 30.
149. *Le Siècle de Louis XIV* (*M*, t.14, p.525).
150. *Le Siècle de Louis XIV* (*M*, t.14, p.517).

l'hédonisme après 1755 car l'auteur ne l'a pas amendée au cours des rééditions postérieures. En vérité, c'est le poème privé de 1736 qui est l'exception, la règle des écrits où la question du luxe est abordée est celle de la modération et de l'utilité sociale au sein d'une économie de l'abondance. Cet équilibre des passions, une fois rétabli, ne sera plus remis en cause, comme en témoigne, durant les dernières années du patriarche, la lettre – un peu malicieuse – au chevalier du Coudray, auteur d'un *Le Luxe, poème en six chants*, qu'il avait adressé à Voltaire: 'Quant au luxe dont vous parlez, vous faîtes très bien de déclamer contre lui, et d'en avoir un peu chez vous; le luxe est une fort bonne chose quand il ne va pas jusqu'au ridicule. Il est comme tous les autres plaisirs, il faut les goûter avec quelque sobriété pour en bien jouir'.[151]

Le conteur et la question du luxe

Sur un mode plus léger que les travaux historiques, Voltaire revient à l'économie politique du luxe dans un de ses premiers contes, *Le Monde comme il va, vision de Babouc* (1746). Dix ans après *Le Mondain* et *La Défense*, on observe que la pensée théorique n'a pas varié:

> [Le marchand de 'magnificences inutiles' explique à Babouc pourquoi il lui a vendu un article luxueux dix fois sa valeur intrinsèque]: c'est la fantaisie passagère des hommes qui met le prix à ces choses frivoles: c'est cette fantaisie qui fait vivre cent ouvriers que j'emploie; c'est elle qui me donne une belle maison, un char commode, des chevaux; c'est elle qui excite l'industrie, qui entretient le goût, la circulation et l'abondance. Je vends aux nations voisines les mêmes bagatelles plus chèrement qu'à vous, et par là je suis utile à l'empire.[152]

Le cercle vertueux du luxe est exposé à Babouc par le marchand comme il le fut à Voltaire par l'*Essai sur le commerce*. L'auteur de *Babouc* avait même inséré dans les éditions de 1750-1751[153] cette paraphrase des arguments justificatifs de Melon qui fut supprimée dans la dernière édition Cramer (w75G): 'les arts du luxe ne sont en grand nombre dans un empire que quand tous les arts nécessaires sont exercés, et que la nation est nombreuse et opulente'.[154]

Deux décennies plus tard, sur un mode encore plus 'voltairien', c'est-à-dire ironique, l'opposition au Rousseau du *Discours sur l'origine de l'inégalité*

---

151. Voltaire à du Coudray, mars 1773 (D18236). N.B.: Voltaire avait conservé le poème: BV1125.
152. *Le Monde comme il va, vision de Babouc*, éd. M. Cardy, *OCV*, t.30B (2004), p.52, désormais *Babouc*. N.B.: Voltaire conteur anticipe ici sur le Paradoxe de la Valeur de Galiani et le développement théorique qu'en fera Turgot.
153. *Recueil de pièces* (Paris, Lambert, 1750, RP50), *Nouveau magasin français* (Londres, Changuion, 1750, NMF50) et *Œuvres de M. de Voltaire* (Paris, Lambert, W51).
154. *Babouc*, *OCV*, t.30B, p.52, n.271.

et du *Contrat social* inspire une défense du luxe moins scientifique et plus polémique:

> Vous avez regardé comme une chose abominable qu'un satrape ou un duc eût du superflu, et vous avez copié de la musique pour des satrapes ou des ducs qui vous payaient avec ce superflu. [...]
> Vous parlez, docteur Pansophe, de la vertu des sauvages [...] Leur vertu est négative, elle consiste à n'avoir ni bons cuisiniers, ni bons musiciens, ni beaux meubles, ni luxe, etc.
> [Les Anglais diront:] c'est là ce prophète du lac de Genève qui a prédit au verset 45e de son apocalypse nos malheurs et notre ruine parce que nous sommes riches.[155]

La polémique atteint au burlesque des facéties lorsque l'auteur donne la parole à sa victime philosophique, adepte du dénuement des cyniques grecs: 'Peut-être, hélas! Bientôt le luxe, les arts, la philosophie, la bonne chère, les auteurs, les perruquiers, les prêtres et les marchandes de modes vous empoisonneront et ruineront mon ouvrage. O sainte vertu! détourne tous ces maux'.[156]

A la fin de la décennie de *Babouc*, en 1749, Voltaire rédige un mémoire à destination du contrôleur-général Machault d'Arnouville, qu'il lui fait parvenir par l'entremise de l'intendant des finances Rouillé du Couvray (voir ch.3, p.98-100).[157] Ce mémoire vise principalement à apporter le soutien du philosophe à la politique fiscale du ministre. Il s'ouvre cependant sur un développement concernant le rôle d'entraînement économique de la dépense somptuaire qui ne marque pas d'atténuation dans la conviction de Voltaire:

> [Nous prouvâmes] que la magnificence d'une maison comme la vôtre suffisait pour faire vivre dans Paris deux cents ouvriers, au moins, de ce qu'ils gagnaient avec vous[...] il n'y a point de ville sur la terre où un aussi grand nombre de citoyens jouisse de tant d'abondance, de tant de commodités, et d'une vie si délicieuse [...] Comparez ces siècles et le nôtre, si vous l'osez.[158]

Il faut remarquer, au passage, que les textes postérieurs au *Mondain* font alterner souvent la notion de *luxe* – controversée – avec un champ lexical plus consensuel, usant des termes d'*abondance* ou de *commodités*, voire de *goût*. Il est également prémonitoire de rencontrer dans cette *Lettre à l'occasion du vingtième* l'affirmation du lien entre la prospérité des campagnes et celle – subordonnée – des villes: 'Quand vous vivez

155. *Lettre au docteur Pansophe* [1766], M, t.26, p.20, 21, 24 (désormais *Pansophe*).
156. *Pansophe*, p.25.
157. *Lettre à l'occasion du vingtième*, OCV, t.31B, p.291-314 (et dans *Correspondence and related documents*, éd Th. Besterman, OCV, t.85-135 (1968-1977), D3927 & 3928).
158. *Lettre à l'occasion de l'impôt du vingtième*, p.306, 309.

abondamment dans un château du produit de votre terre, c'est une marque infaillible que cette terre rapporte. Or, certainement les villes ne vivent que de la culture des campagnes voisines'.[159]

La dernière phrase est d'ailleurs reprise, quasi-textuellement, dans une des additions que Voltaire apporte en 1756 (puis en 1768) aux rééditions du *Siècle de Louis XIV*, comme concession préalable à la réfutation des idées qui commencent d'être émises – avec un certain dogmatisme – par le cercle de Quesnay (voir le chapitre suivant). Le polémiste double alors l'historien par ce coup de griffe: 'On entend, à des jours réglés, dans toutes les villes de France, des reproches de ceux à qui leur profession permet de déclamer en public contre toutes les différentes branches de consommation auxquelles on donne le nom de *luxe*'.[160]

La préoccupation de la pensée économique de Voltaire en faveur de la richesse agricole est toutefois une évidence dès la fin de la décennie 1740. L'implication directe du philosophe dans la ruralité au cours du quart de siècle suivant ne fait que renforcer son intérêt pour tout ce qui touche à l'amélioration technique de l'agriculture, à son environnement réglementaire (restrictions de circulation des denrées), à sa fiscalité directe et indirecte. Nous verrons sa réactivité aux productions intellectuelles polémiques qui traitent de ces sujets, de plus en plus nombreuses et prisées du public lettré. Cette reconnaissance de la fonction économique et sociale de l'agriculture provoque-t-elle chez lui un réexamen du rôle moteur attribué aux industries du luxe? Les textes tardifs – qui pour beaucoup ont valeur de testament intellectuel du patriarche de Ferney – montrent qu'il n'en est rien.

C'est déjà le cas, en 1762, avec les *Idées républicaines*.[161] Ce texte est naturellement à replacer dans le contexte de la polémique sur le *Contrat social*. Néanmoins, les 'Articles' 20 à 23, sur le luxe et les lois somptuaires, reprennent des positions déjà exprimées par Voltaire (et avant lui par Melon). Par exemple dans l'article 20:

> Une loi somptuaire, qui n'est bonne que dans une république pauvre et destituée des arts, devient absurde quand la ville est devenue industrieuse et opulente. C'est priver les artistes du gain légitime qu'ils feraient avec les riches; c'est priver ceux qui ont fait des fortunes du droit naturel d'en jouir; c'est étouffer toute industrie, c'est vexer à la fois les riches et les pauvres.

L'idée d'une cohésion sociale dérivée de la complémentarité entre fournisseurs et consommateurs des biens et services luxueux, déjà exposée dans *La Défense*, est reprise sous forme d'apophtegmes dans

159. *Lettre à l'occasion de l'impôt du vingtième*, p.309.
160. *M*, t.14, p.531.
161. *M*, t.14, p.413-32.

l'Article 21: 'Le citoyen qui par son faste humilie le pauvre enrichit le pauvre par ce même faste beaucoup plus qu'il ne l'humilie. L'indigence doit travailler pour l'opulence, afin de s'égaler un jour à elle'.[162]

Un moraliste pourrait réfuter le sophisme de la première maxime. L'intention de polémique envers Jean-Jacques explique sans doute cette confusion des valeurs (entre éthique et économique), comme le montre cette attaque directe contre l'auteur du *Contrat social* (Article 23): 'Les lois somptuaires ne peuvent plaire qu'à l'indigent oisif, orgueilleux et jaloux, qui ne veut ni travailler, ni souffrir que ceux qui travaillent jouissent'.[163]

La posture pamphlétaire n'est pas celle qui préside à la rédaction des *Questions sur l'Encyclopédie*. A quelques années d'une disparition qu'il croit plus proche encore, le philosophe complète ou amende un certain nombre des réflexions faites dans le *Dictionnaire philosophique portatif* de 1764. Dans l'article 'Luxe' (1771), il complète – mais n'amende pas – le texte du *Portatif* repris en section I. On y retrouve:

> On a déclamé contre le luxe depuis deux mille ans, en vers et en prose, et on l'a toujours aimé. [...] Condamnez les brigands quand ils pillent, mais ne les traitez pas d'insensés quand ils jouissent. [...] On arrive à la mort aussi bien en manquant de tout qu'en jouissant de ce qui peut rendre la vie agréable. [...] Si par luxe vous entendez l'excès, on sait que l'excès est pernicieux en tout genre.[164]

On retrouve également le renvoi à *La Défense* (distique du grand et du petit Etat), marquant à nouveau le caractère référentiel de ce poème. Mais parmi les additions de 1771, c'est peut-être une 'Note de Voltaire' qui nous éclaire le mieux sur l'appréciation finale du philosophe au sujet de l'économie et la morale de la consommation somptuaire:

> Si l'on entend par luxe tout ce qui est au-delà du nécessaire, le luxe est une suite naturelle du progrès humain [...] On sent qu'il serait absurde de regarder comme un mal des commodités dont tous les hommes jouiraient: aussi ne donne-t-on en général le nom de luxe qu'aux superfluités dont un petit nombre d'individus seulement peuvent jouir. Dans ce sens, le luxe est une suite nécessaire de la propriété, sans laquelle aucune société ne peut subsister, et d'une grande inégalité entre les fortunes, qui est la conséquence, non du droit de propriété, mais des mauvaises lois qui font naître le luxe, et ce sont les bonnes lois qui peuvent le détruire [...] il est dans l'ordre des choses possibles qu'un homme vertueux et éclairé ait le pouvoir de faire des lois raisonnables, et [...] il n'est pas dans la nature humaine que tous les riches d'un pays renoncent par vertu à se procurer à prix d'argent des jouissances de plaisir ou de vanité.[165]

---

162. *Idées républicaines*, p.417.
163. *Idées républicaines*, p.418.
164. *Dictionnaire philosophique*, éd.C. Mervaud, *OCV*, t.36 (1994), art. 'Luxe', p.324-329 (324, 327).
165. *M*, t.20, 18.

Le libéralisme tempéré de Voltaire trouve dans cette 'Note' l'une de ses expressions les plus abouties: la consommation du superflu est une conséquence heureuse de ce que nous nommons le développement économique, témoignage des progrès de l'esprit humain; si abus de luxe il y a chez certains, c'est au législateur de le réguler; l'inégalité est naturelle quand elle n'est pas scandaleuse et les vertus de Lacédémone n'ont pas leur place au siècle de Louis XV, où jouir avec modération des plaisirs de l'abondance – voire ceux d'une certaine ostentation frivole – est indissociable de la civilisation des mœurs.

Les convictions de Voltaire sur la question du luxe ont peu varié au cours de sa longue vie. Il a néanmoins corrigé la dérive éthique que le *Mondain* pouvait suggérer: la consommation immodérée, l'intempérance des mœurs, la frivolité et le laisser-aller de la *mollesse*, ont été dénoncés dans nombre d'écrits ultérieurs. En revanche, l'utilité sociale d'un cycle productif associant la richesse des uns au labeur ou au talent des autres; la grandeur et la puissance qu'un Etat prospère retire de ses produits satisfaisant le raffinement des mœurs; les bienfaits d'un plein-emploi de la main d'œuvre excédentaire ont été affirmés avec constance.[166] On peut donc considérer que l'hédonisme intempestif du *Mondain* appartient à l'archéologie de sa réflexion sur la question du luxe. On retrouve dans cette évolution le fond réel de sa morale des passions, mais aussi la maturation de sa compréhension de l'Economie et un peu de la prudence voltairienne: de même qu'il évite d'intervenir dans la controverse sur la moralité des spectacles – qui le touche pourtant directement – le philosophe de Ferney cantonne à l'aspect économique son expression sur le superflu parce que ce biais médiatise mieux que la pure provocation la critique portée sur la morale de l'*Infâme*.

Ces convictions sur le luxe n'ont pas été supplantées par la valorisation de l'agriculture en tant que source primordiale de la richesse. On peut considérer qu'une éthique de la ruralité vient simplement s'ajouter – à partir de la fin de la décennie 1750 – à l'éthique du raffinement et du goût qui avait trouvé son apogée à Cirey. Les convictions morales du philosophe (le plaisir de vivre et de se passionner, la foi dans la connaissance, la revendication d'un lien entre progrès économique et

---

166. Si Voltaire n'est pas un théoricien de la science économique, la richesse de son expression littéraire sur la question du luxe eut un impact que les historiens de la pensée économique reconnaissent: 'Cette dynamique sans fin de la consommation [du luxe dont la définition renaît à chaque époque] exposée par les économistes comme Melon est donc reprise par l'écrivain qui lui donne un contenu plus politique et social [...] sa contribution littéraire au débat a eu pour effet de renforcer la coupure entre morale religieuse et logique économique' (Grenier, *Histoire de la pensée*, p.161).

justice politique, etc.) ne sont que confortées par cet élargissement des champs éthiques, des salons et des cours vers l'économie du travail.

Au cours de ce cheminement, comme Turgot, comme Adam Smith, Voltaire a subi la tentation physiocratique. Comme eux deux, il n'y a pas entièrement succombé.

5. La tentation physiocratique

'Oui, monsieur, l'agriculture est la base de tout'[1]

Devant la place de l'hôtel de ville de Ferney, sur le piédestal de la statue du 'bienfaiteur' offerte par le sculpteur Edouard Lambert en 1890, sont gravées ces quelques phrases:

Voltaire fait construire plus de 100 maisons
Il donne à la ville une église, une école, un hôpital, le réservoir et la
    fontaine
Il prête de l'argent sans intérêt aux communes environnantes
Il fait dessécher les marais du pays
Il établit des foires et des marchés
Il nourrit les habitants pendant la disette de 1771

Cet éloge fleure bon la gratitude que la Troisième République aimait manifester aux amis du peuple. Mais ce n'est pas cette prose édifiante qui nous arrête ici. C'est le cas d'école que présente, au regard des thèses physiocratiques, le portrait de ce 'seigneur de village' convertissant le *produit net* de ses domaines (ou une partie de celui-ci) en *faste de subsistance*, c'est-à-dire en réinvestissements de bien-être et d'encouragement à la production, au profit de la classe des *Laboureurs*. Selon Quesnay, Mirabeau et ceux qui les suivent, la classe des *Propriétaires*, qui partage avec le suzerain la possession ancestrale des domaines, tire un surcroît de légitimité morale en préférant ainsi le *faste de subsistance* – conforme à l'intérêt général – au *luxe de décoration*, réservé à l'agrément du titulaire des biens-fonds, qui ne profite qu'à la *classe stérile* (les artisans, les commerçants, les administrateurs et financiers).

Une convergence historique situe durant la même décennie (les années 1760) et le sommet d'influence des idées physiocratiques, et l'exaltation par le seigneur de Ferney de ses 'camarades les laboureurs'.[2] Voltaire était-il physiocrate? La question mérite un examen approfondi et beaucoup de nuances. Durant les années des Délices et de Ferney, il nourrit une passion véritable pour l'agronomie: sa bibliothèque en fait foi.[3] Il place l'agriculture au centre de la richesse nationale:

---

1. *Diatribe à l'auteur des Ephémérides* [lettre à Baudeau], 10 mai 1775 (*M*, t.29, p.359).
2. Voltaire à Dupont de Nemours, 7 juin 1769 (D15679).
3. Rappel du ch.2: je recense 49 ouvrages d'agronomie dans *Bibliothèque Voltaire*. F. Bessire, éditeur de l'article 'Agriculture' dans *QE*, parle également d'une 'quarantaine d'ouvrages d'agronomie' dans la bibliothèque de Voltaire (*OCV*, t.38, p.142, n.20).

'[L'agriculture est] le premier des arts, qui rassemble les hommes, qui pourvoit à leur nourriture, à leurs logements, à leurs vêtements, les trois seules choses qui suffisent à la nature humaine'.[4]

Et comme chez Quesnay et les siens, l'économie s'enracine dans l'éthique: 'Tout ce que nous avons de mieux à faire sur la terre, c'est de la cultiver. Honneur à celui qui fertilise la terre, malheur au misérable ou couronné, ou encasqué, ou tonsuré, qui la trouble'.[5]

Un signe, parmi d'autres, de son intérêt pour les idées des *Economistes*[6] se lit dans son abandon en 1766 du *Journal économique* (auquel il était abonné depuis sa création en 1751). Il prend, en revanche, abonnement aux *Ephémérides du citoyen*, organe de la pensée physiocratique à partir du ralliement de l'abbé Baudeau en janvier 1767 et l'arrivée de Dupont de Nemours à la rédaction.[7] Il lui restera fidèle jusqu'en 1770 et reprendra un abonnement aux *Nouvelles éphémérides*. C'est dans le mensuel des *Ephémérides* (qui se présente comme *Bibliothèque raisonnée des sciences morales et politiques*, c'est-à-dire comme une encyclopédie philosophique) qu'il aura connaissance des principaux écrits des *Economistes* et de leurs proches, tels Turgot ou Morellet.

Toutefois, comme l'éloge statuaire relevé ci-dessus le laisse entendre, Voltaire à Ferney est beaucoup plus qu'un seigneur terrien occupé d'agriculture moderne. Il pratique avec énergie la commandite financière d'entreprises artisanales d'horlogerie, de poterie, de soieries, de tannerie, il s'implique personnellement, parfois en forçant la main de ses amis, dans l'écoulement des 'manufactures de Fernex'. Celui qui signe souvent 'l'horloger de Ferney' est déjà plus proche du nouvel entrepreneur capitaliste, tel que le conceptualisent les premiers économistes de la Théorie classique (Cantillon, Turgot, Smith), que du propriétaire foncier, héritier de son fonds, auquel Mirabeau dans *Les Economiques* tente d'inculquer le calcul économique et les devoirs moraux de son état.

Enfin, il est superflu de rappeler qu'il reste avant tout un philosophe et un homme de lettres, animateur d'un réseau intellectuel qui couvre toute l'Europe éclairée. Agronomie et politique agraire sont aussi pour lui des matériaux littéraires. Sa plongée dans l'économie appliquée sert d'aliment à l'écriture, aux jugements, aux réfutations, aux tentatives d'influ-

---

4. *Diatribe à l'auteur des Ephémérides*, p.359.
5. Voltaire à Haller, 17 avril 1759 (D8266).
6. Rappel: le néologisme (lorsque je lui conserve sa majuscule) désigne le cercle de Quesnay et Mirabeau dans les décennies 1760 et 1770.
7. Dupont était rédacteur en chef du *Journal de l'agriculture* depuis sa création en 1765. Son zèle pour les thèses de l'*Ecole* physiocrate naissante fut à l'origine d'un conflit avec les propriétaires du journal qui le licencient en octobre 1766.

ence politique qui sont la raison d'être sociale d'un philosophe des Lumières.

Quoi qu'il en soit, Voltaire est tenté par la Physiocratie. Comme beaucoup d'esprits rationnels, il est confronté, à partir de 1760-1765, à cette théorie économique apparemment cohérente, servie par des adeptes de haute qualité intellectuelle.[8] Comme philosophe et comme praticien de l'économie, il ne peut que se positionner fréquemment par rapport à elle, soit pour adhérer à ses principes (sur la primauté économique de l'agriculture, sur la valeur du travail, sur la nécessaire liberté du commerce, la responsabilité des propriétaires de biens-fonds dans la gouvernance de leurs domaines, l'effet destructeur de la fiscalité indirecte, le relèvement du prix des denrées), soit pour en rejeter les aspects les plus dogmatiques (le féodalisme social, l'impôt unique, le discrédit du luxe et de l'industrie, l'anti-colbertisme). Certes, ainsi que le font Hume ou Turgot, le philosophe de la tolérance ne peut que se méfier d'une théorie économique se revendiquant d'un 'ordre naturel et essentiel des sociétés' (Le Mercier de la Rivière), principe de droit divin qui suppose la négation même de la raison critique et porte en germe le fanatisme. Ces réticences expliquent que les positions de Voltaire envers les idées physiocratiques et leurs prosélytes soient complexes.[9]

Pour comprendre l'ambivalence de la tentation physiocratique de Voltaire, nous rappellerons d'abord le contexte et les causes (scientifiques et institutionnelles) de l'irrésistible ascension de l'*Ecole économiste* dans la pensée économique française du XVIIIe siècle; nous examinerons ensuite les points d'adhésion de Voltaire, et particulièrement le combat politique du philosophe sur la question de la libre circulation des denrées; enfin, nous analyserons les réactions voltairiennes critiques aux écrits des physiocrates et la portée des principaux textes polémiques.

8. Smith, dans *Wealth of nations* (1776), juge les hommes du cercle de Quesnay 'the most intelligent men in France' (cité par Phillipson, *Adam Smith*, p.193). Il est remarquable qu'Anne-Robert-Jacques Turgot et Adam Smith, deux philosophes économistes – mais aussi moralistes – qui ont participé aux réunions autour de Quesnay (à l'Entresol de Versailles dans les jeunes années du premier et chez Mirabeau en 1766 pour le second) aient l'un et l'autre conservé estime aux hommes de la physiocratie (à Dupont de Nemours pour Turgot), alors même qu'ils s'éloignaient très sensiblement de la doctrine.
9. On peut à leur sujet, chez Voltaire, parler d'une véritable tentation d'adhésion et parfois d'un rejet virulent, une sorte d'amour-haine qui épargne certains membres de la *secte* (Dupont, Roubaud, Baudeau, Abeille et Quesnay lui-même) et en stigmatise d'autres (Mirabeau et Le Mercier en particulier). Sur le plan des idées économiques, Voltaire, en cela proche de Forbonnais, Turgot et Morellet, est en vérité tout autant dans la lignée de Vincent de Gournay que dans celle de Quesnay/Mirabeau.

L'Ecole économiste de François Quesnay

Nous partirons du rappel du contexte intellectuel dans lequel se développent les différentes facettes du corps de doctrine, pour résumer ensuite l'ascension du parti physiocratique. C'est face à cette doctrine, mais aussi aux hommes qui s'en font les propagateurs, que Voltaire est amené à réagir, en philosophe et en praticien, par le soutien affiché ou par la polémique.

La 'secte' physiocratique

Le charisme de François Quesnay transforme, en moins de vingt années (entre 1756, début de sa collaboration à l'*Encyclopédie*, et 1774, date de sa mort), un corps de doctrine déjà scientifique en véritable manifeste d'un groupe de *philosophes* – *économistes* dont les qualités individuelles ne suffisent pas à rendre aimable l'enthousiasme un rien intolérant qui les anime collectivement. La description satirique qu'en donne Bachaumont (voir ch.1, p.4) reflète probablement la méfiance et l'irritation que suscite le prosélytisme des *Economistes*.

Ainsi le substantif néologique 'économiste' naît-il avec une connotation légèrement péjorative. Il s'en remettra rapidement. La constitution des disciples de Quesnay en ce que d'aucuns (dont Turgot) vont rapidement considérer comme une secte explique à la fois la rapidité de son influence et les raisons de son déclin après les résultats mitigés de la libéralisation du commerce des grains durant la décennie 1760. L'aspect sectaire du groupe n'est toutefois qu'un paramètre parmi d'autres dans son ascension politique. Le contexte général de l'attention portée par le public aux questions agricoles apporte d'emblée à la Physiocratie une écoute favorable.[10] Catherine Larrère, qui s'efforce de replacer l'histoire de la pensée physiocratique dans la perspective plus large du mouvement des idées politiques et économiques du siècle, oppose les agrariens aux partisans du *doux commerce* néo-mercantiliste de Gournay; la prééminence temporaire des premiers est liée, selon elle, à une avancée philosophique, en résonance avec l'esprit du temps et dont ils surent profiter:

> La nouveauté physiocratique a donc consisté à passer de la *subsistance*, c'est-à-dire de la force physique, ou matérielle, de la conservation de l'existence, à la *jouissance* [...] L'optimisation de la jouissance se réalise dans la relation qui situe l'individu dans l'ordre naturel [i.e. la société], qui est relation d'intérêt commun, entre l'un et le tout : le droit naturel, droit à la jouissance, s'y développe et s'y renforce sous la forme de la propriété'.[11]

10. 'Le mouvement d'idées vers la physiocratie est déterminé par le spectacle simultané de la détresse financière du royaume et de la dépréciation des terres' (G. Weulersse, *Mouvement physiocratique*, Introduction, t.1, p.5).

11. C. Larrère, *L'Invention de l'économie au XVIIIe siècle* (Paris, 1992), p.12-13, c'est l'auteur qui

La promesse de jouissance, le passage de la subsistance à l'abondance puis à l'opulence par la modernisation des techniques agricoles et la liberté de circulation, est certainement un aspect attractif de la doctrine de Quesnay pour une société de plus en plus librement éprise de la poursuite du bonheur. La dynamique interne de l'école physiocratique capitalise sur cette réception favorable. L'accélérateur décisif est le ralliement, complet à partir de 1760, de Mirabeau à Quesnay. La *Théorie de l'impôt* (1760), puis *Philosophie rurale* (1763), fruits de leur collaboration, sont des ouvrages de grande diffusion, provocateurs de polémique (nous verrons ci-après les réactions du lecteur Voltaire), qui contribuent à créer et renforcer les cercles concentriques de l'influence physio-cratique. Ceux-ci peuvent être représentés par trois niveaux: autour des deux inspirateurs, le premier cercle des adhérents (dans l'ordre de ralliement: Dupont de Nemours, Abeille, Le Trosne, Saint-Péravy, Le Mercier de la Rivière, Baudeau, Roubaud); un peu à l'écart du premier cercle, quelques membres actifs, toutefois restés fidèles aux idées de Vincent de Gournay (Turgot, Forbonnais, Morellet); dans le cercle suivant des sympathisants proches de l'*Encyclopédie* (Diderot, d'Alembert, Duclos, Helvétius, Damilaville); enfin, la galaxie plus ou moins enthousiaste des institutions – académies, parlements favorables à la libre circulation (Toulouse, Aix, Grenoble, Rouen, Rennes), sociétés d'agriculture, intendances de province (Soissons, Caen, Limoges) et parmi les proches du Ministère: Trudaine de Montigny. L'Ecole a aussi ses opposants: irréductibles (Grimm, Choiseul, Linguet, Mably, Graslin, Galiani, Hume) ou nuancés car adeptes du droit naturel (Rousseau, Forbonnais [après 1767], Voltaire). L'année 1768 représente, selon G. Weulersse, le point d'inflexion dans la fortune de la Physiocratie. Après l'échec des décrets de 1763-1764 sur la libre circulation, la réaction aux idées des *Economistes* se généralise parmi les institutions. Paradoxalement, ce sera le ministère de Turgot (1774-1776) – un homme loin d'être un disciple orthodoxe – qui donnera son dernier éclat aux idées physiocratique avant la Révolution.

La Physiocratie n'est pas un météore dans l'histoire de la pensée économique. Elle se place dans la continuité d'économistes ayant directement précédé les formulations de Quesnay: d'Argenson,[12]

---

souligne. N.B.: Il faut remarquer que cette 'nouveauté' n'en est pas vraiment une car elle applique à l'économie le principe normatif de l'Utilitarisme (le plus grand bonheur du plus grand nombre) développé au plan juridique par plusieurs auteurs européens dont Paley, Helvétius, Verri, Beccaria, Priestley et plus tard codifié par Bentham (voir sur ces sources J. Schumpeter, *Histoire*, t.1, p.186-92).

12. *Considérations sur le gouvernement de la France* (Amsterdam, M. M. Rey, 1764), BV98.

Cantillon, Tucker, Child, Herbert, Forbonnais et même Melon en dépit du rejet farouche de Mirabeau (sur la question du luxe).[13] Elle revendique également un héritage plus ancien: Sully, Petty, Boisguilbert, Vauban, Locke. En tout état de cause, la démarche rigoureuse et quantifiée de Quesnay, dans le sillage de Petty et de Cantillon, marque une étape décisive dans la méthodologie ultérieure de la science économique classique. Malheureusement, sa place dans l'histoire de la théorie économique reste limitée par l'excès de fidélité de Quesnay à ses propres origines rurales qui, dès l'Article 'Grains', confinent sa pensée à une vision trop étroite et datée de la richesse des nations:

> Ce sont les richesses des *fermiers* qui fertilisent les terres, qui multiplient les bestiaux, qui attirent, qui fixent les habitants des campagnes, et qui font la force et la prospérité de la nation. Les manufactures et le commerce entretenus par les désordres du luxe, accumulent les hommes et les richesses dans les grandes villes, s'opposent à l'amélioration des biens, dévastent les campagnes, inspirent du mépris pour l'agriculture, augmentent excessivement les dépenses des particuliers, nuisent au soutien des familles, s'opposent à la propagation des hommes, et affaiblissent l'état.[14]

La réception des thèses physiocratiques par Voltaire est marquée par l'ambivalence. Il ne peut éluder la tentation d'adhérer à ce mouvement raisonné de valorisation agraire, lui qui s'est pris de passion pour l'entreprise agricole et la sagesse patriarcale qu'il se plaît à dispenser à Ferney. Mais il ne partage pas la défiance de Quesnay et les siens envers la valeur créée par la manufacture. Et surtout, comme philosophe de la tolérance, comme ennemi du fanatisme et ferme croyant dans le progrès historique de l'esprit humain, il réagit avec d'autant plus de virulence aux excès doctrinaux de certains des *Economistes*.

Quand Voltaire fait cause commune avec les physiocrates

Voltaire a souvent polémiqué avec la Physiocratie, soit avec la verve assassine de *L'Homme aux quarante écus*, soit avec le ton modéré de *La Défense de Louis XIV* ou de la *Diatribe à l'auteur des Ephémérides*. Ces passes d'arme font sous-estimer son accord profond avec plusieurs thèses de la doctrine de Quesnay. Il est utile de les envisager avant d'examiner les sujets de polémique. On peut situer cet accord à deux niveaux, celui de la philosophie (de la connaissance et de la morale) et celui de la politique (sur la question si présente et pressante de la liberté de circulation des grains).

---

13. Ce rejet n'est pas partagé par tous les membres de l'Ecole: 'M. Melon est le premier auteur français qui a considéré le commerce comme une science' (Abbé Roubaud, *Journal du commerce*, janvier 1759, p.31, cité par G. Weulersse, *Mouvement physiocratique*, t.1, p.17).
14. *Encyclopédie*, art. 'Grains', t.6, p.538.

L'agriculture comme principe philosophique

Au chapitre 4: La question du luxe (p.154 et suivantes), nous avons examiné quelques textes montrant chez Voltaire l'intérêt croissant pour la vie agraire après 1750, dans le but de nous interroger sur la substitution éventuelle d'une sagesse de la frugalité rurale au désir de raffinement. Nous avons conclu que la dénonciation – en vérité très ancienne – de la frivolité n'impliquait nullement le rejet d'un épicurisme de bon aloi, donc de la valorisation des industries et services du luxe. Nous verrons également, dans le chapitre suivant ('Le philosophe-entrepreneur') que le ruralisme voltairien n'exclut nullement la confiance dans l'industrialisation naissante de l'Europe. Entre ces deux limites s'établit chez le patriarche de Ferney, à rebours de ses origines et de son mode de vie durant dix lustres, une découverte passionnée des arts et techniques de l'agronomie, de la morale terrienne, de la confrontation – physique et métaphysique – de l'homme avec les lois de la nature.

François Quesnay est un rural devenu philosophe urbain, Voltaire un philosophe urbain venu à la vie rurale – pressé par les circonstances. Quesnay ne redeviendra pas *Laboureur*, au contraire de son disciple de Butré.[15] Voltaire, lui, gardera la nostalgie de la vie brillante de la capitale, mais c'est elle qui aura finalement raison de sa santé chancelante. Chez ces deux intellectuels, que le cheminement sépare, la terre nourricière occupe une même place de principe existentiel: *ex tellura omnia* [tout vient de la terre] résume le crédo physiocratique; c'est cette maxime que Voltaire choisit comme *devise* pour identifier sa contribution anonyme au concours ouvert au printemps 1767 par la Société libre d'économie de Saint-Pétersbourg; dépité de n'avoir pas emporté le prix, il n'en fera jamais mention.[16] L'intérêt pour l'agriculture n'est pas inné chez Voltaire, ni même acquis durant les années de Cirey. L'*Essai sur les mœurs* ne fait référence à l'activité agricole que dans neuf paragraphes (sur quatre mille huit cents), presque toujours en relation avec les autres branches (commerce, 'arts', industries).[17] L'une des rares mentions du

15. De Butré, garde du corps du Roi, fut avec Leroy, lieutenant des chasses et auteur de l'article 'Ferme' dans l'*Encyclopédie*, l'un des premiers disciples de Quesnay à Versailles. Il quitta Versailles en 1763 pour exploiter le petit domaine arboricole (10 arpents) qu'il possédait sur les coteaux de la Loire. Il continua néanmoins à fournir aux *Ephémérides* des mémoires très documentés et chiffrés sur l'agriculture (voir *Ephémérides*, oct/nov/déc. 1767). Il était l'un des rares *Economistes*, avec Quesnay et Abeille, à posséder une connaissance pratique de l'agronomie.

16. L'échange de correspondance de cette année avec Catherine (D14091, 14199, 14611), avec Vorontsov (D14158, 14210, 14322) et Schouvalov (D14269) montre l'inquiétude de Voltaire quant au bon acheminement de ses 'paquets' vers le Nord (*Anecdotes sur Bélisaire*, *Lettre sur les panégyriques* et '*Ex tellura omnia*').

17. 'Examen', 'Remarque 11'; ch.1 [Chine]; ch.50 [Irlande]; ch.150 [Portugal]; ch.182 [Angleterre: long développement sur l'exportation des grains]; ch.188 [Suède]; ch.193 [Perse]; ch.197 [Europe du XVIIIᵉ siècle].

métier d'agriculteur y concerne l'effet *populationniste* de cet état en...
Perse.[18] Aussi, la revendication du mode de vie agrarien par Voltaire,
après 1754, est-elle à la fois touchante par sa sincérité et suspecte par la
posture dont elle se réclame. Sur le premier aspect, les témoignages
d'une révélation personnelle sont véritablement nombreux dans la
Correspondance et dans les textes composés. Nous en avons déjà cité
plusieurs. Comment ne pas donner la force d'un manifeste de vie et
d'engagement social à des formulations comme celles-ci, exprimées
durant l'acquisition de Ferney?

> Mon terrain est excellent, et cependant j'ai trouvé cent arpents appartenant
> à mes habitants, qui restent sans culture. Le fermier n'avait pas ensemencé la
> moitié de ses terres. [...] Genève absorbe tout, engloutit tout. [...] Voilà les
> déplorables suites de la révocation de l'édit de Nantes. Mais une calamité
> bien plus funeste, c'est la rapacité des fermes générales, et la rage des
> employés. Des infortunés qui ont à peine de quoi manger un peu de pain
> noir sont arrêtés tous les jours, dépouillés, emprisonnés pour avoir mis sur
> ce pain noir un peu de sel qu'ils ont acheté auprès de leurs chaumières [aux
> faux-saulniers]. La moitié des habitants périt de misère, et de l'autre pourrit
> dans des cachots. Le cœur est déchiré quand on est témoin de tant de
> malheur. Je n'achète la terre de Ferney que pour y faire un peu de bien.[19]

L'emploi par nous, plus haut, du cliché 'révélation' est à peine abusif.
On en constate l'effet dans l'écriture évolutive de l'historien Voltaire au
fil des rééditions du *Siècle de Louis XIV*. L'agriculture et ses problèmes sont
pratiquement absents de l'édition Walther de 1753 dans la description
de la situation du royaume à la mort de Louis XIII ('Mœurs du temps'
dans ch.1) et dans l'étude de l'évolution économique sous Louis XIV
(ch.27 et 28, devenus ch.29 et 30 dans les éditions ultérieures). En
revanche, dans ces deux derniers chapitres, la monnaie, le commerce,
la marine, l'industrialisation, l'import-export, les infrastructures
publiques, les dépenses somptuaires d'Etat trouvent leur place.
L'économie équilibrée de J.-F. Melon s'y lit dans cette illustration de
Colbert: 'on voit qu'il était persuadé que la richesse d'un pays ne consiste
que dans le nombre de ses habitants, la culture des terres, le travail
industrieux et le commerce'.[20]

18. Ch.193 'De la Perse et de ses mœurs', *M*, t.13, p.151.
19. Voltaire à Le Bault, 18 novembre 1758, D7946. N.B.: j'ai retranché un trait facétieux bien
    voltairien: 'Il y a sept ans que le curé n'a fait de mariages, et cependant on n'a point fait
    d'enfants parce que nous n'avons que des jésuites dans le voisinage et point de cordeliers'.
    Sur les facultés *populationnistes* des cordeliers, voir *La Pucelle*, *OCV*, t.7, p.562; *EM*, ch.133
    (*M*, t.12, p.304); *Sur Mlle de Lenclos*, *M*, t.23, p.508; *Seconde anecdote sur Bélisaire*, *OCV*, t.63A,
    p.205-207; D9754 (au duc de la Vallière, 25 avril 1761); D15600 (à d'Argental, 20 avril
    1769): 'un cordelier véhément qui prêche, qui confesse, et qui fait des enfants à ses
    dévotes, a plus de crédit sur le peuple que cent mille volumes bien écrits'; etc.
20. *M*, t.14, p.523.

Mais dès 1756 (un an après l'installation aux *Délices*), Voltaire ajoute à la phrase ci-dessus: 'il voulut encourager la noblesse qui défend la patrie, et les agriculteurs qui la nourrissent'.[21] Et, en 1768, contestant l'anti-colbertisme des physiocrates, il ajoute encore un long paragraphe embarrassé, visant à expliquer les causes du manque de libéralisme du ministre sur la question des blés, concédant finalement ceci:

> C'est la seule tache de son ministère: elle est grande; mais ce qui l'excuse, ce qui prouve combien il est malaisé de détruire les préjugés dans l'administration française, et comme il est difficile de faire le bien, c'est que cette faute, sentie par tous les citoyens habiles, n'a été réparée par aucun ministre pendant cent années entières, jusqu'à l'époque mémorable de 1764 où un contrôleur général plus éclairé a tiré la France d'une misère profonde en rendant le commerce des grains libre, avec des restrictions à peu près semblables à celles dont on use en Angleterre.[22]

Il y a toutefois un second aspect à l'adoption de la chose agricole par Voltaire – qui, en vérité, ne retire rien à l'authenticité de son attachement philosophique à l'économie rurale jusqu'à la fin de sa vie mais éclaire le nouveau personnage social qu'il se forge après les déboires des années 1747-1755. Comme les deux épîtres à Mme Denis le laissent apercevoir, le nouveau *credo* s'accompagne d'un anti-parisianisme qui n'est peut-être pas dénué de dépit.[23] La naissance de l'image du *patriarche de Ferney*, seigneur bienfaiteur de son village, entrepreneur agricole et 'industrieux' à succès, vient opportunément neutraliser – et même magnifier – celle du proscrit, toujours sous la menace d'un décret ou d'une excommunication.[24] C'est une sorte de Cincinnatus des lettres, apôtre exemplaire de la richesse primordiale exaltée par les physiocrates, qui laisse chaque matin le semoir et la charrue à quatre chevaux pour produire depuis la 'manufacture de Ferney'[25] écrits clandestins, traités, poèmes dramatiques, contes et ré-flexions philosophiques ainsi que les quinze mille lettres de sa période

---

21. *M*, t.14, p.521.
22. *M*, t.14, p.523 – c'est moi qui souligne.
23. 'cette petite province est devenue un jardin riant [N.B.: Il n'en est propriétaire que depuis 8 mois]. Il vaut mieux, sans doute, fertiliser sa terre que de se plaindre à Paris de la stérilité de sa terre', *Epître dédicatoire de Tancrède à Mme la marquise de Pompadour* [10 octobre 1759], éd J. S. Henderson et T. Wynn, *OCV*, t.49B (2009), p.127-133 (133). Cette épître était un remerciement à peine déguisé pour l'intervention de la marquise dans l'obtention du brevet d'exemption fiscale (voir ch.3, p.118).
24. Voir dans *Revue Voltaire* 11 (2011) les contributions de N. Cronk, O. Ferret, J.-M. Moureaux, M. Hersant, A. Gurrado, C. Paillard, L. Gil, B. Innocenti et S. Menant à 'La construction du personnage du "patriarche"'.
25. M. von Grimm, *Correspondance littéraire* (désormais *CLT*), vii, 1767, p.367.

d'exil rural.[26] La ruralité offre ainsi à Voltaire le socle d'une cohérence explicative au soir de sa vie:

> Il y avait autrefois en Perse un bon vieillard, qui cultivait son jardin; car il faut finir par là; et ce jardin était accompagné de vignes et de champs [...]; et ce jardin n'était pas auprès de Persépolis, mais dans une vallée immense entourée des montagnes du Caucase, couvertes de neiges éternelles; et ce vieillard n'écrivait ni sur la population, ni sur l'agriculture, comme on faisait par passe-temps à Babylone, ville qui tire son nom de Babil; mais il avait défriché des terres incultes, et triplé le nombre des habitants autour de sa cabane.[27]

Le ton élevé de la lettre à Haller, citée plus haut (17 avril 1759, D8266), doit ainsi être apprécié en fonction du contexte – en réalité difficile – de la relation à ce notable.[28] Mais c'est avec la teneur de cette lettre que se trouve le terrain de la réconciliation: la passion commune pour la culture de la terre. Réponse de Haller à Voltaire:

> Je vous félicite de toute mon âme du goût que vous prenez pour l'agriculture. J'aime ces biens et je les estime au centuple lorsqu'ils dépendent de moi [...] Mes marais actuellement couverts de gravier, et changés en champs, en prés et en promenades me font sans comparaison plus de plaisir que l'association des Académies, les éloges d'un journaliste, ou la traduction de mes ouvrages [...] Mon grand souhait, c'est de passer le reste de mes jours dans quelque recoin où il y ait beaucoup de soleil, peu de bise, et du blé autant qu'il me faut pour me nourrir. Nous voilà donc heureusement d'accord sur un grand point, c'est le plan du bonheur [suit un long développement technique, d'agronome à agronome, sur les labours, les expériences de fourrage artificiel selon les natures de terrain, etc.].[29]

La philosophie virgilienne de Haller est celle que Voltaire communiquera désormais d'innombrables fois à ses correspondants. Soyons juste, pourtant, et n'assignons point à l'économie voltairienne des

---

26. 'parmi les laboureurs à qui je donne de nouvelles charrues à semoir, je n'oublie point mon atlas. Je veux avoir la terre entière présente à nos yeux dans ma petite retraite' (Voltaire à Thieriot, 6 décembre 1758, D7965).
27. Épître dédicatoire des *Scythes* (*M*, t.6, p.263).
28. Albrecht von Haller avait été sollicité par Voltaire dès son arrivée à Monrion (D6658). Il lui demanda – avec insistance (D6791, 8109, 8142, 8181) – une intervention contre Grasset et Le Resche dans l'affaire de la tentative de chantage et des libelles injurieux. C'était mésestimer et le rigorisme calviniste (on ne condamne pas sans preuve), et la fierté helvète (un Français irréligieux n'est pas fondé à dicter sa loi dans le canton de Vaud). L'entourage de Haller (von May, Sinner, Seigneux, Bonnet) le prévint fortement contre le sulfureux Voltaire et Le Resche – sans doute de mauvaise foi – plaida son innocence auprès de lui. L'homme de lettres suisse répondit au philosophe français qu'il refusait de se mêler d'une 'querelle littéraire' (D8127, 8193). Auprès de ses compatriotes, il laissa libre cours à son indignation: 'Je ne sais de quel droit M. de Voltaire vient chez nous nous dire des injures' (D8263).
29. Haller à Voltaire, mai 1759 (D8282)

origines seulement circonstancielles. Voltaire croit en la loi naturelle, comme nombre de contemporains éclairés, et comme Quesnay en particulier. Dans le *Poème sur la loi naturelle*, écrit en Prusse pour Frédéric très peu d'années avant Genève et Gex, le sujet principal – le rapport de la morale personnelle à la religion naturelle – conduit le poète à souligner la cohérence entre la matérialité du monde physique et l'intention divine:

> La nature a fourni d'une main salutaire
> Tout ce qui dans la vie à l'homme est nécessaire,
> Les ressorts de son âme, et l'instinct de ses sens.
> Le ciel à ses besoins soumet les éléments.[30]

Et déjà, face au 'persécuteur', le poète-philosophe a l'intuition de la paix vengeresse dont jouit celui qui cultive la terre:[31]

> L'œil du maître suffit, il peut tout opérer.
> L'heureux cultivateur [...]
> Arrache impunément les plantes inutiles, [...]
> Son docile terrain répond à sa culture:
> Ministre industrieux des lois de la nature,
> Il n'est pas traversé dans ses heureux desseins; [...]
> Un jardinier voisin n'eut jamais la puissance
> De diriger des dieux la maligne influence.[32]

Voltaire et Quesnay ont – à l'origine – des visions philosophiques du droit naturel très voisines, également éloignées de Hobbes et de Rousseau, et inspirées de Grotius, Pufendorf (*Le Droit de la nature et des gens*, BV827) et Burlamaqui. Dans un écrit rare de métaphysique, publié en septembre 1765 par Dupont dans le *Journal de l'Agriculture*,[33] Quesnay constate comme une évidence que '*le droit naturel* de chaque homme *s'étend à raison de ce que l'on s'attache à l'observation des meilleures lois possibles qui constituent l'ordre le plus avantageux aux hommes réunis en société*'; un droit naturel qu'il a auparavant borné ainsi: '*le droit que l'homme a aux choses propres à sa jouissance*':[34]

son droit aux choses propres à sa jouissance doit être considéré dans l'ordre de la nature et dans l'ordre de la justice; car dans l'ordre de la nature il est indéterminé tant qu'il n'est pas assuré par la possession actuelle; et dans l'ordre de la justice il est déterminé par une possession effective du droit

---

30. *Poème sur la loi naturelle*, éd. H. T. Mason et T. Wynn, *OCV*, t.32B (2007), p.5-96 (54), v.23-26.
31. La version originale du poème contient ce vers: 'Mon patron, mon disciple et mon persécuteur'.
32. *OCV*, t.32B, p.80-81, v.36-54.
33. F. Quesnay, 'Le droit naturel', dans *Physiocratie*, éd. J. Cartelier (Paris, 2008), p.69-86.
34. *Physiocratie*, p.85 et p.69, c'est l'auteur qui souligne. N.B.: Je rappelle l'extrait (déjà cité) des *Idées républicaines*: '[les lois somptuaires] c'est priver ceux qui ont fait fortune du droit naturel d'en jouir' (*M*, t.24, p.417).

naturel, acquise par le travail, sans usurpation sur le droit de possession d'autrui[35]

Il est intéressant de rapprocher de ces extraits un dialogue d'idées voltairien quasi-contemporain (*Entretiens d'un sauvage et d'un bachelier*, publié en 1761 dans *Mélanges de littérature*), cependant très différent dans la forme. Au dogmatisme un peu pédant de Quesnay se substitue le charme de l'humour antirousseauiste de l'auteur du *Docteur Pansophe*:

> LE BACHELIER: [...] Nous appelons sauvage un homme de mauvaise humeur, qui fuit la compagnie.
> LE SAUVAGE: [...] L'homme me paraît né pour la société [...]; nous vivons tous en société chez nous. [...] Vous parlez du bon et du mauvais, du juste et de l'injuste: il me paraît que tout ce qui nous fait plaisir sans faire tort à personne est très bon et très juste; que ce qui fait tort aux hommes sans nous faire de plaisir est abominable; et que ce qui nous fait plaisir en faisant du tort aux autres est bon pour nous dans le moment, très dangereux pour nous-mêmes, et très mauvais pour autrui.
> LE BACHELIER: Et avec ces maximes-là vous vivez en société?
> LE SAUVAGE: Oui, avec nos parents et nos voisins. [...] après quoi notre corps fertilise la terre dont il a été nourri. [...]
> LE BACHELIER: [...] Ça, dites-moi, qui a fait les lois dans votre pays?
> LE SAUVAGE: L'intérêt public. [...] ceux qui avaient des cocotiers et du maïs ont défendu aux autres d'y toucher, et [...] ceux qui n'en avaient point ont été obligés de travailler pour avoir le droit d'en manger une partie. Tout ce que j'ai vu dans notre pays et le vôtre m'apprend qu'il n'y a pas d'autre esprit des lois.[36]

Sociabilité, droit au plaisir, droit de propriété, nécessité des lois positives, critère d'inégalité régi par la propension au travail: les deux philosophes partagent les mêmes fondements de la vie dans la société agraire des origines. Nous verrons toutefois (p.200-204) qu'ils divergent plus tard nettement sur les conséquences politiques devant être appliquées à la société complexe du XVIIIe siècle.

L'adhésion philosophique de Voltaire à l'agriculture, enseignée en prose à nombre de ses correspondants, devient aussi source d'écriture poétique, jouant sur l'opposition entre l'utilité fondamentale du labeur agricole et d'autres emplois du temps de vie humain. Plus encore que l'*Epître à Mme Denis, sur l'agriculture* (déjà citée, p.154), le *Dialogue de Pégase et du vieillard*, écrit tardif (1774), résume avec éclat la tentation du poète de feindre le décri de ses talents de plume pour mieux exalter l'utilitarisme de son 'métier' de *Laboureur*:

---

35. *Physiocratie*, p.73.
36. *Entretiens d'un sauvage et d'un bachelier*, M, t.24, p.265-71. N.B.: J'ai modifié l'ordre des deux premières répliques.

PEGASE: Que fais-tu dans ces champs, au coin d'une masure?
LE VIELLARD:

> J'exerce un art utile, et je sers la nature;
> Je défriche un désert, je sème et je bâtis. [...]
> Le sage vit tranquille et ne fait point de vers. [...]
> Un bon cultivateur est cent fois plus utile
> Que ne fut autrefois Hésiode ou Virgile.
> Le besoin, la raison, l'instinct doit nous porter
> A faire nos moissons plutôt qu'à les chanter.[37]

La 'masure' de Ferney et l'emploi de l'alexandrin disent assez que cette *évidence* physiocratique ('le besoin, la raison, l'instinct'), qui conduit l'*homo oeconomicus* à privilégier le don gratuit de la nature à toute autre tentative de création de richesse, n'entraîne pas chez le poète oubli du goût, celui du bien vivre comme celui des belles-lettres. Car c'est d'abord en poète que Voltaire ressent les premiers temps de son exil rural. Lorsqu'il prend possession des *Délices* en mars 1755, il traduit ainsi sa félicité nouvelle:

> Ô maison d'Aristippe! Ô jardins d'Epicure! [...]
> Que tout plaît en ces lieux à mes sens étonnés!
> D'un tranquille océan l'eau pure et transparente
> Baigne les bords fleuris de ces champs fortunés.[38]

Le poète, ou plus simplement l'homme de goût, trouve dans le paysage rural médiatisé par son industrie (et celle de ses 'vassaux') une satisfaction esthétique qui fait pendant à celle qu'il a depuis longtemps recherchée dans l'intimité des intérieurs, à Cirey comme aux Délices ou à Ferney. Cette satisfaction esthétique irradie au point d'être perçue et partagée par ses visiteurs:

> Ses bois, qu'il a plantés et qu'il aime beaucoup, sont très vastes; il a fait partout des percées fort agréables; ils nous ont conduits à sa ferme, qui est grande, belle et tenue avec une grande propreté [...] il jetait partout des regards perçants, et en parcourant sa grange, qui est très longue, il montra, avec un bâton qu'il tenait à la main une réparation à faire au sommet.[39]

Cette grange du Châtelard, à la rénovation de laquelle il s'est attelé dès l'acquisition, qu'il a agrandie lors de la triste solitude consécutive à la fuite de Mme Denis, et encore imposante aujourd'hui, est l'occasion d'une belle page d'écriture en prose qu'il offre au jeune physiocrate Dupont de Nemours:

37. *Dialogue de Pégase et du vieillard*, M, t.10, p.p.195, 204.
38. *Epître de M. de Voltaire en arrivant dans sa terre près du lac de Genève* [1755], *OCV*, t.45A (2009), p.223-67 (255, 256). N.B.: Il faut, au XXIᵉ siècle, un sérieux effort d'imagination pour retracer, devant les immeubles gris de la rue des Délices, l'émoi du poète contemplant, depuis le perron de sa nouvelle demeure, 'les bords fleuris de ces champs fortunés'...
39. Amélie Suard à son mari, juin 1775 (*M*, t.1, p.386).

Rien n'est plus beau à mon gré qu'une vaste maison rustique, dans laquelle entrent et sortent par quatre grandes portes cochères des chariots chargés de toutes les dépouilles de la campagne. Les colonnes de chêne qui soutiennent toute la charpente sont placées à des distances égales sur des socles de rocher, de longues écuries règnent à droite et à gauche. Cinquante vaches proprement tenues occupent un côté avec leurs génisses; les chevaux et les bœufs sont de l'autre. Leur pâture tombe dans leurs crèches du haut des greniers immenses. Les granges où l'on bat les grains sont au milieu, et vous savez que tous les animaux logés chacun à leur place dans ce grand édifice, sentent très bien que le fourrage, l'avoine qu'ils renferment leur appartiennent de droit. [...] Au nord sont les pressoirs, les celliers, la fruiterie, au levant les logements du régisseur et de trente domestiques, au couchant s'étendent les grandes prairies pâturées et engraissées par tous ces animaux compagnons du travail de l'homme.[40]

Nous verrons au chapitre suivant que la sensibilité esthétique au paysage agraire se mêle chez le seigneur de Ferney à la volonté de mise en valeur économique d'un territoire plus vaste que son fief. A l'aménagement de ce territoire, il consacre des moyens financiers qui sont ceux de la *grande culture*, l'un des axes de développement économique prônés par les physiocrates.

L'amour poétique et métaphysique de la ruralité n'occulte pas, en effet, chez Voltaire les idées politiques concernant l'agriculture. Les années de Genève et de Ferney, qui sont celles de 'l'invention de l'intellectuel'[41] engagé dans les combats contre l'intolérance et le fanatisme, sont aussi celles d'une intense activité tendant à influencer le sort des paysans gessins, qui rejoint assez largement l'action des physiocrates en faveur du libéralisme.

L'agriculture comme économie politique

Durant la période de Ferney, la vision politique de la terre et de ceux qui la cultivent se substitue – ou plus exactement se surajoute – à la vision poétique et historique antérieure. Dans ses révisions au *Siècle de Louis XIV*, Voltaire critique la politique royale imposant des restrictions au commerce des grains. Celles du commerce intérieur: 'Il fut défendu aux marchands, sous les peines les plus graves, de contracter aucune association pour ce commerce, et à tous particuliers de faire un amas de grains.

---

40. Voltaire à P.-S. Dupont de Nemours, 7 juin 1769 (D15679). N.B.: Cette lettre fait suite à une recension du poème *Les Saisons* de Saint-Lambert par Dupont dans *Les Ephémérides*. Voltaire avait été ému par la sensibilité du compte-rendu. Il commence sa lettre ainsi: 'J'ai l'honneur d'être laboureur, et je vous remercie du bien que vous dites de nous.'
41. Christophe Paillard, *Voltaire en son château de Ferney* (Paris, 2010), p.4.

Ce qui était bon dans une disette passagère devenait pernicieux à la longue, et décourageait tous les agriculteurs'.[42] Et celles de l'exportation:

> La crainte de retomber dans la disette ferma nos ports à l'exportation du blé. Chaque intendant dans sa province se fit même un mérite de s'opposer au transport des grains dans la province voisine. On ne put dans les bonnes années vendre ses grains que par une requête au conseil. Cette fatale administration semblait excusable par l'expérience du passé. Tout le conseil craignait que le commerce du blé ne le forçât de racheter encore à grands frais des autres nations une denrée si nécessaire, que l'intérêt et l'imprévoyance des cultivateurs auraient vendue à vil prix.[43]

Au milieu du XVIIIe siècle, la situation réglementaire n'a guère changé. A changé en revanche le niveau de contestation du bien-fondé d'une telle politique. Un néomercantiliste comme J.-F. Melon – dont nous avons souligné aux chapitres précédents l'influence qu'il eut sur la sensibilisation de Voltaire aux questions économiques – se prononce nettement pour une politique semi-libérale en matière de grains:

> [...] le commerce ne demande que liberté et protection; et si la liberté a quelque restriction pour le blé, elle doit être dans toute son étendue pour les autres denrées et marchandises [...] Dans l'alternative entre la liberté et la protection, il serait néanmoins moins nuisible d'ôter la protection que la liberté; car avec la liberté, la seule force du commerce peut tenir lieu de protection.[44]

Dans la décennie 1750, la mise en cause des restrictions de circulation des grains s'accélère.[45] Des économistes comme Herbert ou Véron de Forbonnais rédigent des plaidoyers éloquents qui captivent un public de plus en plus attentif à l'économie agricole.[46] Les physiocrates font de la question des blés le thème le plus concret de leur lutte d'influence sur le pouvoir royal. Abeille, Turgot, Baudeau, Le Trosne, Dupont écrivent de nombreux articles et mémoires pour préparer, puis soutenir contre le retournement d'opinion les édits de libéralisation pris par le contrôleur-général Laverdy en 1763 et 1764.[47] A cette politique libérale, l'adhésion

---

42. *M*, t.14, p.522 N.B.: Ce paragraphe, ajouté en 1768, rejoint le combat mené par les *Economistes*, qui a abouti aux édits de 1763-1764, mais l'auteur préserve la défense de Colbert.
43. *M*, t.14, p.522.
44. Melon, *Essai politique*, ch.2 ('Du blé'), p.30.
45. Chacun connaît la pointe voltairienne maintes fois citée: 'Vers l'an 1750, la nation rassasiée de vers, de tragédies, de comédies, d'opéras, de romans, d'histoires romanesques, de réflexions morales plus romanesques encore, et de disputes théologiques sur la grâce et les convulsions, se mit enfin à raisonner sur les blés' (art. 'Blé' dans *QE*, *OCV*, t.39, p.412).
46. Rappel: Voltaire est un lecteur appréciant beaucoup Forbonnais (B2924, 2925; BV3430, 3431).
47. Le principal édit, celui du juillet 1764, libéralise le droit commercial, la circulation intérieure et l'exportation des grains. Le véritable rédacteur en a été Trudaine de

de Voltaire est certaine: 'Le livre que vous m'avez fait l'honneur de m'envoyer, Monsieur, [*Observations de la Société d'agriculture de Bretagne*], en doit faire beaucoup ['du bien partout où l'on est']. Je le lis avec attention Corneille ne me fait pas oublier Triptolème'.[48]

Voltaire est acquis depuis l'Angleterre à la liberté du commerce et conforté en faveur de la libre circulation des grains par l'*Essai politique* de Melon.[49] Il devient, à partir de la mise en valeur du terroir de Ferney, limitrophe de la République de Genève, un ardent défenseur de la liberté d'exporter.[50] Il y fait une allusion (légèrement contradictoire) à l'article 'Luxe' du *Portatif*.[51] Assez logiquement, il approuve l'abbé Roubaud, physiocrate, à l'occasion de la publication de son mémoire très détaillé *Représentations aux magistrats [...] des faits relatifs à la liberté du commerce des grains* (s.l., 1769) (BV3019):

> Je suis bien persuadé avec vous que le pays où le commerce est le plus libre sera toujours le plus riche et le plus florissant [...] Le premier commerce est sans contredit celui des blés [...] Mais ce n'est pas assez de favoriser l'exportation si on n'encourage pas l'agriculture. Je parle en laboureur qui a défriché des terres ingrates [...] J'oserais vous supplier, Monsieur, vous et vos associés [les *Economistes*], de consacrer quelques-uns de vos ouvrages à ces objets très importants [...] Il n'y a pas certainement un seul agriculteur dont le vœu n'ait été le libre commerce des blés, et ce vœu unanime a été très bien démontré par vous.[52]

Montigny, Intendant du Commerce, acquis aux idées physiocratiques. Turgot et Dupont ont, semble-t-il, joué un rôle officieux dans la préparation de ces textes qui mettent fin à près de deux cents ans de commerce administré des denrées de base. Les édits seront très rapidement contestés et leur application freinée par les parlements régionaux. Terray les annule en 1770.

48. Voltaire à L.-P. Abeille, 7 février 1761 (D9613).

49. Dans le ch.2 de l'*Essai politique* ('Du blé'), l'économiste se prononce pour une circulation régulée en fonction de la démographie et du rendement de culture des régions; il prône la liberté totale d'exportation et introduit l'idée – que reprendront les physiocrates – d'un effet bénéfique pour l'économie générale de la cherté des denrées, grâce à l'effet multiplicateur des redistributions du revenu agricole.

50. Le 9 mars 1759, par exemple, il demande à Choiseul le maintien des privilèges attachés à la seigneurie et notamment 'la faculté de vendre son blé à Genève ou en Suisse' (D8164); en 1760 il demande et fait demander par le subdélégué Fabry le commerce libre du blé 'qui enrichirait le pays [de Gex] et le Roi'(17 février, D8762); en novembre 1761, à la veille de passer l'hiver aux Délices, il doit écrire et récrire pour obtenir des passeports pour son blé qu'il veut faire venir de Ferney: 'je ne peux vivre aux Délices sans pain, et [...] il est juste que je mange le blé que j'ai semé' (D10153).

51. 'Je ne sais comment il est arrivé que dans mes villages où la terre est ingrate, les impôts lourds, la défense d'exporter le blé qu'on a semé intolérable, il n'y a guère pourtant de colon qui n'ait un bon habit de drap, et qui ne soit bien chaussé et bien nourri' (*Dictionnaire philosophique*, art. 'Luxe', *OCV*, t.36, p.327).

52. Voltaire à P. J. Roubaud, 1er juillet 1769 (D15721).

On remarque dans cette lettre le soutien qu'il apporte, publiquement aux *Economistes*,[53] un an après *L'Homme aux quarante écus*, mais aussi la distance qu'il met entre lui et eux. Il se veut praticien, non théoricien de la chose agricole: 'La différence entre les économistes et moi c'est qu'ils écrivent et que je sème, et bien m'en a pris d'avoir été plus laboureur qu'écrivain'.[54]

Il reste cependant l'historien qui rappelle, dans les *Questions sur l'Encyclopédie* (art. 'Agriculture'), contre Quesnay (art. 'Grains' de l'*Encyclopédie*), que le contrôle de l'exportation du blé est bien antérieur au colbertisme, bouc émissaire des *Economistes*:

> la sortie des grains fut défendue en 1598, sous Henri IV. La défense continua sous Louis XIII et pendant tout le temps du règne de Louis XIV. On ne put vendre son blé hors du royaume que sur une requête présentée au conseil, qui jugeait de l'utilité ou du danger de la vente, ou plutôt qui s'en rapportait à l'intendant de la province. Ce n'est qu'en 1764 que le conseil de Louis XV plus éclairé, a rendu le commerce des blés libre, avec les restrictions convenables dans les mauvaises années.[55]

De fait, Voltaire, comme beaucoup d'observateurs de la politique économique en cette fin de décennie 1760, est hésitant sur la pertinence des édits de libération à raison de leur effet sur les prix: 'On n'est pas plus heureux [qu'en Chine] dans mon petit empire de Ferney. Le blé y vaut cinquante francs (le setier de Paris) depuis un an, et à présent vingt écus. Il faut que la France soit riche depuis le système de MM. les économistes et les Ephémérides du Citoyen'.[56]

Si son adhésion au combat des physiocrates pour la libre circulation intérieure et extérieure ne fait aucun doute (il la renouvellera après 1774), il faut pourtant s'arrêter un moment sur sa réaction aux *Dialogues sur le commerce des blés* de Galiani en 1769.[57] Avant même de connaître le nom de l'auteur des *Dialogues*, dont Grimm lui a fait tenir une copie anonyme, il manifeste son approbation.[58] Approbation inattendue parce que Galiani va être considéré par l'opinion publique comme le chantre

---

53. Cette lettre est publiée aussitôt dans le *Mercure* d'août 1769 (p.132-35).
54. Voltaire à Mme d'Epinay, janvier 1771 (D16966).
55. *OCV*, t.38, p.137.
56. Voltaire à Dompierre d'Hornoy, 28 novembre 1770 (D16793).
57. F. Galiani, *Dialogues sur le commerce des blés* (Londres, [Paris, Merlin], 1770, Paris, 1984), B246, BV1426. N.B.: Les citations sont reprises du fac-similé Fayard (Paris, 1984).
58. 'Je vous remercie du fond du cœur de m'avoir fait lire un ouvrage qui m'a autant instruit qu'amusé' (Voltaire à Grimm, 12 janvier 1770, D16088). N.B.: Visiblement enchanté, il en recommande le même jour la lecture à Turgot: 'c'est un dialogue sur le commerce des blés [...] c'est le seul de cette espèce qui soit gai et plaisant [...] il se fait lire comme une bonne comédie, et de plus, il ne raisonne pas mal' (D16091).

de l'opposition aux édits de libéralisation, persuasif au point de retourner Diderot, jusqu'alors sympathisant des physiocrates.[59] Or Voltaire ne manifeste dans sa correspondance aucune indignation envers Galiani, au contraire lui accorde le bénéfice de l'esprit: '[Je dis anathème] à quiconque ne rira pas des facéties de Galiani, lequel pourrait bien avoir raison sous le masque'.[60] Nous surprenons ici Voltaire réagissant en satiriste plutôt qu'en économiste.[61] Il est vrai que les *Dialogues* de Galiani sont parmi les dialogues d'idées du XVIIIe siècle les mieux écrits sur la durée (huit dialogues, 250 pages), avec une plume étincelante d'esprit – en prenant ici ce mot au double sens de l'époque: enjouement spirituel et intelligence discursive. Le maître incontesté d'une ironie que le langage commun qualifie de *voltairienne* rend un hommage d'auteur à un pair, lui aussi donneur de vérités aux *Welches*:

> J'ai lu le livre de l'abbé Galiani. Ô le plaisant homme! Ô le drôle de corps! On n'a jamais eu plus gaiement raison. Faut-il qu'un Napolitain donne aux Français des leçons de plaisanterie et de police.[62]
> J'ai lu l'abbé Galiani. On n'a jamais été si plaisant à propos de famine. Ce drôle de Napolitain connaît très bien notre nation: il vaut mieux l'amuser que la nourrir.[63]

Cela étant dit, la 'leçon' est peu explicite, si le chef-d'œuvre littéraire est reconnu. C. Larrère a raison de souligner l'ambiguïté du brillant essai de l'abbé.[64] Ce n'est pas la recommandation finale (des silos de stockage contre la disette et une taxe de 12% sur les exportations pour mettre à parité l'intérêt de la circulation intérieure avec celui de l'exportation) qui justifie un tel effort d'intelligence et de talent. Si Galiani est un destructeur démoniaque de la logique libérale des physiocrates, c'est

---

59. Dans ses *Observations sur les Ephémérides de 1769*, parues le 15 novembre 1769 dans *CLT*, Diderot (ou plus vraisemblablement Grimm) écrit en introduction: '[mon ami Diderot] aurait eu le cœur assez honnête et la tête assez folle pour entrer compagnon dans la boutique économiste; mais soit à jamais bénie la Providence qui l'en a garanti' (DPV, t.18, p.95-97).

60. Voltaire à d'Alembert, 19 mars 1770 (D16241), en réponse à la sollicitation de jugement par D'Alembert (D16214, 9 mars 1770). N.B.: d'Alembert, tout en recommandant l'ouvrage à Voltaire, avait émis cette réserve: 'Je voudrais seulement que l'auteur fût moins favorable au despotisme' (25 janvier 1770, D16112).

61. L'imagination du poète comique Voltaire voit aussitôt en Galiani – qu'il ne connaît pas – un personnage digne du Théâtre Italien – que pourtant il exècre: 'Comment pouvez-vous dire que je ne connais pas l'abbé Galiani! Est-ce que je ne l'ai pas lu? Par conséquent je l'ai vu. Il doit ressembler à son ouvrage comme deux gouttes d'eau, ou plutôt comme deux étincelles. N'est-il pas vif, actif, plein de raison, et de plaisanterie? Je l'ai vu, vous-dis-je, et je le peindrais' (Voltaire à Mme d'Epinay, 6 novembre 1770, D16748).

62. Voltaire à d'Argental, 24 janvier 1770 (D16108).

63. Voltaire à Mme Necker, 6 février 1770 (D16137).

64. 'A la fin des *Dialogues*, le Chevalier [de Zanobi] en vient à condamner, sinon les édits, du moins les vues qui les ont inspirés' (Larrère, *L'Invention de l'économie*, p.252).

moins en raison de l'éventuelle fausseté conceptuelle de celle-ci que pour les conditions de son intransigeance: sa brusquerie (*nil repente* [il ne faut rien faire tout d'un coup] répète à l'envi le Chevalier-économiste), son dédain du protectionnisme manufacturier, son fondement philosophique sur l'évidence subjective.[65] 'L'évidence est une friponne qui doit à tout le monde', dit l'abbé à travers son porte-parole Zanobi.[66] Il se trouve que Voltaire partage cette suspicion – nous l'examinons plus loin (p.203, n.153). Avec des tropismes différents, la méfiance envers les préjugés chez Voltaire, le balancement contradictoire chez Diderot, les deux philosophes entendent chez Galiani l'écho ironique de leurs propres réserves à l'encontre du détournement métaphysique et logique des physiocrates.[67] Dans le 'petit *Dictionnaire encyclopédique*' [*QE*] qu'il promet l'année suivante à Mme d'Epinay,[68] Voltaire résume à sa manière (celle de l'humoriste) la portée de l'épisode des *Dialogues*:

> Si cet ouvrage ne fit pas diminuer le prix du pain, il donna beaucoup de plaisir à la nation, ce qui vaut beaucoup mieux pour elle. Les partisans de l'exportation illimitée lui répondirent vertement. Le résultat fut que les lecteurs ne surent plus où ils en étaient : la plupart se mirent à lire des romans [...] Les dames ne surent pas distinguer davantage le froment du seigle.[69]

Economie et agronomie

Le plus remarquable dans les prises de position économiques de Voltaire après 1755 est qu'elles émanent tout autant d'un praticien que d'un philosophe. Sa passion pour l'agronomie est à la fois celle d'un intellectuel – il acquiert, en peu d'années, une très solide érudition – et celle d'un entrepreneur fort de ses expériences et fier de ses réussites.[70] Au plan de l'information livresque, la bibliothèque

---

65. 'A l'opposé de l'évidence cartésienne, fondée dans l'assentiment du sujet au vrai, dans l'affirmation de sa liberté donc, l'évidence physiocratique en impose la capitulation: elle est l'autorité absolue de la vérité, elle "subjugue"' (Larrère, *L'Invention de l'économie*, p.264).
66. Galiani, *Dialogues* (Paris, 1984), p.207.
67. 'Il a paru évident aux Economistes que l'évidence de leur évidence rendrait évident à toutes les nations l'avantage évident de la libre exportation, et que toutes l'adopteraient. Aucune ne l'a suivie, aucune ne s'y dispose' (Galiani, *Dialogues* (Paris, 1984), p.263).
68. 'On fait actuellement un petit *Dictionnaire encyclopédique* où [Galiani] n'est pas oublié à l'article 'Blé' (Voltaire à Mme D'Epinay, 16 novembre 1770, D16748).
69. *QE*, art. 'Blé', *OCV*, t.38, p.414.
70. Sur Voltaire 'cultivateur' fier de ses succès, voir – entre autres – D7976 (à J. R. Tronchin), D8764 (à Mme Du Deffand), D9682 (à d'Alembert), D11117 (à La Chalotais), D13232 (à Damilaville), D13327 (à d'Hornoy; N.B.: Dans cette lettre du 6 décembre 1766, on voit que l'agronomie fournit à l'éternel polémiqueur de nouvelles images pour fustiger l'inutilité des moines: '[...] nous sommes au rang des meilleurs cultivateurs du royaume et nous manquons de manœuvres. Nous attellerions d'un côté six bœufs, et de l'autre six moines et nous verrions qui labourerait le mieux').

agronomique de Ferney regroupe les principaux écrits du temps dont le philosophe lit les notices dans les gazettes économiques.[71] Il mentionne ainsi Duhamel du Monceau dans le *Précis du siècle de Louis XV*.[72] Dans les *Questions sur l'Encyclopédie* (art. 'Agriculture') il commente l'article 'Défrichement' de d'Argenville (dans l'*Encyclopédie*) et critique l'auteur sur sa notion du hersage; il ajoute un développement de son cru – bien documenté – sur la fertilisation des sols.[73] Toujours dans 'Agriculture', il fait l'éloge de l'article 'Fermiers' de Quesnay – 'un des meilleurs de ce grand ouvrage [l'*Encyclopédie*]' – mais conteste l'association que fait le fondateur de la Physiocratie de la grande culture avec la traction chevaline, de la petite avec la traction bovine, démontrant par le calcul économique l'avantage compétitif du bœuf.[74] Avec l'autorité de l'agronome de terrain, il disserte des techniques d'ensemencement en fonction de la nature du sol:

> La méthode la plus sûre pour recueillir un peu plus de grain qu'à l'ordinaire, est de se servir du semoir. Cette manœuvre par laquelle on sème à la fois, on herse et on recouvre, prévient le ravage du vent qui quelquefois dissipe le grain, et celui des oiseaux qui le dévorent. C'est un avantage qui certainement n'est pas à négliger.
>
> De plus la semence est plus régulièrement versée et espacée dans la terre; elle a plus de liberté de s'étendre; elle peut produire des tiges plus fortes et un peu plus d'épis. Mais le semoir ne convient ni à toutes sortes de terrains, ni à tous les laboureurs. Il faut que le sol soit uni et sans cailloux, et il faut que le laboureur soit aisé. Un semoir coûte; et il en coûte encore pour le rhabillement quand il est détraqué. Il exige deux hommes et un cheval; plusieurs laboureurs n'ont que des bœufs. Cette machine utile doit être employée par les riches cultivateurs et prêtée aux pauvres.[75]

En praticien du rendement, il relève d'ailleurs, sans ménagement, ce qu'il pense être une erreur de Quesnay dans l'article 'Grains'.[76] En réalité, il se trompe, ou feint de se tromper: Quesnay – avec une

---

71. Entre autres, parmi 49 titres: Louis-François de Menon, marquis de De Turbilly, *Essai sur les labours* (Paris, Vve d'Houry, s.d. [1761]) (BV3371) et *Mémoire sur les défrichements* (Paris, Vve d'Houry, 1760) (B2876, BV3372); Henri-Louis Duhamel du Monceau, *Expérience de la nouvelle culture des terres* (Paris et Genève, Du Villard, 1754) (B936, BV1133), et le très curieux Despommiers, *L'Art de s'enrichir promptement par l'agriculture* (Paris, Guillyn, 1762) (BV1019), acheté dès les premières années de Ferney.

72. 'Un académicien [...] a perfectionné beaucoup l'agriculture et un ministre éclairé a rendu enfin les blés exportables, commerce nécessaire défendu trop longtemps et qui doit être contenu autant qu'encouragé' (ch.43 – *M*, t.14, p.431).

73. *QE, OCV*, t.38, p.140.

74. *QE, OCV*, t.38, p.139-40.

75. *QE, OCV*, t.38, p.142-43.

76. 'Postscript' dans l'art. 'Agriculture', *OCV*, t.38, p.146. N.B.: Avec une certaine injustice concernant l'austère Quesnay, il termine la 'Question' par une touche d'ironie: 'Heureux Parisiens, jouissez de nos travaux et jugez de l'opéra-comique!'

formulation, il est vrai, un peu maladroite – parle de rendement financier (que la grande culture ferait passer de 30% à 100%).[77] Voltaire comprend rendement physique (trois grains récoltés pour un grain semé, ce qui serait inférieur au rendement moyen d'alors).[78]

Par ailleurs, la connaissance théorique de l'agronomie se double chez Voltaire d'un expérimentalisme bien dans l'esprit du temps et de la vogue des méthodes inductives. Le parallèle avec Cirey, ses lunettes astronomiques, ses cornues et ses lanternes magiques vient à l'esprit, avec cette limitation que Mme Denis n'est pas la partenaire en sciences expérimentales que fut Mme Du Châtelet. Le besoin d'expérimenter concrètement les connaissances nouvelles à l'économie agricole du domaine est un réflexe presque immédiat: le laboureur-philosophe se procure dès 1758 (avant même l'achat de Ferney) la fameuse charrue-semoir susceptible d'optimiser le rendement de l'ensemencement: 'cette invention de M. de Châteauvieux fait de la culture de la terre une expérience de physique très agréable, et en même temps fort utile puisqu'elle épargne beaucoup de semences et beaucoup de temps'.[79]

Le 'laboureur' de Ferney ne ressent d'ailleurs aucune fausse honte à avouer ses échecs expérimentaux. Il a fait sien un aphorisme de Haller découvrant leur passion commune: 'le privilège des expériences, c'est de toujours réussir, elles mènent à une manœuvre utile, ou elles nous détournent d'une idée qui ne le serait pas'.[80] Ainsi, avec une plaisante autodérision, il évoque dans *L'Homme aux quarante écus*, dans une lettre à M. André, ses propres déboires avec la technique de la culture 'par planches' inspirée de l'agronome anglais Jethro Tull.[81] La mésaventure est ancienne et relève du zèle bien excusable du néophyte.[82] En effet, le poète-laboureur expérimente ces techniques dès la mise en valeur de Ferney: 'Je suis les leçons de M. Thull [Tull] en fait d'agriculture, et je finis ma carrière comme Virgile avait commencé la sienne, en cultivant ma terre'.[83]

L'expérience a-t-elle été aussi désastreuse que l'auteur le confie à 'M.

---

77. *Encyclopédie*, t.7, p.819, note u.
78. Il est difficile de prendre Quesnay en défaut sur le plan agronomique. La lecture complète de l'article 'Grains' montre que les deux philosophes sont, en fait, d'accord. Certains commentateurs ont tort de lire dans la pique voltairienne un reproche général d'incompétence fait aux physiocrates.
79. Voltaire à L. Bollioud Mermet, 17 avril 1759 (D8265). Voir également D7965 et D7995.
80. D8282.
81. *OCV*, t.66, p.337.
82. Voltaire a probablement eu connaissance du système de Tull dans le *Journal économique* de décembre 1755 (p.57-58) dont le rédacteur, Antoine Boudet (nommé Boudot dans *L'Homme aux quarante écus*), donne une recension de *Réflexions relatives au Traité de la culture des terres*, commentaire de Tull par Duhamel du Monceau. Il s'est procuré l'ouvrage (BV1133).
83. Voltaire à George Keate, 4 avril 1761 (D9723).

André'? En tout état de cause, dix ans plus tard, c'est en agronome averti, et non plus en poète, que le maître de Ferney tance un poète (mineur), de Rosset, auteur de *L'Agriculture* (BV3107): 'J'ai été étonné que dans votre premier chant vous adoptiez la méthode de M. Tull, Anglais, de semer par planches. Plusieurs de nos Français ont voulu mettre en crédit cette innovation. Je puis vous assurer qu'elle est détestable'.[84]

Il a plus de succès avec la plantation de quatre mille pieds de vigne à Tournay et, en 1767, de trois cents jeunes arbres protégés des rigueurs selon les conseils du pépiniériste Moreau de la Rochette.[85] C'est également en agronome méticuleux et concret que Voltaire rédige en 1764, avant l'édit de libéralisation, le *Mémoire sur l'état de l'agriculture du Pays de Gex* à l'intention de l'intendant de Bourgogne. Ce mémoire concis s'ouvre sur un état des lieux (recensement du parc de charrues paroisse par paroisse, nature des sols, rendement des semences, facteurs de détermination des prix) tout aussi scientifique que ceux rédigés par de Butré pour les *Ephémérides*. Le recensement chiffré de la perte en capital productif (charrues) causée par les défenses d'exporter et les restrictions de la circulation interne est analogue à ceux que les physiocrates développent depuis une décennie pour plaider la libéralisation. Le cas d'école du Pays de Gex (enclavé et frontalier) est très pédagogiquement utilisé par le philosophe pour soutenir la réforme politique des *Economistes*.[86]

L'autorité de l'homme de terrain atteint sa pleine expression dans les toutes dernières années de la vie du patriarche, particulièrement durant les deux années (1774-1776) du ministère Turgot, en raison de l'empathie qui lie les deux philosophes et de la médiation *physiocratique* de Dupont de Nemours (nous l'avons évoquée dans le chapitre 3: Finances publiques et politique monétaire, p.58, n.38). Nous avons vu Voltaire adresser au contrôleur général un nombre impressionnant de notes, mémoires, mémorandums, prières et lettres, au Roi supplique et même remontrances. Ces factums, qui plaident surtout pour des franchises fiscales, ne sont pas seulement ceux d'un humaniste pétri de culture géographique et historique, ils sont surtout marqués par l'exigence factuelle et analytique d'un esprit gagné aux méthodes de la nouvelle science économique.

La pensée physiocratique a donc un impact certain sur les vues de politique économique du 'vieux Suisse' de Ferney. Cependant, si elle sous-tend les réformes que celle-ci promeut au nom du libéralisme, la tentation physiocratique de Voltaire reste mesurée et jamais il n'indique

---

84. Voltaire à P. F. de Rosset, 22 avril 1774 (D18903).
85. Voir le classique Caussy, *Seigneur de village*, p.134-36.
86. *Mémoire sur l'état de l'agriculture du pays de Gex* [1764], M, t.32 (2e éd.) p.612-14.

un ralliement sans réserve à la doctrine du cercle de Quesnay. Plus encore, il critique et s'oppose farouchement à certaines conséquences de la doctrine, notamment au plan fiscal, et, métaphysiquement, aux fondements que celle-ci suppose à la société. Mais on tirerait des conclusions erronées si l'on omettait d'observer que ces rejets se concentrent principalement sur deux auteurs physiocrates: Mirabeau et Le Mercier de la Rivière. Ils épargnent Abeille, Baudeau, Roubaud, Quesnay lui-même et surtout Dupont de Nemours – pourtant le plus orthodoxe des *Economistes* – avec lequel Voltaire entretient, jusqu'à la fin de sa vie, des liens étroits, intellectuels autant qu'amicaux. L'antipathie personnelle n'est pas étrangère aux polémiques qu'il fomente contre la Physiocratie.

Quand Voltaire polémique avec des physiocrates

Voltaire ne partage pas la détestation de Hume ou de Linguet pour les *Economistes*.[87] A propos des 'querelles assez vives' du second avec 'les économistes auteurs des *Ephémérides du citoyen*', il juge avec équanimité que: 'Les économistes sont une société qui a donné d'excellents morceaux sur l'agriculture, sur l'économie champêtre, et sur plusieurs objets qui intéressent le genre humain. M. Linguet est un avocat de beaucoup d'esprit, auteur de plusieurs ouvrages dans lesquels on a trouvé des vues philosophiques et des paradoxes'.[88]

'Les économistes sont une société': nous n'avons pas trouvé chez Voltaire d'emploi du terme *secte* appliqué aux physiocrates, alors que ce substantif revient avec la fréquence d'un lieu commun dans les écrits historiques ou exégétiques du philosophe, et alors qu'un économiste comme Turgot en fait le reproche constant à son protégé Dupont. Néanmoins, dans la correspondance, Voltaire trouve les accents virulents du polémiste pour fustiger Mirabeau et Le Mercier.[89] Outre la raideur du doctrinaire, il dénonce chez l'un et l'autre le détournement de la loi naturelle à des fins de despotisme politique. Ces reproches aboutiront à l'un de ses meilleurs contes de satire philosophique.

87. Lorsque Morellet annonce par un prospectus son projet d'un *Dictionnaire du commerce* (auquel Voltaire souscrit), Hume incite l'abbé à la virulence: 'J'espère que, dans votre ouvrage, vous les foudroierez, les écraserez, les broierez et les réduirez en poussières et en cendres! Ils constituent, en effet, la catégorie d'hommes la plus chimérique et la plus arrogante qui existe aujourd'hui, depuis l'annihilation de la Sorbonne' (D. Hume à A. Morellet, 10 juillet 1769, citée et traduite par G. Longhitano dans 'Préface', dans Dupont de Nemours, *De l'origine d'une science nouvelle*, p.xvi.

88. *Epître au roi de la Chine* [CVIII, 1770], *M*, t.10, p.416, n.1 au v.54: 'Linguet fond en courroux sur les économistes'. N.B.: La rime du distique est avec 'encyclopédistes'...

89. Il critique également Quesnay (art. 'Agriculture', *QE*) pour n'avoir pas attribué *La Dîme royale* de Vauban à Boisguilbert, en quoi les historiens de la littérature donnent aujourd'hui raison au Docteur.

Le marquis de Mirabeau ou le conservatisme agrarien

Victor Riqueti, marquis de Mirabeau, père du futur tribun de la Constituante, s'est arrogé le titre d'*Ami des hommes* depuis la publication de son *Traité de la population* (sous-titre) en 1757. Quelque peu flagorneur, Marmontel suggèrera à Voltaire que ce surnom lui eût été plus légitime.[90] Ce n'est pas, semble-t-il, cette auto-proclamation altruiste qui irrite aussitôt le locataire des *Délices*, mais le style prolixe et péremptoire du gentilhomme du Bignon:

> L'ami des hommes, ce Mr de Mirab[e]au qui parle, qui parle, qui parle; qui décide, qui tranche, qui aime tant le gouvernement féodal, qui fait tant d'écarts, qui se belouse si souvent, ce prétendu ami du genre humain n'est mon fait, que quand il dit, aimez l'agriculture. Je rends grâce à dieu, et non à ce Mirab[e]au, qui m'a donné cette dernière passion.[91]

Car au sujet de l'agriculture, Voltaire est en accord avec Mirabeau, comme il le sera avec les physiocrates. Lorsque le marquis écrit 'La nourriture de l'homme ne se peut tirer que de la terre; la terre ne produit que peu ou rien qui nous soit propre sans le travail de l'homme. La population et l'agriculture sont donc intimement et nécessairement liées',[92] ne rejoint-il pas ce que contient le portefeuille du philosophe visitant le contrôleur général des Finances? 'La richesse d'un Etat consiste dans le nombre de ses habitants et dans leur travail'.[93]

Voltaire est désormais acquis à l'idée de la richesse primordiale de la terre, même s'il ne la considère pas comme source unique de la création de valeur. Mirabeau non plus, d'ailleurs, lorsqu'il écrit en 1757: 'De même que le moyen premier de subsistance est l'*agriculture*, le moyen second est le travail. J'entends par ce mot le perfectionnement de la matière première'.[94]

On comprend que le perfectionnement de la matière première, fournisseur de plus-value, est autant le fruit des 'arts' que des soins de la culture. Quesnay saura convaincre le marquis du contraire. Ce n'est donc point cet aspect (le binôme terre/travail) qui irrite Voltaire à la lecture de *L'Ami des hommes*. On peut supposer que le rejet initial de Mirabeau est lié à la longue réfutation, au chapitre 5 du tome 2, du luxe

90. Marmontel à Voltaire, 9 avril 1763 (D11159).
91. Voltaire à Cideville, 25 novembre 1758 (D7951).
92. [Mirabeau], *L'Ami des hommes* (Hambourg, C. Herold, 1764), t.1, p.6.
93. *Dialogue entre un philosophe et un contrôleur général des finances* [1751], *OCV*, t.32A, p.86. N.B.: Voltaire, comme d'autres philosophes, est vivement intéressé par la problématique du populationnisme qui agite les esprits depuis le XVIIe siècle; aussi tardivement que dans les *QE* (art. 'Population'), il réfute longuement les estimations de 'Vallace' [l'économiste écossais Wallace] sur la population mondiale.
94. *L'Ami des hommes*, p.336, c'est l'auteur qui souligne.

tel qu'il est théorisé par J.-F. Melon.[95] 'Melon raisonne merveilleusement faux dans ce chapitre [ch.9: Du luxe]', assène l'auteur (p.232), plus polémiste moralisant qu'économiste:

> M. Melon est, je crois, le premier qui, dans un ouvrage raisonné, ait paru autoriser le luxe. Cela donna une vogue considérable à son Livre, et désormais il n'y eut Docteur de cercle, qui ne prononçât hardiment que le luxe était un bien. [...] tous les ouvriers se lèvent tard, travaillent moins, se font payer plus cher, parce qu'ils consomment davantage. (p.235)

La blessure du *Mondain* est encore assez proche pour que l'exilé du lac Léman se sente stigmatisé par la charge ci-dessous contre la *mollesse*:

> pour définir la mollesse, c'est ce qui énerve le corps, avilit l'esprit en l'endurcissant, affaisse l'âme en portant son ambition vers des objets bas, affaiblit l'esprit par l'espérance, la crainte et l'anxiété. Si le luxe est propre à produire ces effets-là, il engendre certainement la mollesse, et par conséquent amollit une nation en *tout* (p.202, c'est l'auteur qui souligne)

Le populationnisme même de Mirabeau sort affaibli des outrances et des sophismes qu'il accumule contre l'économie du superflu, lui qui dissipa la fortune paternelle et fera séjourner son fils à Vincennes pour un penchant identique:

> C'est la décadence de l'agriculture d'une part, de l'autre le luxe ou trop de consommation d'un petit nombre d'habitants qui sèche dans sa racine le germe des nouveaux citoyens. [...] en proportion de ce qu'on laisse [les terres] en friche, l'espèce diminue; d'où s'ensuit, que les consommations en superfluités sont un crime contre la société. (p.334)

On comprend l'ire de Voltaire qui s'épanche auprès de ses correspondants.[96]

Cette (très) mauvaise impression initiale va se confirmer après la conversion du marquis et ses écrits physiocratiques (*Théorie de l'impôt*, 1760; *Philosophie rurale*, 1763; *Les Economiques*, 1769). Si Mirabeau, sa popularité et son allant ont beaucoup fait pour transformer l'austère économie politique selon Quesnay en phénomène majeur de la vie politique du royaume, en revanche ses inclinations réactionnaires en économie sociale n'ont pas peu contribué à détacher de la Physiocratie nombre d'esprits libéraux. L'axiome du lien exclusif entre agriculture et produit net conduit logiquement Quesnay à théoriser le gouvernement d'un royaume agricole sous l'égide d'un code de trente 'Maximes générales'.[97] Bien que justifiées par les 'lois générales de l'ordre naturel qui constituent le

---

95. 'Le luxe' est le plus long chapitre du traité (76p.); la réfutation de Melon en occupe l'essentiel (p.195-241).
96. Voir D8455 à Clairault et D9498 à Mme d'Epinay.
97. Publiées en 1767 par Dupont de Nemours dans *Physiocratie* avec cet 'Avis': 'Nous voici arrivés dans ce recueil à la partie la plus intéressante'.

gouvernement le plus parfait', ces maximes confirment la préoccupation essentiellement économique du Docteur: la bonne gouvernance de l'Etat doit assurer l'influx d'investissement nécessaire au développement agricole, le bon écoulement des productions et l'enrichissement de la *classe productive*.[98] Mirabeau va plus loin, qui prône une refonte de la fiscalité pour asseoir l'assiette sur le seul produit net (ce que Quesnay approuve); qui considère le souverain comme copropriétaire de toutes les terres; qui se rallie au 'despotisme légal' revendiqué par Le Mercier; qui surtout gèle la structure sociale en classes étanches auxquelles sont assignés des codes éthiques spécifiques. *L'Ami des hommes* distinguait dans l'ordre descendant de la hiérarchie sociale: le Clergé, les Défenseurs, les Artistes, les Techniciens (i.e. la main d'œuvre industrielle et agricole). *Les Economiques*, ouvrage moins connu, énonce les droits et les devoirs moraux des deux catégories-phares de la Physiocratie: la Classe productive (fermiers et métayers) et les Propriétaires (bénéficiaires du produit net). Dans ce dernier *opus*, Mirabeau annonce d'emblée une ambition globale et contraignante pour la science économique:

> le travail de l'homme ne fructifie qu'au moyen d'un ordre de distribution des produits de la terre, qui en opère la consommation régulière, et la repro- duction constante et avantageuse, mais cet ordre sera toujours inverti, s'il n'est respecté [...] mais il ne peut être connu généralement et perpétré que par l'enseignement général et perpétuel de la science économique, qui n'est autre chose qu'une doctrine. Cette doctrine fixe l'œil de l'homme sur les sources de la vie humaine, arrête son intelligence à l'inspection de l'ordre naturel dont les règles constantes opèrent, dirigent, maintiennent et perpétuent cet ordre si nécessaire, cet ordre de distribution, de consommation et de reproduction des subsistances.
> Voilà donc quelle est l'importance de la science économique, voilà quel est son objet.[99]

Derrière cette vitrine idéologique, il est clair que l'impôt unique sur le produit net des propriétaires de biens-fonds crée une catégorie censitaire seule légitime à diriger le royaume avec le Prince car seule contributive de ses finances. Le philosophe de la tolérance est alerté dès 1760 par son amie d'Epinay:

> Vous a-t-on parlé d'un livre de m. de Mirabeau, intitulé *Théorie de l'impôt*? C'est un orage, tout y est confondu, obscur; et puis des traits de lumière qui éblouissent, qui renversent; des calculs faux, des idées justes, de l'éloquence, de l'amphigouri; hardi jusqu'à la témérité, un autre aurait dit, jusqu'à

---

98. 'Ce sont moins les hommes que les richesses qu'on doit attirer dans les campagnes' ('Maximes générales', dans *Physiocratie*, éd. Dupont de Nemours, maxime 12, p.241; c'est l'auteur qui souligne).

99. *Les Economiques*, par L. D. H. [*L'Ami Des Hommes*: Mirabeau] (Amsterdam et Paris, Lacombe, 1769), p.ix.

l'insolence, et aurait peut-être bien dit; mais je ne saurais en trouver à dire des vérités.[100]

Voltaire choisit de ne pas prendre Mirabeau totalement au sérieux. Sans doute perçoit-il la dérive politique de l'économie physiocratique qu'annoncent les écrits du marquis. Mais sa critique reste modérée, au contraire de la réaction que provoquera *L'Ordre social et essentiel des sociétés* de Le Mercier à la fin de la décennie. A ses yeux, la fougue brouillonne d'un Mirabeau ne mérite pas encore l'ironie voltairienne active qui sera celle de *L'Homme aux quarante écus*.[101] Loin d'engager une polémique publique, le philosophe se contente d'approuver *in petto* les détracteurs de l'Ami des hommes[102] et d'égratigner le physiocrate dans sa correspondance privée, mettant en avant chez celui-ci la faiblesse intellectuelle et l'absence de civisme (la France va perdre la Guerre de Sept Ans):

Ma belle philosophe croyez qu'il y a encore des peuples plus sots que nous. Quoi! On a pris sérieusement l'ami des hommes! Quelle pitié.[103]

Reçu donc la *théorie des impôts*, théorie obscure, théorie qui me paraît absurde, et toutes ces théories viennent bien mal à propos pour faire accroire aux étrangers que nous sommes sans ressources, et qu'on peut nous outrager et nous attaquer impunément. Voilà de plaisants citoyens et de plaisants amis des hommes.[104]

J'ai lu la *Théorie de l'impôt*. Elle me paraît aussi absurde que ridiculement écrite. Je n'aime point ces amis des hommes qui crient sans cesse aux ennemis de l'état: nous sommes ruinés; venez, il y fait bon.[105]

Le jugement de Voltaire sur Mirabeau ressemble à celui qu'il portait sur l'abbé de Saint-Pierre ('à moitié philosophe, à moitié fou' – D5011), soit: 'un fou qui a beaucoup de bons moments' (D9507), 'un fou qui a de beaux accès de raison' (D9555). Dans la gradation de la péjoration voltairienne, le Marquis reste très loin de l''archifou' Rousseau.[106] A la fin de sa vie, Voltaire conservera envers Mirabeau un détachement moqueur sans réelle acrimonie:

Sais-tu qu'un villageois sans esprit, sans science,

100. Mme d'Epinay à Voltaire, 15 décembre 1760 (D 9466).
101. En marge de la *Théorie de l'impôt* (s.l.,1760) (BV2468), Voltaire note: 'il faut donner à l'auteur le premier prix en galimatias' [sic] (*CN* 1139).
102. Pesselier, *Doutes proposés* (B2302, BV2705).
103. Voltaire à Mme d'Epinay, 26 décembre 1760 (D9498).
104. Voltaire à Thieriot et Damilaville, 13 janvier 1761 (D9539).
105. Voltaire à d'Argental, 14 janvier 1761 (D9540). N.B.: Voir encore D9502 (à Tronchin), D9507 (aux d'Argental), D9555 (à de Ruffey), D9726 (à Damilaville), D9737 (à Damilaville et Thieriot), D9796 (à Mme de Dompierre), D10386 (à de Bernis) qui jouent sur le même registre (absurdités, opportunisme, antipatriotisme).
106. 'Cet archifou qui aurait pu être quelque chose' (Voltaire à d'Alembert, 19 mars 1761, D9682).

> N'ayant pour tout talent qu'un peu d'expérience,
> Fait jaunir dans son champ de plus riches moissons
> Que n'en eut Mirabeau par ses doctes leçons?[107]

Au final, autour de cette année 1760, la tentation physiocratique de Voltaire semble protégée par les éléments constitutifs d'un certain plaisir d'être: le succès présent de *Candide*, l'arrivée de Mlle Corneille, la résistance aux antiphilosophes et, surtout, l'immense champ expérimental qu'apporte l'agriculture à son intelligence pratique. C'est à cette période que se formalise en lui la posture autoréflexive du 'Seigneur de village':

> Je mets en pratique ce que l'ami des hommes conseille. Je fais du bien dans mes terres aux autres et à moi. J'ai fait naître l'abondance dans le pays le plus agréable à la vue et le plus pauvre que j'aie jamais vu. C'est une belle expérience de physique que de faire croître quatre épis où la nature n'en donnait que deux. Les académies de Cérès et de Pomone valent bien les autres.[108]

A la fin de la décennie, l'enthousiasme agraire n'aura pas faibli, mais la lutte contre les abus l'aura rendu vigilant envers les dérives sectaires.

Le Mercier de la Rivière ou le despotisme physiocratique

La parution, en 1767, de *L'Ordre naturel et essentiel des sociétés* est signe du raidissement idéologique de la Physiocratie. La période est difficile au plan économique: hausse du prix du blé, mauvaises récoltes et spectre de la disette, affaiblissement du soutien public à la libre circulation, etc. Quelques émeutes éclatent.[109] Les *Economistes* incriminent (non sans raison) les palinodies du pouvoir sous la pression de certains parlements, qui vident progressivement de leur contenu les édits de 1763-1764.

Que contient donc *L'Ordre naturel et essentiel* qui va tant heurter les philosophes? Au point d'intersection de l'Economie et de la Politique, cet essai bien charpenté et aigu (sec, nous dit Voltaire)[110] est certainement l'un des textes politiques majeurs du XVIIIe siècle. Il est cependant rarement reconnu comme tel parce qu'il est à contre-courant de l'Histoire et du relativisme subtil de *L'Esprit des lois*.[111] L'édition *princeps*

---

107. *Dialogue de Pégase et du vieillard*, M, t.10, p.195-206, v.142-45. N.B.: Voltaire ajoute en note: 'Il a fort encouragé l'agriculture par son livre intitulé *L'Ami des hommes*'.
108. Voltaire à Clairault, 27 août 1759 (D8455).
109. Sur une base 100 en 1753, l'indice du prix du froment avait baissé jusqu'en 1763 (77) mais monte à 150 en 1770 (selon E. Labrousse, 'La crise économique à la fin de l'Ancien Régime', *Histoire économique XVIIIe-XXe siècles* (Paris 1992), p.180).
110. Voltaire à Damilaville, 16 octobre 1767, D14490.
111. L'étude idéologique des totalitarismes du XXe siècle gagnerait à l'analyse de ce texte un peu oublié.

est doublée aussitôt par la solennité d'un in-quarto rassemblant les trois parties en un seul tome (Londres, J. Nourse, et Paris, Desaint, 1767). Plus manifeste qu'essai, l'ouvrage s'ouvre sur une épigraphe de Malebranche: 'L'Ordre est la Loi inviolable des Esprits; et rien n'est réglé, s'il n'y est conforme'.[112]

Appuyé sur la cohérence implacable du finalisme, Le Mercier déroule sur cinq cents pages une économie politique de l'évidence:[113]

> Qu'elle se répande donc cette évidence salutaire [...] et qu'on me dise pourquoi les rois et leurs sujets n'embrasseraient pas un ordre si simple qui leur assure leur meilleur état possible évident; pourquoi l'évidence cesserait d'être pour nous ce qu'elle a toujours été [...] et comme il est dans la nature qu'elle agisse toujours: sa force irrésistible est faite pour enchaîner toutes nos opinions; pour établir un despotisme légal et person-nel, qui n'est autre chose que celui de cette même évidence, par le moyen de laquelle tous nos intérêts, toutes nos volontés viennent se réunir à l'intérêt et à la volonté du Souverain, et former ainsi, pour notre bonheur commun, une harmonie, un ensemble qu'on peut regarder comme l'ouvrage d'une Divinité bienfaisante, qui veut que la terre soit couverte d'hommes heureux.[114]

L'évidence métaphysique trouve sa réalisation dans le tout-physique de la nature: 'l'ordre naturel est une branche de l'ordre physique [...] il n'a rien d'arbitraire et est immuable' (ch.6). La reconnaissance de cet ordre par les hommes en société est 'essentiellement nécessaire à la plus grande multiplication possible des productions, afin de procurer au genre humain la plus grande somme possible de bonheur, et la plus grande multiplication possible' (ch.4, p.28). Parce que 'toute pratique qui contredit une seule de ses conséquences [est] pour nous un désordre évident' (ch.7, p.44), cet ordre est soumis à une *autorité tutélaire* dont le pouvoir législatif et d'administration de la force publique 'ne peut être exercé que par un seul' car 'l'inégalité des droits [de propriété] ne permet pas qu'une nation en corps puisse être législatrice' (ch.16, p.118 et 120).[115] Ainsi, 'la meilleure forme de gouvernement [...] celle qui se trouve si parfaitement conforme à l'ordre naturel et essentiel des sociétés [...] vous ne pouvez le trouver que dans le gouvernement d'un

---

112. Nicolas Malebranche, *Traité de morale* (Paris, 1939), ch.2, partie 11.
113. 'Le droit naturel des hommes [...] est reconnu avec évidence par les lumières de la raison, et [...] par cette seule évidence, il est obligatoire' (F. Quesnay, 'Le droit naturel' dans *Physiocratie*, éd. Cartelier, p.72).
114. [Pierre-Paul Le Mercier de la Rivière], *L'Ordre naturel et essentiel des sociétés politiques*, 1 vol. in-4° (Londres, J. Nourse, et Paris, Desaint, 1767), ch.44, p.477-78 (*excipit*). N.B.: Toutes les citations de *L'Ordre naturel* ci-après sont prises dans cette édition; d'après les différences de pagination avec les notes marginales, les deux exemplaires de Voltaire appartiennent à l'édition in-8° de faible qualité typographique (voir BnF-NUMM–55257-58).
115. 'Que *l'autorité souveraine soit unique, et supérieure à tous les individus de la société et à toutes les entreprises injustes des particuliers*' (F. Quesnay, 'Maximes générales' dans *Physiocratie*, Maxime première, p.238, c'est l'auteur qui souligne).

seul [...] le Souverain [héréditaire] copropriétaire des revenus que donnent les terres de sa domination [...] dont les intérêts sont ainsi inséparablement unis avec ceux de la nation dont il est le chef' (ch.19, p.142-50). L'acquéreur d'une terre et le souverain contractent entre eux une 'société', dont l'intérêt de copropriétaires est que le ' produit net [des terres] soit le plus grand physiquement possible' (ch.27, p.204). 'Toutes les richesses qui circulent dans la société font partie du produit des terres' (ch.21, p.252); il s'ensuit que 'l'utilité du commerce est dans le rapport qu'il a avec les intérêts de la culture' (ch.37, p.347).[116] Quant à l'industrie manufacturière, elle n'augmente jamais les valeurs au profit de la nation, le prix des ouvrages de l'industrie n'est que la représentation des valeurs consommées par l'ouvrier (ch.42, p.407-10 et ch.43, p.423-25).[117] Le luxe, enfin, est, au regard de *l'ordre naturel*, un désordre inacceptable:

> Par le moyen de la circulation, toutes les valeurs qui partent de la classe productive, doivent y revenir pour servir encore de germe à la reproduction qui doit les rendre perpétuellement à la circulation. Le luxe, qui change toute la marche naturelle des consommations, est précisément le désordre opposé à l'ordre qui doit *nécessairement* régner dans les dépenses pour que cette circulation ne puisse jamais être interrompue: or il est impossible que ce désordre s'introduise parmi nous, tant que respectant la propriété et la liberté, nous ne nous prêterons à rien qui puisse fournir à quelques hommes, un titre et des facilités pour en ruiner d'autres, et s'enrichir de leurs dépouilles.[118]

Les oppositions à Le Mercier

G. Weulersse désigne cette année 1767 comme celle où la Physiocratie se constitue véritablement en parti.[119] Elle se choisit ce nom dans les *Ephémérides* d'avril (p.121-22), puis dans le recueil des textes de Quesnay publié par Dupont en novembre.[120] Le *Mercure* et les *Mémoires secrets* de décembre prennent acte de la constitution du groupe en 'société'. En dépit des difficultés de la politique de libéralisation, les *Economistes* conservent de nombreux soutiens dans la noblesse moderniste (Vauguillon, Vauvilliers, Mme de Pailly, Mme de la Rochefoucauld

---

116. '*Que le gouvernement économique ne s'occupe qu'à favoriser les dépenses productives et le commerce des denrées du cru*' (F. Quesnay, 'Maximes générales' (Maxime huitième), dans *Physiocratie*, éd. Cartelier, p.240); c'est l'auteur qui souligne.
117. 'Les travaux d'industrie ne multiplient pas les richesses' (I), '[la nation] ne gagne sur [les travaux d'industrie] que le prix du travail de l'artisan' (II), (F. Quesnay, art. 'Grains' dans *Encyclopédie*, Maximes I et II, t.7, p.826).
118. *L'Ordre naturel*, ch.44, p.467, c'est l'auteur qui souligne.
119. G. Weulersse, *Mouvement physiocratique*, t.1, p.126 sq.
120. *Physiocratie*, éd Dupont de Nemours, 1767.

d'Anville), parmi les intellectuels (Diderot, Raynal, Marmontel, Falconet)
et dans le gouvernement (le roi lui-même, Trudaine, Laverdy puis
Maynon d'Invault qui prend deux *Economistes*, Abeille et Dupont, comme
conseillers). Toutefois, l'opposition au 'sectarisme' physiocratique se fait
déjà plus virulente; outre Bachaumont et Hume (déjà cités), il est
révélateur de lire sous la plume de Grimm:

> Premièrement ils ont un langage apocalyptique et dévot: ils voudraient faire
> de l'agriculture une science mystique et d'institution divine, et ils joueraient
> volontiers le rôle de théologiens dans cette partie. Le mardi de M. de
> Mirabeau deviendrait ainsi la Sorbonne du labourage [...] Ils ont en général
> une pente à la dévotion et à la platitude bien contraire à l'esprit
> philosophique qui se répand de toutes parts en Europe.[121]

Comme pour mieux confirmer cette dénonciation de l'ami de Diderot,
l'abbé Baudeau assimile, peu de temps après, l'économie politique à un
'nouvel Evangile terrestre'.[122] Esprit de parti, esprit de système,
essentialisme, appel au despotisme, fanatisme quasi-religieux: il était
inéluctable que la dérive idéologique de la Physiocratie ne trouvât sur
son chemin la résistance des philosophes, en dépit de l'attirance
épistémologique de ceux-ci pour toute science nouvelle. Diderot, à sa
manière affective, reste quelque temps encore le soutien des
physiocrates, mais prend bientôt la défense de Galiani vilipendé – le
Napolitain, parce qu'il a les rieurs pour lui, est un danger plus redoutable
pour la 'secte' que les opposants rationnels comme Forbonnais, Graslin
ou Turgot, voire les égalitaristes comme Mably, Rousseau ou Linguet.[123]

L'opposition de Voltaire est singulière. A aucun moment elle ne remet
en cause sa vision de l'agriculture comme pivot de l'économie nationale.
Par ailleurs, en dépit de sa sympathie amusée pour l'esprit de Galiani, il
reste un partisan déclaré de la liberté de circulation et d'une ouverture

---

121. *Correspondance littéraire*, 1ᵉʳ octobre 1767, éd M. Tourneux, t.7, p.434 (cit. G. Weulersse,
     Mouvement physiocratique, t.1, p.145).
122. 'Avertissement', dans N. Baudeau, *Précis de l'ordre légal* (Amsterdam, Arkstée et Merkus,
     1768), p.49. N.B.: L'année suivante, Mirabeau lui-même emploiera, au sujet de la science
     économique, le syntagme 'objet de culte terrestre' dans une lettre au margrave de Bade,
     physiocrate convaincu (cit. G. Weulersse, *Mouvement physiocratique*, t.1, p.192).
123. François Véron de Forbonnais, directeur du *Journal de l'agriculture* depuis 1766 (après
     Dupont), essaie de bonne foi dans son périodique de faire place à tous les points de vue
     sur l'économie, mais il est plus critique dans *Principes et observations économiques*
     (Amsterdam, M. M. Rey, 1767); Graslin publie en 1767 son *Essai analytique* qui prend le
     contre-pied de la doctrine physiocratique; Turgot écrit en 1767 plusieurs mémoires (sur
     la valeur et la monnaie, des *Observations* sur les écrits de Graslin et de Saint-Péravy) qui
     entérinent sa prise de distance; Mably, l'année suivante, publie ses *Doutes*, réquisitoire
     contre le despotisme légal (abbé Gabriel Bonnot de Mably, *Doutes proposés aux philosophes
     économistes sur l'ordre naturel et essentiel des sociétés politiques* (La Haye,1768)); l'opposition
     de J.-J. Rousseau et de Linguet ([Linguet (Nicolas-Simon)], *Théorie des Lois civiles*
     (Londres,1767)), BV2136) est connue depuis le début de la décennie.

contrôlée de l'exportation des grains: il soutiendra publiquement la politique de Turgot en ce sens après 1774.[124] De même, ses opinions maintes fois réitérées sur les impôts de consommation, l'excès de fêtes chômées, l'emploi des oisifs, et en faveur du remembrement et de la mécanisation agricole sont en cohérence avec la propagande physio-crate. Néanmoins, la divergence politique avec Mirabeau et Le Mercier de la Rivière à propos de l'extension du droit naturel au système féodal était prévisible:[125] 'Comme le droit féodal n'est point un droit naturel, que ce n'est point la possession d'une terre qu'on cultive, mais une prétention sur des terres cultivées par autrui, il a toujours été le sujet de mille disputes indécises'.[126]

Son irritation, puis sa franche indignation envers les dérives politiques et fiscales de la doctrine vont susciter la brillante réaction littéraire de *L'Homme aux quarante écus*. Mais auparavant, il faut rappeler que Voltaire est d'abord d'une grande prudence au sujet de l'ouvrage de Le Mercier de la Rivière. La raison en est que l'auteur a été appelé par Catherine II comme conseiller en cette année 1767 et que *L'Ordre naturel* est recommandé par le Prince Galitzine. La correspondance du philosophe montre un exercice habile dans le registre du double langage:

> M. le prince Galitzine me mande que le livre intitulé *L'Ordre essentiel et naturel* [*naturel et essentiel*] *des sociétés politiques* est fort au-dessus de Montesquieu. N'est-ce pas le livre que vous m'avez dit ne rien valoir du tout? Le titre me déplaît fort. Il y a longtemps qu'on ne m'a envoyé de bons livres de Paris.[127]

> Je ne connais point le livre dont vous me faîtes l'honneur de me parler. [...] Je ferai venir son livre; en attendant, je félicite l'auteur d'être auprès d'une souveraine qui favorise tous les talents étrangers, et qui en fait naître dans ses états.[128]

En réalité, Voltaire gagne du temps en omettant de signaler à ses correspondants que le livre est déjà entre ses mains depuis un mois.[129]

---

124. Il reste passionné jusqu'au bout par le sujet: en 1775 encore, il se procure *Sur la législation et le commerce des grains* de Jacques Necker (Paris, Pissot, 1775), (B2165, BV2556) qu'il *margine* abondamment (*CN* 1195).
125. '[Le Mercier's book] was dogmatic in tone and conveyed a sense of providential cosmic order unlikely to appeal to the author of *Candide*' (B. M. Bloesch, 'Introduction', dans *L'Homme aux quarante écus*, *OCV*, t.66, p.223).
126. *Annales de l'Empire* [1753], *M*, t.13, p.439 [Sigismond].
127. Voltaire à Damilaville, 8 août 1767 (D14344).
128. Voltaire à Galitzine, 14 août 1767 (D14363).
129. 'Je m'estimerai bien heureux de faire ce qui peut vos être agréable; vous recevrez incessamment *L'Ordre naturel et essentiel des sociétés politiques* [...] A en juger par la préface, il doit être médiocre' (Wargemont à Voltaire, 19 juillet 1767, D14293). N.B.: Les deux exemplaires présents dans la bibliothèque de St. Pétersbourg (BV2027) seraient donc celui de Wargemont et celui de Damilaville; l'un est beaucoup plus annoté que l'autre sans qu'il soit possible de déterminer s'il s'agit du premier; la lecture des deux tomes de

Galitzine le presse pourtant: 'Je suis impatient, Monsieur, d'apprendre votre avis sur le livre que je voulais avoir l'honneur de vous envoyer. S'il a votre suffrage, je le croirai parfait'.[130]

Peu soucieux de heurter un si influent correspondant, Voltaire a recours au confortable procédé dilatoire du 'vieux malade' en *post scriptum* d'une réponse à Galitzine: 'Une assez longue maladie ne m'a pas permis encore de lire le nouveau livre dont vous me faîtes l'honneur de me parler, mais j'en ai grande opinion puisque vous l'approuvez'.[131]

L''assez longue maladie' en question pourrait bien avoir été provoquée par la lecture de *L'Ordre naturel et essentiel* et la cure en sera, dans les semaines qui suivent, l'écriture de *L'Homme aux quarante écus* (qui paraîtra en février 1768 chez Cramer). Avec Damilaville, on peut être plus explicite sur les symptômes et leurs causes:

> J'ai lu une grande partie de l'ordre essentiel des sociétés cette essence m'a porté quelquefois à la tête et m'a mis de mauvaise humeur. Il est bien certain que la terre paye tout; quel homme n'est pas convaincu de cette vérité? Mais qu'un seul homme soit le propriétaire de toutes les terres, c'est une idée monstrueuse, et ce n'est pas la seule de cette espèce dans ce livre qui d'ailleurs est profond, méthodique, et d'une sécheresse désagréable.[132]

Comme le suggèrent les inversions répétées dans le titre donné à l'ouvrage sous la dictée du philosophe, c'est bien l'essentialisme de l'ordre prôné par les physiocrates qui pose problème. Quesnay (qui a suivi de près la rédaction de *L'Ordre naturel*) a implicitement opté pour Malebranche, pour la métaphysique contre la philosophie du droit naturel telle que l'entendent les philosophes, et en particulier les encyclopédistes.[133] Ce n'est d'ailleurs pas à l'essentialisme divin de la nature humaine que s'oppose Voltaire, lui qui écrit peu après: 'Il n'y a dans la nature qu'un principe universel, éternel, et agissant [...] Nous ne savons pas comment; mais nous ne pouvons, encore une fois, concevoir Dieu que comme l'Etre nécessaire de qui tout émane'.[134]

Ce qui l'indigne est le détournement de la métaphysique malebran-

---

l'ouvrage a été complète et attentive (*CN* 943); à noter: le Catalogue de Ferney fait état de *trois* exemplaires (B1757).

130. Galitzine à Voltaire, 24 septembre 1767 (D14439).
131. Voltaire à Galitzine, 7 octobre 1767 (D14470).
132. Voltaire à Damilaville, 16 octobre 1767 (D14490).
133. Les philosophes, lorsqu'ils ne sont pas athées, admettent l'origine divine de la nature humaine. Mais celle-ci, depuis l'humanisme de la Renaissance, si elle est un *medium* envers la divinité, est aussi un écran qui laisse à l'homme le libre-arbitre de ses choix. Le droit naturel, dans cette optique, est l'ensemble des choix juridiques, politiques, moraux effectués par la société dans l'interprétation optimisée de sa propre nature.
134. *Commentaire sur Malebranche, par l'abbé de Tilladet* [1769], *M*, t.28, p.97, 99. N.B.: Ce texte est partiellement repris dans l'article 'Idées' des *QE*.

chienne pour justifier un *ordre* social anachronique et une réforme fiscale aberrante. L'idée même d'un ordre social intangible – surtout s'il est revêtu de l'onction divine – est incompatible avec une vision progressiste de l'esprit humain dont les mœurs et les institutions ne sont que les traductions temporaires, vision que Voltaire partage avec Turgot, Condorcet et d'autres.[135] Son adhésion au droit naturel, appliquée à l'agriculture, se confond peu ou prou avec l'éthique du droit de sûreté et de propriété, un principe que peu d'esprits contestent au XVIIIe siècle: 'Le droit naturel est celui que la nature indique à tous les hommes. Vous avez droit aux productions de la terre que vous avez cultivée par vos mains. Vous avez donné et reçu une promesse, elle doit être tenue'.[136]

Peu avant que ne paraisse le brûlot de 'Monsieur André', il prend soin de communiquer – diplomatiquement – à l'impératrice son désaccord sur les idées de son conseiller français:

> Je ne suis pas en tout de l'avis du respectable auteur de l'Ordre essentiel des sociétés; je vous avoue, Madame, qu'en qualité de voisin de deux républiques, je ne crois point du tout que la puissance législatrice soit de droit divin le propriétaire de mes petites chaumières; mais je crois fermement que de droit humain on doit vous admirer et vous aimer.[137]

Les nuances tactiques de la correspondance voltairienne ne seront plus de mise dans le conte.

Une attaque frontale contre les conséquences du despotisme légal

Afin de démontrer l'injustice des conséquences de la doctrine, *L'Homme aux quarante écus* est ouvertement caustique et critique, une originalité qui contribue à son succès éditorial. De son côté, en effet, Linguet réfute le dogme physiocrate à l'aide de la rhétorique classique.[138] Les *Doutes* de

---

135. Contrairement à l'idée d'un *droit naturel*, la notion d'*ordre naturel* est rarement présente dans l'œuvre de Voltaire (le syntagme apparaît quatre fois moins que celui de *droit naturel*). La plupart des 16 occurrences d'*ordre naturel* réfèrent à la logique et parfois à la morale ('ordre naturel des choses', *Philosophie de l'histoire*, ch.19, *OCV*, t.59, p.159; *Poème sur le désastre de Lisbonne*, *OCV*, t.45A, p.330 [dans une citation de Clarke]). Elle n'est que très rarement employée dans une acception métaphysique, parfois dans un but satirique (*Siècle de Louis XIV*, ch.37, sur Molina, *M*, t.15, p.40). Roland Mortier extrapole la notion pour commenter la conception déiste d'un 'Dieu unique [...] garant de l'ordre naturel et de l'ordre moral' ('Introduction' à l'éd. *Dieu et les hommes*, *OCV*, t.69, p.249). On ne trouve chez Voltaire aucun lien d'*ordre naturel* avec la politique ou l'organisation des sociétés.
136. *Traité sur la tolérance* (*M*, t.25, p.39).
137. Voltaire à Catherine II, 29 janvier 1768 (D14704). N.B.: Plus tard, le conseiller ayant été renvoyé pour cause d'arrogance, Voltaire sera plus ironique: 'le pauvre Solon nommé La Rivière' (à Catherine II, 16 décembre 1774). L'impératrice était assez fine pour saisir le *cum grano salis* de cette assimilation aux Sept Sages.
138. 'L'agriculture est la nourrice des sociétés mais elle n'en est pas la mère. La découverte de

Mably sont porteurs d'une fine ironie pascalienne, empreinte de politesse déférente et de fausse naïveté.[139] Les *Dialogues* de Galiani emploient les ressources du bel-esprit modérément frondeur.[140] Voltaire est le seul détracteur de Le Mercier et Mirabeau à utiliser le mélange – typiquement voltairien – du facétieux et des enchaînements logiques *ad absurdum*, prenant parfois quelques libertés avec l'esprit ou la lettre des idées économiques contestées. Le conte de 1768 est, d'ailleurs, conçu comme un pot-pourri philosophique et couvre, avec la même verve, d'autres sujets que l'économie (le transformisme, la génétique, etc. – voir ch.2, section 3).[141] Il présente, dans la partie consacrée à l'économie, l'originalité formelle – rare au XVIIIe siècle – de la politique-fiction: les physiocrates ont effectivement pris le pouvoir et dirigent l'Etat; les mésaventures de M. André, les comptes faits du Géomètre, les audiences navrantes du Contrôleur-général sont autant de témoignages supposés d'un système politique inspiré par 'des fous qui calculent mal'.[142]

Le conte de 1768 est, dans sa partie économique, une dénonciation du 'paradoxe physiocrate': tenter d'allier le libéralisme à un absolutisme politique.[143] Mais il n'est pas que cela, car l'"Audience de monsieur le Contrôleur-général' est une satire du système fiscal indirect du royaume, un système que précisément les physiocrates veulent éradiquer au profit de l'*Impôt unique*.[144] Un thème pourtant fédère les deux cibles: le *droit*

---

cet art, quoique favorable à la population, bien loin de réunir les familles a dû d'abord les engager à s'isoler' (Linguet, *Théorie des lois civiles*, p.265).

139. 'Apprenez-moi, je vous prie, Monsieur, par quelle raison les hommes auraient perdu leur propriété personnelle, si en se réunissant en société, ils n'avaient pas établi des propriétés foncières?' (Mably, *Doutes*, Lettre première, p.5).

140. 'LE CHEVALIER: Et quelles manufactures trouvez-vous établies dans la ville de Rome? Je n'y connais qu'une fabrique de bulles et de dispenses qui commence même à être assez décriée. LE MARQUIS: Oh, quant à celle-là, je n'ai pas oublié, lorsque j'ai voulu épouser ma cousine, que la main d'œuvre en est très bien payée, et ce ne sera pas sûrement la cherté du blé qui établissant la concurrence ailleurs, fera tomber la fabrique des dispenses de Rome' (Galiani, *Dialogues* (Paris, 1984), premier dialogue, p.9).

141. R. Pomeau a sans doute raison d'attribuer le grand succès public de *L'Homme aux quarante écus* (dix éditions en un an) plus au regard caustique sur les controverses scientifiques du moment qu'à la seule satire des dogmes physiocratiques, trop austères pour captiver un public large (R. Pomeau, *Voltaire, romans et contes*, 1966, p.385). C'est la critique du monachisme, mais aussi la génétique (et peut-être certaine citation du jésuite Sanchez fort prisée des libertins) qui entraîna, plus que les questions économiques, l'interdiction du Parlement et la mise à l'Index. Ces ennuis avec la censure ne troublent guère Voltaire qui promeut ouvertement le conte auprès de ses correspondants: en cette année 1768, rien ne peut égaler l'inquiétude que lui cause, durant l'hiver, l'émoi suscité par la circulation clandestine du *Dîner du comte de Boulainvilliers* (voir *Revue Voltaire* 8 (2008)).

142. Voltaire à Damilaville, 30 janvier 1764 (D11670).

143. E. Ousselin, 'L'Homme aux quarante écus: Voltaire économiste', dans *The French review* 72/3 (1999), p.496.

144. Cette partie du texte ainsi que d'autres textes voltairiens sur les abus de la fiscalité indirecte ont été étudiés dans le chapitre 3: Finances publiques et politique monétaire.

divin. A sept reprises à propos d'économie politique, Voltaire associe dans le conte ce syntagme auto-justificateur à des injustices.[145] Cette critique sarcastique de la notion de droit divin n'est pas rare dans le corpus voltairien des décennies 1760 et 1770.[146] Ici, la réaction du philosophe nous semble de nature épistémologique: l'auteur des *Eléments de la philosophie de Newton* sait assez ce qu'il a fallu de combats et de dangers encourus pour que les sciences exactes s'affranchissent de la tutelle de la transcendance; les sciences morales et politiques, encore balbutiantes, sont soumises à une menace de censure encore plus puissante car elles sont, par nature, spéculatives et interprétatives. Il unit donc sous le feu d'une même raillerie et l'emploi du droit divin pour légaliser l'oppression fiscale des plus faibles, et l'artifice consistant à revendiquer l'essence divine d'une théorie économique pour la situer intégralement – dérives comprises – hors de toute atteinte critique. Dénonçant le biais intellectuel des plus outranciers des physiocrates et déconsidérant par là leurs certitudes péremptoires, il peut, sur le ton du bon sens, donner à M. André ou à son Géomètre une parole de rééquilibrage qui ramène indirectement au débat l'enseignement d'économistes non-physiocrates. Celui de Melon: 'Par tout pays le riche fait vivre le pauvre. Voilà l'unique source de l'industrie, du commerce. Plus la nation est industrieuse, plus elle gagne sur l'étranger'.[147]

Ou celui que Vincent de Gournay a personnifié, par exemple la notion de taxation de la valeur ajoutée (telle que Turgot et Morellet l'on probablement défendue devant le philosophe de Ferney lors de leurs visites): 'Il faut que l'industrie soi favorisée; mais il faut que l'industrie opulente secoure l'Etat. [...] Il est donc équitable que l'industrie raffinée du négociant paye plus que l'industrie grossière du laboureur'.[148]

Cependant, *L'Homme aux quarante écus* n'est pas écrit dans le registre de la rhétorique de réfutation mais dans celui de la satire. L'ironie de la forme conduit l'auteur à quelques arrangements avec le fond de la doctrine ciblée: 'Le préambule de ces édits était que la *puissance législatrice et exécutrice est née de droit divin copropriétaire de ma terre*, et que je lui dois au moins la moitié de ce que je mange'.[149]

La démarche de tout satiriste se prévaut souvent – à tort ou à raison –

---

145. *OCV*, t.66, p.294, 314, 322, 328, 330, 332, 367.
146. On la trouve dans le *Dictionnaire philosophique* (art. 'Guerre', 'Inquisition', 'Maître', 'Tolérance'), *L'Examen important de milord Bolingbroke*, *OCV*, t.62, p.129-362; *La Défense de mon oncle*, éd. J.-M. Moureaux, *OCV*, t.64, ch.6; *L'A, B, C*, Troisième Entretien, *M*, t.27, p.320-28; *Le Marseillois et le lion* (v.39 et 157), *La Princesse de Babylone*, éd. J. Hellegouarc'h, *OCV*, t.66, p.1-210 (ch.9); *QE* (art. 'Aranda', 'Biens d'Eglise', 'Concile', 'Curé de campagne', 'Droit', 'Droit canonique', 'Gouvernement'), etc.
147. *L'Homme aux quarante écus*, *OCV*, t.66, p.312.
148. *Quarante écus*, *OCV*, t.66, p.317.
149. *Quarante écus*, *OCV*, t.66, p.312, c'est l'auteur qui souligne.

d'une licence hyperbolique. C'est le cas de la phrase ci-dessus qui lance la complainte de l'homme aux quarante écus à partir de quelques torsions de la réalité intellectuelle. La première entorse réside dans le raccourci offert par la complétive, soulignée par l'auteur comme s'il s'agissait d'une citation. L'assertion n'est pas fausse car Le Mercier ne cache pas le fondement métaphysique – à ses yeux – de la *puissance tutélaire*;[150] le contraire serait d'ailleurs séditieux dans une monarchie absolue et de droit divin. Mais il la médiatise par la nécessité *physique* de la vie en société 'puisque sans l'établissement de cette autorité, leur société n'aurait pu se former ni subsister'.[151] Il renforce ce passage du métaphysique au physique en recommandant de distinguer – comme Molina – ordre surnaturel (révélé par la grâce) et ordre naturel (fondé sur l'évidence de la raison).[152] Voltaire a quelque motif à soupçonner qu'une 'évidence' fragilisée par la subjectivité aurait tendance à en appeler au 'surnaturel'.[153]

Les deux autres distorsions dans la phrase citée plus haut sont plus factuelles. Elles établissent le désastre économique de M. André sur la supposition que les 'nouveaux édits' prélèvent par l'impôt 'la moitié de ce que je mange'. Or l'impôt unique des physiocrates est prélevé sur le produit net, c'est-à-dire une fois remboursées les avances à la production dont l'entretien du cultivateur et de sa famille fait partie (avances dites *personnelles*).[154] De plus, il ne s'agit chez aucun auteur physiocrate d'un partage à demi entre le propriétaire du bien-fonds et son suzerain copropriétaire (le Prince), mais au contraire d'un partage dont les

150. 'L'autorité tutélaire doit être regardée comme étant d'institution divine' (*Ordre naturel*, ch.17, p.128).
151. L'auteur ajoute: 'de [la] première réunion [d'opinions et de volontés] naîtra naturellement et *nécessairement* une réunion de forces physiques au soutien de ces mêmes volontés; et du tout ensemble ce que nous nommons une autorité; c'est-à-dire, *un droit de commander appuyé sur le pouvoir physique de se faire obéir*' (*Ordre naturel*, ch.28, p.223, c'est l'auteur qui souligne).
152. 'L'autorité de cet ordre [naturel] est dans son évidence, et dans la force irrésistible avec laquelle l'évidence domine et assujettit nos volontés' (*Ordre naturel*, ch.6, p.37).
153. Voir l'article de S. Baudiffier ('La notion d'évidence', *SVEC* 216 (1983), p.278-80), qui rappelle chez Quesnay la double filiation intellectuelle de Locke (évidence sensible) et de Descartes et Malebranche (évidence rationnelle). N.B.: C'est surtout après la théorisation de Le Mercier, et les conséquences autoritaires qu'il tire de cette notion d'évidence, qu'elle fut philosophiquement controversée par Forbonnais, Rousseau, Grimm, Galiani et surtout Mably ('On y parle beaucoup d'évidence, et il semble que rien n'y est évident' – *Doutes*, p.4; 'Que je crains que votre Ordre naturel ne soit contre nature!' – p.12; 'il n'en est pas des vérités morales et politiques comme des vérités géométriques; et notre Auteur a tort de les confondre' – p.56). Voltaire n'est pas plus séduit: il objecte en marge de *L'Ordre naturel*: 'il ne l'a / jamais / que probable' (*CN*, t.5, p.302).
154. 'il est de toute nécessité que le produit *net* soit dégagé du produit *brut*; ainsi ce produit *net*, ce produit quitte et libéré des indemnités dues au cultivateur, est le seul qui puisse et doive être partagé entre les propriétaires fonciers et le souverain' (*Ordre naturel*, ch.28, p.223, c'est l'auteur qui souligne).

proportions ne sont définies que par l'obligation de placer le propriétaire foncier dans 'le meilleur état possible' eu égard à l'ordre physique, c'est-à-dire les charges de la propriété foncière et les nécessités de l'amélioration des sols (*L'Ordre naturel*, ch.29, p.229-36).[155] En d'autres termes physiocratiques, le *faste de subsistance* doit être détaxé, ce que le conte occulte – volontairement, car la lecture de Voltaire a été attentive.[156]

Pour conclure cet examen de la tentation physiocratique de Voltaire, il convient d'être plus nuancé que ne l'est généralement la critique voltairienne qui retient surtout les écrits polémiques de 1767-1768. Pour incisive que soit la satire des *Quarante écus*, elle ne résume pas toute la position de voltaire vis-à-vis des *Economistes*. D'abord parce que la Physiocratie en son thème central, celui du primat économique et social de la terre, ne fait que s'enraciner dans un état de la psychologie sociale française largement partagé à l'époque. Voltaire y adhère d'autant plus qu'il a rencontré dans l'activité d'entrepreneur agricole et dans la position de seigneur de village la source d'une force morale qui structure ses années d'exil: loin des salons et des cours, le vieux sage bataille, durant cette décennie 1760, contre les abus politiques, la superstition et le fanatisme de l''Infâme', les mesquineries de la république des lettres. A son érudition historique, à sa maîtrise du verbe, à son activisme relationnel, le fief de Ferney lui ajoute le défi intellectuel permanent du perfectionnement agronomique, la compréhension de l'économie réelle et des efforts rigoureux que requiert la création de valeur, mais aussi, chez ce poète, l'amour charnel de la nature dans sa métamorphose agraire, les mystères de ses saisons et de ses réponses aux efforts de l'esprit humain, la connivence mystérieuse qu'elle installe entre manouvriers, fermiers et propriétaires devant les espoirs, les souffrances, les déceptions et les exaltations du train de ses jours.[157]

155. Pour une exposition plus complète de la doctrine fiscale des physiocrates, se reporter à G. Weulersse, (*Mouvement*, t.2, p.336-86) et à R. L. Meek (*The Economics of physiocracy* (Cambridge, 1963)); voir également les articles de P. Harsin ('La théorie fiscale des physiocrates', *Revue d'histoire économique et sociale* 36 (1958), p.7-17), J. Nagels ('Objectifs et instruments de la politique économique et sociale de la physiocratie', *SVEC* 216 (1983), p.289-92) et P. Rétat ('Le Bonheur fiscal des physiocrates' dans *Etudes J.-J. Rousseau* 11 (1999), p.183-193).

156. Des signets ont été placés aux lieux du texte dont le contenu est exploité dans le conte: ch.31 (De la forme de l'impôt; De la portion du souverain); ch.33 (Des doubles emplois que feraient les impôts indirects). D'autres à des passages correspondant à des points d'accord de Voltaire sur la position des physiocrates: ch.42 (Procurer aux produits industriels un prix rémunérateur); ch.44 (liberté du commerce, encouragement au défrichage, amélioration des terres, garantie du droit de propriété et de la liberté de jouissance) – *CN* art. 943 (Akademie Verlag, t.5).

157. La sensibilité de Voltaire à la poésie de la vie agraire est très bien exprimée, en prose, dans sa lettre (déjà citée, p.180) du 7 juin 1769 à Dupont de Nemours (D15679). Cette

Tout à leur exaltation technocratique, les physiocrates, eux, ne s'entichent guère de poésie, pas plus qu'ils ne mêlent la morale et l'histoire à leur vision intemporelle et déterminée de l'*ordre naturel*. C'est d'ailleurs pourquoi le persiflage de Voltaire vise moins leur erreur analytique concernant le produit net industriel que leur conversion tendancieuse d'un 'programme scientifique de connaissance' en 'programme politique d'action'.[158] Les éloges publics répétés qu'il prodigue aux *Ephémérides*, même lorsqu'il marque son désaccord ponctuel, montrent son respect pour la démarche scientifique des philosophes-économistes.[159] Le courroux voltairien s'allume lorsqu'il devient *évident* que les fondateurs de la science nouvelle, grisés par leurs constructions conceptuelles, s'avisent de vouloir gouverner l'état 'du fond de leur grenier'.[160] Mais ce rejet, qui appartient à l'aversion plus générale du philosophe envers 'l'esprit de système',[161] est cantonné, pour l'économie politique, à quelques hommes[162] et à des objets précis: l'anticolbertisme, l'antimelonisme (du seul Mirabeau), l'impôt unique sur le profit agricole, l'appel au droit divin pour sanctuariser le despotisme. Soustraction faite

---

lettre marque le début d'une correspondance étroite entre Voltaire et le jeune physiocrate (voir ch.1, p.30, 32). Voltaire y décrit (fort bien) une belle ferme (la sienne) et la vie de ses 'camarades les laboureurs' (voir ci-dessus des extraits ch.5, p.180). Plus d'une année après *L'Homme aux quarante écus*, il réitère son adhésion aux principaux thèmes physiocrates concernant l'agriculture : nécessité de grande culture, impératif de la présence des propriétaires sur leurs terres, scandale des taxes indirectes qui étouffent le progrès agronomique, etc.

158. Dichotomie développée par P. Bourdieu (à propos de l'économie moderne) dans *L'Essence du néolibéralisme* (Paris, 1988), p.108-119 (cit. M. Barrillon, 'Introduction' à Diderot, *Apologie de l'abbé Galiani* (Marseille, 1998), p.9).

159. Notamment dans *La Lettre sur le poème des saisons* citée ci-dessus, p.180, *La Défense de Louis XIV*, *M*, t.28, p.327-40 (Paris, 1879) et *Diatribe à l'Auteur des Ephémérides* (*Lettre à Baudeau*), 10 mai 1775, *M*, t.29, p.359-70 (Paris, 1879).

160. Voltaire à B. L. Chauvelin, 18 septembre 1763 (D11423).

161. 'Les savants ont beau dire, / Et beau rêver, leurs systèmes font rire.' (*La Guerre civile de Genève* [1767], éd J. Renwick, *OCV*, t.63A (1990), p. 1-152 (100) (Oxford, 1990). N.B.: 1767 est l'année d'une grande défiance de Voltaire envers les 'mauvais livres' (D14585) scientifiques (en particulier ceux qui heurtent sa vision fixiste de la géologie et son scepticisme envers les théories de la génétique), une défiance perceptible dans *L'Homme aux quarante écus*.

162. Essentiellement Mirabeau et Le Mercier. Après *L'Homme aux quarante écus*, il conserve des relations d'estime (réciproque) avec Roubaud, Baudeau et surtout avec le plus zélé des physiocrates, Dupont, dont la lettre du 1er septembre 1769 (D15864) montre à quel point il considère Voltaire comme soutenant, pour l'essentiel, la doctrine économiste. Cette lettre est d'ailleurs une réponse à celle du 7 juin (D15679) que Voltaire termine ainsi: 'je n'en dirai pas davantage, Monsieur, sur des sujets que vous et vos associés avez si bien approfondis, pour l'avantage du genre humain'. Cette attitude favorable aux physiocrates n'échappe pas à ceux qui les critiquent: 'la modération avec laquelle il épargne ces journalistes, pour lesquels il montre tous les égards dus à de pareils philosophes' (*Mémoires secrets* 19/178 (9 janvier 1770), cit. B. M. Bloesch, *OCV*, t.66 (1999), p.253).

de ces désaccords radicaux, il faut admettre que le rapport de Voltaire à la Physiocratie représente beaucoup plus qu'une simple tentation. Il est un rapport profond avec quelques idées-forces des *Economistes*: le primat économique de l'agriculture; l'effet destructeur de la fiscalité indirecte du royaume sur l'émergence d'une 'grande culture' capitalisée et productive; la nécessité absolue d'une libre circulation interne des denrées, d'une liberté régulée de l'exportation, de prix rémunérateurs pour les productions – agricoles ou industrielles; le lien du progrès économique avec le juste équilibrage entre l'investissement productif (le *faste de subsistance*) et la consommation (le *luxe de décoration*). Les commentateurs du conte de 1768 ne soulignent pas assez que 'l'audience du contrôleur général' compense dans le sens de la Physiocratie la diatribe du début contre l'impôt unique 'de droit divin'. Et s'il était besoin de conforter encore cet aspect de l'idéologie économique de Voltaire, il suffirait de se reporter aux *Questions sur l'Encyclopédie* qui, en ce domaine comme en beaucoup d'autres, servent de testament philosophique au patriarche de Ferney. On verrait, par exemple, que l'article 'Fertilisation' – qui ne traite pas seulement d'amélioration des rendements mais aussi de gestion agricole en général – aurait pu, de la première à la vingt-et-unième des remarques formant la Section 1, être publié dans les *Ephémérides*.[163] Quant au petit apologue qui le complète (Section 2), s'il est de pure facture voltairienne par la forme ironique et anticléricale, il ne s'écarte, sur le fond, d'aucune des critiques des *Economistes* envers les freins fiscaux à la modernisation de l'agriculture.[164]

En vérité, Voltaire est physiocrate à la manière dont le sont ses visiteurs économistes de Ferney: Turgot en 1760, Smith en 1765, Morellet en 1766 et 1775. C'est-à-dire profondément hostiles à toute organisation doctrinaire et sectaire, mais sensibles à l'intelligence scientifique qui inspire la démarche de Quesnay et ses sectateurs, et fondamentalement acquis à des pans entiers de leurs analyses. S'ils s'en écartent pourtant, c'est qu'ils appartiennent déjà – Voltaire inclus – à une étape ultérieure de la pensée économique classique, celle qui a pris conscience que le binôme terre-travail est en passe d'être supplanté par le binôme capital-travail, en agriculture certes, mais aussi en manufacture et en services. C'est à cet aspect des vues de Voltaire sur la naissance du capitalisme que se consacre le chapitre 6.

---

163. Voir *OCV*, t.41, p.364-75.
164. 'Pourquoi certaines terres sont mal cultivées', dans art. 'Fertilisation', *OCV*, t.41, p.376-77. N.B.:Voir l'extrait cité ch.3, section 4, dans 'Portrait du philosophe en polygraphe ironiste des finances'.

6. Le philosophe-entrepreneur

'Ils se sont mis à travailler dès que je les ai logés'[1]

Le capitalisme investisseur est aussi ancien que l'économie de production. De tout temps, il a fallu accumuler, au minimum des semences, des instruments aratoires et des provisions de subsistance pour oser se lancer dans un cycle plantation-soins de culture-récolte. Epargne de précaution du laboureur ou *avances* du propriétaire de bien-fonds, l'investissement précède toujours le procès productif. Les clivages idéologiques du XIXe siècle dérivent, non d'un refus de ce constat d'évidence économique mais de cette autre évidence, quant à elle sociologique: la propriété du capital mis en œuvre structure nécessairement et le mode social de la production, et la répartition de ses fruits. La philosophie allemande de l'idéalisme offrira alors une vision dialectique du progrès économique (lutte des classes, matérialisme historique) qui génèrera pour longtemps un schisme radical entre économistes. Ce schisme est de nature éthique et politique et ne remet pas en cause les mécanismes de la théorie classique (accumulation, plus-value): il en conteste la hiérarchie des agents décideurs et la propriété des moyens de production. Cette ligne de fracture pouvait être décelée dès les Lumières françaises chez Rousseau, Mably, Morelly ou Linguet, par exemple. Au XVIIIe siècle, cependant, la propriété privée des moyens de production est une évidence quasi-universelle: elle apparaît comme un des principes du droit naturel. Voltaire se situe clairement dans cette ligne du droit naturel de propriété. Par son industrie financière, il a accumulé lors de son arrivée à Genève une fortune mobilière très respectable pour l'époque et il la maintiendra, en dépit de ses investissements en capital fixe. Car un tournant occupe le dernier quart de sa vie: le réinvestissement de ses revenus cesse d'être uniquement financier et se tourne en partie vers l'économie réelle. Aux prises avec les difficultés stratégiques et opérationnelles de l'entrepreneur, agricole et manufacturier, sa philosophie économique s'affine et se positionne – en consonance ou en rébellion – par rapport aux économistes, physiocrates ou libéraux, dont le corps de pensée est désormais en passe de constituer la théorie classique de l'économie politique.

---

1. 'Ce sont tous d'excellents horlogers. Ils se sont mis à travailler dès que je les ai logés [...] Nos montres sont très bien faites, très jolies, très bonnes et à bon marché' (Voltaire au cardinal de Bernis, 11 mai 1770, D16339).

Ce chapitre contiendra cinq sections: un rappel des idées-forces et des protagonistes de la théorie classique de l'économie tels que Voltaire a pu les appréhender de son vivant; une appréciation des capitaux à la disposition du patriarche; le mécanisme de commandite mis en place par lui à Ferney; la rencontre de l'aménagement du territoire et de la géopolitique à Versoix, et une analyse micro-économique des activités de l'entrepreneur Voltaire.

Vers une formalisation conceptuelle du libéralisme

Si l'économie politique des Lumières n'a pas inventé le capitalisme, du moins peut-elle en revendiquer la 'prise de conscience', pour reprendre le titre d'un essai de Claude Morilhat consacré à Turgot.[2] C'est, en effet, l'un des acquis de la réflexion critique du temps que l'accroissement de la richesse des nations n'est pas seulement affaire de *thésaurisation* (l'accumulation des espèces) mais surtout fonction d'une *mise en œuvre*, celle de l'investissement productif.

Au cours du dernier tiers du XVIIIe siècle, la pensée économique formalise donc ce qu'il est convenu d'appeler la théorie classique. Il y a effectivement classicisme dès lors que se constate entre les économistes un langage commun. Depuis les ébauches des économistes archaïques, et surtout depuis Cantillon et Quesnay, les ouvrages montrent une convergence progressive, non pas doctrinale mais sémantique, dans l'investigation, la spéculation et le débat sur ce prérequis du droit au bonheur: l'abondance. L'accord devient unanime sur la nécessaire quantification de l'économie: statistiques de la production et des échanges, recensement démographique, cadastre des biens-fonds, etc. Par ailleurs, l'analyse raisonnée des phénomènes économiques s'articule désormais autour de concepts théoriques: caractère circulaire des échanges, équilibre global d'offre et de demande, croissance à long terme de la richesse collective, effet 'extensif et multiplicatif' (Gournay) des décisions de politique économique, mécanismes d'ajout de la valeur et des prix, division du travail, contradiction entre salaire et profit, rôle de l'entrepreneur et de l'Etat dans l'accumulation capitaliste et l'investissement productif, etc. Cet espace de théorisation – traversé de vifs échanges – reste une aventure intellectuelle franco-anglaise (Turgot, Smith, Say, Ricardo, Malthus, etc.).[3]

2. C. Morilhat, *La Prise de conscience du capitalisme: économie et politique chez Turgot* (Paris, 1988).
3. Comme évoqué au ch. I, certains économistes italiens ont une influence européenne: Antonio Genovese, Giuseppe Palmieri, Cesare Beccaria et surtout Pietro Verri (*Meditazioni sulla economia politica* (Livourne, 1771), BV3432). Voltaire avait reçu l'ouvrage de Beccaria, *Del disordine delle Monete*, dont il remercie l'auteur: 'après avoir lu votre livre avec la plus grande attention' (Voltaire à Beccaria, juin/juillet 1762, D10547); cet ouvrage ne figure toutefois ni dans *Catalogue de Ferney*, ni dans *Bibliothèque de Voltaire*.

Il faut noter qu'en France il n'y a pas de véritable solution de continuité entre la physiocratie et la théorie classique. Les auteurs les plus représentatifs du libéralisme naissant (Forbonnais, Graslin, Morellet, Turgot), souvent proches de Gournay dans la décennie 1750, ont vécu et soutenu l'aventure intellectuelle des physiocrates tout en contestant chez elle la forme doctrinaire et les partis–pris agrariens. Et même chez les économistes anglophones, l'influence physiocratique fut réelle, y compris par la critique et l'opposition qu'elle suscite, en particulier chez le plus emblématique de cette fin de siècle, Adam Smith, dont l'essai *Wealth of nations* est considéré comme la première synthèse d'une pensée économique libérale ayant élaboré ses principaux outils d'analyse. Comme nous l'avons regretté au chapitre premier, à ce jour aucune trace écrite des visites qu'il fit à Ferney à l'automne 1765, durant son séjour à Genève, ne permet de retracer le contenu des échanges qu'eurent ces deux philosophes de la connaissance universelle: Voltaire et Smith.

L'entrepreneur classique

La cheville ouvrière du capitalisme naissant est un personnage nouveau du paysage social et de la création des richesses: l'entrepreneur. Propriétaire ou non des capitaux engagés, il se distingue du marchand et du financier en ce qu'il n'est pas seulement gestionnaire de la circulation des biens (l'argent, les marchandises) mais – à travers la main d'œuvre qu'il emploie – le transformateur physique des matières premières qu'il extrait ou qu'il acquiert. Il est donc le précipité (rare pour l'époque, il faut l'observer) de plusieurs qualités: la vision (des opportunités de marché, de la stratégie de conquête), la technicité (des procès industriels), l'énergie commerciale (animation des canaux de distribution, satisfaction de la demande), l'aptitude au commandement (des travailleurs, des associés, des concepteurs), le sens économique (rendement des capitaux fixes et circulants, productivité du travail, compatibilité des coûts directs et indirects de production avec le niveau accepté des prix), etc. Souvent opulent lorsqu'il réussit, dur à la tâche par nature, paternaliste ou exploiteur selon sa morale personnelle, l'entrepreneur archaïque ne laisse pas indifférent ceux qui travaillent pour lui: aimé comme un père du peuple ou haï comme un profiteur, son rapport à la collectivité est affectif et émotionnel tant que les relations du travail ne trouvent pas leur structuration légale, protectrice des équilibres humains, amorcée durant le siècle suivant mais qui semble un chantier toujours à recommencer.

Au XVIIIe siècle, le capitalisme industriel est moins dynastique que la finance ou le négoce; champ économique neuf, il est ouvert à l'audace, à l'intelligence, au charisme de quelques-uns, qui s'emparent d'un besoin à satisfaire, d'un art nouveau, d'une disponibilité de main d'œuvre et appliquent leur ascendant naturel à mettre en mouvement la machine microéconomique créatrice de richesse. La France et l'Angleterre possèdent déjà de tels capitaines d'industrie.[4] La France possède en outre quelques exemples de hauts fonctionnaires (les Gournay, Trudaine, Turgot, Fontette) capables de hauteur de vue sur les infra-structures nécessaires à l'expansion économique. L'entrepreneur de grande culture agricole, exalté par les physiocrates, appartient également à cette classe montante.

L'économie politique ne sera probablement jamais une science exacte. Même dans les expériences de dirigisme économique absolu que le XXe siècle a connues, le nécessaire empirisme des gouvernants a fait évoluer un appareil conceptuel initialement donné comme catégorique. La faute des physiocrates a été – plus encore que leur absence d'anticipation de la révolution industrielle – leur enfermement dans une construction abstraite trop parfaite. Telle n'a pas été l'erreur de quelques économistes français, pourtant proches du groupe des *Economistes* de Quesnay, qui ont conservé leur marge de manœuvre spéculative. Retenons parmi ceux-ci, par référence à la galaxie relationnelle voltairienne, Gournay, Morellet, Forbonnais et Turgot. C'est dans cette lignée intellectuelle, celle du libéralisme commerçant et industriel, que se situe l'économie politique de Voltaire. Il se singularise cependant, de Turgot en particulier, par sa fidélité au colbertisme. Au plan idéologique, Voltaire est un libéral défendant un certain interventionnisme étatique, par exemple pour la régulation de l'import-export des denrées ou la protection des manu-factures.

Voltaire et la théorie classique du libéralisme

Voltaire le philosophe, le poète, l'historien, l'exégète, le pourfendeur de l'intolérance, de la superstition et des abus semble a priori aux antipodes du meneur d'hommes industriel. Or, durant les deux dernières décennies de sa vie, son personnage social reflète aussi – à son échelle et avec les composantes personnelles de son éthique – les caractéristiques du comportement entrepreneurial dans ses meilleurs aspects: intelligence du financement productif, intérêt passionné pour

4. En France, entre autres: Van Robais, Poupard de Neuflize, Paignon (textile); Geoffrin, Jolly (verrerie); Dietrich, de Wendel, Barral (forges). Le capitalisme nobiliaire est présent dans les mines, liées à la propriété foncière. Les nouvelles fortunes issues de la finance et de la robe s'investissent dans les industries à forte concentration en capital: sidérurgie, verrerie (Saint-Gobain); les grands de la noblesse d'épée n'en sont pas absents: Condé, D'Artois, Orléans (voir A. Woronoff, *Histoire de l'industrie en France* (Paris, 1994), p.119-23, 127-33, 138-41).

les progrès techniques, persévérance à surmonter les obstacles légaux et commerciaux, résilience face aux échecs, souci du bien-être et de l'adhésion des collaborateurs, etc. Dans son cas, l'appât du gain et la volonté de puissance n'entrent que marginalement dans le désir d'entreprendre. En revanche, une conscience aiguë de son capital d'influence virtuelle, une certaine propension à repousser les limites assignées à la philosophie, un goût non moins certain à venger les avanies de l'exil et des calomnies entrent sans doute dans les ressorts intimes de son action des dernières années en faveur du Pays de Gex. Peut-être surtout, ce grand malade, perclus de réelles souffrances et toujours au bord d'une fin annoncée, sait que seule l'action passionnée le maintient en vie.[5] La littérature, l'engagement contre l'intolérance et enfin la pratique de l'économie concrète sont les trois moteurs d'une énergie vitale hors du commun qui font du philosophe de Ferney, au final, un improbable octogénaire: 'Père Adam est interdit par son évêque [...] mais il ne se tuera pas. Je ne me tuerai pas non plus tant que j'aurai quelque chose à faire; mais si j'étais sans occupation, je serais fort tenté de faire un petit Pictet'.[6]

C'est pourquoi, l'image convenue du patriarche de Ferney est trop réductrice. Voltaire entre 1755 et 1778 n'est ni M. de Wolmar, ni même Goethe vieillissant. Il ne se contente nullement du rôle de *seigneur de village* (un village dont les chicaneries l'indisposent), ni de celui d'oracle des temps nouveaux.[7] Ecrire, lutter, créer de la richesse: agir simultanément dans ces trois espaces de sa vie publique est l'antidote nécessaire à la vieillesse et l'exil. Son influence relationnelle, entretenue, comme on sait, par un intense talent épistolaire et la table ouverte de *l'aubergiste de l'Europe*, est tout autant au service de 'l'entrepreneur de culture', de l'*établisseur* d'une fabrique d'horlogerie, du promoteur de la

---

5.   'Je n'ai pas un moment à moi mon cher ami. Je suis depuis un mois accablé de travail et d'affaires. Plus on vieillit, plus il faut s'occuper. Il vaut mieux mourir que de traîner dans l'oisiveté d'une vieillesse insipide. Travailler c'est vivre' (Voltaire à Thieriot, 8 décembre 1760, D9449). N.B.: A la fin de la décennie, l'antienne sera encore plus stoïque: 'je suis accablé de maladies, de vieillesse, de mauvais livres, d'affaires' (Voltaire à Morellet, 12 décembre 1767, D14585).

6.   Voltaire à Mme Denis, 29 novembre 1768 (D15340). NB: Le père de Marc Pictet, voisin des Délices, contemporain de Voltaire et malade, venait de mettre fin à ses jours; la même lettre, pessimiste, mentionne l'agonie de Damilaville. L'ensemble des courriers à destination de sa nièce en fuite est imprégné de tristesse en cette fin 1768. L'humeur change ensuite à mesure que le retour se profile.

7.   C'est pourtant ce dernier rôle qu'exalte Frédéric (qui a beaucoup à se faire pardonner): 'Cet édifice [la superstition] sapé par ses fondements va s'écrouler; et les nations transcriront dans leurs annales que Voltaire fut le promoteur de cette révolution qui se fit au XVIIIe siècle dans l'esprit humain [...] Qui aurait dit au XIIe siècle que la lumière qui éclairerait le monde viendrait d'un petit bourg suisse nommé Ferney?' (Frédéric II à Voltaire, 5 mai 1767, D14162).

ville nouvelle de Versoix qu'elle est au service de la lutte intellectuelle pour la justice comme elle l'est à celui des belles-lettres. Au risque du paradoxe anachronique, avançons l'opinion qu'il y a une différence évidente d'objet social, mais pas de radicale opposition dans la nature du fonctionnement, entre la 'manufacture royale de Fernex' et l'entreprise virtuelle qui produit *Les Questions de Zapata ou Le Dîner du comte de Boulainvilliers*, en commandite l'impression, en organise la circulation clandestine, en brouille savamment l'anonymat. Dans celle-ci, comme dans celle-là, un seul homme – un entrepreneur – conçoit, supervise, anime, communique, le tout avec (selon les jugements contradictoires des tiers) la force d'âme du visionnaire ou l'entêtement du vieillard. La métaphore n'a d'ailleurs pas échappé au patriarche qui l'emploie pour promouvoir son rêve (passager) d'un *phalanstère* des philosophes à Clèves: 'Si vous voulez venir vous établir à Clèves avec Platon [Diderot], [...] on y établirait une imprimerie qui produirait beaucoup, on y établirait une autre manufacture plus importante; ce serait celle de la vérité'.[8]

Si Voltaire endosse avec autant de jubilation, mais aussi d'authenticité, ses habits nouveaux d'entrepreneur, c'est, au-delà des bienfaits psychologiques, pour deux raisons principales. D'une part, la maturité de ses idées économiques (dont il faut souligner la constance) est désormais étayée sur une très solide base théorique et pratique: ses lectures et ses échanges depuis 1734 l'ont placé sur un rang de parité intellectuelle avec les économistes. L'économie politique est, sinon au cœur de sa construction philosophique et littéraire, au moins en résonance harmonique avec ses fondements principaux. Tout d'abord, le progressisme est un axiome principal de la métaphysique et de l'éthique voltairiennes: la croyance dans l'accomplissement historique de l'esprit humain est une foi commune qui rapproche, dès 1760, Voltaire et Turgot. Puis, Voltaire est un encyclopédiste, quelle qu'ait été sa prudence envers les déboires de l'entreprise. Moins ouvertement fasciné par les arts et métiers que ne l'est Diderot, il se révèle néanmoins rapidement avide de connaissances techniques, qu'il s'agisse de semoir, de vancribleur, de pressoir, d'architecture, des mille et une spécialités de l'agronomie; ses *marginalia* nous le montrent également passionné de calcul financier depuis toujours, une inclination secrète qu'il camoufle sous la fausse naïveté socratique dans sa correspondance avec ses banquiers.

D'autre part, l'expérience de *ménager* de sa propre fortune mobilière et de ses biens immobiliers conséquents au pays de Gex lui donne une

---

8.   Voltaire à Damilaville, 25 juillet 1766 (D13449).

incontestable autorité que son statut d'homme de lettres ennoblit sans l'amoindrir.

A titre circonstanciel, on peut aussi tenir compte d'éléments biographiques. Si les étapes récentes de la vie du poète-philosophe (Cirey, Lunéville, Berlin) ne semblaient pas le prédisposer à la création d'une entreprise à son arrivée sur les bords du Léman, cette apparence se dissipe rapidement. Les circonstances sont celles de l'évidence qu'il ne pourra, de sitôt, retourner à la vie de cour, ni même à celle des salons parisiens. Elles proviennent aussi de la désillusion rapide qu'il ressent à propos de l'ouverture d'esprit qu'il attendait des Lausannois et Bernois d'abord, des Genevois ensuite: c'est une chose de dénoncer, à Paris ou à Berlin, la stupide intolérance et le contresens économique de la Révocation de l'Edit de Nantes, une autre de devoir supporter quotidiennement une autre intolérance, celle du soupçon d'irréligion dans le regard des bourgeois calvinistes de Genève.

A nouveau donc, nous rencontrons en Voltaire le témoin privilégié d'une science économique dédiée désormais à l'explication scientifique du capitalisme libéral. Les deux plans évoqués plus haut – celui de l'action et celui de la pensée – sont les espaces où s'inscrit ce précieux témoignage. Son rôle décisif dans l'aménagement du petit territoire du Pays de Gex constitue un petit cas d'école des mécanismes nouveaux de la croissance économique: impact des innovations techniques dans l'agronomie (défrichements, assèchements, mécanisation), géopolitique des flux commerciaux (projet de Versoix), opportunisme des situations politiques (affaire des Natifs), inventivité des financements d'infrastructure (les chemins, l'irrigation, le parc immobilier du village de Ferney), déterritorialisation des marchés (la recherche de débouchés d'exportation pour l'horlogerie ferneysienne), lutte politique pour l'abolition des obstacles légaux (forfaitisation des aides et de la gabelle, affaire du poinçon).

Les économistes du patriarche: proximité et distance intellectuelles

La stature du philosophe et son intérêt pour l'extension de la philosophie à l'économie lui ouvrent une relation épistolaire avec de nombreux auteurs intéressés par l'économie politique, dont les abbés-philosophes Morellet, Baudeau, Roubaud. David Hume, qui occupe une place non négligeable dans la Bibliothèque Voltaire (BV1696 à BV1703), est surtout présent dans la correspondance en tant qu'historien et à l'occasion de sa brouille avec Rousseau (1766); néanmoins, Voltaire a lu les *Essays* dont il possède trois exemplaires et dont il annote principalement les trois volumes de philosophie morale (*CN* 777, 778, 779). Il entretient surtout une riche relation épistolaire ou personnelle avec trois économistes du temps: Anne-Robert-Jacques Turgot, Pierre-Samuel Dupont de Nemours et Adam Smith (voir ch.2).[9] Auprès de Voltaire, Dupont de Nemours fait office, non pas de libéral, mais de gardien de la stricte obédience physiocratique; ses qualités humaines, appréciées du philosophe de Ferney comme de la figure tutélaire qu'est Turgot, font oublier sa rigueur doctrinale. On pourrait en dire autant de Damilaville, qui n'est pas un théoricien comme Dupont mais un sympathisant de la physiocratie et dont on sait les sentiments affectueux que le philosophe lui porte. Par tradition de pensée, les économistes britanniques, dont Voltaire comprend la démarche empirique, se défient des modélisations par trop rationnelles. C'est pourtant l'un d'eux, Adam Smith, élève de Hutcheson et ami (et compatriote écossais) d'un autre correspondant du patriarche, Hume, qui transcrit en termes de science économique la vision du siècle du capitalisme libéral. Il le fera avec la structure et le langage de la *clarté française* (pour employer un cliché chauvin du siècle suivant). Voltaire disparaîtra avant de connaître la synthèse de Smith: nous avons partagé avec le lecteur (ch.2) notre conviction qu'elle fut présente dans les entretiens de Ferney, avec la métaphysique, l'interaction des passions et de la morale, la tolérance et – peut-être – la génétique linguistique.[10]

Voltaire a donc été, de près ou de loin, l'interlocuteur des principaux protagonistes de la science nouvelle. Il n'est pourtant jamais l'un d'eux, car son expression sur les phénomènes économiques n'est que peu médiatisée par la conceptualisation théorique qui s'affirme (et s'affine) au cours du siècle. Hostile aux *systèmes*, il préfère les mises en perspective historiques ou sociologiques aux abstractions raisonnées. Sur la question de la valeur, par exemple, problème d'essence philosophique qui, chez Cantillon, Turgot ou Smith, génère des spéculations sur les distinctions entre valeur intrinsèque, valeur d'usage et valeur vénale, l'observation voltairienne porte principalement sur la relativité historique de la notion de superflu, sur l'impossibilité d'une définition abstraite et intemporelle du luxe.

Le philosophe a peu conscience de se trouver témoin d'une théorie classique de l'économie qui s'élabore néanmoins sous ses yeux. Rien d'étonnant à cela, à vrai dire, car tout système de pensée, toute esthétique destinés à devenir *classiques* ne sont perçus d'abord que comme novateurs. C'est l'innovation politique, conséquence de l'analyse

9. Le matériau des écrits du philosophe permet une appréciation documentée de ses différents centres d'intérêt: en particulier la correspondance de cette période (de l'arrivée à Prongins fin 1754 à sa mort en 1778), qui représente plus des deux-tiers (72%) de la correspondance connue.

10. Peu après le séjour à Genève, A. Smith rédige *A Dissertation on the origin of languages* qu'il insère dans l'édition 1767 de *Theory of moral sentiments* (voir ch.1, p.35).

économique théorique, qui intéresse le philosophe et historien Voltaire: longue indécision du pouvoir sur la question de la libre circulation des denrées; instabilité des finances royales dépourvues de légitimité économique; prise de conscience du caractère destructeur d'une fiscalité indirecte sous-traitée à des intérêts privés, subie par les groupes sociaux les moins influents et contraire à l'incitation à investir, etc.

Plus que la théorie, c'est surtout le pragmatisme (qui avait ouvert l'attention de Voltaire sur la vie marchande lors de son séjour anglais,[11] sur les ressources de l'économie financière quand il cherchait à asseoir son indépendance de philosophe sur un patrimoine personnel) qui le conduit vers ce rôle qu'il invente: entrepreneur capitaliste et libéral, créateur de richesse au profit des faibles, aménageur de l'espace naturel, passeur de réformes auprès des pouvoirs institutionnels, protecteur auto-proclamé d'un Pays dont il est le seigneur. Un rôle d'entrepreneur que les contingences de l'exil, les circonstances locales et, tout autant, la détention de capitaux et l'éthique de 'faire le bien' l'amènent à jouer pendant deux décennies.

Les capitaux de Voltaire

'Il est bon qu'il y ait des gens comme moi dans le monde. Mais pour jouer ce rôle, il faut être vieux, riche, libre, hardi et bien à la cour sans en approcher'.[12]

Comme une esquisse de Huber, l'*aura* du patriarche est dessinée par les quelques adjectifs de cet autoportrait. 'Etre riche' n'est sans doute pas le trait le moins suggestif. 'Libre' en est partiellement le corollaire. Et surtout, les finances sont un élément déterminant dans la conversion du philosophe à l'action entrepreneuriale: en ces temps du capitalisme naissant, Voltaire détient les fonds nécessaires à toute *avance* productive; il sait aussi – admirablement – produire un effet de levier sur les flux de trésorerie par une palette de moyens, de l'emprunt classique à la rente viagère sur sa chétive personne. Nous commençons donc l'examen de 'l'entreprise Ferney' par cet aspect financier, qui en est le nécessaire préalable. Nous l'étendrons ensuite aux différents modes de commandite de l'investissement productif selon le secteur: agricole, manufacturier et marchand. Nous le compléterons par un rappel de l'action d'influence facilitatrice du patriarche sur l'environnement politique.

11. Le poète français avait pu lire dans la presse anglaise des éloges alors peu en usage dans sa patrie, tel celui-ci: 'The Merchant is the great Benefactor of the Commonwealth [...] enriching all Nations that share in his Traffick [...] His Presence is a blessing wherever he comes' (*The British journal* 25 (6 July, 1728), cité par G. Lanson, *Lettres philosophiques*, p.129, n.20).

12. Voltaire à M.-E. de Dompierre de Fontaine, 22 octobre 1760 (D9341).

Portrait du philosophe en bâtisseur de fortune

Voltaire fut un gestionnaire attentif et – généralement – avisé de ses biens. Il répond sur ce plan à l'étymologie du mot *oeconomie* longtemps en vigueur en son temps: bonne gestion domestique. L'évolution de ses revenus annuels de rente en est un signe: 28 000 lt en 1736, 74 000 lt en partance pour la Prusse, 120 000 lt à l'arrivée aux Délices, 197 000 lt à mi-1775, 231 000 lt à son décès en 1778.[13] Cette dernière somme en fait à sa mort, selon le chercheur cité, l'un des vingt premiers rentiers du royaume. Si nous prenons le denier vingt (le taux du roi) comme taux moyen de rendement, la fortune peut donc être estimée à un peu plus de quatre millions et demi de livres.[14] Sachant qu'il ne reçut de son père qu'une rente de 4250 lt (au capital de 150 000 lt différé jusqu'à 1729), on voit qu'il ne doit cette fortune qu'à son industrie. Il lui fallut d'ailleurs quelque temps pour deviner en lui les ressources qui permettent la richesse; face à sa première associée, le jeune écrivain se préparait à la posture du lettré stoïque:

> Voilà tout ce que je sais de vos affaires. Pour les miennes, elles sont un peu plus mauvaises. J'ai perdu sans ressource mes deux mille livres de rente viagère pour avoir trop tardé à en payer le fonds. [...] Ainsi j'ai plus besoin que jamais de la philosophie dont je veux faire profession. Je vais regarder la fortune comme un avantage qui n'est nécessaire qu'aux gens remplis de désirs. [...] Je me mets donc dans la tête d'être heureux dans la pauvreté.[15]

Son industrie le rendit, au contraire, heureux dans l'aisance. Une industrie qui suscita, de son vivant, jalousie, perplexité ou admiration et, longtemps après sa mort, d'autres jugements contrastés, d'autant que Voltaire, qui lamenta souvent ses pertes, couvrit toujours ses gains du plus impénétrable secret.[16] Le volontarisme dans la discrétion est

---

13. J. Donvez, *De quoi vivait Voltaire?*, p.81, 133, 175. N.B.: Les sources de Donvez sont: Jore, *Mémoire pour C.F. Jore* (Paris, Guérin, 1736), Sébastien Longchamp, *Mémoires anecdotiques sur Voltaire, par Longchamp et Wagnière, ses secrétaires* (1749, Paris, 1838), le carnet de l'état des biens de juillet 1775 (BnF, MS FR15285, f.52 & 53) et les recherches de l'auteur sur 38 800 lt ajoutées par les actes notariés passés entre 1775 et 1777.
14. Par comparaison, la succession du président Hénault s'éleva à trois millions, celle du président de Sénozan à cinq millions (citées par P. Gaxotte, *Le Règne de Louis XV* (Paris, 1974), p.320).
15. Voltaire à la Présidente de Bernières, mars 1725 (D225).
16. Les contemporains se perdaient en conjectures: en 1751, Collé estime son revenu à 80 000 lt ('Février 1751', dans *Journal de C. Collé*, éd. H. Bonhomme (Paris,1868, Slatkine Reprints 1967), p.290); en 1765, Grimm l'estime à 100 000 lt ('Mars 1765', dans *CLT*, éd. Tourneux, t.6, p.233,); durant la période 1770-1778, selon Nicolardot (*Ménage et finances de Voltaire* (Paris, 1854), p.58), les estimations vont de 130 000 lt (La Harpe, *Correspondance littéraire de J.F. La Harpe*, t.1, p.61) à 160 000 lt (Wagnière dans S. Longchamp, *Mémoires*). N.B. : les références données par Nicolardot sont toutefois imprécises.

explicite lors du recrutement de Moussinot qui fut son homme de confiance et son factotum parisien durant les années de Cirey:

> Voici une autre affaire, mon cher abbé. Je voudrais sous le dernier secret avoir quelque argent comptant chez un notaire discret et fidèle, qu'il pût placer pour un temps, et que je pusse trouver sur-le-champ en un besoin [...] il faudrait que ce le fût sous votre nom.[17]
>
> Mon cher abbé, j'aime mieux mille fois votre coffre que celui d'un notaire [...] Vous êtes aussi intelligent que vertueux [...]. Voyez si vous voulez vous charger de l'argent d'un indévôt [...] Tout sera dans le plus profond secret.[18]

On peut estimer, avec les biographes, qu'acquérir l'indépendance financière était une motivation suffisante pour un poète-philosophe qui avait, très tôt dans sa carrière, eut à ressentir le prix de la dépendance et de l'infériorité sociale. Nous ajouterons qu'il percevait sans doute assez finement les différences culturelles entre la France et l'Angleterre pour comprendre qu'un poète français ne devait pas ici laisser deviner des dons pour l'affairisme qui passaient là-bas pour l'apanage normal du talent. Pour ses détracteurs, en revanche, c'est 'l'avarice' et la 'soif de l'or' qui seules expliquent cette course à l'enrichissement dont la discrétion qui l'entoure ne viserait qu'à masquer les biais tortueux.[19] Les biographes voltairiens, conscients de la rareté des éléments factuels, se contentent en général de rapporter les faits avérés de cette gestion patrimoniale: la 'caisse de juifrerie' en association avec Mme de Bernières, la loterie sur l'Hôtel de Ville avec La Condamine, les opérations de fourniture aux armées avec Pâris-Duverney, le commerce triangulaire Barbarie-Cadix-Amérique avec Gilly, les spéculations sur les blés avec Dumoulin, puis les rentes viagères après 1750, etc. Comme on le voit, c'est le plus souvent en association que Voltaire mena ses opérations économiques, supportant parfois les aléas d'une association: la malhonnêteté de Dumoulin lui coûta 20 000 lt, la banqueroute de Gilly 120 000 lt selon ses dires. Mais l'époque était aux banqueroutes et, dans l'ensemble, les associations du philosophe-financier furent plutôt judicieuses; s'il se brouilla plus tard avec La Condamine (à propos de Maupertuis), l'association avec les frères Pâris fut exemplaire jusqu'au bout.[20] Arrivé à Berlin, Voltaire décida de ne plus intervenir dans les

---

17. Voltaire à Moussinot, 8 mars 1736 (D1031).
18. Voltaire à Moussinot, 21 mars 1736 (D1042).
19. L. Nicolardot, qui fait clairement partie de cette catégorie, ouvre son étude-fleuve par un premier chapitre intitulé: 'De quelques lésineries et friponneries de Voltaire' (*Ménage*, t.1, p.1-22).
20. 'Voltaire et Pâris-Duverney ont des traits de caractère en commun: esprit d'initiative, ordre, clairvoyance, continuité dans l'effort' (Donvez, p.14). N.B.: La brouille avec La Condamine n'est pas une séquelle de l'aventure de la loterie. Au contraire, la correspondance entre les deux ex-associés est très amicale durant quinze ans ('adieu, mon très cher philosophe', lui écrit Voltaire avant le départ pour Berlin – D4036). Mais La

opérations de fourniture aux armées françaises et Pâris-Duverney solda son compte pour 600 000 lt, une somme dont l'importance laisse supposer, outre un décompte scrupuleux, des relations qui, pour ne rien sacrifier du sérieux des affaires, étaient néanmoins empreintes de politesse et de confiance:

> ne désirais pour moi rien autre chose sinon que vous voulussiez bien m'accuser, avec le tour agréable que vous savez si bien prendre, la démission que je ferais de la part que j'avais dans l'affaire à la tête de laquelle vous êtes. Je voulais me faire un mérite de ce petit sacrifice. Je vous prie encore une fois de l'accepter, et de m'écrire qu'il a été accepté.
>
> J'ajouterai qu'on peut être aussi philosophe à Potsdam qu'au mont Saint-Père et à Plaisance [la *campagne* de Pâris-Duverney].[21]

Ces opérations commerciales et financières étaient-elles morales? On serait tenté de faire appel ici au relativisme moral de Diderot (qui, lui, ne fit pourtant pas fortune): Voltaire avait acquis, lors de son séjour outre-Manche, la conviction qu'aucune incompatibilité morale ne s'oppose à une alliance entre les belles-lettres et la finance. Le commerce international financé par Voltaire à Cadix semble ne pas avoir comporté (au moins à titre principal) de traite humaine[22] et le haut rendement financier (32% ou 33% en moyenne) est à rapprocher des aléas de mer de l'époque.[23] Les opérations sur lesquelles une interrogation éthique peut s'imposer (la fraude au monopole de la Compagnie des Indes, la spéculation sur les denrées de subsistance, la martingale sur la loterie, les fournitures aux armées) relèvent toutes d'une exploitation intelligente (ou opportuniste, selon les opinions) par Voltaire et ses associés des failles administratives de l'Ancien Régime: monopoles abusifs et stérilisateurs, absurdes restrictions de circulation des biens, impéritie des finances royales, impréparation militaire à des guerres irréfléchies, etc. Pâris-Duverney était tout simplement bien meilleur logisticien que les chefs militaires, La Condamine bien meilleur arithméticien que les *combinateurs* de loterie du contrôleur général.

Condamine n'accepte pas que Voltaire lui ait nié être l'auteur de libelles contre Maupertuis 'dans le temps même où il écrivait l'*Akakia*. [...] depuis ce temps, dis-je, j'ai cessé tout commerce avec lui' (La Condamine à de Tressan, 28 septembre 1759, D8499). La Condamine vieillissant décidera toutefois de souscrire à la statue de Voltaire, d'abord anonymement (pour ne pas heurter la sœur de Maupertuis), puis officiellement après la mort de celle-ci (La Condamine à Delaleu, 24 août 1773, D18526).

21. Voltaire à Pâris-Duverney, 15 octobre 1750 (D4242).
22. L'imputation a été souvent avancée par les détracteurs de Voltaire au XIXe siècle (voir l'étude approfondie de J.-F. Lopez, 'Les investissements de Voltaire dans le commerce colonial et la traite négrière', dans *Cahiers Voltaire* 7 (2008), p.93-112 et l'essai de J. Ehrard, 'Voltaire au tribunal de l'histoire', dans *Cahiers Voltaire* 8 (2010), p.116-121).
23. Sébastien Longchamp, *Anecdotes sur Voltaire* (Paris, rééd. 2009,), p.118.

La loterie de Plutus

Ce dernier exemple, celui des rentes sur l'Hôtel de Ville, mérite examen pour deux raisons. D'abord parce que les gains énormes réalisés par les associés de la 'Campagne des payeurs de rentes' sont le véritable point de départ de la fortune financière de Voltaire: ce n'est qu'après ces exploits de 1729-1730 et avec les capitaux accumulés qu'il commence les opérations d'importation de blé du Maghreb, de commerce avec l'Amérique, de fournitures aux armées (fourrages, drap, vivres).[24] Et d'autre part, le secret de cette réussite, dans ce qui n'aurait dû n'être qu'un jeu de hasard, a été éclairé au XXe siècle grâce aux recherches de J. Donvez.[25]

En effet, les premiers biographes de Voltaire, Condorcet et l'abbé Duvernet, sont assez évasifs sur les conditions et l'ampleur de cette soudaine fortune de 1729.[26] Plus tard, Desnoiresterres se contente de paraphraser les quelques pistes données par Voltaire lui-même à la fin de sa vie.[27] On lit en effet dans le *Commentaire historique* dicté à Wagnière:

> [La souscription à l'édition anglaise de *La Henriade*] fut le commencement de sa fortune [150 000 lt, selon Beuchot], car, étant revenu en France en 1728, il mit son argent à une loterie établie par M. Desforts [Le Pelletier-Desforts], contrôleur général des finances. On recevait des rentes sur l'Hôtel de Ville pour billets, et on payait les lots en argent comptant; de sorte qu'une société qui aurait pris tous les billets aurait gagné un million [à chaque tirage mensuel]. Il s'associa avec une compagnie nombreuse, et fut heureux. C'est un des associés qui m'a compté cette anecdote [...] M de Voltaire lui écrivait: 'Pour faire fortune dans ce pays-ci, il n'y a qu'à lire les avis du conseil'.[28]

'Il s'associa avec une compagnie nombreuse, et fut heureux': en réalité, la manne qui tomba dans les escarcelles des deux associés eut peu à voir avec la chance. La martingale consistait effectivement à assembler quelques prête-noms (dont certains à l'évidence fictifs) et à souscrire, avec la complicité probable des douze notaires de la loterie, un maximum de billets en blanc et au prix le plus bas (une livre ou moins). Le règlement comportait une faille consistant en un remboursement des contrats de rente sans référence au prorata des mises, chaque billet

24. Sur les fournitures aux armées, voir Pomeau, *Voltaire en son temps*, t.1, p.286 (éd. de 1995 qui fusionne t.1 et t .2 de l'éd. 1985). Voir également W. Kominski, *Voltaire financier*, p.59-70 et Donvez, *De quoi vivait Voltaire?*, p.69-75.
25. Les sources du chercheur sont les listes des gagnants (et leurs 'devises') conservées aux Archives nationales. La biographie moderne de référence, Pomeau, *Voltaire en son temps*, adopte l'analyse de Donvez (t.1, p.204-205).
26. 'Ce fut après un calcul qu'il fit en soupant chez Mme du Faÿ avec La Condamine, qu'il emporta cette loterie. Le Contrôleur-général qui était dévot lui en disputa les fonds. Voltaire cria à l'injustice. Le Conseil jugea en sa faveur, et blâma le Contrôleur-général de n'avoir pas prévu le calcul.' (Abbé T. I. Duvernet, *La Vie de Voltaire*, (Paris, 1786), p.80.)
27. G. Desnoiresterres, *Voltaire*, t.1, p.410-11.
28. *Commentaire historique sur les œuvres de l'auteur de La Henriade* [1776] (*M*, t.1, p.75).

concourant avec une chance égale au tirage. La combinaison de mises minimales et d'une captation de la quasi-totalité des billets par une 'société' assura aux joueurs un gain maximum entre janvier 1729 et février 1730.[29] Saisi par le Contrôleur-général, le Conseil d'Etat jugea que les associés n'avaient commis aucune escroquerie et seulement tiré bénéfice d'une insuffisance du règlement.[30] Le Pelletier-Desforts fut disgracié en mars. Voltaire qui, à l'origine, ne possédait que 1600 lt de rente sur l'Hôtel de Ville, retira très probablement plus d'un million de la loterie. A toutes fins utiles, il partit séjourner en Lorraine.

Capital et trésorerie

Le séjour du philosophe chez Frédéric à Berlin (1750-1753) correspond à une période charnière dans sa stratégie financière. Aux gains en capital, il va peu à peu préférer l'optimisation des flux de trésorerie. Cette évolution est sans doute en partie due aux déceptions liées à ses opérations financières en Prusse: procès au marchand d'art Hirschel qui contribue à la détérioration de ses relations avec Frédéric, investissement de 200 000 lt dans la 'Compagnie coloniale d'Embden' [Emden] qui cessera rapidement ses activités.[31]

Désormais, dans le *ménage* voltairien, la commandite d'opérations de pur négoce se fait plus rare; elle ne cessera pourtant jamais complètement, comme le montre, en 1763, l'affrètement du *Pascal* (chargé d'armes, sur ordre de l'Espagne, contre les jésuites du Paraguay) et, en 1771, la mésaventure du quirat de cargaison sur l'*Hercule*, ce navire aux mains de Bérard, capitaine-armateur quelque peu forban. Mais en revanche, Voltaire découvre dans sa seule personne physique une source nouvelle et plus sûre de richesse financière: les rentes viagères. Comme il le démontre fort bien dans l'article 'Intérêt' des *Questions sur l'Encyclopédie*, l'abandon du principal contre une rente viagère (qui permet, selon la coutume, de passer du denier vingt au denier dix) peut être une excellente opération à deux conditions: 1) que le payeur se trompe sur la probabilité de vie du bénéficiaire et 2) qu'une réversibilité soit constituée sur les ayants-droits:

> [Un marchand hollandais accorde un prêt à intérêt] Pendant qu'on fait ce marché à Amsterdam, arrive de St Magloire un janséniste; (et le fait est très vrai, il s'appelait l'abbé des Issarts) ce janséniste dit au négociant hollandais,

29. Donvez cite le résultat du tirage d'octobre 1729 où le million de livres est partagé entre 13 gagnants, tous affiliés à la 'Campagne des payeurs de rente'. Il estime le gain net de la 'société' à environ 600 000 lt par mois.
30. Arrêt du 21 janvier 1730.
31. Frédéric II honorera les engagements de cette compagnie d'Etat envers ses actionnaires et l'affaire se terminera sans perte pour Voltaire.

Prenez garde, vous vous damnez; l'argent ne peut produire de l'argent, *nummus nummum non parit*. Il n'est permis de recevoir l'intérêt de son argent que lorsqu'on veut bien perdre le fonds. Le moyen d'être sauvé est de faire un contrat avec monsieur; et pour vingt mille écus que vous ne reverrez jamais, vous et vos hoirs recevrez pendant toute l'éternité mille écus par an. Vous faites le plaisant, répond le Hollandais; vous me proposez là une usure qui est tout juste un infini du premier ordre. J'aurais déjà reçu moi ou les miens mon capital au bout de vingt ans, le double en quarante, le quadruple en quatre-vingts; vous voyez bien que c'est une série infinie. Je ne puis d'ailleurs prêter que pour douze mois, et je me contente de mille écus de dédommagement.[32]

Ceci est pourtant, à peu de choses près, le raisonnement actuariel qui le conduit à prêter (en quatre fois) 542 000 lt au duc de Würtemberg, à un peu plus que le denier dix.[33] Une opération identique est conclue pour 230 000 lt avec l'Electeur Palatin (il y aura un abandon de créance important). Plus modestes en montant, des rentes viagères au denier dix, constituées sur lui dans la décennie 1730 (marquis de Lézeau, président d'Anneuil, duc de Guise, duc de Richelieu, marquis d'Estaing), auront coûté aux emprunteurs quatre fois le capital en 1778.[34] Rompant avec sa discrétion habituelle, le financier avisé ne peut parfois prévenir la secrète satisfaction qu'il en retire, telle cette anecdote confiée à un proche, qui n'est pas sans rappeler une épigramme célèbre:

J'avais contribué beaucoup au mariage de M. le duc de Richelieu avec Mlle de Guise en prêtant au prince de Guise le sourdaud, vingt-cinq mille livres dont il me fit une rente viagère de deux mille cinq cents livres [le denier dix], croyant que je mourrais dans l'année. Ce fut au contraire le sourdaud qui mourut. L'auguste princesse sa femme, sur les biens de laquelle ma rente fut hypothéquée mourut aussi. Sa fille, la duchesse de Richelieu, en fit autant, et me voici encore en vie pour quelques mois.[35]

---

32. *M*, t.19, p.491-92.
33. Soit 150 000 lt en 1752 (annuité: 15 000 lt, réversible sur Mme Denis), 112 000 lt en 1753 (12.4 millions lt), 200 000 lt en 1764 (24 millions lt) et 80 000 lt (10 000 lt). Mauvais payeur, le duc acceptera en 1769 des intérêts de retard et sera à nouveau victime de la maîtrise par Voltaire du calcul actuariel: 'Je me réduis à 4% et j'espère que M. le duc de Würtemberg sera content de mon procédé' (Voltaire à Jeanmaire [conseiller à la Régence de Montbéliard], 22 avril 1769, D15602). En réalité, l'intérêt annuel étant perçu par avances trimestrielles, c'est en fait un intérêt actuariel de 7% que prélève le prêteur (Donvez, p.135); à la mort de Voltaire, le Duc aura payé 1 777 850 lt d'intérêts (soit plus de trois fois le nominal du prêt) et devra la réversibilité des rentes à Mme Denis (p.140).
34. Toutefois, contrairement aux tables d'actuaires pour un homme de 80 ans, c'est à 7% que Voltaire prêtera en rente viagère à partir du 29 juillet 1775 à Ferney, pour 45 contrats de construction de maisons, marquant ainsi un réel désir de favoriser les emprunteurs locaux et de fixer la population nouvelle à Ferney.
35. Voltaire à Dompierre d'Hornoy, 7 décembre 1767 (D14576.)

On a souvent dit que Voltaire, malingre et souffreteux, était l'appât idéal pour des prêteurs en viager: soit malice, soit certitude sincère d'une fin prochaine, il a réussi, des décennies durant, à personnifier la fragilité du souffle de vie.[36] On a moins souvent observé que l'homme de lettres, dramaturge accompli et lecteur de Nivelle de la Chaussé (BV1807 et BV1808), n'hésitait pas à mettre son talent de plume et d'invention fictionnelle au service du recouvrement de ses créances: 'Je suis sûr que vous ne laisserez pas languir dans l'indigence un vieillard de soixante et quatorze ans accablé de maladies, qui a mis entre vos mains toute sa fortune, et qui n'a que peu de mois à jouir d'une pension alimentaire';[37] 'Je suis sans ressources; on me prive, moi et ma famille du pain dont nous vivons'.[38]

Ce besoin des liquidités – dont il n'a, en vérité, jamais été dépourvu – répond aux changements de sa vie après 1755: acquisition des Délices, puis de Ferney et Tournay, investissements de reconstruction des immeubles et de mise en valeur des domaines, enfin développement des activités manufacturières, etc. Les investissements immobiliers de la période 1754-1759 (achats seuls) représentent 274 000 lt[39] Ceux-ci sont en outre suivis d'importantes dépenses d'embellissement du château et de mise en valeur du domaine. Un décompte établi en 1768, au moment de la brouille avec Mme Denis, situe à 1 078 829 lt le total des dépenses 'pour la terre et le château de Ferney' depuis le 1er janvier 1759 jusqu'au 1er janvier 1768 (dont 228 829 lt pour les dépenses courantes).[40] Selon le 'Livre des comptes de ménage' tenu par Wagnière, Ferney ne génère une rente (un produit net, dirait Quesnay) que de 5%.[41] C'est également le denier vingt que le nouveau seigneur de Ferney annonce à son banquier.[42] Le train de maison du châtelain dépasse cependant le

---

36. Surprenant en cela ceux qui lui découvraient une vigueur inattendue, comme Amélie Suard qui, dans la lettre précitée, narre une longue promenade philosophique où le plus vif marcheur des deux était le vieillard fluet. Avec une malice cette fois certaine, l'auteur des *QE* observe à l'article 'Âge': 'On croit avoir remarqué que les rentiers viagers vivent un peu plus longtemps que les autres hommes; de quoi les payeurs sont assez fâchés', *OCV*, t.38, p.132.

37. Voltaire à C.-E, duc de Würtemberg, 22 janvier 1768 (D14693).

38. Voltaire à C.-E, duc de Würtemberg, 29 mars 1768 (D14894).

39. Soit 87 000 lt pour le bail des Délices, 123 000 lt pour l'achat de Ferney, 17 000 lt pour le domaine Diodati et 47 000 lt pour le bail viager de Tournay et les engagements de travaux envers de Brosses (voir pour Ferney O. Guichard, *Ferney archives ouvertes*, p.29-32).

40. Billet de la main de Voltaire, dans *Voltaire's household accounts* [désormais *Household accounts*], fac-similé du 'Livre de ménage', éd. Th. Besterman (Genève, 1968), p.72.

41. Soit 4164 lt en 1768 et 4919 lt en 1769 (*Household accounts*, p.144, 146). N.B.: Si l'on extrapole le revenu des 4 arpents de l'"Homme aux quarante écus' aux 75 ha. du domaine de Ferney, ce *produit net* devrait s'élever à 6750 lt (mais le domaine comporte d'importants espaces d'agrément).

42. Voltaire à J.-R. Tronchin, 13 décembre 1758 (D8623).

sextuple du produit net.[43] Sur la période 1770-1778, l'ensemble des dépenses (dépenses courantes et investissements sur le domaine ou au village) oscille entre 50 000 et 110 000 lt annuelles.[44]

Il ne semble pas que ces acquisitions (et les dépenses qui ont suivi) aient amoindri les flux de trésorerie: le capital de 500 000 lt placé chez Jean-Robert Tronchin et Ami Camp à Lyon n'est entamé que d'un tiers en fin de décennie 1760. Sur l'ensemble de la vie ménagère de Voltaire après 1730, les déboires financiers n'ont d'ailleurs jamais sérieusement menacé sa situation de trésorerie.[45] Le demi-million de perte (ou d'indisponibilité de créances) subi en quarante années ne semble pas avoir eu de conséquence sur la progression de son revenu courant, comme nous l'avons observé plus haut. La seule période de tension de trésorerie apparaît entre 1767 et 1770 sous l'effet combiné de la faillite Gilly, du retard de paiement de 62 500 lt par le duc de Würtemberg et surtout de la faillite d'Etat sélective opérée par Terray qui impose une restructuration de la dette publique (consolidation des créances exigibles en emprunts à terme: voir ch.3, p.119). Comme nous l'avons noté plus haut, Voltaire observe un secret quasi-absolu sur ses gains en capital et est, en revanche, prolixe dans sa correspondance à propos de ses pertes: 'Mme la Présidente de Molé ferait bien mieux de me payer 60 000 lt que son frère, le banquier frauduleux Bernard m'a volées à moi et à ma nièce que de gémir sur le bien que je fais à Mlle Corneille et qu'elle ne fait pas';[46] 'N'avez-vous point perdu un peu à Cadix avec les Gilly? J'en ai été pour quarante mille écus'.[47]

La propension à se plaindre le mène parfois même à des affirmations de pure exagération: 'J'ai perdu en ma vie cinq ou six fois plus que je n'ai eu de patrimoine; aussi ma vie est-elle un peu singulière'.[48]

Il faut aussi remarquer que sa vindicte envers les auteurs de ses pertes

---

43. Soit 33 085 lt en 1768 et 38 768 lt en 1769 (*Household accounts*).
44. Soit 71 133 lt en 1770 (*Household accounts*, p.181), 65 047 lt en 1771 (p.201), 82 634 lt en 1772 (p.224), 73 025 lt en 1773 (p.243), 52 827 lt en 1774 (p.259), 96 719 lt en 1775 (p.277), 87 159 lt en 1776, 109 153 lt en 1777 (p.301). La nette hausse des trois dernières années est à mettre en relation avec le soutien apporté aux manufactures: les seules dépenses pour les 15 maisons cédées en viager représentent 144 000 lt en 1776 (voir ci-dessous).
45. Outre les deux banqueroutes subies à Londres en 1726 par manque de vigilance de son homme d'affaires Dubreuil (29 000 lt), les principaux défauts de paiement ont été ceux de Dumoulin en1736 (20 000 lt), Mac Carthy et Lefèvre en 1730 (5 000 lt), Michel en 1741 (40 000 lt), Samuel-Jaques Bernard en 1758 (60 ou 80 000 lt.) et Gilly en 1767 (120 000 lt), auxquels il faut ajouter le gel des rescriptions par Terray en 1770 (200 000 lt), soit au total 494 000 lt.
46. Voltaire à Thieriot, 8 décembre 1760 (D9449).
47. Voltaire aux d'Argental, 8 mai 1769 (D15635).
48. Voltaire aux d'Argental, 8 mai 1769 (D15635). N.B.: Si mon estimation de sa fortune par le denier du roi est juste, le total des pertes (avant les déboires manufacturiers de la décennie 1770) ne représente que 1/8° du capital.

est sélective. Il est relativement clément pour des escrocs à la petite semaine comme Mac Carthy, Lefèvre ou Dumoulin. Il n'entame pas le registre antisémite lorsqu'il se remémore la banqueroute londonienne de Médina en 1727:

> Lorsque M. Medina votre compatriote, me fit à Londres une banqueroute de vingt mille francs il y a quarante-quatre ans, il me dit, *que ce n'était pas sa faute, qu'il était malheureux, qu'il n'avait jamais été enfant de Bélial, qu'il avait toujours tâché de vivre en fils de Dieu, c'est-à-dire en honnête homme, en bon Israélite.* Il m'attendrit, je l'embrassai; nous louâmes Dieu ensemble; et je perdis quatre-vingts pour cent. Vous devez savoir que je n'ai jamais haï votre nation. Je ne hais personne, pas même Fréron.[49]

De manière identique, il plaint ses pertes mais n'incrimine pas vraiment les professionnels malheureux tels Gilly, négociant international, et Michel, receveur des finances. Il ne tance jamais Moussinot qui, plus souvent qu'à son tour, se fait berner par les marchands d'art. En revanche, il ne tarit pas d'amertume envers les défauts de paiement des puissants: ce sera le cas pour le contrôleur général Terray (voir ch.3, p.119-20); c'est aussi le cas de Samuel-Jacques Bernard, fils du célèbre banquier de Louis XIV, lui-même Maître des Requêtes, Surintendant des finances, domaines et affaires de la Reine qui – selon Voltaire – échappe en 1754 à ses obligations en ayant l'arrogance de mourir: 'J'aimerais encore mieux que votre parlement se mît à rendre enfin la justice et me fît payer de cinquante mille francs dont ce fat de Bernard fils de Samuel Bernard, et fat de dix millions, m'a fait banqueroute en mourant'.[50]

Observons que, dans ce cas précis, le grief du créancier trompé s'accroît avec le temps car si la plainte porte sur 50 000 lt en 1757, elle devient dans son souvenir 60 000 lt en 1760 et 80 000 lt en 1764.[51] Observons surtout que ce grief est plus moral et politique qu'économique: c'est l'hiatus entre la respectabilité sociale du banqueroutier et son comportement cynique qui l'indigne, plus que l'aléa financier, dont il sait bien qu'il fait partie du jeu économique:

> Ce maître Bernard [Samuel-Jacques], surintendant de la maison de la reine, beau-frère du premier président de la première classe du parlement de France, et monsieur son fils l'avocat général [Pierre Bernard], ont emporté à

---

49. 'Lettre à Messieurs Joseph Ben Jonathan, Aaron Mathathaï, et David Wincker', art. 'Juif' dans *QE*, *M*, t.19, p.526. N.B.: Voltaire confond (ou feint de confondre) la somme perdue dans la banqueroute de Mendeza da Costa (20 000 lt) avec celle de Médina (9 000 lt).

50. Voltaire à d'Argental, 3 mars 1757 (D7179). N.B.: Samuel Bernard père, à sa mort en 1739, laissait un héritage de 27 millions lt (T. Claeys, *Dictionnaire biographique des financiers en France au XVIIIe siècle* (Paris, 2008), t.1, p.208-212).

51. Voltaire à Thieriot, 8 décembre 1760 (D9449) et Voltaire à Damilaville, 27 janvier 1764 (D11656). N.B.: La même inflation semble gagner le gel des 200 000 lt de rescriptions par Terray qui deviennent 300 000 lt (Voltaire à Mme Du Deffand, 21 octobre 1770, D16715).

Mme Denis et à moi, environ quatre-vingt mille livres, et M. le président de Molé a toujours été si occupé des remontrances sur les finances, qu'il a toujours oublié de me faire rendre justice de monsieur son beau-frère.[52]

Cette indignation envers le laxisme de certains membres de la classe dominante en matière de morale financière n'a pas faibli au soir de sa vie:

Un homme de lettres de ma connaissance perdit quatre-vingt mille francs, à la banqueroute d'un magistrat *important*, qui avait eu plusieurs millions net en partage de la succession de monsieur son père, et qui, outre l'*importance* de sa charge et de sa personne, possédait encore une dignité assez *importante* à la cour. Il mourut malgré tout cela. Et monsieur son fils, qui avait acheté aussi une charge *importante*, s'empara des meilleurs effets.

L'homme de lettres lui écrivit, ne doutant pas de sa loyauté, attendu que cet homme avait une dignité d'homme de loi. L'*important* lui manda qu'il protégerait toujours les gens de lettres, s'enfuit et ne paya rien.[53]

Lorsqu'il devient propriétaire foncier sur les bords du Lac de Genève à partir de 1755, Voltaire est donc détenteur d'une masse de capitaux – et surtout d'un flux de trésorerie courante d'environ 200 000 lt annuelles – qui font de lui d'abord un philosophe indépendant de ses protecteurs, et aussi un investisseur potentiel. Il est très remarquable que cette capacité soit utilisée par lui non plus seulement dans l'économie financière et marchande, mais également – et avec passion – dans l'économie réelle, agricole et manufacturière. En cela, il reflète l'évolution de la pensée économique, prenant conscience en ce second demi-siècle du lien causal entre investissement et création de richesse. Il en adopte (à sa manière et dans des vues où la philosophie humaniste est certainement plus présente qu'elle ne l'est dans l'économie générale) les nouveaux paramètres d'action: mise à disposition de capitaux, aménagement du territoire, division du travail, incitation et responsabilité sociale, conquête des marchés, économies d'échelle, modernisation technique, appui sur les rouages de l'Etat, etc. Nous examinons ci-dessous les caractéristiques de la commandite voltairienne (p.225-29), son action d'aménagement du territoire (p.229-42) et son principal investissement industriel: l'horlogerie (p.242-46).

La société en commandite du Pays de Gex

Durant deux décennies, le patriarche de Ferney va jouer un rôle dans la mise en valeur du Pays de Gex qui s'apparente, toute proportion gardée,

---

52. Voltaire à Damilaville, 22 janvier 1764 (D11656).
53. *QE*, art. 'Banqueroute', *OCV*, t.39, p.304, c'est Voltaire qui souligne.

à celui d'un intendant, dans l'acception économique que cette fonction administrative prend sous Louis XV. Cette comparaison trouve toutefois ses limites dans le fait que ce petit territoire enclavé dépend déjà d'un intendant régional (celui de Bourgogne, Dufour de Villeneuve puis Amelot de Chaillou à partir de 1764) qui a un subdélégué local (Fabry) et que sa situation frontalière le place dans l'orbite politique, économique et religieuse de la République de Genève – elle-même traversée de tensions sociales difficiles et de relations internationales non moins tendues avec son voisin le royaume de France. L'action de politique économique de Voltaire, théoriquement confinée au petit village de Ferney et ses environs, prend en réalité, compte-tenu de la dimension intellectuelle et sociale du philosophe, une importance nationale et internationale. Il la mène à travers un ensemble de montages financiers qu'on ne peut mieux faire que les comparer au vecteur juridique de nombre d'aventures de développement économique au XIXᵉ siècle: la société en commandite. Il s'agit ici évidemment d'une image, d'une société virtuelle.

Cette période de la vie économique de Voltaire est une des mieux documentées. La loi du secret, nimbant de brouillard ses activités financières, n'est plus de mise pour l'agriculture et les activités manufacturières dont il fait partager les fiertés qu'il en retire. Comme nous l'avons mentionné plus haut, l'abondance de la correspondance en cette période d'exil est une source précieuse d'information sur l'attention qu'il porte à ses activités d'entrepreneur. D'autres textes de la période, comme les *Mémoires sur le Pays de Gex* et les *Questions sur l'Encyclopédie*, sont utiles pour faire le point sur ses idées économiques. Enfin, il faut signaler la contribution très riche d'une école régionale d'historiens suscitée depuis un siècle par le destin particulier de Ferney-Voltaire et entretenue de nos jours par la municipalité et l'administration du château: les faits économiques, même mineurs, de cette période sont soigneusement répertoriés et accessibles au chercheur.

Le bourg de Ferney a incontestablement profité de l'esprit d'entreprise voltairien (passant de 56 à 1200 habitants en vingt ans):[54] 'il n'y avait que quarante misérables dévorés de pauvreté et d'écrouelles'.[55] Les formules financières engagées par le philosophe visent cependant à cantonner son risque en capital. Il commandite, sous des formes multiples, les diverses activités qui se développent durant la période, sans en prendre la gestion directe. Cela va de soi pour les fermages agricoles traditionnels mais il applique le même

---

54. A. Malgouverné, 'Ferney-Voltaire', *Voltaire chez lui*, éd. E. Deuber-Pauli et J. D. Candaux (Genève, 1994), p.149. N.B.: Le rôle de capitation de 1759 fait état de '37 feux' (C. Castor, *Voltaire et les maçons de Samoëns* (Ferney-Voltaire, 1978), p.15).

55. Voltaire à d'Argental, 20 septembre 1771 (D16329).

principe aux activités artisanales ou manufacturières qu'il initie et finance. En matière d'horlogerie, par exemple, il choisit le rôle d'*établisseur*, fréquent dans cette industrie, qui limite l'avance financière à des prêts immobiliers remboursables et parfois aux stocks de matière première (or, argent); les maîtres-horlogers assurent, quant à eux, ce que les physiocrates nomment les 'avances productives' (salaires, crédit client).

Dans le cas de la commandite voltairienne, les formules de financement sont infléchies par l'idéalisme de l'apporteur de capitaux: prêts à taux inférieurs à la coutume, prêts viagers, vente de terrains à prix réduits contre engagement de construire, prise en charge de frais commerciaux, garantie non rémunérée à l'achat de stocks d'or, etc. Cette existence d'un commanditaire humaniste, proche du bienfaiteur par son désintéressement, explique en partie le périclitement très rapides des 'manufactures de Fernex' dès les mois qui suivent la mort du philosophe: l'activité manufacturière était subventionnée par lui, à la manière colbertiste. L'Etat, qui avait déjà refusé le poinçon pour un titre aurifère inférieur au titre légal, ne prendra pas le relais.[56] L'époque, gagnée au libéralisme, n'est plus colbertiste.

L'action de la société en commandite virtuelle, qui s'illustre avec l'aventure horlogère à partir de 1770, s'est auparavant rodée dans des entreprises manufacturières plus modestes. La première séquence d''industrialisation' du bourg de Ferney suit les étapes suivantes: tuilerie (Racle), tannerie (Brun, qui reçoit un prêt de 63 millions lt), magnanerie, filature de bas de soie, atelier de céramique.[57] Toutes ces implantations font l'objet d'encouragements économiques de la part du seigneur-philosophe: 137 actes notariés sur la période 1762-1777 conservent la trace des achats, ventes, contrats d'abergement, ventes pour bâtir, prêts, prêts viagers, etc., qui sont autant de facilités et d'incitations au développement agricole et artisanal.[58] Voltaire estimera avoir été à

56. Les horlogers de Ferney souhaitaient bénéficier d'un 'poinçon royal' (garantie d'Etat) pour le titre de 18 carats-or et 10 deniers-argent qu'ils utilisaient selon la norme genevoise (le titre français était de 20 carats pour l'or, 11 deniers pour l'argent); cette faveur fut refusée par Terray; Voltaire comptait beaucoup sur l'arrivée de Turgot au contrôle général pour obtenir une révision; ce ne fut pas le cas, ainsi que le lui annonce de Fargès le 15 octobre 1774 (D19236): '[le contrôleur général est partisan d'une loi générale d'abaissement du titre plutôt qu'une mesure dérogatoire]. Leurs montres entrent comme ouvrages étrangers et sont marquée d'un poinçon étranger; cet arrangement produit pour eux l'effet d'une permission, et rien n'arrête le progrès d'une industrie que vous avez fait naître et encouragée par vos bienfaits'.
57. Voir J. Etienne, 'Voltaire et l'horlogerie'; dans *Technica* 127, 128 (1957), p.139-43, 197-200.
58. Castor, *Maçons de Samoens*, p.20-28. N.B.: *Abergement*, ou *abbergement*: contrat de bail de logement; 'le mot est caractéristique de l'est de la France, et surtout de la Bourgogne; c'est le lieu où l'on héberge des hôtes' (M. Lachiver, *Dictionnaire du monde rural* (Paris, 1997), p.24).

l'origine de 94 maisons nouvelles.[59] Les historiens lui en créditent au moins soixante dix-huit.[60]

Hors l'apport en capital, il faut souligner l'apport en industrie d'un Voltaire énergique et charismatique, passionné comme un encyclopédiste par tous les métiers et les arts qu'il promeut, par la planification et la logistique, par la promotion des produits à laquelle il apporte, outre un aplomb enthousiaste, le grain de sel inimitable d'un lettré spirituel (nous y revenons plus loin, p.245). Il faut aussi rappeler que le commanditaire est lui-même un client important des activités qu'il finance: le train de maison du château génère plus de 40 emplois permanents et des achats vivriers à la mesure de la sociabilité des nouveaux seigneurs (qui contraste avec la frugalité calviniste des précédents propriétaires de Budé).[61]

Toutefois, l'image de la société en commandite, si elle convient au mécanisme capitaliste des investissements de développement du Pays de Gex, est incongrue dès lors que l'on prend en compte la philosophie du projet économique du patriarche, du moins pour la partie manufacturière. Dans ce domaine, il ne cherche pas un rendement sur le capital investi. Il n'est pas non plus dans une logique de fonds perdus, même s'il eût été capable de bien meilleurs placements.[62] Il n'est pas aisé de cerner avec précision l'ampleur du capital engagé dans ces activités de commandite en dix-huit ans: Wagnière ne connaît pas la comptabilité analytique et tient un simple registre de trésorerie (dépenses et recettes), composite et partiel. On peut toutefois estimer avec quelque vraisemblance que les revenus courants de Voltaire (un peu plus de 200 000 lt) ont suffi à couvrir les engagements du développement.[63] Le seul accroc à cet équilibre de trésorerie serait l'année 1771 où la banqueroute d'Etat de Terray oblige le seigneur de Ferney à demander à Laborde une liquidation de billets pour 80 000 lt: 'Il me faut cent

---

59. Voltaire à d'Argental, 3 février 1778 (D21025).

60. Castor, *Maçons de Samoens*, p.40: 78 maisons; Malgouverné, *Voltaire chez lui*, p.159: 79 maisons.

61. *Household accounts*, p.163-65. N.B.: le 'Livre de comptes de ménage' contient des états détaillés des quantités impressionnantes de volailles achetées localement pour la bouche et pour la chasse.

62. Caussy (*Voltaire seigneur de village*, p.155) cite la construction d'une douzaine de maisons au denier 40 (2.5%) ou cédées en viager réversible sur Mme Denis, dès l'arrivée des premiers Natifs en 1770. Nicolardot (*Ménage*, ch.4: 'Histoire des libéralités de V.') rappelle, avec quelque arrière-pensée, que Voltaire fait en général peu de dons en dehors de sa propre famille. La dot de Mlle Corneille (40 000 lt) est ainsi financée par un apport en industrie (les *Commentaires sur Corneille*).

63. Le 'Livre de comptes' de Wagnière nous renseigne – pour la seule année 1776 – sur la répartition entre dépenses générales (incluant les 'dépenses de la terre') pour 87 159 lt et les investissements pour 144 000 lt dans 15 maisons cédées en viager, ce qui équivaudrait aux 231 000 lt de revenus calculés par Donvez (*Household accounts*, p.292).

mille francs pour soutenir ma colonie, ou que j'aie la douleur et la honte de la voir périr'.[64] Au total, le commanditaire lui-même estime son investissement à 600 000 lt, investissement qu'il estime perdu lorsque les 'horlogeurs' commencent à retourner vers Genève. Sur un plan strictement financier, cette estimation semble plausible mais doit être relativisée car Voltaire a fréquemment annoncé que son action répondait à d'autres motivations que le gain: 'J'ai tout fait par pure vanité' avoue-t-il même à Mme Du Deffand.[65]

L'aménagement du territoire

Conduit par le désir de faire 'une chose qui n'est pas fort ordinaire aux gens de lettres', Voltaire ne se contente pas d'être un commanditaire passif.[66] Il acquiert assez rapidement, après l'achat de Ferney et Tournay, une force d'autorité dans le développement économique du microcosme régional qu'il s'est choisi. Dans ce rôle, il se rapproche du profil des acteurs nouveaux du développement économique: l'entrepreneur et l'intendant. Comme les meilleurs de ceux-ci, il est un bourreau de travail, mais le plus remarquable est que cet écrivain et correspondancier prolixe réserve une part régulière de son temps à des décisions de gestion (qui, comme il l'écrit, ne sont pas fort ordinaires aux gens de lettres). Duvernet assure qu'il y consacre au moins une heure par jour. Un témoignage particulièrement émouvant de cet esprit de sérieux chez le plus redoutable ironiste du siècle – donc par nature sceptique envers ce même esprit de sérieux – se trouve dans les dernières lettres à Wagnière, dictées à quelques jours de sa mort. Le 15 mai, le mourant y donne encore des consignes courantes à son bras droit: ne pas affermer le domaine de Ferney cette année, envoyer le contrat de Crassy, revoir l'état des frais sur travaux de la maison Jacquet, de la maison Gabard, encaisser le loyer de la maison Cabussat, faire le point de la dette de Céret (l'un des maîtres-horlogers), collecter les billets échus de Lafont et Beaumont, etc. A distance, de mémoire et au milieu de douleurs qu'il qualifie d'"insupportables' (dans un billet griffonné pour supplier Tronchin de l'aider),[67] il trouve la volonté de gérer.[68] Qui douterait de

---

64. Voltaire à J.-J. de Laborde, 28 décembre 1771 (D17532).
65. Voltaire à Mme Du Deffand, 21 octobre 1770 (D16715) (déjà citée plus haut, p.224 et citée ici par Académie Candide/Cercle d'études ferneysiennes, *Ferney-Voltaire, pages d'histoire* (Annecy, 1984), p.226).
66. 'L'unique avantage que j'ai retiré de cet établissement [la Manufacture] est d'avoir fait une chose qui n'est pas fort ordinaire aux gens de lettres' (Voltaire au duc de Richelieu, 14 octobre 1774, D19147).
67. L'original est aux Archives Tronchin, BGE MS167, f.165; reproduit dans Besterman D21169 (Voltaire à Tronchin, avril ou mai 1778).
68. Voltaire à Wagnière 15 mai 1778 (D21193). La dernière lettre est du 24 mai (D21209): 'Je

la métamorphose du poète en *seigneur de village* devrait considérer qu'en ces quelques derniers jours, l'administrateur survit un moment au philosophe.

L'enthousiasme entrepreneurial de Voltaire trouve dans les questions d'aménagement du territoire le champ idéal où l'objectif de mise en valeur économique rencontre des moyens qui lui sont également chers: la passion des techniques nouvelles, la libération des énergies humaines par l'éviction des préjugés et le pouvoir de l'entregent politique. Nous le constatons à deux niveaux d'ambition territoriale: la mise en valeur du terrain (ingrat) de son domaine et le projet géopolitique de Versoix.

L'économie appliquée: aménager le territoire

Le premier trait qui frappe l'observateur de la mise en valeur du domaine est le recours du philosophe à de simples professionnels pour l'apprentissage des techniques de culture. Il ne se contente pas de la connaissance livresque que lui apportent des agronomes de haute réputation comme Duhamel ou Turbilly. C'est à un pépiniériste, Moreau de la Rochette, qu'il demande des conseils sur la protection hivernale des trois cents plants qu'il fait venir en 1767.[69] C'est à un viticulteur bourguignon, son fournisseur Le Bault, qu'il commande deux mille 'barbues' (pieds de vigne).[70] Entre deux avis sur les procès avec de Brosses, il demande au même Le Bault des conseils pour la taille des vignes plantées à Tournay.[71] C'est à l'ingénieur Vasserot qu'il achète les fameuses charrues à semoir dont il dote le Pays de Gex. C'est à un inventeur anonyme qu'il s'adresse pour disposer d'un nouveau modèle de pressoir.[72] Certes, ces partenaires ne sont pas de simples artisans (Moreau de la Rochette, gentilhomme, dirige un institut d'enfants trouvés, Le Bault est un magistrat, Vasserot de Châteauvieux un gentilhomme genevois, l'inventeur du pressoir un membre de l'Académie de Lyon), néanmoins le philosophe prend un plaisir évident à leur compagnie épistolaire sur des sujets techniques. Si le ton des missives est moins enjoué que celles adressées à 'Madame Gargantua',

---

me meurs mon cher Wagnière, il paraît bien difficile que je réchappe. [Suivent des instructions concernant Schérer (l'un des banquiers), Mme Barberat, Bardi, etc.]. N.B.: D'autres lettres d'instruction avaient été envoyées à Wagnière le 13 (D21190) et 14 mai (D21192).

69. Voltaire à F. T. Moreau de la Rochette, 18 janvier 1768 (D14689).
70. Voltaire à A.-J. Le Bault, 12 novembre 1761 (D10149).
71. Voltaire au même, 5 décembre 1761 (D10193).
72. Voltaire à L. Bollioud Mermet, 17 avril 1759 (D8265). N.B.: Voltaire rappelle à son correspondant une communication par l'inventeur anonyme qu'il avait entendue à l'Académie des sciences, belles-lettres et arts de Lyon et lui demande de le mettre en contact avec celui-ci; la réponse de Mermet n'est pas connue.

moins ampoulé que pour Frédéric ou Catherine II, moins philosophique qu'avec Mme d'Epinay, moins littéraire que pour Mme Du Deffand, c'est avec de tels correspondants, eux-mêmes praticiens, qu'il partage sans posture ses expériences et ses réflexions d'entrepreneur rural. Suivons un moment ses confidences à François Moreau de la Rochette:

> J'habite malheureusement un coin de terre dont le sol est aussi ingrat que l'aspect en est riant. Je n'y trouvai d'abord que des écrouelles et de la misère. J'ai eu le bonheur de rendre le pays plus sain en desséchant des marais. J'ai fait venir des habitants, j'ai augmenté le nombre des charrues et des maisons, mais je n'ai pas pu vaincre la rigueur du climat [...] J'ai fait planter plus de vingt mille pieds d'arbres que j'avais tirés de Savoie, presque tous sont morts. J'ai bordé quatre fois le grand chemin de noyers et de châtaigniers, les trois quarts ont péri, ou ont été arrachés par les paysans; cependant je ne me suis pas rebuté.[73]

> Il est certain qu'on a trop négligé jusqu'ici les forêts en France, aussi bien que les haras. Je ne suis pas de ceux qui se plaignent à tort et à travers de la dépopulation; je crois au contraire la France très peuplée, mais je crains bien que ses habitants n'aient bientôt plus de quoi se chauffer.[74]

> Je ne suis point du nombre des gens de lettres qui gouvernent l'état du fond de leurs greniers, et qui prouvent que la France n'a jamais été aussi malheureuse, mais je suis du petit nombre de ceux qui défrichent en silence des terres abandonnées, et qui améliorent leur terrain et celui de leurs vassaux.[75]

> Le ministre nous a fait un beau et grand chemin, j'en ai planté les bords d'arbres fruitiers; mangera les fruits qui voudra! Le bois de ces arbres est toujours d'un grand service. Je m'imagine, monsieur, que vous n'avez guère plus profité que moi de tous les livres qu'on fait à Paris, au coin du feu sur l'agriculture. Ils ne servent pas plus que toutes les rêveries sur le gouvernement.[76]

> Voulez-vous bien permettre, monsieur, que je vous envoie *quarante écus*? C'est trop peu pour le bon office que vous m'avez rendu. Ce petit ouvrage est d'un agriculteur qui réussit mieux que moi en arbres et en livres. Il se moque un peu des nouveaux systèmes de finances proposés par tant de gens qui gouvernent l'état pour leur plaisir; et des systèmes d'agriculture inventés dans les entrailles de l'opéra et de la comédie. Mon ignorance, d'ailleurs, ne me permet pas de vous garantir tout l'ouvrage.[77]

Avec l'architecte Léonard Racle, il met au point un plan-type des maisons ouvrières qu'il fait construire, qui eussent dû marquer

73. 1er juin 1767 (D14206).
74. 4 octobre 1767 (D14466).
75. 3 novembre 1767 (D14516).
76. 18 janvier 1768 (D14689).
77. 4 avril 1768 (D14918).

l'urbanisme de la ville nouvelle de Versoix et dont plusieurs exemples sont parfaitement conservés au centre du village actuel de Ferney-Voltaire. L'exploitation de la carrière de Tournay est (avec un titre nobiliaire) la principale satisfaction qu'il retire de cette acquisition difficile et les maçons savoyards sont la première communauté exogène qu'il attire et fixe au Pays de Gex.[78] Le besoin impérieux de construire ou d'embellir, déjà sensible à Cirey, puis aux Délices et surtout au château, se transfère intact à l'urbanisme villageois ou agraire.[79] L'exemple de ce goût du philosophe pour la pierre utilitaire – exemple le plus attachant car s'y mêlent littérature et économie domestique – est la reconstruction de la grande étable du Châtelard (évoquée dans la lettre à Dupont citée plus haut, p.32 et p.180), dont Voltaire annonce à Mme Denis, après avoir nié être l'auteur de *L'A, B, C*: 'Je ne songe à présent qu'à rebâtir votre Châtelard; c'est là mon seul alphabet'.[80] Lorsqu'il décrit la ferme au rédacteur des *Ephémérides* en 1769, le bâtiment vient donc d'être reconstruit sur ses plans et nul ne doute qu'il fut un maître d'ouvrage exigeant.[81]

Aménager au-delà du domaine

Le second trait caractéristique de l'aménagement des environs de Ferney par son nouveau seigneur est l'indépendance de ses initiatives au regard de ses titres effectifs de propriété. Les détracteurs y voient la soudaine adhésion d'un parvenu aux valeurs féodales, ce qui n'est pas dénué de vérité sur le plan fiscal, comme nous l'avons vu au chapitre 3. Mais en l'occurrence, c'est plutôt de la notion de bien public – moderne au temps des Lumières – que procèdent les ingérences du 'laboureur'. Ainsi, il finance la plantation de vingt mille arbres le long des routes pour 'embellir le Pays de Gex'.[82] Il pèse de tout son poids sur le riche fermier

---

78. Voir Castor, *Maçons de Samoëns* (*passim*).
79. L'embellissement du château est la source d'une des appréciables plus-values réalisées par Voltaire au cours de sa vie. Mme Denis vend la propriété et son domaine au marquis de Villette dès le 9 janvier 1779 pour 180 000 lt et une rente annuelle de 3200 lt; le même Villette revend la propriété et son parc à l'ancien propriétaire De Budé en 1785 pour 180 000 lt et 30 000 lt pour le mobilier (Bory, 'Le Château de Ferney', *Voltaire chez lui*, p.42-44). En cette époque d'inflation modérée, la valeur de la propriété a donc presque doublé en 20 ans. Cette plus-value eût consolé Voltaire de la perte sur la 'revente' des Délices: 'que j'ai acquis cette maison pour 77 200 lt que j'y ai fait pour 40 000 lt de dépens, qu'on m'en rend 38 000 lt' (dest. inconnu, 9 février 1765, IMV MS CA58).
80. Voltaire à Mme Denis, 15 décembre 1768 (D15369).
81. Le beau bâtiment existe toujours et a été rénové en théâtre municipal; symboliquement, il fait face à la longue bâtisse construite en 1770 pour loger le Comptoir des ouvriers horlogers de Dufour et Céret; entre les deux passait l'ancienne route de Genève, aujourd'hui disparue mais encore épargnée par l'urbanisation, par où arrivaient les visiteurs de 'l'aubergiste de l'Europe' (mémoire topographique communiquée par C. Paillard).
82. Caussy, *Seigneur de village*, p.134.

Mallet pour qu'il répare les dommages causés par ses charrois aux 'chemins de traverse'. Il fait creuser, à ses frais, un réseau de drainage pour permettre l'assèchement des marais communaux.[83] La récupération de ces communaux incultes est une des idées des physiocrates et Voltaire y fait appliquer la méthode préconisée par l'un d'eux, Abeille, consistant à les convertir en prés artificiels où le bétail peu à peu enrichit le sol. Si le bien public est incontestablement le but recherché dans cet effort de salubrité et de fertilisation, le seigneur de Ferney agit par conscience de sa responsabilité sociale et par réalisme économique: lui seul possède les moyens capitalistiques de l'entreprendre dans un pays pauvre, enclavé et loin des priorités de l'intendance de Bourgogne. Il le rappellera dans l'article 'Fertilisation' des *Questions*:

> Les médiocres terrains, et surtout les mauvais, ne pourront jamais être amendés par des fermiers. [...] Il faut de grandes avances pour améliorer de vastes champs. Celui qui écrit ces réflexions, a trouvé dans un très mauvais pays un vaste terrain inculte, qui appartenait à des colons. Je pourrais le cultiver à mon profit par le droit de déshérence, je vais le défricher pour vous et pour moi à mes dépens. Quand j'aurai changé ces bruyères en pâturages, nous y engraisserons des bestiaux; ce petit canton sera plus riche et plus peuplé.[84]

Mais si le bien public lui tient, de bonne foi, à cœur, il n'est pas un mécène. L'assèchement des marais donne lieu à une âpre négociation avec les habitants de la paroisse, méfiants envers les puissants, comme il est d'usage. Voltaire n'obtiendra pas le bail emphytéotique qu'il souhaite mais la communauté villageoise lui accorde la jouissance des terres contre un prêt à la paroisse. De même, poursuivant le défrichement de terres incultes le long de la route de Genève (jusqu'à la zone actuelle de l'aéroport international), il demande et obtient du canton un droit de pacage pour son cheptel en plein développement.[85] L'ensemble de ces initiatives, situées hors de son domaine *stricto sensu*, porte ses fruits entre 1765 et 1770 où non seulement l'entreprise de culture voltairienne mais la région ferneysienne dans son ensemble connaît un relatif décollage économique.[86] Voltaire dans sa correspondance n'hésite pas à s'en attribuer, à bon droit, le crédit:

> Si tous ceux qui habitent leurs terres faisaient ce que je fais dans les miennes, l'Etat serait plus florissant qu'il ne l'est. J'ai défriché des terrains considérables, j'ai bâti des maisons pour les cultivateurs, j'ai mis l'abondance où était

---

83. Malgouverné, *Voltaire chez lui*, p.155.
84. *OCV*, t.41, p.365.
85. Dès l'année 1760, le cheptel de Tournay passe de 18 têtes à plus de 80 (Caussy, p.137).
86. Malgouverné, *Voltaire chez lui*, p.158.

la misère, j'ai construit des églises. Mes curés, tous les gentilhommes mes voisins ne rendent pas de moi de mauvais témoignages.[87]

On mesure sur cet exemple (souvent répété dans la décennie 1760) le chemin idéologique parcouru depuis le néomercantilisme des jeunes années: à une vision du luxe individuel conséquence de la prospérité de l'Etat, se substitue la confiance dans l'initiative individuelle (du propriétaire), génératrice de mise en valeur des ressources et de création de la richesse collective. Si le poète Voltaire est l'héritier des traditions classiques, si l'homme de lettres engagé est pleinement de son temps, l'observateur-acteur de l'économie appliquée est déjà dans le siècle suivant.

Versoix et la géopolitique

Le troisième trait de cette action territoriale – que nous allons retrouver à plus grande échelle à Versoix – est la mise en route de la machine administrative par l'audace et l'entregent. Dans le contexte de l'Ancien Régime, une population pauvre, dispersée et dominée par la coutume considère l'évitement comme sa principale protection envers l'administration: éviter une répartition défavorable de la taille, échapper aux contrôleurs de la gabelle, fuir l'enrôlement dans la milice, espérer des obligations de corvées qui ne ruinent pas le temps des récoltes, etc. Voltaire agit d'emblée comme un puissant, lui qui pourtant vit dans la crainte permanente – parfois virant à la panique – d'être *décrété*. Il n'entre pas dans l'objet de cet essai d'évoquer le détail anecdotique des tractations menées avec les autorités locales, du subdélégué Fabry au résident de France Hennin, des intendants successifs à Dijon au Conseil d'Etat de Genève.[88] La certitude qui s'en dégage (et que l'examen du combat pour la réforme fiscale du Pays de Gex confirme) est que Voltaire ne sépare pas l'économie de la politique. Les abus institutionnels des moines de Saint-Claude, des jésuites d'Ornex, le sort des huguenots exilés et infériorisés, la médiocrité structurelle d'une petite culture agricole accablée de persécutions fiscales sont dénoncés par le philosophe autant comme des atteintes à la tolérance et à la justice dues aux sujets du roi que comme des obstacles au développement économique et au droit au bonheur matériel. Aménager l'espace rural

---

87. Voltaire à de Chennevières, 1er, octobre 1767, D14460.
88. Ces éléments biographiques, documentés par la correspondance et les travaux d'archives des historiens locaux, ont par ailleurs un grand intérêt pour éclairer la psychologie sociale d'une province éloignée des centres habituellement représentatifs de la France des Lumières. Ils apportent également un témoignage *in vivo* du fonctionnement administratif, politique et judiciaire de l'Ancien Régime. Parmi les ouvrages récents, le lecteur curieux des mentalités d'époque, exprimées dans les actes officiels ou sous seing privé, se reportera avec profit à Guichard, *Ferney, archives ouvertes*.

équivaut à créer une dynamique révélatrice des freins internes à la croissance de la richesse. Le philosophe sait d'expérience que plus haut on porte cette évidence dans la hiérarchie politique, mieux on rencontre la compréhension de ces contradictions entre tradition et progrès, entre bien public et institutions, entre la morale et le droit. Le projet géopolitique de Versoix lui permet de porter la problématique de l'économie politique locale au plus haut niveau de l'Etat.

Il n'est pas avéré que Voltaire ait, le premier, lancé (ou plutôt, relancé) le projet de créer une ville nouvelle à Versoix.[89] L'idée de faire de Versoix une base militaire (ce qu'elle avait été jusqu'au XVIe siècle) courait depuis l'acquisition de la ville par Henri IV en 1601; Richelieu en avait proposé la réalisation à Louis XIII en 1629.[90] Il suffit de se reporter aux cartes d'époque pour comprendre que ce projet était une évidence géopolitique virtuelle: l'étroite bande de terre française enclavée entre le Mont Jura et la République de Genève aboutissait en pointe (entre Genthod genevois et la république de Berne) sur le rivage nord du Léman, véritable mer intérieure ouvrant au commerce avec la Suisse et la Savoie.[91] A quelques encablures de la rive savoyarde du sud, Versoix permettait de fermer la voie maritime et d'isoler totalement Genève (la 'parvulissime' eût-elle voulu défier le roi de France et le roi de Sardaigne). Le roi de Sardaigne nourrissait d'ailleurs un projet identique avec Carouge sur l'autre rive.

Avec une certaine inconséquence, le pays qui avait révoqué l'Edit de Nantes prenait le parti des Natifs, en grande part des huguenots d'origine française et majoritairement employés dans l'industrie horlogère, ne jouissant pas des mêmes droits de citoyenneté que les Bourgeois et Citoyens de Genève, cette citoyenneté dont Rousseau était si fier. Voltaire avait depuis longtemps souligné la perte économique pour le royaume qu'a constitué l'acte d'intolérance de la Révocation, par exemple dans *Le Siècle de Louis XIV*:

> Près de cinquante mille familles, en trois ans de temps, sortirent du royaume, et furent après suivies par d'autres. Elles allèrent porter chez les étrangers les arts, les manufactures, la richesse. [...] Elles peuplèrent des villes entières. Les étoffes, les galons, les chapeaux, les bas, qu'on achetait auparavant de France,

---

89. 'Parmi les centaines de pièces que contiennent les dossiers sur Versoix [aux Archives Nationales], aucune ne permet de donner à Voltaire un rôle autre que secondaire' (F. Walter, 'Voltaire et Versoix: la ville incertaine', Deuber-Pauli (éd.), *Voltaire chez lui*, p.208). L'historien cite également l'opinion en ce sens d'I. O. Wade, 'Versoix, Voltaire's El Dorado' dans *The Search for a new Voltaire* (Philadelphia, PA, 1958), p.95.

90. F. Walter, p.209.

91. L'enclavement était encore accentué par les morceaux de territoire détachés de la République, rétrécissant encore le passage entre le défilé de l'Ecluse et Saint-Genix-Pouilly. Ces territoires seront plus tard échangés contre la restitution de Versoix en 1815.

furent fabriqués par eux. [...] Ainsi la France perdit cinq cent mille habitants, une quantité prodigieuse d'espèces, et surtout des arts dont ses ennemis s'enrichissent. [...] Les Français ont été dispersés plus loin que les Juifs.[92]

Une fois installé dans une région frontalière autrefois protestante, il peut mesurer *in concreto* le désastre économique qu'il dénonçait autrefois en tant qu'historien:

> A la révocation de l'Edit de Nantes, tous les principaux habitants du petit pays de Gex passèrent à Genève et dans les terres helvétiques. Cette langue de terre, qui est dans la plus belle situation de l'Europe, fut déserte; elle se couvrit de marais; il y eut quatre-vingt charrues de moins; plus d'un village fut réduit à une ou deux maisons; tandis que Genève, par sa seule industrie et presque sans territoire, a su acquérir plus de quatre millions de rentes en contrats sur la France, sans compter ses manufactures et son commerce.[93]

Pour cette raison au moins, les troubles récurrents qui se produisent dans le pays voisin entre 1765 et 1768 ne le laissent pas indifférent et les autorités genevoises le soupçonneront, non sans fondement, d'ingérence dans l'affaire de Versoix.[94] Le mémoire qu'il adresse à Choiseul (semble-t-il en juin 1767) le prouve, comme les autres mémoires ultérieurs, de la main de Wagnière, conservés aux Archives Nationales.[95] Plus connue, parce qu'elle a circulé, sa lettre à du Buisson de Beauteville (ambassadeur dépêché par la France à Genève et auprès du Corps helvétique) incite le ministère à un vaste aménagement du territoire gessin pour rendre utile à la région la rétorsion contre la contrebande opérée à partir du territoire genevois, prétexte officiel au blocus instauré en 1766 par Choiseul:[96]

---

92. *Le Siècle de Louis XIV*, M, t.15, ch.36, p.28-29.

93. Note de Voltaire ajoutée à l'*Epître à Horace* (1772) après: 'J'ai fait un peu de bien; c'est mon meilleur ouvrage. / Mon séjour est charmant, mais il était sauvage; / [...] La nature y mourait: je lui portai la vie; / J'osai ranimer tout. Ma pénible industrie / Rassembla des colons par la misère épars; / J'appelai les métiers, qui précèdent les arts; / Et, pour mieux cimenter mon utile entreprise, / J'unis le protestant avec ma sainte Eglise', (*OCV*, t.74B (2006), p.251-297, v.67-76).

94. 'On dit depuis longtemps que Voltaire est un des promoteurs de la ville de Versoix, qu'il s'est engagé à y bâtir' (Dupan [syndic de Genève] à Freudenreich [échevin de Berne], 15 janvier 1768, citée par Besterman en note de D14755).

95. *Mémoire sur Genève et le Pays de Gex* (Archives Nationales, H I 174, f.20) cité par Caussy et Walter (p.208, n.12).

96. Caussy reproduit (annexe, *Seigneur de village*) une lettre du Résident de France décrivant, avec un réalisme qui rappelle certaine scène de *Jacques le fataliste*, les bandes armées de contrebandiers conduisant depuis Coppet ou Nyon leurs caravanes de mulets à travers le Pays de Gex – avec la complicité des commis des Fermes – en direction du Dauphiné où s'écoulent tabac et mousselines et où se charge le fret de retour (P. M. Hennin au duc de Choiseul, 14 mai 1766, non sourcée, p.349-50).

Si on voulait effectivement rendre la vengeance utile, il faudrait établir un port au *Pays de Gex*; ouvrir une grande route avec la Franche-Comté; commercer directement de Lyon avec la Suisse par Versoix; attirer à soi tout le commerce de Genève; entretenir seulement un corps de garde perpétuel dans trois villages entre Genève et le Pays de Gex; cela coûterait beaucoup, mais Genève, qui fait pour deux millions de contrebande par an, serait anéantie dans peu d'années. Si on se borne à saisir quelques pintes de lait à nos paysannes, et à les empêcher d'acheter des souliers à Genève, on n'aura pas fait une campagne bien glorieuse.[97]

On ne conçoit pas Voltaire fomentant auprès d'un diplomate une occupation militaire de longue durée sur le territoire où sont ses terres par simple esprit de vengeance, quelle que soit son irritation envers la bourgeoisie calviniste (qui d'ailleurs se rédime en persécutant Rousseau!). Nous pensons que son calcul est tout autre. L'embargo français est en passe d'entraîner une catastrophe économique pour le Pays de Gex, qui ne peut plus exporter vers Genève ses productions agricoles et ne peut plus s'approvisionner en commodités, ni à Genève, ni en Franche-Comté en raison du blocage hivernal du col de la Faucille 'sous vingt pieds de neige', ni en Bourgogne, l'armée ayant fermé au trafic l'étroit passage à l'ouest. Son patient travail de mise en valeur et d'enrichissement de la communauté ferneysienne depuis huit ans est menacé. Sa correspondance trahit une sincère angoisse à ce sujet.[98] Il cherche alors dans le problème même une solution: le succès de l'embargo repose-t-il sur la transformation du petit territoire en plate-forme militaire et marchande? Soit. En conséquence la sédentarisation d'un contingent, la réorientation des infrastructures de transport, la création d'un transit officiel entre la Suisse, la Savoie sarde, le Lyonnais et la Franche-Comté doivent devenir les vecteurs nouveaux du développement et pallier la coupure d'avec la métropole voisine.[99] L'aménageur de Ferney va diriger toute son énergie octogénaire dans ce sens. Il saisit la montée en puissance de la tension entre le Royaume et la République pour appuyer un projet militaire d'aménagement du territoire qui eût

97. Voltaire à de Beauteville, 10 février 1767 (D13937).
98. 'Ne croyez pas que notre guerre genevoise soit une pure plaisanterie. Nous n'avons plus de commerce ni avec la Savoie, ni avec Lyon, ni avec la Suisse: il faut tout faire venir avec des frais immenses. Plus notre maison est grosse, plus nous souffrons' (Voltaire à Le Bault, 6 février 1767, D13926). Voir également les courriers à Hennin: D13887, 13828 et 13894.
99. Ce choix d'une militarisation de la zone n'est pas sans conséquences désagréables pour le quotidien du patriarche: auprès de ses correspondants amis, il se plaint amèrement, en ces années 1766-1768, des charges imposées, comme c'est l'usage, pour le logement et l'entretien des troupes, une pénibilité qui n'est pas seulement financière, la moindre de ces charges n'étant pas à ses yeux la partie de Whist des officiers 'bottés' qu'il doit loger au château.

effectivement fait du bourg qu'il s'employait à développer le point de passage obligé à une lieue d'un port de mer (intérieure) stratégique.[100]

Le ton décidé et quasi stratégique du début de la missive à de Beauteville a conduit certains historiens hâtifs à donner au philosophe français le rôle moteur dans la décision de Choiseul. Ce ton contraste avec le style très voltairien de la remarque finale et avec le ton enjoué de la correspondance privée du duc et du philosophe. Cet écart laisse entendre que le passage résulte d'un *consensus* entre plusieurs responsables également intéressés – à des titres divers – par l'idée de Versoix: Voltaire, mais aussi Fabry (subdélégué de Bourgogne), Hennin (résident de France à Genève, proche du philosophe) et Charles-Louis de Jaucourt commandant du corps expéditionnaire.[101] Selon les chercheurs, ce dernier aurait adressé dès le 14 février 1767 – soit en même temps que la lettre de Voltaire à de Beauteville – un mémoire décisif au ministre proposant de transformer le village de Versoix en ville de commerce et en pointe de sûreté pour rendre efficaces les mesures de rétorsion prises contre Genève en 1766.[102] Choiseul en fait accepter le principe par le Conseil en mars. L'échec du plan de la Médiation organisée entre Bourgeois, Citoyens et Natifs amène Choiseul à décider la conversion des troupes présentes au Pays de Gex pour donner suite au projet Versoix. Les travaux commencent dès le 18 juin 1767.[103]

Le patriarche de Ferney approuve, encourage les travaux et s'impatiente de leur lenteur. Car il comprend très vite le parti qu'il peut tirer, pour l'économie locale, de cette situation de concentration militaire, d'une part; de sa propre proximité personnelle avec le ministre, d'autre part.

La présence de la cavalerie et des équipages du train a tout d'abord un effet agronomique qui, aux yeux de l'entrepreneur de culture qu'il est, va largement compenser les charges d'hébergement qui accompagnent tout déplacement des troupes. Durant deux ans, en effet, les chevaux du roi vont apporter aux terres nouvellement défrichées le meilleur des engrais:

---

100. Deux siècles plus tard, on ne peut que constater que l'histoire donne toujours raison aux pesanteurs économiques sur les calculs nationaux, car si Ferney-Voltaire aujourd'hui est un lieu de mémoire et un pèlerinage pour les voltairistes, elle est aussi une banlieue résidentielle de Genève, métropole internationale.
101. Voir D15324 et D15684.
102. 'Il y aurait donc eu un triangle Jaucourt, Hennin, Voltaire' (Walter, 'Voltaire et Versoix', p.208).
103. F. Weil, 'Voltaire et Versoix', dans *Voltaire et ses combats*, éd. U. Kölving et C. Mervaud (Oxford, 1997), p.146.

Il faut, quand on y a porté de la terre meuble, la mêler avec la mauvaise, la fumer beaucoup [...] il n'appartiendrait qu'à un souverain de changer ainsi la nature d'un vaste terrain en y faisant camper de la cavalerie, laquelle consommerait les fourrages tirés des environs. Il y faudrait des régiments entiers. Cette dépense se faisant dans le royaume, il n'y aurait pas un denier de perdu, et on aurait à la longue un grand terrain de plus qu'on aurait conquis sur la nature. L'auteur de cet article a fait cet essai en petit, et a réussi.[104]

Autre avantage de la présence de troupes inoccupées (car tension n'est pas guerre): une main d'œuvre gratuite peut s'appliquer à la rénovation des infrastructures. Voltaire, enthousiaste, contribue à embellir les routes stratégiques nouvelles par la plantation d'arbres le long du 'beau et grand chemin' creusé par l'armée.[105] Aussi n'a-t-il guère de scrupule à encourager les officiers qu'il héberge à accélérer la transformation en 'grand chemin' du 'chemin de traverse' reliant Ferney à Versoix et à célébrer la manne royale: 'Le ministre a daigné jeter les yeux sur notre pays de Gex. On y fait de très beaux chemins, on m'a même pris 80 arpents de terre pour ces nouvelles routes, mais je sais sacrifier mon intérêt particulier au bien public'.[106]

Avec peut-être une certaine prescience, mais surtout une bonne intelligence de la géographie des flux commerciaux, il avait organisé avec Racle l'urbanisation nouvelle du bourg de Ferney selon un plan en croix, ajoutant à l'axe naturel du chemin de Genève à Ornex et Gex (le long duquel s'étalent les maisons d'origine, y compris le château et les maisons bourgeoises) un nouvel axe perpendiculaire: le chemin vers Versoix en prolongement de la route de Meyrin à Ferney, l'un et l'autre jusque là bordés de rares fermes misérables.[107] Ce plan d'urbanisme de carrefour, qui fit la fortune de Lutèce puis celle de Paris, reste aujourd'hui le cœur d'un bourg dont la population a plus que décuplé.[108]

Le seigneur de Ferney est bien conscient que la population qu'il protège ne sera pas l'unique bénéficiaire du projet de ville nouvelle.

---

104. 'Des Défrichements', art. 'Agriculture' dans *QE, OCV*, t.38, p.141. N.B.: Notons au passage le réflexe mercantiliste résiduel qui fait considérer une importation comme 'denier perdu'.

105. Voltaire à Moreau de la Rochette, 18 janvier 1768 (D14689, déjà citée, p.230-31).

106. Voltaire à d'Argence, 10 juillet 1767 (D14265). N.B.: Voir également D14450, D14451, D14689, D14864.

107. On trouve dans l'ouvrage de Paillard (*Voltaire en son château*, p.59-63) un plan détaillé des constructions réalisées le long de ces deux axes ainsi que des photos des bâtiments les plus intéressants. On y note, regroupées autour du château, les maisons construites pour les proches de Voltaire (Mme d'Hacqueville, Rieu, Florian, Deprez de Crassier, Mme de Saint-Julien) et, au carrefour, celles de personnages-clés (Wagnière, Auzière). Un plan topographique encore plus détaillé a été établi sur les bases cadastrales par Castor (*Maçons de Samoens*, p.28-29)

108. Voir J. Zuffrey, *Ferney-Voltaire: un village mobile* (s.l., 2011).

Alors que la fuite de Mme Denis à Paris le laisse esseulé sur ses terres, s'insinue en lui l'envie d'une opportunité de revente avec plus-value:

> Il est très vrai qu'on va travailler en force à Versoix. Ce sera un débouché de plus pour ceux qui achèteront Ferney.[109]
> Si l'on y bâtit une ville comme je l'espère, ce sera une raison de ne point vendre Ferney, ou pour mieux vendre cette terre un jour.[110]

L'atout secret de Voltaire est son accès direct à Choiseul. Il fait le siège du ministre des Affaires étrangères pour presser la réalisation d'un projet d'aménagement volontariste, comme il fera, quelques années plus tard, celui du Contrôleur-général Turgot pour alléger la pression fiscale sur le Pays de Gex. Il emploie à cet effet toute la palette de ses talents d'écriture. Le registre de la cajolerie pour exalter 'Versoix-Choiseul':

> Permettez-moi de vous écrire un jour à fond sur votre colonie. Vous protégez votre vieille marmotte. Cet établissement touche à mon pauvre trou. Je suis de la colonie.[111]

> Soyez persuadé, monseigneur, que votre colonie réussira. La gloire d'être fondateur est la première gloire. C'est là où l'argent est bien employé.[112]

> Comme j'ai appris que monseigneur votre époux va former une colonie dans les neiges de mon voisinage, j'ai cru devoir vous montrer à tous deux ce que notre climat [...] peut produire d'utile [suit l'offre de la paire de bas de soie]. Je ne suis plus typographe, je me donne entièrement à l'agriculture depuis le poème des saisons de Mr de Saint-Lambert.[113]

Lorsqu'il apparaît que dans cette affaire le ministère est plus velléitaire que volontariste, c'est l'exhortation, masquée sous le registre de la parodie:

> Si vous aviez seulement fait bâtir à Versoix une cinquantaine de maisons de boue vous auriez actuellement dans Versoix quatre cents habitants qui ne savent où coucher qui vous seraient attachés pour jamais, et qui probablement iront habiter l'Angleterre que mon cœur réprouve, ou la Hollande que je vomis de ma bouche parce qu'elle est tiède [Révélation, 3, 16]. J'ai ordonné à mon serviteur François, capucin digne d'avoir soin de ces malheureux en attendant que votre rosée puisse les consoler. [...] Mon serviteur François est encore plus pauvre pour le moment présent, mais vous pourriez trouver quelque bon ami, non pas de cœur, mais de finance

---

109. Voltaire à Jacob Tronchin, 12 avril 1768 (D14946).
110. Voltaire à Mme Denis, 27 avril 1768 (D14984).
111. Voltaire au duc de Choiseul, 12 novembre 1768 (D15307).
112. Voltaire au même, 12 mars 1770 (D16270) [cette lettre informe le ministre des exactions commises contre les Natifs français qui vont entraîner l'exode vers Gex].
113. 'Guillemet' [Voltaire] à la duchesse de Choiseul, 4 septembre 1769 (D15869).

qui prêtât des cycles pour bâtir des maisons. Il n'a pas besoin d'édit pour donner à qui voudra de quoi reposer sa tête.

Et il ajoute, en pur registre voltairien: 'Vous avez une galère dans un port qui n'est pas fait, mais des familles ne peuvent coucher dans une galère à moins que ce ne soit la famille de Fréron'.[114]

Tout l'esprit du monde ne peut toutefois rien contre l'inertie administrative et les querelles d'influence au sein d'un règne finissant. L'impatience perce parfois: 'Il voudrait bien bâtir une jolie maison dans votre ville de Versoix, mais il sera mort avant que votre port ne soit fait'.[115]

Auprès d'autres correspondants l'amertume de l'aménageur du Pays de Gex se fait plus rude.[116] Et tout autant que l'entrepreneur, c'est le philosophe de la tolérance qui attend beaucoup de la ville nouvelle, banc d'étalonnage de la liberté de culte:

> Je ne sais pas encore ce que deviendra Versoix. Il est certain qu'il faut en faire une ville commerçante ou n'en rien faire du tout. Mais pour y appeler des habitants et le commerce, il faut y jeter des trésors et y établir en tout genre une liberté inaliénable. Sans ces deux moyens, on perdra toutes ses avances.[117]

> Je crois que M. le duc de Choiseul va faire bâtir dans mon voisinage une ville où la tolérance sera établie. Je verrai enfin les fruits de ma prédication. Les jésuites n'étaient pas d'aussi bons missionnaires que moi.[118]

> Je ne voudrais mourir que quand monsieur le duc de Choiseul aura bâti dans mon voisinage la petite ville de Versoix, où j'espère qu'on ne persécutera personne.[119]

> [Le duc de Choiseul] va faire bâtir dans mon voisinage une ville qu'on appelle déjà la ville de la tolérance. S'il vient à bout de ce grand projet, c'est un temple où il sera adoré.[120]

Mais il reviendra à son amie en philosophie et en ironie de lui apporter une (triste) leçon de réalisme politique:

> Je savais que le Roi ferait un port à Versoix, et je me doutais bien que l'intérêt du commerce exigeait que l'on apporte plus d'attention aux facultés et à l'intelligence des négociants qu'on y attirera qu'à leurs opinions. Mais je

---

114. 'Jean, prédicateur du désert, contresigné par François V., capucin indigne [...] et de plus déclaré père temporel des capucins de Gex', au duc de Choiseul, 18 février 1770 (D16159).
115. Voltaire au duc de Choiseul, 1ᵉʳ avril 1768 (D14906).
116. Voir en particulier D15023, D15094, D15609 et D15637 ('Versoix n'avance guère') à Mme Denis; D14114 et D14159 à d'Argental. D14664 et D16153 à P. M. Hennin.
117. Voltaire à Mme Denis, 18 novembre 1768 (D15324).
118. Voltaire à Sébastien Dupont, 13 mars 1769 (D15515).
119. Voltaire au comte de Schomberg, 4 août 1769 (D15798).
120. 'Guillemet' à la duchesse de Choiseul, 26 juillet 1769 (D15776).

serais bien fâchée qu'on appelât cette ville, la ville de la tolérance. Un si beau titre serait une affiche qui empêcherait qu'on ne la tolérât.[121]

Et le prophète du Mont Jura de persister et prédire: 'Quant à la ville de la tolérance, il est bien clair que ce ne sera pas là son nom mais si la chose n'y est pas, j'assure le maître de votre pied [Choiseul] qu'elle ne sera jamais peuplée'.[122]

Elle ne le fut pas, en effet. A la disgrâce de Choiseul (24 décembre 1770), Terray décida de ne pas reconduire les 'avances' (600 000 lt) en faveur du projet de ville nouvelle. Du grand œuvre d'aménagement du territoire gessin voulu par l'entrepreneur-philosophe resta le plan Racle d'une ville-forteresse *à la Vauban* et des fondations de jetée que le lac découvre parfois en basses eaux. C'est le responsable du contingent militaire dépêché au Pays de Gex, de Jaucourt, qui, d'avance, en avait énoncé la morale: 'Ne croyez pas qu'on perde de vue les 18 familles dont vous m'avez parlé; ne croyez pas davantage qu'on perde de vue le projet, mais croyez que ce pays-ci est le premier du monde pour n'y pas faire ce qu'on voudrait'.[123]

Les palinodies de l'administration royale eurent aussi pour conséquence d'attiser l'animosité genevoise envers le philosophe français, voisin inconfortable: 'On est persuadé à Genève que Voltaire a beaucoup contribué à l'établissement de Versoix par les mémoires qu'il a envoyés à Choiseul';[124] 'Un célèbre vieillard jaloux de paraître bon citoyen à peu de frais, ami de l'humanité sans qu'il lui en coûte, secourut à 5% la pauvre colonie de Versoix'.[125]

Ces assertions médisantes ne tiennent pas compte de ce que le philosophe fit pour les Natifs et qui était à portée de son zèle entrepreneurial comme de ses capitaux: la manufacture d'horlogerie de 'Fernex'.

'L'entrepreneur de montres de Ferney'[126]

Si la foi dans l'esprit d'entreprise, le sens aigu de l'opportunité et le désir d'aider les persécutés de l'Edit de Nantes révoqué et de Genève la

121. La duchesse de Choiseul à 'Guillemet', 5 août 1769 (D15800).
122. 'Guillemet' à la duchesse de Choiseul, 14 août 1769 (D15822).
123. De Jaucourt à Voltaire, 20 février 1768 (D14768).
124. Lettre d'Amelot de Chaillou [intendant de Bourgogne] du 15 décembre 1770 (citée par F. Weil, *Voltaire et ses combats*, p.147).
125. Lettre anon. (Archives Nationales H176 f.6), citée par F. Weil, *Voltaire et ses combats*, p.148.
126. M.-L. Denis et Voltaire à Dompierre d'Hornoy, 3 juillet 1770 (D16488). N.B.: Dans cette lettre, le philosophe-acteur joue le personnage du riche entrepreneur de comédie dotant son neveu: 'Permettez que l'entrepreneur de montres de Ferney vous assure cent mille francs pour votre contrat de mariage'.

xénophobe avaient suffi, le capital-risque voltairien eût été un succès économique. Malheureusement, Voltaire avait acquis depuis 1755 l'intelligence de l'économie agraire mais fort peu celle de la manufacture. Saisissant une opportunité de nature politique (le conflit social genevois) – précaire par définition – il omet de prendre en considération les autres facteurs de succès d'une entreprise industrielle. Il palliera les difficultés nées de cette négligence par un investissement financier et personnel plus important qu'il ne l'avait escompté.

Lorsqu'il est une première fois sollicité en 1768 par dix-huit familles de monteurs en horlogerie désireux de quitter Genève, il songe immédiatement à l'amorce qu'elles pourraient constituer pour la 'ville de la tolérance'. Celle-ci n'étant encore qu'une ville-fantôme, c'est dans les dépendances de son propre domaine qu'il accueillera les expatriés quand l'exode commencera.[127] Deux ans plus tard, en effet, la situation des Natifs s'est encore assombrie dans la république voisine, après des émeutes qui laissent trois morts parmi les *cabinotiers* et entraînent l'expulsion de huit 'meneurs', dont Auzière. Les atermoiements de l'Etat dans le projet Versoix font retomber sur le philosophe la responsabilité de répondre à la détresse des exilés. Il le fait avec générosité et esprit d'initiative en mettant des capitaux à la disposition d'une sorte de coopérative ouvrière formée par les maîtres-horlogers en exil et les ouvriers qui les suivent, de plus en plus nombreux. Les historiens de cet épisode hors du commun dans la vie d'un philosophe des Lumières sont surtout sensibles au *geste* annonciateur des utopies productivistes du XIXe. Ils ne mettent qu'assez peu l'accent sur le défaut d'analyse initial du projet. Celui-ci est destiné à échouer non pas en raison de son système de financement (la commandite par un établisseur, comme nous l'avons déjà noté, est courante) mais de son concept industriel.

En effet, les ouvriers huguenots qui fuient en 1770-1771 la *Fabrique* de Genève (qui employait près de 40 000 personnes) sont essentiellement des monteurs et des finisseurs (polisseurs, émailleurs, décorateurs). Ils constituent à Ferney des unités d'*assemblage* sous la direction de maîtres-horlogers comme Auzière ou Céret.[128] Or toute unité d'assemblage dépend de flux d'approvisionnement en composants, particulièrement nombreux dans la technique horlogère de l'époque. Certaines pièces simples (fonds de cadrans, ressorts, échappements) pouvaient sans doute être trouvées dans des ateliers artisanaux gexois travaillant auparavant

---

127. En dépit des conditions précaires, une vingtaine de familles d'horlogers s'installera néanmoins à Versoix en occupant un bâtiment appartenant au secrétaire d'Etat genevois Lullin (Caussy, *Seigneur de village*, p..256).
128. La 'Manufacture était composée de 5 associations de maîtres- horlogers: Dufour et Céret, Valentin et Dalizette, Servand et Boursault, Pourier et Mauzié, Lépine et Tardy (I. Franck, 'Voltaire Horloger', dans *Horlogerie ancienne*, revue de l'AFAHA (1997).

en sous-traitance pour la *Fabrique*; ces artisans, qui n'avaient pas accès aux ateliers d'apprentissage de la *Fabrique*, étaient peu qualifiés.[129] Il n'en allait pas de même pour les éléments complexes (ébauches, boîtes) dont la source genevoise était, pour l'heure, tarie du fait de l'embargo. L'approvisionnement en Suisse ou dans les régions horlogères en France (Lyon, Franche-Comté) fut probablement difficile, cher et cause d'allongement des délais.[130]

La deuxième faiblesse structurelle de la 'Manufacture de Fernex' réside dans l'absence de canaux de distribution. Beaucoup d'établisseurs de la *Fabrique* étaient des commissionnaires, intermédiaires de vente qui achetaient la production ou la prenaient en dépôt et l'écoulaient dans leur réseau d'agents: le financement provenait donc de l'aval et la proximité du capitaliste et du marché était une garantie d'adéquation entre plan commercial et plan de production.[131] A Ferney, les effectifs ouvriers croissent rapidement: de 40 au début 1770 à 400 en fin d'année, à 600 en 75, à 1200 en 1776.[132] Le chiffre d'affaire ne semble pas avoir accompagné la progression des effectifs: 400 000 lt en 1774, 450 ou 500 000 lt en 1775, '500 à 600 000 lt' en 1776.[133] Si ces indications données par Voltaire sont fiables, de deux choses l'une: ou bien l'inflation des effectifs entraîne une chute rapide de la productivité, ou bien les ventes se déplacent massivement vers le bas de la gamme.[134] Dans les deux cas de figure, l'entreprise est en grave difficulté.

Le sens économique de Voltaire l'alerte très vite sur ces faiblesses qu'il n'a pas anticipées. Il fournit de l'or fondu à partir de ses propres cassettes et finance les achats de matières. Il joue de tout son pouvoir d'entregent pour obtenir la franchise postale des expéditions (auprès de l'intendant des postes d'Ogny), l'exemption de l'imposition directe (taille, capitation, vingtième) pour les nouveaux arrivants, un poinçon royal authentifiant le 18 carats. On sait qu'il n'obtiendra pas ce dernier, mais la subvention

---

129. F. Caussy, *Seigneur de village*, p.252.
130. La *Fabrique* disposait d'un vaste champ d'approvisionnement et de sous-traitance dans le Jura suisse (La Chaux de Fond); il en ira de même, avec les régions de Mèche et Morteau, pour l'horlogerie bisontine qu'Auzière rejoindra; une défection qui sera la dernière tristesse de Voltaire mourant: 'Je ne puis répondre à Auzière, qui m'écrit qu'il va tout abandonner; en ce cas, il va contribuer à ma ruine, il va retourner à Genève! Tous ces gens-là sont insensés et injustes' (Voltaire à Wagnière, 15 mai 1778, D21193).
131. F. Caussy, *Seigneur de village*, p.259
132. Ces chiffres sont avancés par Voltaire dans sa correspondance: D16310, D16366, D16509, D16587, D18560, D18003, D20523.
133. La source est à nouveau Voltaire qui semble avoir une connaissance assez imprécise du chiffre réel: D19227, D19647, D19600, D20169; l'objectif de 1 million de livres (D19647), qui semble lointain, correspond peut-être au seuil d'équilibre.
134. L'offre de prix de Céret et Dufour va de 3 Louis à 42 Louis; un facsimile de ce tarif accompagne l'article de D. Grange, 'Voltaire et les horlogers de Ferney', dans *Voltaire chez lui*, éd. J.-D. Candaux, p.250.

tacite des deux premières franchises, c'est-à-dire la création d'une 'zone franche de fait au Pays de Gex' survivra à la chute de Choiseul.[135] Des prix compétitifs (un peu obérés par une qualité inégale des produits et le scandale de contrebande de Valentin, porteur de faux poinçons) sont nécessaires mais pas suffisants pour créer une clientèle. Voltaire devient alors directeur des ventes. Septuagénaire intrépide, il promeut sans vergogne les productions de 'mes horlogers' auprès de toute l'élite européenne que sa carrière d'homme de lettres a rendue admirative de son indépendance d'esprit: Frédéric, l'Impératrice, le duc de Choiseul (dont la protection lui ouvre l'accès à la famille royale), le duc de Praslin, le comte de la Tournelle, les chevaliers de Rochefort d'Ally et de Chastellux, etc.[136] Il rédige, en juin 1770, un argumentaire de vente qu'il adresse à chacun des ambassadeurs de France en poste dans les principales nations, en particulier d'Ossun (Espagne), de Bernis (Rome), Saint-Priest (Turquie).[137] Il sollicite également, sans hésitation et avec un ton de commissionnaire, ses plus proches amis, y compris l'indolent Thieriot: 'Si vous connaissez des gens qui veulent de belles et bonnes montres à bon marché adressez-vous à la fabrique de Ferney. J'y ai accueilli les meilleurs artistes de Genève au nombre de trente familles'.[138]

L'insistance et la notoriété du promoteur de la Manufacture produisent quelques résultats, par exemple le référencement des produits comme cadeaux lors des mariages royaux en 1770, 1771 et 1772, mais cette politique de vente (si elle produit quelques résultats à l'export), atteint vite ses limites. Le *marketing* voltairien cible un segment de clientèle qui est celui du réseau relationnel du philosophe: les groupes du haut de l'échelle sociale, lettrés et mondains. Ces clients-cibles auraient pu avoir un effet prescripteur à une époque où les classes bourgeoises désiraient ardemment copier l'aristocratie. Ce ne fut pas le cas, l'intérêt de la cour n'ayant apparemment pas dépassé la curiosité liée à l'avatar industriel du premier philosophe européen; aucun effet *patriotique* ne vient appuyer celui-ci, la petite guerre de Genève ne troublant nullement les après-dîners de l'opéra-comique. D'autre part, ces 'clients' se révèlent être – de manière assez prévisible – de mauvais payeurs. Les ventes forcées (Catherine II) ou en dépôt (la famille royale) engendrent des difficultés de recouvrement qui usent l'entregent du

---

135. Grange, 'Voltaire et les horlogers', p.246.
136. Grange, 'Voltaire et les horlogers', p.247.
137. 'Ils travaillent en tout genre, et à un prix plus modéré qu'en toute autre fabrique. Ils font en émail avec beaucoup de promptitude tous les portraits dont on veut garnir les boîtes des montres' (Lettre circulaire aux ambassadeurs, 5 juin 1770, D16384). Voir également la lettre plus personnelle à de Bernis, 11 mai 1770 (D16339).
138. Voltaire à Thieriot, 26 novembre 1770 (D16790).

philosophe. Pour les ventes grand-public, la nécessaire constitution d'un comptoir à Paris avec Lépine occasionne d'autres stocks en dépôt-vente, eux aussi financés par le seigneur de Ferney.

Au final, l'échec de la Manufacture n'est pas dû à la réticence de son financeur: Voltaire, selon ses dires, aurait mis 600 000 lt au total à la disposition des horlogers.[139] Tout simplement, la tension entre la France et Genève, qui avait créé l'opportunité horlogère du pays frontalier, l'annihile lorsqu'elle s'apaise. La loi naturelle des forces économiques réinsère les exilés dans le giron de la *Fabrique* lorsqu'il leur semble que leurs intérêts professionnels et fiscaux les y incitent. Auzière, *persona non grata* dans la République, se fixe, lui, en Franche-Comté où il contribuera à l'expansion de l'horlogerie bisontine; ce qui eût été, malgré tout, une consolation pour son protecteur.

Le capitalisme entrepreneurial selon Voltaire reste un exemple unique au XVIIIe siècle. Cantillon, Quesnay, Smith sont de brillants théoriciens. Turgot est un brillant théoricien et un administrateur exemplaire. Une poignée d'entrepreneurs et de financiers invente avec détermination les méthodes de la révolution industrielle. Mais François Geoffrin n'a pas écrit *La Henriade*. Jacques Necker est très riche mais échoue à diriger les finances du royaume et doit son influence mondaine à sa femme et sa fille. Turgot rêve de philosophie et de poésie mais ce ne sont pas dans ces domaines que l'Histoire retient son nom. Voltaire, lui, est présent dans tous ces aspects de la société des Lumières et, s'il ne réussit pas partout, sa trace dans la vie économique est néanmoins représentative de la foi nouvelle dans l'expansion des richesses et les bienfaits humains du capitalisme naissant.

Cette empreinte est toutefois celle d'un philosophe. La considérable fortune personnelle qu'il bâtit est assez peu accompagnée des témoignages d'auto-complaisance que s'octroient les nouveaux riches.[140]

---

139. 'Je n'ai d'autre intérêt dans cette affaire que celui d'avoir dépensé six cent mille francs à fournir au Roi de nouveaux sujets, et des colons industrieux' (Voltaire au prince de Condé, 17 janvier 1777, D20523). N.B.: l'entrepreneur-financier Voltaire, amer sur la fin, anticipe: 'cinq cent mille francs jetés dans le lac de Genève' (à Mme de Saint-Julien, 11 oct. 1776, D20341); mais des rentes ont été perçues, et se continuent parfois en reversion sur Mme Denis, des prêts remboursés, des biens saisis après le départ des horlogers. Si, néanmoins, nous retenons le demi-million de livres perdu, cela représente environ 10% de sa fortune ou 2,5 années de revenus, ce qui ne constitue pas une 'ruine'. Selon Grimm et Luchet, la fortune mobilière gérée pour lui par J. R. Tronchin s'élevait de 500.000 à 800.000 lt (Claeys, *Dictionnaire biographique des financiers*, t.2, p.1104). En 1770, Voltaire disposait encore de 600.000 lt en portefeuille chez Delaleu.

140. La *Lettre à l'occasion de l'impôt du vingtième* à Machault (1749) commence par une discrète satire de l'ostentation: 'Parmi les carrosses brillants dont la plaine était couverte, le vôtre fut remarqué et parmi les diamants dont les dames étaient parées, ceux de madame votre femme furent vus avec admiration [...]. On joua quelque temps dans ce magnifique salon

Sa discrétion sur les sources, les moyens et l'étendue de sa richesse est d'autant plus consciente qu'elle ne tient pas à l'avarice. Ce théoricien du luxe parvient à faire découler le faste relatif de son train de vie, non d'un désir d'ostentation et d'hédonisme, mais des nécessités de son œuvre d'homme de lettres et de ses combats d'intellectuel influent. Tout ce qui, dans sa correspondance, touche à la gestion de ses affaires (avec les imprimeurs, les hommes de loi, les banquiers, les fonctionnaires, les fournisseurs, les débiteurs et les ayant-droits divers) porte la marque d'un mélange, qui lui est propre, d'extrême politesse, d'élégance d'expression (finesses qu'il partage avec d'autres en son temps), mais aussi de grande précision et de souci du détail, de passion pour les chiffres et la logique juridique, de perception des intrigues cupides et autres vilenies humaines, tous traits qui ne sont pas habituels chez les hommes de son rang dans les choses de l'esprit.[141]

La relation intellectuelle qu'il entretient avec les théoriciens du libéralisme est également particulière. Il a lu les meilleurs ouvrages et conversé avec les économistes européens dont les noms passeront à la postérité. Pourtant, ses réactions aux problèmes d'économie politique libérale du moment (la libre circulation, la fiscalité économique, la modernisation agricole, les infrastructures, l'éducation – ou non-éducation – des travailleurs, l'encouragement aux manufactures) se refusent à toute position doctrinale et se veulent inspirées du simple bon sens et des idées de justice ou de cohésion sociale. La curiosité encyclopédique pour les techniques et le retour constant vers la Morale et l'Histoire (celle du colbertisme, par exemple) tempèrent chez lui l'adhésion libérale.

Enfin le goût d'entreprendre – qui est distinct de celui de spéculer – le saisit à un âge où généralement la réputation et la considération suffisent à l'amour-propre des écrivains, même exilés. Embellir Cirey, Les Délices ou Ferney relève de l'esthétique et de l'art de vivre. Remodeler le paysage rural ajoute chez lui, au plaisir poétique de la nature civilisée, celui du progrès collectif dont un système patriarcal généreux assume la

---

que vous avez orné avec tant de goût [...] Nous soupâmes ensuite: vous savez combien la beauté de votre vaisselle frappa tout le monde; vos doubles entrées furent encore plus applaudies. On loua beaucoup votre cuisinier, et on avoua que vous aviez raison de lui donner quinze cents livres de gages, ce qui fait cinq cents francs de plus que ce que vous donnez au précepteur de M. votre fils, et près de mille francs au-delà des appointements de votre secrétaire.' (*OCV*, t.31в, p.305-306).

141. La gestion par Voltaire de l'épineux problème du défaut de paiement du duc de Wûrtemberg en 1767-1768 est un cas d'école de contentieux, géré avec rigueur et habileté manœuvrière par le patriarche à travers ses deux avocats (Christin et Dupont) et les représentants du duc sur ses terres en Franche-Comté et en Alsace (voir le détail de sa stratégie juridique, financière et communicationnelle dans mon article 'Les Etrennes de mil sept cent soixante-huit: *L'Homme aux quarante écus*' (*Revue Voltaire* 12 (2012)).

responsabilité. Mais risquer une part de sa propre fortune dans l'habitat
social et l'établissement de manufactures répond à une manifestation de
sa personnalité et de son évolution intérieure qui, quoique tardives, ne
sont pas illogiques. Devenu capitaliste pour pouvoir philosopher plus
librement, il devient entrepreneur pour philosopher plus concrètement.
La philosophie, dans sa version littéraire, connaît les affres de la jalousie,
de l'ironie et de la malveillance (les Desfontaines, les Fréron, les Piron, les
La Beaumelle); dans sa version concrète – plus rare – elle s'affronte à des
puissances, sinon malveillantes, du moins insensibles au talent littéraire
et aux intentions éthiques: le marché, les aléas climatiques ou politiques,
les exploitations déficitaires et les banqueroutes.

Conclusion

En premier lieu, Voltaire, philosophe humaniste et historien, découvre dans l'économie politique de son temps une occasion de réflexion épistémologique: quelle sorte de lien causal relie les facteurs qui concourent à la richesse des nations, aux mœurs des sociétés et au destin des Etats? Homme de pensée, mais aussi homme d'action, il perçoit par ailleurs que les décisions politiques qui affectent l'économie ont un impact direct sur ses finances privées, sur son art de vivre, sur la circulation de ses œuvres, sur la prospérité de ses laboureurs et de ses horlogers. Homme d'influence par la plume et la conversation, il sait que son opinion sur les débats concernant la gouvernance du royaume est attendue, au sein de son vaste cercle relationnel. Quand elle n'est pas attendue, il l'exprime pourtant, tant est profond chez lui le besoin de s'enraciner dans la réalité, d'être présent aux instances du pouvoir matériel, intellectuel et artistique, de participer à toutes les polémiques qui, chez les Welches, font l'essentiel de la vie sociale. S'appropriant ainsi un champ de la connaissance nouveau pour l'époque, il soumet néanmoins son angle de vision de la science économique naissante à des domaines de la pensée philosophique qu'il juge éminents: la morale et la politique. Il effectue cet examen sans se départir des facultés intellectuelles qui lui sont propres: l'érudition historique, géographique, mythologique et biblique; la polygraphie; l'alternance de l'ironie et de l'humour; la capacité d'indignation devant les abus et les préjugés. Les notations économiques, fragmentaires mais fréquentes, sont pour lui, non une fin mais un moyen au service de l'histoire de l'esprit humain, de la réforme politique, de la lutte pour la tolérance et la justice – toutes évolutions intellectuelles qui viennent, dans le cours de sa vie d'homme de lettres, équilibrer la place privilégiée d'abord accordée à l'esthétique du poète-philosophe.

L'étude thématique des réactions de Voltaire aux idées proposées par les économistes de son temps est une méthodologie indispensable à qui veut repérer la logique des fragments qui jalonnent l'œuvre et la correspondance. Celle à laquelle nous avons procédé montre cependant à quel point c'est en philosophe universel qu'il prend connaissance, analyse et débat des questions d'économie politique. C'est en moraliste des passions, des désirs qu'elles enfantent, de la modération que l'esprit doit leur imposer qu'il promeut les bienfaits du luxe pour la croissance du bien-être; c'est aussi en esthète qu'il vante le goût et le raffinement dans l'art de vivre que la consommation du superflu autorise, y compris au plan moral (dans un début de siècle encore conscient des fulminations jansénistes). C'est en historien des idées et des faits sociaux qu'il apprécie, dans la montée des civilisations et leur déclin, le rôle catalyseur de la monnaie, des finances publiques, du commerce international, de la cohérence de la valeur et du prix, de la liberté de l'offre, de la solvabilité de la demande. C'est en philosophe de la condition humaine, qu'il s'interroge sur le rapport à la terre nourricière, sur la valeur ajoutée du travail et de la *peuplade*, sur la responsabilité du détenteur de capitaux, sur la mise en valeur de l'environnement physique, sur la cohésion sociale qui unit le seigneur à ses vassaux. C'est en métaphysicien à la pensée libre, conscient du sort malheureux de Socrate, de Giordano Bruno, de Vanini, de Spinoza, de Toland qu'il construit, âprement et avec une intelligence financière certaine, la meilleure des citadelles, celle de la fortune.

Le refus délibéré d'une frontière cognitive entre la science nouvelle de l'économie politique et les champs traditionnels de la connaissance philosophique ne suffit pourtant pas à singulariser l'approche voltairienne. On pourrait, en effet, en dire autant de l'esprit qui préside à la confection de l'*Encyclopédie*, du moins dans son architecture d'ensemble qui, par le système des renvois, assure l'unité politique et morale (peut-être même métaphysique, assurent ses détracteurs) d'un ouvrage monumental qui se veut officiellement *Dictionnaire raisonné*, c'est-à-dire simple base de données au service de l'épistémologie (le diable philosophique étant évidemment dans le détail du *raisonné*). Voltaire, lui, s'efforce de maintenir un lien entre la connaissance des lois économiques et la vie quotidienne du sujet. Il se prononce pour la liberté de circulation des grains parce qu'il voit l'appauvrissement que son contraire impose aux habitants de sa 'petite province'. Il satirise l'arrogance des pouvoirs arbitraires exercés par les responsables *locaux* de la fiscalité indirecte, parce qu'elle ne persécute que les démunis, lui qui, par ailleurs, est l'ami de plusieurs fermiers généraux. Parce qu'il comprend *de visu* que la *charrue à semoir* vaut plus que la somme des salaires de subsistance payés pour sa construction, il se range du côté des gournaysiens contre les physiocrates, proclamant que 'les véritables mines [d'or] sont l'agriculture et les manufactures'.[1] Il refuse l'abstraction de 'ceux qui gouvernent l'Etat depuis leur grenier': la théorie économique ne l'intéresse guère, lui qui pourtant est un formidable exégète (critique) de la théologie, science abstraite s'il en est. Pour lui, la science économique doit se confronter à l'économie appliquée et tirer d'elle sa légitimité théorique: *épistèmé* ne se sépare pas de *praxis*.

A cet égard, il est éclairant de comparer la relation à l'économie des

---

1. *EM*, ch.150, excipit.

deux esprits encyclopédiques les plus complets des Lumières françaises. Diderot peut être fasciné par l'industrie des aiguilles (entre autres *arts*), au point de lui consacrer plusieurs colonnes minutieuses (une performance qui impressionnera tant un théoricien comme Adam Smith qu'il lui volera l'exemple pour illustrer son raisonnement sur la division du travail). Mais Denis Diderot gouverne l'intelligence du siècle depuis son grenier, au sens le plus littéral. Il s'avère incapable de monnayer son génie (ce qui n'est pas grave), ni de transformer son immense culture en doctrine d'action (ce qui l'est plus). Les personnages de ses écrits intimes de conteur (Jacques, son maître; Jean-François Rameau, son interlocuteur philosophe; Desroches, Mlle de la Chaux, Desbrosses) sont des êtres dont les actes n'ont que peu à voir avec la 'rhapsodie' de leurs pensées. A la fatalité du relativisme moral, Diderot semble ajouter la résolution à somme nulle des désirs et des passions. Le balancement contradictoire, brillant jeu intellectuel et probable source moderne d'une philosophie dialectique de l'absurde et de l'espérance, laisse peu de pistes pour une sagesse applicable *hic et nunc*.

En revanche, l'autre grand esprit encyclopédique du royaume de France, Voltaire, laisse peu de place à la tentation pyrrhonienne. Ses héros (Zadig, Babouc, Micromégas, Scarmentado, Le Huron, M. André, Amabed, etc.) sont curieux de tout et en apprentissage. Si la sagesse qu'ils retirent de leurs (parfois) formidables aventures paraît surtout pratique et, somme toute, peu inspirée par la métaphysique, du moins sont-ils armés, au sortir de leurs épreuves, pour un bonheur simple que personne de bon sens ne peut s'autoriser à dénigrer. Le jardinage de Candide peut sembler une piètre consolation face au prix payé par notre héros et ses proches pour se défaire d'une illusion philosophique du *tout est bien*; il l'est moins si l'on regarde cet arpent de salade comme l'homothétie métaphorique et prémonitoire de la fin de vie du patriarche. Le témoignage engagé de Voltaire face aux débats de politique économique s'écarte rarement de ce souci de sagesse pratique. Il se veut le gardien du sens commun contre l'aveuglement parfois tyrannique d'un pouvoir royal chroniquement déficitaire en recettes fiscales; contre les superstitions routinières qu'impose une religion, selon lui peu soucieuse de bonheur terrestre (les fêtes chômées, le parasitisme); mais également contre les outrances doctrinaires d'une science économique saisie, en sa jeunesse, par le vertige de l'abstraction et du jargon, comme il arrive parfois aux sciences de l'homme.

En économie comme dans d'autres domaines de la réflexion philosophique, Voltaire est l'ennemi des extrêmes. Il fut critiqué de son temps pour quelques audaces de plume répétitives, et plus particulièrement pour son irréligion supposée, qui était surtout une mise en lumière des ambiguïtés scripturaires des origines de la foi

chrétienne et une dénonciation des dérives institutionnelles et morales
de l'Eglise – il n'était pas le seul à le faire, du moins n'était-il pas
clandestin, malgré qu'il en eût. Il fut critiqué plus tard pour son
conservatisme politique. Il est vrai que sa défiance envers les masses
populaires l'amenait à prôner la subordination économique des plus
pauvres: 's'il n'y avait pas trente manœuvres pour un maître, la terre ne
serait pas cultivée' énonce-t-il avec un certain réalisme dans l'article
'Fertilisation'; mais il ajoute qu'il craint les écoles: 'que le grand nombre,
surtout les enfants des manœuvres ne sachent que cultiver, parce qu'on
n'a besoin que d'une plume pour deux ou trois cents bras'.[2] Il est vrai que
sa proximité courtisane avec deux *despotes éclairés*, Frédéric et Catherine,
l'a conduit à se leurrer sur la capacité du premier à générer un décollage
économique dans ses états, sur la volonté de la seconde à fonder la
modernité du *Nord* sur une réforme du système féodal. Il est vrai, enfin,
que nombre de ses réactions aux débats sur les questions économiques
sont tributaires de ses propres intérêts d'esthète hédoniste ou de
propriétaire terrien; ce qui n'est pas le cas de ses combats pour la
tolérance et la justice.

A ces critiques sur son modérantisme économique et social et son
manque de vision sur l'avenir du progrès de l'esprit humain (le triomphe
de la démocratie, le partage des richesses, la révolution évolutionniste
dans les sciences naturelles), on peut apporter quelques nuances. Dans ce
domaine de la politique économique, Voltaire témoigne des principaux
courants de pensée de son époque. Lorsqu'il écrit (toujours dans l'article
'Fertilisation'): 'la culture de la terre est une vraie manufacture: il faut
pour que la manufacture fleurisse que l'entrepreneur soit riche',[3] il ne
fait qu'enfermer en une consécutive bien frappée ce que Turgot et Smith
argumentent par de longs développements théoriques au profit du
libéralisme. Dans tous les thèmes que nous avons successivement ex-
plorés, nous voyons se cristalliser, souvent avec le caractère plaisant de
l'enjouement voltairien, les principales controverses politiques de
l'époque: réforme fiscale, ajustement de la masse monétaire, protection
des industries nationales, lutte contre la disette, moralité de la
consommation somptuaire, richesse primordiale de la terre, etc. S'il
n'y a pas chez le philosophe d'innovation théorique (en dépit de la
vigueur de certaines de ses réactions), il faut lui savoir gré de mentionner
ces controverses sans pédanterie. L'Economie, science naissante, amuse
visiblement Voltaire (comme beaucoup de sujets scientifiques après le
sérieux d'Emilie, des coquillages fossiles à la 'culture par planche'). La
rapprocher des préoccupations des propriétaires de biens-fonds à

2. *OCV*, t.41, p.372.
3. *OCV*, t.41, p.367.

quarante écus de *produit net*, des victimes des commis de la gabelle, des artisans taillables, des titulaires de rentes d'Etat soumis à une loterie, des marchands internationaux méprisés du *bel-air* est un rappel salutaire au réel.

Car c'est peut-être sur ce dernier point qu'il faut résumer le regard du philosophe. La science économique (comme le feront toutes les sciences de l'homme et des sociétés, comme les sciences de la littérature elles-mêmes) acquiert avec la scientificité le vocable, le champ sémantique, l'appareil conceptuel, l'historicité doctrinale qui fait de chaque science un univers spécifique. Y pénétrer, juger des contributions qui la construisent, participer aux débats qui la traversent exigent une initiation. Plus de deux siècles après les philosophes des Lumières, le sens commun ne suffit plus pour se faire entendre. Chaque science morale ou politique porte sur la réalité économique et sociale un regard subjectif, dont la portée critique est étroitement dépendante d'une histoire doctrinale à laquelle son discours renvoie. Le sociologue, l'historien, le psychologue, l'économiste parlent chacun une langue dont le thésaurus, les connotations, les autorités forment autant de cultures spécifiques, de même que le sémiologue, le philologue, l'historien de la littérature lisent chacun différemment un même texte. En ce sens, Voltaire ferme en quelque sorte une époque culturelle initiée en Occident avec la Renaissance, celle d'une ouverture de la pluralité des sciences à quelques hommes d'exception, les meilleurs parmi les *philosophes*. Voltaire est, avec Diderot et avec Goethe certainement, l'un des derniers hommes de lettres capables d'embrasser la polyvalence des connaissances – y compris scientifiques –, celle de l'économie politique en l'occurrence. Qu'il l'ait fait avec l'érudition historique, l'interactivité relationnelle et l'ironie qui le caractérisent ajoute à l'intérêt de son témoignage engagé, celui d'un honnête homme de grande culture, au sens où le fut aussi Montaigne.

Bibliographie

(Ouvrages cités ou consultés)

Textes du XVIIIᵉ siècle

Œuvres de Voltaire citées

A, B, C, ou Dialogues entre A, B, C, L', dans *Œuvres complètes*, éd. Louis Moland, 52 vols (Paris, 1877-1885), t.27, 'Premier Entretien', p.311-26; 'Troisième entretien', p.320-38.

A Mme la marquise de Pompadour [Epître dédicatoire de Tancrède], éd. J. S. Henderson et T. Wynn, *OCV*, t.49ʙ (2009), p.127-33.

Annales de l'Empire: Sigismond, dans *Œuvres complètes*, éd. Louis Moland, 52 vols (Paris, 1877-1885), t.13, p.434-46.

Articles extraits du journal de politique et littérature, éd. A. Hunwick, *OCV*, t.80ᴄ (2009), p.13-76.

Canonisation de saint Cucufin, dans *Œuvres complètes*, éd. Louis Moland, 52 vols (Paris, 1877-1885), t.27, p.419-29.

Ce qu'on ne fait pas et qu'on pourrait faire, dans *Œuvres complètes*, éd. Louis Moland, 52 vols (Paris, 1877-1885), t.23, p.185-87.

Chrétien contre six Juifs, Un, dans *Œuvres complètes*, éd. Louis Moland, 52 vols (Paris, 1877-1885), t.29, p.499-582.

Commentaire historique sur les œuvres de l'auteur de La Henriade, dans *Œuvres complètes*, éd. Louis Moland, 52 vols (Paris, 1877-1885), t.1, p.71-126.

Commentaire sur Malebranche, par l'abbé de Tilladet, dans *Œuvres complètes*, éd. Louis Moland, 52 vols (Paris, 1877-1885), t.28, p.91-102.

Défense de Louis XIV, dans *Œuvres complètes*, éd. Louis Moland, 52 vols (Paris, 1877-1885), t.28, p.327-40.

Défense de mon oncle, La, éd. J.-M. Moureaux, *OCV*, t.64 (1984).

Défense du Mondain, La, éd. H. T. Mason, *OCV*, t.16 (2003), p.304-309.

Des embellissements de la ville de Cachemire, éd M. Waddicor, *OCV*, t.31ʙ (1994), p.201-17.

Des embellissements de Paris, éd. de M. Waddicor, *OCV*, t.31ʙ (1994), p.218-30.

Des langues, éd. M. Mervaud, *OCV*, t.45ʙ (2010), p.1-20.

Des païens et des sous-fermiers, dans *Œuvres complètes*, éd. Louis Moland, 52 vols (Paris, 1877-1885), t.25, p.353-55.

Dialogue entre un philosophe et un contrôleur général des finances, éd. M. Waddicor, *OCV*, t.32ᴀ (2006), p.59-95.

Dialogue de Pégase et du vieillard, dans *Œuvres complètes*, éd. Louis Moland, 52 vols (Paris, 1877-1885), t.10, p.195-206.

Diatribe à l'auteur des Ephémérides [l'abbé Baudeau], 10 mai 1775, dans *Œuvres complètes*, éd. Louis Moland, 52 vols (Paris, 1877-1885), t.29, p.359-70.

Dictionnaire philosophique, éd. C. Mervaud, *OCV*, t.35-36 (1994):
– art. 'Anthropophagie', t.35, art. 'Guerre', 'Inquisition', 'Luxe', 'Maître', 'Tolérance', t.36.

Discours en vers sur l'Homme, éd. H. T. Mason, *OCV*, t.17 (1991), p.391-535.

Edits de sa majesté Louis XVI, dans
  Œuvres complètes, éd. Louis
  Moland, 52 vols (Paris, 1877-1885),
  t.29, p.399-402.
*Eloge historique de Mme la marquise Du
  Châtelet*, éd. W. Barber, *OCV*, t.32A
  (2006), p.367-91.
Entretiens d'un sauvage et d'un bachelier,
  dans *Œuvres complètes*, éd. Louis
  Moland, 52 vols (Paris, 1877-1885),
  t.24, p.265-74.
*Epître LXXVI 'A Mme Denis, nièce de
  l'auteur: la vie de Paris et de
  Versailles'*, dans *Œuvres complètes*,
  éd. Louis Moland, 52 vols (Paris,
  1877-1885), t.10, p.344-49.
*Epître XCII 'A Mme Denis, sur
  l'agriculture'* dans *Œuvres complètes*,
  éd. Louis Moland, 52 vols (Paris,
  1877-1885), t.10, p.378-82.
Epître CIII 'A Boileau', dans *Œuvres
  complètes*, éd. Louis Moland, 52
  vols (Paris, 1877-1885), t.10, p.397-
  402.
*Epître CVIII 'Au roi de la Chine, sur son
  recueil de vers'*, dans *Œuvres complètes*,
  éd. Louis Moland, 52 vols (Paris,
  1877-1885), t.10, p.412-21.
Epître CXVIII 'A un homme', dans
  Œuvres complètes, éd. Louis
  Moland, 52 vols (Paris, 1877-1885),
  t.10, p.451-53.
Epître CXIV 'A Horace', éd. N. Cronk,
  OCV, t.74B (2006), p.251-97.
*Epître dédicatoire de Zaïre à M. Fakener,
  marchand anglais*, éd.
  E. Jacobs, *OCV*, t.8 (1988), p.392-
  405.
*Epître de M. de Voltaire, en arrivant
  dans sa terre près du lac de Genève, en
  mars 1755*, éd. N. Cronk, *OCV*,
  t.45A (2009), p.223-67.
*Epître sur la calomnie 'A Mme Du
  Châtelet'*, éd. D. J. Fletcher, *OCV*,
  t.9 (1999), p.271-308.
*Essai sur les mœurs et l'esprit des
  nations*:
  – ch.51 ('D'Othon IV et de Philippe-
  Auguste'), dans *Œuvres complètes*,
  éd. Louis Moland, 52 vols (Paris,
  1877-1885), t.11, p.421-27.

– ch.84 ('Tailles et Monnaies'), ch.94
  ('Du roi de France Louis XI'),
  ch.98 ('De la noblesse'), ch.146
  ('Anthropophages'), ch.150 ('Du
  Brésil'), dans *Œuvres complètes*, éd.
  Louis Moland, 52 vols (Paris,
  1877-1885), t.12, p.71-74, 115-23,
  134-41, 385-90, 405-407).
*Examen important de milord Bolingbroke,
  L'*, éd. R. Mortier, *OCV*, t.62
  (1987), p.129-362.
*Extrait du décret de la sacrée
  congrégation de Rome*, éd. M.
  Waddicor, *OCV*, t.32A (2006),
  p.159-73.

Finances, Les, dans *Œuvres complètes*,
  éd. Louis Moland, 52 vols (Paris,
  1877-1885), t.10, p.57-59.
Fragments historiques sur l'Inde, éd. C.
  Manley et J. Renwick, *OCV*, t.75B
  (2009), p.1-264.

Guerre civile de Genève, La, éd. J.
  Renwick, *OCV*, t.63A (1990), p.1-
  152.

Henriade, La, éd. O. R. Taylor, *OCV*,
  t.2 (1970).
Histoire de Charles XII, éd. G. von
  Proschwitz, *OCV*, t.4 (1996).
Histoire de Jenni, dans *Œuvres
  complètes*, éd. Louis Moland, 52
  vols (Paris, 1877-1885), t.21, p.533-
  76.
Histoire des voyages de Scarmentado, éd.
  P. Stewart, *OCV*, t.45B (2010),
  p.283-306.
Histoire du Parlement de Paris, éd. J.
  Renwick, dans *OCV*, t.68 (2005).
Homme aux quarante écus, L', éd. B. M.
  Bloesch, *OCV*, t.66 (1999), p.213-
  409.

Idées républicaines, dans *Œuvres
  complètes*, éd. Louis Moland, 52
  vols (Paris, 1877-1885), t.24, p.413-
  32.
Indiscret, L', éd J. Dunkley et R.
  Goulbourne, *OCV*, t.3A (2004), p.1-
  122.

Lettre à l'occasion de l'impôt du vingtième [du 16 mai 1749], éd. H. Duranton, *OCV*, t.31B (1994), p.291-314.

Lettre au docteur Pansophe, dans *Œuvres complètes*, éd. Louis Moland, 52 vols (Paris, 1877-1885), t.26, p.19-26.

Lettre à un premier commis, éd. P. Rétat, Voltaire, *OCV*, t.9 (1999), p.311-22.

Lettre de M. de Melon, ci-devant secrétaire du Régent du royaume, à Madame la comtesse de Verrue sur l'Apologie du luxe, éd. H. T. Mason, *OCV*, t.16 (2003), p.310.

'Lettre de Voltaire à M. T[h]i[e]riot', dans *Bibliothèque française ou Histoire littéraire de la France* (Amsterdam, du Sauzet, 1739), t.29.

Lettres à Son Altesse Mgr le Prince de ***** sur Rabelais et sur d'autres auteurs, éd F. Bessire, *OCV*, t.63B (2008), p. 353-489.

Lettres philosophiques, éd. G. Lanson (Paris, 1924; rééd. 1964), Lettre IX ('Sur le gouvernement', p.101-19), Lettre X ('Du commerce', p.120-29).

Marseillois et le lion, Le, éd. S. Menant, *OCV*, t.66 (1999), p.735-60.

Mémoire sur l'édition des œuvres de M. de Voltaire faite à Amsterdam chez Desbordes et Ledet, in.8°, 4 vols [dans *Bibliothèque française* (Amsterdam, du Sauzet, 1739), t.29, partie 2, p.308-13], éd. N. Cronk, *OCV*, t.18B (2007), p.413-29.

Mémoires politiques sur le Pays de Gex, dans *Œuvres complètes*, éd. Louis Moland, 52 vols (Paris, 1877-1885), t.29, t.30 et 32R:
- *A M. Turgot, notes concernant le Pays de Gex* [1775].
- *Au Roi en son Conseil* [1774].
- *Délibération des Etats du Pays de Gex* [1776].
- *Lettre à M. Turgot* [1775].

- *Lettre écrite à M. Turgot* [1774].
- *Mémoire à M. Turgot* [1776].
- *Mémoire des Etats du Pays de Gex* [1775].
- *Mémoire du Pays de Gex* [1775].
- *Mémoire sur l'état de l'agriculture au Pays de Gex* [1764].
- *Mémoire sur le Pays de Gex* [1775].
- *Mémorandum sur Gex* [1776].
- *Mémorandum sur le monopole du sel* [1760]
- *Notes concernant le Pays de Gex* [1775]
- *Prières et questions adressées à M. Turgot* [1776].
- *Remontrances du Pays de Gex au roi* [1776].
- *Supplique à M. Turgot* [1776], *OCV* 78A (voir ci-dessous)

Mondain, Le, éd. H. T. Mason, *OCV*, t.16 (2003), p.295-303.

Monde comme il va, vision de Babouc, Le, éd. M. Cardy, *OCV*, t.30B (2004), p.3-63.

[Observations] Sur MM. Jean Law, Melon et Dutot sur le commerce, le luxe, les monnaies et les impôts, éd M. Raaphorst, *OCV*, t.18A (2007).

L'Opinion en alphabet, art. 'Banque', dans *Œuvres complètes*, éd. Louis Moland, 52 vols (Paris, 1877-1885), t.17 ['Dictionnaire Philosophique'], p.536.

Les Oreilles du comte de Chesterfield et le chapelain Goudman, dans *Romans et contes*, éd F. Deloffre et J. Van den Heuvel, coll.'La Pléiade' (Paris, 1979), p.577-91.

Philosophie de l'histoire, La, éd. J. H. Brumfitt, *OCV*, t.59 (1969).

Poème sur la loi naturelle, éd. H. T. Mason et T. Wynn, *OCV*, t.32B (2007), p.5-96.

Poème sur le désastre de Lisbonne, éd. D. Adams et H. T. Mason, *OCV*, t.45A (2009), p.271-358.

Précis du siècle de Louis XV, dans *Œuvres complètes*, éd. Louis Moland, 52 vols (Paris, 1877-1885), t.15, p.161-84.

Princesse de Babylone, La, éd. J. Hellegouarc'h, *OCV*, t.66 (1999), p.1-210.

Pucelle, La, éd. J. Vercruysse, *OCV*, t.7 (1970).

Questions sur l'Encyclopédie:
- 'Introduction par des amateurs', art. 'Abeilles', 'Agriculture', 'Argent', 'Arbre à pain', 'Arts/beaux-arts', éd. N. Cronk et C. Mervaud, *OCV*, t.38 (2007).
- art. 'Aranda', 'Avarice', 'Âge/Calcul de la vie', 'Banqueroute', Bayle, 'Biens d'Eglise', 'Blé', éd. N. Cronk et C. Mervaud, *OCV*, t.39 (2008).
- art. 'Chemins', 'Confiscation', 'Concile', 'Conscience', 'Curé de campagne', 'Droit', 'Droit canonique', 'Economie', 'Egalité', 'Fécond', éd. N. Cronk et C. Mervaud, *OCV*, t.40 (2009).
- art. 'Envie', 'Esclaves', 'Fertilisation', éd. N. Cronk et C. Mervaud, *OCV*, t.41 (2010).
- art. 'Gueux, mendiant', 'Gouvernement', 'Impôt', 'Intérêt', 'Juif', 'Loi naturelle', dans *Œuvres complètes*, éd. Louis Moland, 52 vols (Paris, 1877-1885), t.19.
- art. 'Lois', 'Luxe', 'Patrie', 'Philosophie', 'Politique', 'Population', 'Propriété', 'Raison', 'Vénalité', dans *Œuvres complètes*, éd. Louis Moland, 52 vols (Paris, 1877-1885), t.20.

Le Siècle de Louis XIV:
- 'Catalogue alphabétique de la plupart des écrivains français qui ont paru dans le siècle de Louis XIV', ch.29 ('Gouvernement intérieur. Justice. Commerce, etc.') et ch.30 ('Finances et règlements. Colbert, etc.'), dans *Œuvres complètes*, éd. Louis Moland, 52 vols (Paris, 1877-1885), t.14.
- ch.35 ('Affaires ecclésiastiques'), ch.36 ('Du Calvinisme') et ch.37 ('Du Jansénisme'), dans *Œuvres complètes*, éd. Louis Moland,

52 vols (Paris, 1877-1885), t.15.

Stances à M. Saurin, dans *Œuvres complètes*, éd. Louis Moland, 52 vols (Paris, 1877-1885), t.8 (1877), p.535-36.

Supplément à l'Essai sur les mœurs et l'esprit des nations, 'Remarque 18: Du commerce et des finances', dans *Œuvres complètes*, éd. Louis Moland, 52 vols (Paris, 1877-1885), t.24 (1879), p.575-78.

Supplique à M. Turgot, éd. R. Granderoute, *OCV*, t.78A (2010).

Sur l'usage de la vie, pour répondre aux critiques qu'on avait faites du Mondain, éd. H. T. Mason, *OCV*, t.16 (2003), p.311-13.

Sur Mlle de Lenclos, éd. M. Waddicor, *OCV*, t.32A (2006), p.333-66.

Les Systèmes, éd. C. Seth, *OCV*, t.74B (2006), p.201-47.

Le Temple du goût, éd. O. R. Taylor, *OCV*, t.9 (1999), p.25-256.

Traité de métaphysique, éd. W. H. Barber, *OCV*, t.14 (1989), p.359-503.

Traité sur la tolérance, dans *Œuvres complètes*, éd. Louis Moland, 52 vol. (Paris 1877-1885), t.25.

Voix du sage et du peuple, La, éd. D. Williams, *OCV*, t.32A (2006), p.239-44.

Autres références Voltaire

Bibliothèque de Voltaire, catalogue des livres, éd. Académie des Sciences, Russie, 1961.

Corpus des notes marginales (éd. N. Elaguina):
- t.2 (*CN* 409), *OCV*, t.137A-B (2010).
- t.3 (*CN* 557), *OCV*, t.138 (2010).
- t.4 (*CN* 777, 778, 779), *OCV*, t.139 (2011).
- t.5 (*CN* 943, 1066, 1101, 1139, 1170), Akademie-Verlag (Berlin, 1979-1994).
- t.6 (*CN*1195), *OCV*, t.141 (2006).

Voltaire's catalogue of his library at
  Ferney, éd. G. R. Havens et N. L.
  Torrey, *SVEC* 9 (1959).
Voltaire's household accounts, fac-similé
  du 'Livre de ménage', éd. Th.
  Besterman (Genève, 1968).

Éditions d'époque citées
Changuion 1750 (NMF50).
Cramer 1768 (W68).
Cramer 1775 'encadrée' (W75G).
Lambert 1750 (RP50).
Lambert 1751 (W51)
Ledet 1738-1742 (W38).
Nouveaux mélanges 1765 (NM).
Walther 1753 (W53).

Autres éditions citées
Lettres philosophiques, éd. G. Lanson
  (Paris, 1909).
Traité de métaphysique, éd. H. T.
  Patterson (Manchester, 1937).
Voltaire, *Romans et contes*, éd. R.
  Pomeau (Paris, 1966).

Biographies
Condorcet, Jean-Antoine Caritat,
  marquis de, *Vie de Voltaire*, dans
  Œuvres complètes, éd. Louis
  Moland, 52 vols (Paris, 1877-1885),
  t.1.
Duvernet, abbé Théophile-
  Imarigeon, *La Vie de Voltaire*
  (Paris, 1786).
Desnoiresterres, Gustave, *Voltaire et
  la société du XVIIIe siècle*, t.1 (Paris,
  1871).
Lanson, Gustave, *Voltaire* (Paris,
  1910).
Lanson, Gustave, *Voltaire*, éd. R.
  Pomeau (Paris, 1960).
Pomeau, René, dir., *Voltaire en son
  temps*, éd. C. Mervaud et S.
  Menant (Oxford, 1995), t.1.

Correspondance
Correspondence and related documents,
  éd. Th. Besterman, *OCV*, t.85-135
  (1969-1977).

Manuscrits cités

Arch. Nat., H I 174, f.20 (cité par F.
  Caussy et F. Walter).
Arch. Nat., H I 176 f.6 (cité par F.
  Weil).
Arch. Saint-Brieux, M83, D41 (cité
  par S. Meyssonnier).
BGE, Arch. Tronchin, MS167, f.165.
BGE, Arch. Tronchin, MS fr.296,
  f.246.
BGE, Arch. Tronchin, MS fr.7163/30.

BnF, MS FR15285, f.52 & 53 (carnet
  de l'état des biens de juillet 1775).
BnF MS N24342, f.287-92 (mémoire
  sur l'agriculture).
IMV, MS CA58 (dest. inconnu, 9
  février 1765).
IMV, MS 48, f.DA 36 (note de la
  main de Voltaire).
IMV, MS CA75 (dest. inconnu, 8
  juin 1763).

Autres auteurs et documents (XVIIe et XVIIIe siècles)

Allainval, abbé Léonor-Jean Soulas
  d', *Le Temple du Goust* (s.l., 1733).
Argenson, René-Louis de Voyer,
  marquis de Paulmy d',
  *Considérations sur le gouvernement de
  la France* (Amsterdam, M. M. Rey,
  1764).

Bachaumont, Louis Petit de,
  *Mémoires secrets pour servir à
  l'histoire de la république des lettres*,
  éd. C. Cave et S. Cornand (Paris,
  2009), t.2.
[Baudeau, abbé Nicolas], *Précis de
  l'ordre légal* (Amsterdam, Arkstrée
  et Merkus, 1768).

Bayle, Pierre, 'Continuation des pensées diverses' (124: 'En quel sens le Christianisme est propre ou non à maintenir les sociétés'), dans *Œuvres diverses* (La Haye, P. Husson, 1727), t.3.

–, *Dictionnaire historique et critique* (Rotterdam, Leers, 1697).

–, *Lettres choisies* (La Haye, Des Maizeaux, 1714).

–, 'Nouvelles de la République des Lettres', août 1685, Art. 3, dans *Œuvres diverses* (La Haye [Trévoux], rééd. Des Maizeaux, 1737), t.1.

–, *Œuvres diverses* (La Haye [Trévoux], rééd. Des Maizeaux, 1737).

–, *Pensées diverses* (Rotterdam, Leers, 1683).

Beccaria, Cesare, *Dei delitti e delle pene* (Monaco [Livourne], 1764).

–, *Des délits et des peines*, traduction de Morellet (Lausanne, 1766).

–, *Del disordine delle Monete* (Milan, G. G. De Stefanis, 1762).

Bexon, abbé Gabriel, *Catéchisme d'agriculture* (Paris, Valade, 1773).

[Boisguilbert, Pierre Le Pesant de], 'Le Détail de la France' [1697], dans *Economistes financiers du XVIIIᵉ siècle*, éd. E. Daire (Paris, 1843), p.163-97.

–, 'Le Factum de la France' [1707], dans *Economistes financiers du XVIIIᵉ siècle*, éd. E. Daire (Paris, 1843), p.248-322.

[Boureau-Deslandes, André-François], *Lettre sur le luxe* (Londres et Paris, à la porte de la Bastille, 1746).

Butel-Dumont, Georges-Marie, *Théorie du luxe* (Londres et Paris, J.-F. Bastien, 1775).

[Cantillon, Richard], *Essai sur la nature du commerce en général* (Londres, Fletcher Gyles, 1756).

Castel de Saint-Pierre, abbé Charles, *Projet de taille tarifée* (Paris, Emery, Saugrain et Martin, 1723).

Child, Sir Josiah, *A New discourse of trade* (Cornhill, Crouch, 1694).

–, *Traité sur le commerce*, traduit de l'anglais [Jacques Vincent de Gournay], (Amsterdam et Paris, J. Neaulme, 1753).

–, *Traité sur le commerce* et *Remarques de Vincent de Gournay*, éd. de S. Meyssonnier (Paris, 2008).

Collé, Charles, 'Février 1751' dans *Journal*, éd. H. Bonhomme (Paris, 1868; Slatkine Reprints, 1967).

Condillac, abbé Etienne Bonnot de, *Le Commerce et le gouvernement considérés relativement l'un à l'autre* (Amsterdam/Paris, Jombert et Cellot, 1776).

Condorcet, Jean-Antoine Caritat, marquis de, *Réflexions sur le commerce des blés* (Londres, 1776).

[Coquereau, Jean-Baptiste], *Mémoires concernant l'administration des finances sous le ministère de M. l'abbé Terrai, contrôleur général* (Londres, J. Adamson, 1776).

[Darigrand, Edme-Joseph], *L'Antifinancier* (Amsterdam, 1763).

–, *La Patrie vengée [...] Conclusion des Richesses de l'Etat* (brochure s.l.s.d.).

De la Rivière et Du Moulin, *Méthode pour les arbres fruitiers* (s.l., 1763).

Delcampe, *Connaissance des chevaux* (Paris, Cie des Libraires, 1741).

Desfontaines, Pierre-François Guyot-, abbé, *Observations sur les écrits modernes* (Paris, Chaubert, 1738), t.13.

Desmahis, Joseph-François Corsambleu-, *L'Impertinent* (Paris, Prault, 1750).

Despommiers, *L'Art de s'enrichir promptement par l'agriculture* (Paris, Guillyn, 1762).

Dictionnaires cités: *Dictionnaire de Trévoux* (Paris, Compagnie des Libraires Associés, 1752), t.3; La Martinière, Antoine Bruzen de, *Grand Dictionnaire géographique, historique et critique* (La Haye, 1726-1730); Moréri, Louis, *Dictionnaire géographique et historique* (Paris, Libraires Associés, 1759, et Slatkine Reprints, 1995), t.7.

Diderot, Denis, art. 'Agriculture' de l'*Encyclopédie*.

–, *Apologie de l'abbé Galiani*, éd. M. Barrillon (Marseille, 1998).

–, *Œuvres complètes*, éd. H. Dieckmann et J. Varloot dite 'édition DPV', (Paris, 1975-86).

Documents et mémoires cités ou mentionnés:

– *Edit de 1763 sur les dettes de l'Etat* (Catalogue Ferney, ms.4-8-244, f.63).

– *Lettre circulaire de son altesse royale Mgr le duc d'Orléans, Régent du Royaume, à messieurs les intendants des provinces* (4 octobre 1715), dans abbé Castel de Saint-Pierre, *Projet de taille tarifée* (Paris, Emery, Saugrain et Martin, 1723).

– *Mémoire sur la Compagnie hollandaise des Indes* (Catalogue Ferney, ms.9-8-298,

– *f.39) Mémoire sur les Indes espagnoles* (Catalogue Ferney, ms.4-8-24, f.62v).

Dupin, Claude, *Mémoire sur les blés* ([Paris], 1748).

Duhamel du Monceau, Henri-Louis, *Expérience de la nouvelle culture des terres, et Réflexions relatives au traité de la culture des terres* (commentaire sur Jethro Tull) (Paris/Genève, Du Villard, 1754).

Dupont de Nemours (Pierre-Samuel), *De l'origine et des progrès d'une science nouvelle* (Londres et Paris, Desaint, 1768; fac-similé Catania, 1992).

–, *Mémoires sur la vie et les ouvrages de M. Turgot* (Philadelphie, 1788).

–, *Œuvres de M. Turgot* (Paris, Delance et Belin, 1808-1811).

–, *Réflexions sur l'écrit intitulé Richesses de l'Etat* (Londres [Paris], 1763).

Dutot, Charles, *Réflexions politiques sur les finances et le commerce* (La Haye, fres. Vaillant & N. Prévost, 1754, rééd.).

–, *Réflexions politiques sur les finances et le commerce*, éd. P. Harsin (Liège, 1931).

Elie de Baumont, Jean-Baptiste, *Discours sur la population* (s.l.s.d.).

Encyclopédie raisonnée des arts et des techniques: art. 'Agriculture' (t.1), 'Economie ou Oeconomie' (t.5), 'Fermes' (t.6), 'Fermiers' (t.6), 'Grains' (t.7), 'Luxe' (t.9).

Fénélon, François de Pons de Salignac de la Mothe-, *Les Aventures de Télémaque, fils d'Ulysse*, 'édition conforme au manuscrit original' (Paris, F. Delaulne/J. Estienne, 1717).

Forbonnais, François Véron de, *Eléments du commerce* (Leyde et Paris, Briasson, 1754).

–, *Principes et observations économiques* (Amsterdam, M. M. Rey, 1767).

–, *Recherches et considérations sur les finances de France* (Bâle, Cramer, 1758).

Galiani, abbé Ferdinando, *Della moneta libri cinque* (Naples, G. Raimondi, 1751).

–, *Dialogues sur le commerce des blés* (Londres, [Paris, Merlin], 1770 et rééd. de F. Nicoliri, Milan, 1959).

–, *Dialogues sur le commerce des blés* (Londres, [Paris, Merlin], 1770, fac-similé Paris, 1984).

[Gournay, Jacques-Claude Vincent, marquis de], *Observations sur le rapport fait à M. le contrôleur-général sur l'état de la Compagnie des Indes* (s.l.s.d.).

–, *Remarques* [sur le *Traité sur le commerce* de Child], éd S. Meyssonnier (Paris, 2008).

Graslin, Jean-Joseph-Louis, *Essai analytique sur la richesse et sur l'impôt* (Londres, 1767).

Gresset, Jean-Baptiste, 'Le Méchant', dans *Œuvres de Gresset* (Paris, 1806).

Grimm, Melchior von, *Correspondance*

littéraire par Grimm, Diderot [...], éd
M. Tourneux (Paris, 1877-1882,
Kraus Reprints, 1968).

Hausset, Nicole du, *Mémoires*, éd. H.
Fournier (Paris, 1891).
[Herbert, Claude-Jacques], *Essai sur
la police générale des grains* (Londres
[Paris], 1754).
Hume, David, *Du commerce et du luxe*
[1752], (Paris, 2005, rééd.).
–, *Essais sur le commerce, le luxe,
l'argent, l'intérêt de l'argent, les impôts,
le crédit public, et la balance du
commerce* [remarques de Turgot],
(Paris, Saillant, 1767).
–, *Essays and treatises on several subjects*
(Londres et Edimbourg, Millar,
Kincaid et Donaldson,1753-1756),
t.4 ('Political Discourses').
–, *Essays and treatises on several subjects*
(Londres et Edimbourg, Millar,
Kincaid et Donaldson, 1758, 5ᵉ
édition).

Jore, Claude-François, *Mémoire pour
Claude-François Jore contre le sieur
François-Marie Arouet de Voltaire*
(Paris, Guérin, 1736).

Law, John, 'Justification du Système
de Law par son auteur' [1722], éd
F. K. Mann, dans *Revue d'histoire
économique et sociale* (Paris, 1913).
[Le Mercier de la Rivière (Pierre-
Paul)], *L'Ordre naturel et essentiel des
sociétés politiques*, 1 vol. in-4°
(Londres, J. Nourse; Paris,
Desaint, 1767).
Le Trosne, Guillaume-François, *De
l'administration provinciale et la
réforme de l'impôt* (Bâle/Paris,
Duplain, 1788).
[Linguet, Nicolas-Simon], *Théorie des
lois civiles* ('Livre V: Du
développement des lois
relativement au pouvoir des
maîtres sur leurs esclaves'),
(Londres,1767).
Longchamp, Sébastien, *Anecdotes sur
Voltaire* (Paris, 2009, rééd.).

–, *Mémoires anecdotiques sur Voltaire,
par Longchamp et Wagnière, ses
secrétaires* (Paris, 1838).

Mably, abbé Gabriel Bonnot de,
*Doutes proposés aux philosophes
économistes sur l'ordre naturel et
essentiel des sociétés politiques* (La
Haye, 1768).
–, *Du commerce des grains*, dans
Œuvres (Paris, Arnoux, an III), t.3.
Malebranche, Nicolas, *Traité de
morale* (Paris, 1939), ch.2, partie
11.
Mandeville, Dr Bernard, *The Fable of
the bees* (Londres, J. Tonson, 1724).
–, 'An Enquiry into the origin of
moral virtue' dans *The Fable of the
bees*, éd F. B. Kaye (Oxford, 1924;
Liberty Classics, Indianapolis, IN,
1988).
–, *The Fable of the bees* (Londres, J.
Rabeits, 1729).
–, *The Fable of the bees or Private vices,
publick benefits*, éd. F. B. Kaye
(Oxford, 1924; Liberty Classics,
Indianapolis, IN, 1988).
–, *La Fable des abeilles*, trad. et éd. de
L. et P. Carrive (Paris, 1985).
Maupertuis, Pierre-Louis Moreau
de, *Eloge de Montesquieu* (Berlin,
1755).
[Melon, Jean-François], *Mahmoud le
Gasnevide, histoire orientale, fragment
traduit de l'Arabe, avec des notes*
(Rotterdam, J. Hofhondt, 1729).
–, *Essai politique sur le commerce*
(Amsterdam, F. Changuion, 1742).
[Mirabeau, Victor Riqueti, marquis
de], *L'Ami des hommes* (Hambourg,
C. Herold, 1764, rééd. de l'éd. de
1757), t.1.
–, *Les Economiques par L. D. H.* [i.e.
L'Ami des Hommes] (Amsterdam
et Paris, Lacombe, 1769).
–, *Lettres sur la dépravation de l'ordre
légal* (Londres, Wilcox, 1769),
partie 1.
–, *Théorie de l'impôt* (s.l., 1760).
Montaigne, Michel de, *Essais 3, I, 2-3*
(Paris, 1965).

Montesquieu, Charles de Secondat, baron de, 'Lettres persanes', Lettre CIII (Usbek à Rhedi), p.419-23], éd. J. Ehrard et C. Volpilhac-Auger, dans *Œuvres complètes de Montesquieu* (Oxford, 2004), t.1.

–, 'L'Esprit des lois', éd. J. Ehrard, C. Volpilhac-Auger *et al.*, dans *Œuvres complètes de Montesquieu* (Oxford, 2008), t.3.

[Montesquieu], *Catalogue de Montesquieu à La Brède*, éd. L. Desgraves et C. Volpilhac-Auger (Oxford, 1999).

Moreau de Beaumont, Jean-Louis, *Mémoire concernant les impositions et droits* (Paris, Imprimerie royale, 1769), t.2, 3, 4.

Morellet, abbé André, *Mémoire pour Abraham Chaumeix contre les prétendus philosophes Diderot et d'Alembert* (Amsterdam, 1759).

–, *Mémoire sur la situation actuelle de la Compagnie des Indes* (Paris, Dessaint, 1769).

[Morellet, abbé André], *Analyse d'un ouvrage intitulé De la législation et du commerce des grains* (Amsterdam/ Paris, Pissot, 1775).

–, *Examen de la réponse de M. N[ecker] au mémoire de M. l'abbé Morellet sur la Compagnie des Indes* (Paris, Dessaint, 1769).

Morelly, abbé, *Naufrage des îles flottantes ou La Basiliade* (Messine [Paris], 1753).

Naveau, Jean-Baptiste, *Le Financier-citoyen* (Paris, 1757).

Necker, Jacques, *Sur la législation et le commerce des grains* (Paris, Pissot, 1775).

Pattullo, Henry, *Essai sur l'amélioration des terres* (Paris, Durand, 1758).

Périodiques cités: *L'Année littéraire*, t.8 (1764); *Correspondance littéraire* (1er octobre 1767), (15 novembre 1769); *Mémoires secrets* (20 décembre 1767), (9 janvier 1770); *Les Ephémérides du citoyen* (avril 1767), (oct/nov/déc. 1767), (avril 1769); *Mercure de France* (décembre 1767).

Périodiques mentionnés: *Journal de l'agriculture*; *Journal du commerce*; *Journal économique*; *Gazette du commerce*; *Journal encyclopédique*, *Bibliothèque française*.

Pesselier, Charles-Etienne, art. 'Fermes' de l'*Encyclopédie*, t.6.

–, *Idée générale des finances* (Paris, 1759).

[Pesselier, Charles-Etienne], *Doutes proposés à l'auteur de la théorie de l'impôt* ([Paris], 1761).

Petty, Sir William, 'Political arithmetick' [1671], éd. C. H. Hull, dans *The Economic writings of Sir William Petty* (Cambridge, 1899), t.1.

–, *Political anatomy of Ireland* (Londres, D. Brown, 1691).

Piron, Alexis, 'L'Anti-Mondain', dans *Lettres de M. de V*** (La Haye, P. Poppy, 1738).

[Plumard de Dangeul, Louis-Joseph], *Remarques sur les avantages et les désavantages de la France et de la Grande-Bretagne par rapport au commerce*, Traduction du chevalier Jack Nickolls, Anglais (Leyde [Paris], fres. Estienne, 1754).

Pope, Alexander, *The Works of Mr Alexander Pope* (Londres, B. Lintot, 1717).

Prévost d'Exiles, abbé Antoine-François, 'Eloge et caractère de feu M. Melon', dans *Le Pour et le contre* (Paris, Didot, 1738), t.15 [nouvelle série], p.229.

Quesnay, François, Art. 'Fermiers' et 'Grains' de l'*Encyclopédie*, t.6 et 7.

[–], *Discussion et développement de quelques-unes des notions de l'économie politique* (Leyde, 1767).

–, 'Le droit naturel', 'Maximes générales' et 'Dialogue sur les travaux des artisans', dans

Physiocratie, constitution naturelle du gouvernement avantageux au genre humain, éd. P.-S. Dupont de Nemours (Leyde et Paris, 1767).

–, *Physiocratie*, éd. J. Cartelier (Paris, 2008).

[Roubaud, abbé Pierre-André], *Représentations aux magistrats [...] des faits relatifs à la liberté du commerce des grains* (s.l., 1769).

Rousseau, Jean-Jacques, *Discours sur l'économie politique* (Amsterdam, 1763).

–, art. 'Economie ou oeconomie' de l'*Encyclopédie*, t.5.

–, *Discours sur les fondements de l'inégalité parmi les hommes* (Amsterdam, M. M. Rey, 1755).

–, *Du Contrat social ou principe du droit politique* (Amsterdam, M. M. Rey, 1762).

Roussel de la Tour, *Développement du plan intitulé: Richesse de l'Etat* (s.l., 1763).

–, *Extrait des assertions dangereuses en tout genre [...]* (Paris, Simon, 1762).

–, *La Richesse de l'Etat* (s.l., 1763).

Saint-Evremond, Charles de, *Les Véritables œuvres de Mr. de Saint-Evremond* (Londres, J. Tonson, 1706), t.1.

–, *Œuvres de monsieur de Saint Evremond* ([Paris], [éd. Des Maizeaux contrefaite], 1740).

–, *Œuvres meslées de M de Saint-Evremont[d]* (Paris, C. Barbin, 1689).

Saint-Péravy, Jean-Nicolas Guérineau de, *Mémoire sur les effets de l'impôt indirect* (1768).

Savary des Bruslons, Jacques [le père], *Le Parfait négociant et traité du commerce* (Lyon, J. Lyons, 1701).

Savary des Bruslons, Jacques [le fils], *Dictionnaire universel de commerce, d'histoire naturelle, d'arts et de métiers* (Paris, J. Estienne, 1723).

Smith, Adam, *Adam Smith: lectures on jurisprudence*, éd. R. L. Meek, D. D.

Raphael et P. C. Stern (Oxford, 1978).

–, 'Considerations concerning the formation of languages', dans *Theory of moral sentiments* (Londres, Straham, Rivington et Johnston, 1767).

–, *Essays on philosophical subjects*, éd. W. P. D. Wightman, J. C. Bryce et I. S. Ross (Oxford, 1980).

–, *An Inquiry into the nature and causes of the wealth of nations*, éd. R. H. Campbell et A. S. Skinner (Oxford, 1979).

–, *An Inquiry into the nature and causes of the wealth of nations*, éd. K. Sutherland (Oxford, 1993).

–, *Lectures on rhetoric and belles-lettres*, éd. J. C. Bryce (Oxford, 1983).

–, *La Richesse des nations*, G. Garnier trad. (Paris, 1991, rééd.).

–, *La Richesse des nations*, trad. J.-M. Servet et P. Jaudel (Paris, 2000).

–, *The Theory of moral sentiments*, éd. D. D. Raphael et A. L. Macfie (Oxford, 1976).

–, *The Theory of moral sentiments* (Londres et Edimbourg, Millar, Kincaid et Bell, 1761).

Suard, Amélie, *Lettres à M. Suard*, éd. Louis Moland, dans *Œuvres complètes [de Voltaire]*, t.1 (Paris, 1883) et Archives Suard BGE.

[Toussaint, François-Vincent], *Les Mœurs* (Amsterdam, M. M. Rey, 1748), partie 2, ch.3: 'De l'avarice et de l'ambition'.

Tucker, Josiah, *A Brief essay on the advantages and disadvantages of France and Great Britain with regard to trade* (Londres, Trye, 1753).

Turbilly, Louis-François de Menon, marquis de, *Essai sur les labours* (Paris, Vve d'Houry, [1761]).

–, *Mémoire sur les défrichements* (Paris, Vve d'Houry, 1760).

Turgot, Anne-Robert-Jacques, 'Eloge de Gournay', 'Les Progrès de l'Esprit Humain', 'Observations sur les mémoires' et 'Lettres au contrôleur-général sur le commerce des grains' dans Turgot, *Formation et distribution des richesses,* éd. J. T. Ravix et P. M. Romani, (Paris, 1997).

–, 'Observations' [sur les deux essais de Saint-Péravy et Graslin, 1767] et 'Réflexions sur la formation et la distribution des richesses', dans *Œuvres de Turgot,* éd. G. Schelle (Paris, 1913-1923).

–, 'Observations sur les mémoires' et 'Réflexions sur la formation et la distribution des richesses', dans *Œuvres de M. Turgot,* éd. P.-S. Dupont de Nemours (Paris, Delance et Belin, 1808-1811).

–, 'Sept lettres au contrôleur-général' [Terray] et 'Observations sur les mémoires', dans *Œuvres de Turgot,* éd. E. Daire et H. Dussard,

Collection des principaux économistes (Paris, 1844).

Ustáriz, Jeronimo de, *Théorie et pratique du commerce et de la marine* (Paris, Vve Estienne, 1753), [traduction par Forbonnais].

Vauban, Sébastien Le Prestre, marquis de, *Projet d'une dixme royale,* dans E. Daire, *Economistes financiers du XVIIIᵉ siècle* (Paris, 1851 et Slatkine Reprints, 1971).

Verri, Pietro , *Meditazioni sulla economia politica* (Livourne, 1771).

Wallace, Robert, *Essai sur la différence du nombre des hommes dans les temps anciens et modernes,* trad. de M. de Joncourt (Londres [Paris], 1754).

Textes postérieurs à 1800

Académie Candide/Cercle d'études ferneysiennes, *Ferney-Voltaire, pages d'histoire* (Annecy, 1984).

Albina, Larissa, 'Les sources du conte *L'Homme aux quarante écus*', dans *SVEC* 216 (1983) (Actes du VIᵉ Congrès des Lumières).

Aldridge, A. Owen, 'Mandeville and Voltaire', dans *Mandeville studies,* éd. Irwin Rimer (La Haye, 1975).

Allombert, R., *L'Œuvre économique de Voltaire au Pays de Gex* (s.l., 1931).

Badinter, p.p. Elisabeth, *Les Remontrances de Malesherbes* (Paris, 1985).

Barber, William H., 'Introduction' au *Traité de métaphysique,* dans *OCV,* t.14 (1989).

Barrillon, Michel, 'Introduction' à l'édition critique de *Diderot: apologie de l'abbé Galiani* (Marseille, 1998).

Batbie, M. A., *L'Homme aux quarante écus et les physiocrates* (Paris, 1865).

Baudiffier, Serge, 'La notion

d'évidence', dans *SVEC* 216 (1983), (Actes du VIᵉ Congrès des Lumières).

Beaune, Henri, *Voltaire et l'administration du Pays de Gex* ([Dijon], 1874).

Bergson, Henri, *Le Rire, essai sur la signification du comique* ([1899], Paris, 1940).

Beuchot, Adrien, 'Notices sur l'édition Ledet', dans *Bibliographie de la France* (Paris, Pillet, 1820) et l'éd. des *Œuvres de Voltaire,* 72 vols (Paris, Vve. Perroneau, 1829-1834).

Bory, Monique, 'Le Château de Ferney', dans *Voltaire chez lui,* éd. E. Deuber-Pauli et J.D. Candaux (Genève, 1994).

Bourdieu, Pierre, *L'Essence du néolibéralisme* (Paris, 1988).

Bouvier, Jean et Germain-Martin, Henry, *Finances et Financiers de l'Ancien Régime* (Paris, 1964).

Bouzinac, Jacques, *Jean-François Melon l'économiste,* thèse de doctorat, Université de Toulouse, 1906.

Burton, John Hill, *Life and correspondence of David Hume* (Edimbourg, 1846).

Carrive, Paulette, *Bernard Mandeville: passions, vices, vertus* (Paris, 1980).

Castor, Claude, *Voltaire et les maçons de Samoëns* (Ferney-Voltaire, 1978).

Caussy, Fernand, *Voltaire seigneur de village* (Paris, 1912).

Charbonnaud, Roger, *Les Idées économiques de Voltaire* (Angoulême, 1907).

Chaubert, Guy, 'Voltaire et les questions économiques', dans *Études et recherches lettres* 99 (Paris, 1974).

Claeys, Thierry, *Dictionnaire biographique des financiers en France au XVIIIᵉ siècle* (Paris, 2008), t.1.

Clayden, Peter William, *The Early life of Samuel Rogers* (London, 1887).

Daire, Eugène, 'Introduction', dans *Economistes financiers du XVIIIᵉ siècle* (Paris, 1851 et Slatkine Reprints, 1971).

–, 'Introduction' dans *Œuvres de Turgot, Collection des principaux économistes* (Paris, 1844).

–, 'Notice historique sur la vie et les travaux de Jean-François Melon', dans *Economistes financiers du XVIIIᵉ siècle* (Paris, 1851 et Slatkine Reprints, 1971).

De Beer, Sir Gavin et Rousseau, André-Michel, *Voltaire's British visitors*, dans *SVEC* 49 (1967).

Denis, Henri, *Histoire de la pensée économique* (Paris, 1967).

Deuber-Pauli, E. et J. D. Candaux (éds), *Voltaire chez lui* (Genève, 1994).

Donvez, Jacques, *De quoi vivait Voltaire?* (Paris, 1949).

Dupuy, Roger, *Voltaire, historien de l'économie dans Le Siècle de Louis XIV* (Grenoble, 1959).

Durand, Yves, *Les Fermiers généraux au XVIIIᵉ siècle* (Paris, 1971).

Dutel, J.-R., 'Voltaire économiste et son temps', dans *Bulletin de l'Association des professeurs de lettres* 14 (Paris, 1980).

Ehrard, Jean, 'Voltaire au tribunal de l'histoire', dans *Cahiers Voltaire* 8 (2010).

Etienne, Jean, 'Voltaire et l'horlogerie', dans *Technica* 127 & 128 (1957).

Faujas de Saint-Fond, B., *A Journey through England and Scotland in 1784*, trad. et éd. de Sir Archibald Grikie (Glasgow, 1907).

Faure, Edgar, *La Disgrâce de Turgot* (Paris, 1961).

Finzi, Roberto, 'Turgot fra fisiocrazia e pensiero classico', dans *SVEC* 191 (1980).

Fox-Genovese, Elizabeth, 'The internationalisation of physiocracy', dans *SVEC* 216 (1983), (Actes du VIᵉ Congrès des Lumières).

Franck, Isabelle, 'Voltaire Horloger', dans *Horlogerie ancienne*, revue de l'AFAHA (1997).

Gaffiot, Maurice, 'La théorie du luxe dans l'œuvre de Voltaire' dans *Revue d'histoire économique et sociale* 3 (1926).

Galliani, Renato, 'Le Débat en France sur le luxe: Voltaire ou Rousseau', dans *SVEC* 161 (1976).

Gaxotte, Pierre, *Le Règne de Louis XV* (Paris, 1974).

Genette, Gérard, *Palimpsestes* (Paris, 1982).

Gerlier, Félix, *Voltaire, Turgot et les franchises du Pays de Gex* (Genève/ Paris, 1883).

Goldsmith, Maurice Mark, 'Regulating anew the moral and political sentiments of mankind: Bernard Mandeville and the Scottish Enlightenment', dans

Journal of the history of ideas 44/4 (Oct.-Dec. 1988).

Goubard, Marguerite, *Les Idées fiscales de Voltaire* (Paris, 1931).

Grange, Didier, 'Voltaire et les horlogers de Ferney', *Voltaire chez lui*, éd. E. Deuber-Pauli et J. D. Candaux (Genève, 1994).

Grenier, Jean-Yves, *Histoire de la pensée économique et politique de la France d'Ancien Régime* (Paris, 2007).

Guichard, Olivier, *Ferney, archives ouvertes* (Ferney, 2010).

[Hall, E. B.], 'Turgot', dans S. G. Tallentyre, *The Friends of Voltaire* (London, 1906).

Harsin, Paul, *Les Doctrines monétaires et financières en France, du XVIe au XVIIIe siècle* (Paris, 1928).

–, 'Introduction' à l'édition critique de [C] Dutot, *Réflexions politiques sur les finances et le commerce* (Liège, 1931).

–, 'La théorie fiscale des physiocrates', dans *Revue d'histoire économique et sociale* 36 (1958).

Hasquin, Hervé, 'Voltaire démographe', dans *Etudes sur le dix-huitième siècle* 3 (1976).

Hutcheson, T. W., 'Turgot et Smith', dans *Turgot, économiste et administrateur*, éd. C. Bordes et J. Morange (Paris, 1982).

Jessua, Claude, *Histoire de la théorie économique* (Paris, 1991).

Jouvenel, Henri de, *Le Contrôleur général des finances sous l'Ancien Régime* (Paris, 1901).

Kaye, F. B, 'Introduction', dans *The Fable of the bees or Private vices, publick benefits* (1924, Oxford, 1988).

Kierman, Colin, 'Happiness and a science of economics in the French Enlightenment', dans *SVEC* 153 (1976).

Kozminski, Léon, *Voltaire financier* (Paris 1929).

Labriolle-Rutherford, Marie-Rose de, 'L'évolution de la notion du luxe depuis Mandeville jusqu'à la Révolution', dans *SVEC* 26 (1963).

Labrousse, Ernest, 'La crise économique à la fin de l'Ancien Régime', dans *Histoire économique XVIIIe-XXe siècles* (Paris 1992).

Lachiver, Marcel, *Dictionnaire du monde rural* (Paris, 1997).

Larrère, Catherine, *L'Invention de l'économie au XVIIIe siècle* (Paris, 1992).

Laurent-Huber, Madeleine, 'L'*Essai sur les mœurs*: une histoire de la monnaie?', dans *Le Siècle de Voltaire*, mélanges offerts à R. Pomeau (Oxford, 1988).

Le Roy Ladurie, Emmanuel, *L'Ancien Régime* (Paris, 1991), t.2.

Ljublinski, Victor S., 'Voltaire et la Guerre des farines', dans *La Guerre des farines, contribution à l'histoire de la lutte des classes* (Grenoble, 1979), ch.1-4.

Longhitano, Gino, 'Préface', dans P.-S. Dupont de Nemours, *De l'origine et des progrès d'une science nouvelle* (Londres et Paris, Desaint, 1768 et Reprint C. U. E. C. M., Catania, 1992).

Lopez, Jean-François, 'Les investissements de Voltaire dans le commerce colonial et la traite négrière', dans *Cahiers Voltaire* 7 (2008).

Macé, Laurence, 'Séries politiques: autour de *La Voix du sage et du peuple* de Voltaire', dans *Séries et variations*, mélanges offerts à S. Menant, éd. L. Fraisse (Paris, 2010).

Malgouverné, Alexandre, 'Ferney-Voltaire', dans *Voltaire chez lui*, éd. E. Deuber-Pauli et J. D. Candaux (Genève, 1994).

Marion, Marcel, *Histoire financière de la France* (Paris, 1914), t.1.

–, *Les Impôts directs sous l'Ancien Régime* (Paris, 1910).

Mason, Haydn T., 'Préface', dans *Le Mondain, La Défense du Mondain et Lettre de M. Melon, OCV*, t.16 (Oxford, 2003).

Meek, Ronald L., *The Economics of physiocracy* (Cambridge, 1963).

–, 'Introduction', dans *Turgot on progress, sociology and economics* (Cambridge, 1973).

Megnet, Franz, *Jean-François Melon, ein origineller Vertreter der vorphysiocratischen Oekonomen Frankreichs*, thèse de doctorat, Universität Zürich, 1955.

Meyssonnier, Simone, 'Introduction et notes' et 'Présentation', dans *Josiah Child: Traité sur le commerce et Remarques de Vincent de Gournay* (Paris, 2008).

Minois, Paul, *L'Âge d'or* (Paris, 2009).

Morilhat, Claude, *La Prise de conscience du capitalisme: économie et politique chez Turgot* (Paris, 1988).

Morize, André, *L'Apologie du luxe au XVIIIe siècle et Le Mondain de Voltaire* (Paris, 1909 et Slatkine Reprints, 1970).

Mortier, Roland, 'Introduction' à *Dieu et les hommes*, dans Voltaire, *OCV*, t.69 (1994).

Mossner, E. C., et I. S. Ross, *Correspondence of Adam Smith* (Oxford, 1987).

Nagels, Jacques, 'Objectifs et instruments de la politique économique et sociale de la physiocratie', dans *SVEC* 216 (1983), (Actes du VIe Congrès des Lumières).

Neiertz, Patrick, 'Le Dîner du comte de Boulainvilliers: un dialogue des morts des auteurs clandestins', dans *Revue Voltaire* 8 (2008).

–, 'Les Etrennes de mil sept cent soixante-huit: L'Homme aux quarante écus', dans *Revue Voltaire* 12 (2012).

–, 'Voltaire et les économistes', dans *Revue Voltaire* 10 (2010).

Nicolardot, Louis, *Ménage et finances de Voltaire* (Paris, 1854).

Nys, Jean-François, 'Le commerce et l'industrie chez Turgot: mercantilisme et physiocratie', dans *Turgot, économiste et administrateur*, éd. C. Bordes et J. Morange (Paris, 1982).

Ousselin, Edward, 'L'Homme aux quarante écus: Voltaire économiste', dans *The French review* 72/3 (1999).

Paillard, Christophe, *Voltaire en son château de Ferney* (Paris, 2010).

Pappas, John, 'Voltaire et le luxe: une mise au point', dans *Enlightenment studies in honour of Leslie G. Crocker* (Oxford, 1979).

Payne, Harry C., '*Pauvreté, misère* and the aims of enlightened economics', dans *SVEC* 154 (1976).

Perrot, Jean-Claude, 'Introduction' et 'Les dictionnaires de commerce', dans *Une Histoire intellectuelle de l'économie politique* (Paris, 1992).

Perry, Norma, *Sir Everard Fawkener, friend and correspondent of Voltaire*, *SVEC* 133 (1975).

Phillipson, Nicholas, *Adam Smith, an enlightened life* (Londres, 2010).

Poinson, Martial, 'Voltaire, homme d'argent?', dans *Cahiers Voltaire* 7 (2008).

Poirier, Jean-Pierre, *Turgot* (Paris, 1999).

Pomeau, René, *La Religion de Voltaire* (Paris, 1969).

Raaphorst, Madeleine, 'Voltaire et la question du luxe', dans *The Rice University studies* 51/3 (1965), p.69-78.

Ravix, Joel-Thomas et Romani, Paul-Marie, 'Le Système économique de Turgot', introduction à *Turgot: Formation et distribution des richesses* (Paris, 1997).

Rétat, Pierre, 'Le Bonheur fiscal des

physiocrates', *Etudes J.-J. Rousseau* 11 (1999).

Revue Voltaire 11 (2011): 'Voltaire patriarche' (contributions de N. Cronk, O. Ferret, J.-M. Moureaux, M. Hersant, A. Gurrado, C. Paillard, L. Gil, B. Innocenti et S. Menant).

Ross, Ellen, 'Mandeville, Melon and Voltaire: the origins of the luxury controversy in France', dans *SVEC* 155 (1976).

Ross, Ian S., *The Life of Adam Smith* (Oxford, 1995).

–, 'The physiocrats and Adam Smith', dans *SVEC* 216 (1983), (Actes du VIe Congrès des Lumières).

Saint-Chamans, Vicomte de, *Le Petit-fils de l'homme aux quarante écus* (Paris, 1843).

Schelle, Gustave, 'Introduction et notes', dans *Œuvres de Turgot et documents le concernant* (Paris, 1913-1923).

Schui, Florent, *Early debates about industry: Voltaire and his contemporaries* (Basingstoke, 2005).

Schumpeter, Joseph A., *Histoire de l'analyse économique* (Paris, 1983).

–, *History of economic analysis* (London, 1994).

Séries et variations, mélanges offerts à S. Menant, éd. L. Fraisse (Paris, 2010).

Le Siècle de Voltaire, hommage à R. Pomeau, éd. C. Mervaud et S. Menant (Oxford, 1987).

Touchard, Jean, *Histoire des idées politiques* (Paris, 1967), t.2.

Trénard, Louis, 'Les préoccupations économiques et sociales de Voltaire', dans *Etudes sur le dix-huitième siècle* 3 (1976).

Tsuda, Takumi, *Catalogue des livres de la Bibliothèque de Turgot* (Tokyo, 1974).

–, *Economic research studies* 20 (1983).

Wade, Ira O., 'Versoix, Voltaire's El Dorado', dans *The Search for a new Voltaire* (Philadelphia, PA, 1958).

–, 'A note on the genesis of *Le Mondain*', 'Voltaire and Mandeville' et 'Papers of Mme Du Châtelet', dans *Studies on Voltaire* (Princeton, NJ, 1947).

Walter, François, 'Voltaire et Versoix: la ville incertaine', dans *Voltaire chez lui*, éd. E. Deuber-Pauli et J. D. Candaux (Genève, 1994).

Weil, Françoise, 'Voltaire et Versoix', dans *Voltaire et ses combats*, éd. U. Kölving et C. Mervaud (Oxford, 1997).

Weulersse, Georges, *Le Mouvement physiocratique en France de 1756 à 1770* (Paris, 1910 et Slatkine Reprints 2003).

Woronoff, Denis, *Histoire de l'industrie en France* (Paris, 1994).

Zuffrey, J., *Ferney-Voltaire: un village mobile* (s.l., 2011).

Index

Printed and bound by CPI Group (UK) Ltd, Croydon, CR0 4YY

23/04/2025

14660993-0001